〈테마한국문화사〉의 심볼인 네 개의 원은 조선시대 능화판에 새겨진 태극무늬와 고려시대 상감청자대접의 연화무늬, 훈민정음의 ㅇ자, 그리고 부귀와 행복을 상징하는 길상무늬입니다. 가는 선으로 이어진 네 개의 원은 우리나라의 국토를 상징하며, 과거와 현재를 이어주는 〈테마한국문화사〉의 주제를 표상합니다.

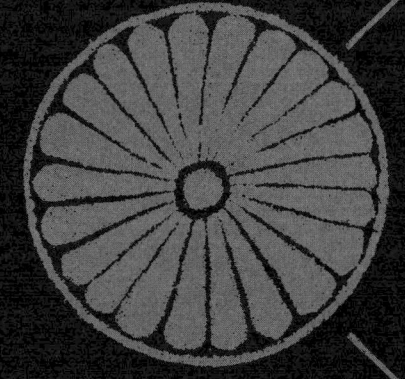
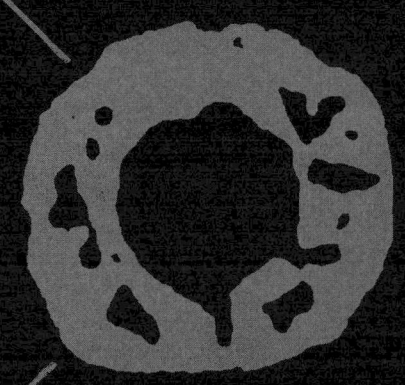

테마한국문화사 05

조선 왕실 기록문화의 꽃, 의궤

김문식 · 신병주 지음

돌베개

테마한국문화사 05
조선 왕실 기록문화의 꽃, 의궤

2005년 6월 24일 초판 1쇄 발행
2018년 12월 5일 초판 7쇄 발행

지은이 김문식·신병주
펴낸이 한철희
펴낸곳 주식회사 돌베개

기 획 돌베개
책임편집 윤미향·서민경
편 집 이경아·김희진·김희동·이상술
디자인 민진기디자인

등록 1979년 8월 25일 제406-2003-000018호
주소 (10881) 경기도 파주시 회동길 77-20 (문발동)
전화 (031) 955-5020
팩스 (031) 955-5050
홈페이지 www.dolbegae.co.kr
전자우편 book@dolbegae.co.kr

필름출력 (주)한국커뮤니케이션
인쇄·제본 영신사

ⓒ 김문식·신병주, 2005

ISBN 89-7199-214-X 04600
      89-7199-137-2 04600 (세트)
이 책에 실린 글과 사진의 무단 전재와 복제를 금합니다. 책값은 뒤표지에 있습니다.

이 도서의 국립중앙도서관 출판시도서목록(CIP)은 e-CIP 홈페이지
(http://www.nl.go.kr/cip.php)에서 이용하실 수 있습니다.(CIP제어번호: CIP2005001128)

조선 왕실 기록문화의 꽃, 의궤

〈테마한국문화사〉를 펴내며

〈테마한국문화사〉는 전통문화와 민속·예술 등 한국 문화사의 진수를 테마별로 가려 뽑고, 풍부한 컬러 도판과 깊이 있는 해설, 장인적인 만듦새로 짜임새 있게 정리해 낸 21세기 한국의 새로운 문화 교양 시리즈입니다. 청소년에서 일반인에 이르기까지 아름다운 우리 전통문화의 참모습을 감상하고, 그 속에 숨겨진 옛사람들의 생활 미학과 지혜를 느낄 수 있도록 기획된 이 시리즈에는, 한국인의 문화적 정체성을 확인시켜 주는 의미 깊은 컨텐츠들이 살아 숨쉬고 있습니다.

자연 속에 스며든 조화로운 한국 건축의 미학, 무명의 장인이 빚어낸 도자기의 조형미, 생활 속 세련된 미감이 발현된 공예품, 종교적 신심이 예술로 승화된 불교 조각, 붓끝에서 태어난 시·서·화의 청정한 예술 세계, 민초들의 생활 속에 녹아든 민속놀이와 전통 의례 등등 한국의 마음씨와 몸짓과 표정이 담긴 한권 한권의 양서가 독자의 서가를 채워 나갈 것입니다.

각 분야별로 권위 있는 필진들이 집필한 본문과 사진작가들의 질 높은 사진 자료 외에도, 흥미로운 소주제들로 편성된 스페셜 박스와 친절한 용어 해설, 역사적 상상력이 결합된 일러스트와 연표, 박물관에 숨겨져 있던 다양한 유물 자료 등이 시리즈 속에 가득합니다. 미감을 충족시키는 아름다운 북디자인과 장정, 입체적인 텍스트 읽기가 가능하도록 면밀하게 디자인된 레이아웃으로 '色'과 '形'의 조화를 극대화시켜, '읽고 생각하는 즐거움' 못지않게 '눈으로 보고 감상하는 기쁨'을 누릴 수 있습니다.

Discovery of Korean Culture

This is a cultural book series about Korean traditional culture, folk customs and art. It is composed of 100 different themes. With the publication of the series' first volume in March 2002, other volumes about different themes are being introduced every year. Following strict standards, this series selects only the essence of Korean traditional culture, providing detailed explanations together with abundant color illustrations, thus allowing the readers to discover higher quality books on culture.

A volume about the aesthetics of harmonious Korean architecture that blends into nature; the beauty of ceramics created by an unknown porcelain maker; handicrafts where sophisticated sense of beauty is manifested in everyday life; Buddhist sculptures filled with religious faith; the pure world of art created through the tip of a brush; folk games and traditional ceremonies that have filtered into the lives of the people-each volume containing the hearts, gestures and expressions of the Korean people will fill the bookshelves of the readers.

The series is created by writers who specialize in each respective fields, and photographers who provide high-quality visual materials. In addition, the volumes are also filled with special boxes about interesting sub-themes, detailed terminology, historically imaginative illustrations, chronological tables, diverse materials on relics that lay forgotten in museums, and much more.

Together with beautiful design that will satisfy the reader's aesthetic senses, careful layout allows for easier reading, maximizing color and style so that the reader enjoys not only the 'pleasures of reading and thinking' but also 'joys of seeing and enjoying'.

Uigwe, the Flower of Historical Documentation in the Joseon Dynasty

Uigwe, or state event manuals, were the written and pictorial records of major events organized by the state or the royal court of the Joseon Dynasty. The term *uigwe* was coined by combining the two words *uishik* (儀式), which means ceremonies, and *gwebum* (軌範), meaning example. In other words, it is a book that sets the proper example for ceremonies. Traditionally, important state and royal ceremonies were conducted by following the example of similar ceremonies held during the preceding king's reign. Documenting all the details of such national events in the form of *uigwe* served to minimize the errors of the succeeding generations.

Since the purpose of *uigwe* was to pass down a record of major events in order to minimize mistakes, all ceremonies of considerable size were closely documented without any details left out. In the records of royal functions such as state weddings and funerals, detailed information of the following was recorded: the list of people employed and the participants along with their personal information, the size, color and material of each article used in the ceremony.

About the construction of palaces and fortresses, the *uigwe* contain minute descriptions and pictures that document the location and structural layout, the building materials and where they were purchased. The documentations are so complete and thorough that a particular ceremony can be perfectly reenacted and buildings of the Joseon Dynasty reconstructed within a fairly short period of time. For example, one of the major attractions of Hwahong Festival, which is held in October every year by Suwon City, is King Jeongjo's procession to his father's tomb. This reenactment of the royal procession is based on an *uigwe* published during King Jeongjo's time titled, *Won-haeng Ulmyo Jeongli Uigwe*.

Uigwe provide an excellent source of information for historians, for it is full of elaborate records of a variety of events and ceremonies. Scholars specializing in traditional fashion examine the attire of people painted in the *banchado* (班次圖), the rank positioning chart. Those who study court cuisine refer to the various dishes that were served at state functions and their recipes. Scholars of traditional music study the songs played at different ceremonies, the orchestration and the pictures of instruments. Researchers of the history of Korean architecture analyze the structure and raw materials list.

Perhaps the most important legacy of *uigwe* aside from the wealth of information about Korea's past is the dedication to accurate and meticulous documentation of history.

By recording in *uigwe* the important events of the state in such minute detail down to a single nail and coin used, the Joseon monarchs display their confidence in making their governance public. *Uigwe* documents the total cost and quantity of goods and materials secured for an event or project, as well as the materials actually used and the leftover goods that were returned. It appears that the rulers of the Joseon period eliminated the possibility of the misappropriation of public funds by keeping careful records and disclosing them in a transparent manner.

Another notable fact about the *uigwe* is the exact documentation of the names of peoples and their duties. Whether it is the construction of palaces or the hosting of an important ceremony, uigwe contain the list of people involved and their responsibilities. Under such precise recording, it was easy to identify the person responsible for problems that arose.

Uigwe is an evidence of the faithfulness and the meticulousness of Joseon's culture of historical documentation, and it brings people in touch with Korean traditions in all their diverse and dynamic forms.

저자의 말

'의궤'(儀軌)란 조선시대에 국가나 왕실에서 거행한 주요 행사를 기록과 그림으로 남긴 보고서 형식의 책이다. 의궤는 의식(儀式)과 궤범(軌範)을 합한 말로 '의식의 모범이 되는 책'이란 뜻이다. 전통시대에는 국가에 주요한 행사가 있으면 선왕 때의 사례를 참고하여 거행하는 것이 관례였으므로, 국가 행사에 관계되는 기록을 의궤로 정리해 둠으로써 후대에 시행착오를 최소화하려고 했던 것이다.

의궤는 국가 행사를 자세한 기록으로 남겨 시행착오를 최소화하려는 목적에서 편찬되었으므로, 국가나 왕실에서 거행한 규모 있는 국정 행사에 관한 일체의 사항이 기록되었다. 가례나 장례와 같은 왕실 행사에 관한 기록에는 동원된 인원의 명단과 신상 자료, 행사에 사용된 각종 물품의 크기와 재료, 색채 등이 상세히 기록되어 있으며, 궁궐이나 성곽 건축에 관한 기록에는 건물의 위치, 구조, 사용된 재료와 구입처에 관한 자료가 그림과 기록으로 정리되어 있다. 의궤의 기록이 이처럼 철저하므로 오늘날 우리는 조선시대의 특정 행사를 완벽하게 재현할 수도 있고, 짧은 시간에 당시의 건물을 원형대로 복원할 수도 있다. 매년 10월 수원시에서 주최하는 화홍문화제에서 재현하는 정조의 능행 행렬은 『원행을묘정리의궤』에 바탕을 둔 것이다.

의궤의 기록은 역사 연구자들에게 다양하고 상세한 사료들을 제공하고 있다. 복식을 연구하는 사람은 반차도에 나타나는 인물의 복식을 꼼꼼하게 관찰하고, 궁중 음식을 연구하는 사람은 잔칫상에 오르는 음식의 종류와 재료에 관심을 기울인다. 전통 음악 연구자는 행사에 연주된 악장과 악기의 편성, 악기 그림을 살펴보며, 건축사를 연구하는 사람은 건물의 구조도와 재료 목록을 분석한다.

의궤에 나타난 각종 공문서나 물품의 내역은 조선시대 생활사 연구에 도움이 된다. 공문서의 기록을 통해 조선시대 관청들의 소속과 소관 업무를 상세하게 파악할 수 있고, 행사에 동원된 인원에게 지급되는 임금과 물품 비용을 분석하여 당시의 물가 동향을 파악할 수도 있다.

또한 의궤에 수록된 물품명에는 고유어가 나타나 있어 국어학 연구에도 좋은 자료가 되고 있다. 치마[赤了], 바지[把持], 저고리[赤古里], 방구리[方文里], 대야(大也), 요강(要江), 걸레[擧乃], 곡괭이[串光屎] 등 고

유어가 한자로 표기되어 있어 조선시대 사람들이 사용했던 생활 용어들을 확인할 수 있다. 이렇듯 의궤의 기록은 조선시대사 연구, 특히 궁중생활사 연구에 있어 중요한 자료의 보고(寶庫)가 되고 있다.

조선시대의 의궤가 우리에게 주는 가장 큰 가르침은 철저한 기록정신이다. 조선시대의 국왕들은 자신의 통치 행위에 대한 국정보고서인 의궤를 통해 사용한 못 하나, 동전 한 닢까지 일일이 기록하여 만천하에 공개함으로써 거리낄 것 없는 자신감을 보여 준다. 실제로 의궤에는 행사에 소요된 물품의 수량과 총 비용이 나오며, 실제 들어간 물품과 사용 후 남은 물품을 되돌려 준 사실까지 기록되어 있다. 이처럼 철저하게 기록하고 투명하게 공개함으로써 공적 자금이 사사로운 곳으로 유용될 가능성을 애초부터 봉쇄한 것으로 보인다.

또한 궁궐을 건축할 때에는 공사에 동원된 모든 인원과 각자가 담당한 직무를 밝혔으며, 행사를 거행할 때에도 행사 담당자를 밝히고 담당 업무를 소상하게 기록하는 등 철저하게 실명제를 실시했다. 이러한 실명제하에서는 어떤 일에 차질이 생길 경우 이를 책임질 사람이 당장 밝혀질 수밖에 없었다.

의궤를 통해 우리는 조선시대 기록문화의 치밀함을 확인할 수 있으며 다양하면서도 생동감 있는 전통문화의 현장을 입체적으로 접할 수 있는 것이다. 선조들의 뛰어난 기록문화의 전통을 계승하는 것은 21세기 문화대국으로 향하는 디딤돌이 될 것으로 확신하며, 이 책이 조선시대 왕실의 기록문화를 이해하는 데 있어서 작은 기여가 되었으면 한다.

마지막으로 출판을 기꺼이 허락해 주신 한철희 사장님, 우여곡절 끝에 모은 원고를 알뜰히 챙겨 주신 김혜형 편집장님의 후의에 감사드리며, 이 책이 보다 많은 사람들에게 다가설 수 있도록 세심한 편집을 해주신 윤미향 님의 노고에도 감사드린다.

2005년 6월 김문식, 신병주

차례

<테마한국문화사>를 펴내며 ･･ 4
Discovery of Korean Culture ･･ 5
Uigwe, the Flower of Historical Documentation in the Joseon Dynasty ･･････････ 6
저자의 말 ･･ 8

제1부 │ 기록문화의 꽃, 의궤

1. 조선시대 기록문화의 전통 ･･･ 20
● 의궤란 무엇인가 20 ● 의궤의 역사 26

2. 왕실의 주요 행사와 의궤 ･･ 29
● 국왕의 일생과 관련된 의궤 30 ● 국가 행사와 관련된 의궤 33 |sb| 『친잠의궤』에 수록된 제단과 제기 진설도 34 ● 편찬 사업과 관련된 의궤 35 ● 건축과 관련된 의궤 36 ● 기타 의궤 37

3. 의궤의 제작과 구성 요소 ･･･ 40
● 의궤 제작을 위한 도감의 설치 40 ● 의궤는 어떻게 구성되어 있나 41 |sb| 『영조정순후가례도감의궤』의 목록 43 ● 현장 기록화, 반차도 45 |sb| 역사 현장의 전달자, 조선시대의 화원 47 |sb| 반차도에 사용된 재료 50 |sb| 천연 물감의 재료들 51

4. 의궤는 어디에 보관되었나 ･･ 52
● 의정부와 예조 54 ● 춘추관과 사고 54 |sb| 사고의 역사 57 ● 외규장각 59 ● 현재의 보관처 61

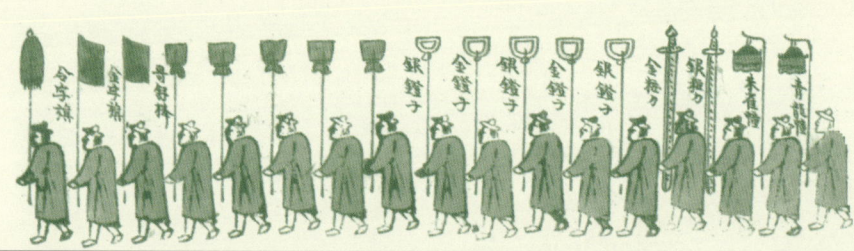

제2부 | 의궤로 보는 왕실 문화

1. 왕실의 태를 봉안한 기록 『태실의궤』 64
● 궁중의 산속 엿보기 65 |sb| 민간의 탯줄 자르기 풍습 67 ● 태의 매장 67 ● 태실의 설치와 관리 69 |sb| 태실에 설치한 석물의 크기와 높이 71 ● 서삼릉으로 옮겨진 조선 왕실의 태실 73

2. 조선시대 왕실 결혼의 이모저모 『가례도감의궤』 76
● 『가례도감의궤』의 제작 76 ● 왕실 혼인의 절차 78 |sb| 왕비의 간택과 육례의 절차 80 ● 화려한 혼인 행사 83 |sb| 『가례도감의궤』의 주요 내용 87

3. 국왕의 장례에 관한 기록 『국장도감의궤』 88
● 국왕의 사망과 새 국왕의 등극 89 ● 국장의 절차 90 ● 『국장도감의궤』의 내용 94 ● 반차도에 나타난 국장 행렬 96 |sb| 악귀를 쫓는 방상시 탈 101

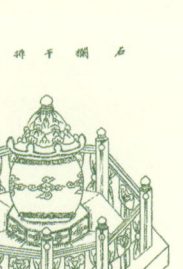

4. 『조선왕조실록』의 편찬과 보관에 관한 기록 『실록청의궤』 102
● 실록의 편찬과 보관 102 ● 사관과 사초 104 |sb| 실록의 편찬 과정 107 ● 『실록청의궤』의 내용 108 |sb| 찬수청단자를 통해 본 실록청의 주요 업무 원칙 109 ● 실록의 철저한 관리와 점검 111 |sb| 실록을 보관한 궤짝 113 ● 수정본 실록은 왜 만들어졌나 116

5. 왕조의 통치 질서를 표현하는 제사 기록 『종묘의궤』·『사직서의궤』 120
● 종묘의 연혁 121 ● 사직의 연혁 125 ● 『종묘의궤』와 『사직서의궤』의 내용 127 |sb| 『사직서의궤』에 나오는 일무 129 |sb| 제례시 국왕과 왕세자의 복장 130 ● 제례와 제례악 131

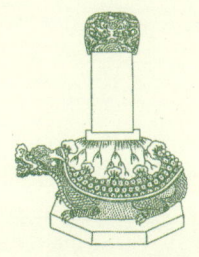

6. 왕실에서 사용한 도장에 관한 기록 『보인소의궤』 135
|sb| 조선 왕실의 보인 136 ● 보인에 관한 기록 138 ● 『보인소의궤』의 내용 140 |sb| 『보인소의궤』에 수록된 각종 보인 도설 144 ● 『보인소의궤』에 수록된 보인 146 |sb| 보인의 구성 요소 148 |sb| 『보인소의궤』에 수록된 녹·통·호갑 148 |sb| 대보를 상자에 넣는 절차, 봉과식 149 ● 고종의 황제 즉위와 보인 149 |sb| 『보인부신총수』에 수록된 보인과 인면 152

7. 국왕과 신하가 함께하는 활쏘기 시합 『대사례의궤』 ·············· 153
● 대사례란 어떤 행사인가 154 ● 『대사례의궤』의 내용과 구성 157 |sb| 영조의 성균관 행차 시 경호 상황과 부서별 임무 158 ● 그림으로 보는 대사례 절차 161 |sb| 웅후의 크기와 재료 162 |sb| 시사관·사우별단(侍射官射耦別單) 165 ● 대사례의 마무리 166

8. 정조의 화성 행차, 그 8일간의 장대한 역사 『원행을묘정리의궤』 ········ 168
● 정조의 화성 행차와 그 의미 168 ● 『원행을묘정리의궤』의 내용과 구성 169 |sb| 정조가 내린 능행시 지침 173 |sb| 능행 코스의 변경 173 |sb| 〈화성원행반차도〉와 『원행을묘정리의궤』의 반차도 174 ● 날짜별로 본 주요 행사 176 ● 반차도로 보는 그날의 행렬 180 |sb| 혜경궁 홍씨가 탔던 가마의 부분도 183

9. 조선왕조 문화 절정기의 대역사 『화성성역의궤』 ················ 188
● 화성의 축성 188 ● 『화성성역의궤』의 내용 구성 190 ● 아름다운 과학 건축 도시 192 |sb| 화성의 4대문 192 |sb| 화성 복원 전후의 현판들 195 ● 오늘날의 화성 198 |sb| 화성 성곽과 행궁의 복원 202 |sb| 화성의 명승지 204

10. 궁중잔치의 화려한 멋, 궁중잔치의궤 ······················ 205
● 화려하고 웅장한 궁중잔치, 연향 208 |sb| 조선시대 법전에 기록된 연향 규정 209 ● 궁중잔치의궤의 내용 210 |sb| 궁중잔치에 쓰인 기물과 복식 211 |sb| 의궤에 기록된 기생의 실명(實名) 212 ● 조선시대의 궁중무용 213 |sb| 「외진찬정재도」에 수록된 무용 장면 214 · 「내진찬정재도」에 수록된 무용 장면 215 ● 『순조기축진찬의궤』에 나타난 궁중잔치의 이모저모 219 |sb| 영국으로 건너간 『기사진표리진찬의궤』(己巳進表裏進饌儀軌) 223 ● 행사의 모습을 병풍으로 제작하다 224

11. 조선시대의 악기 만들기 『악기조성청의궤』 ··················· 228
● 경석의 채취 229 ● 악기 제작의 배경 233 ● 『악기조성청의궤』의 내용 234 ● 경모궁의 악기와 관복 237 |sb| 『경모궁의궤』에 수록된 악기 그림 240 |sb| 악기의 재료 244

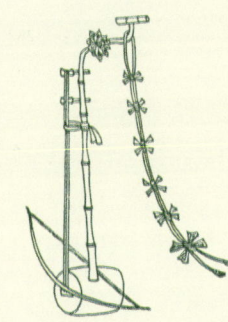

12. 국왕의 초상화 제작 기록, 어진 의궤 ······················ 246
● 국왕의 초상화, 어진 247 |sb| 초상화에 나타난 곰보 자국 249 ● 어진을 그린 화원들 250

● 기록으로 남긴 어진 제작 과정 253 |sb| 영·정조의 초상화를 그린 김홍도 254 ● 현존하는 도사도감의궤 256 |sb| 어진의 보관 257 ● 반차도로 보는 어진 가마 행렬 260

제3부 | 어람용 의궤의 영광과 수난

1. 어람용 의궤와 분상용 의궤 ························· 264
● 국왕이 열람하는 어람용 의궤 264 |sb| 어람용과 분상용 의궤의 재료 265 ● 외규장각의 어람용 의궤 266 |sb| 강화도 조선궁지 발굴 사업과 외규장각의 복원 268 ● 프랑스군의 의궤 약탈 269

2. 의궤의 반환과 외규장각 의궤 조사 ························· 270
● 외규장각 의궤 반환을 위한 교섭 270 ● 외규장각 의궤의 실사 272 |sb| 파리국립도서관 소장 외규장각 도서 274 ● 남은 문제들 275

부록

조선시대 주요 의궤 목록 ························· 278
이밖에 더 읽을 만한 책들 ························· 282
이 책을 만드는 데 도움을 받은 문헌들 ························· 283
도판 목록 ························· 285
찾아보기 ························· 289

|sb|는 'special box'의 약자로, 이 책의 흥미를 더해 주는 본문 속의 '특별한 공간' 입니다.

조선 왕실 기록문화의 꽃, 의궤

강화도 외규장각

의궤를 보관한 또 하나의 장소가 강화도에 있는 외규장각이었다. 1782년(정조 6) 2월, 정조는 강화도 행궁 자리에 외규장각을 건설하고 강화부와 창덕궁 봉모당에서 보관해 왔던 왕실 관련 물품을 이곳으로 옮겼다. 이때 규장각에 보관했던 어람용 의궤도 유사시를 대비하여 외규장각으로 옮겨졌다.

정조가 강화도에 외규장각을 세운 것은 강화도의 지리적 위치와 전략적 가치 때문이었다. 오늘날 강화도는 인천광역시에 소속된 하나의 군에 불과하지만 조선시대의 강화도는 오늘날 직할시에 해당하는 유수부(留守府)가 설치된 대도시였다. 강화도가 이렇게 중시된 이유는 교통로 및 국방 문제와 밀접한 관련이 있다.

제1부 기록문화의 꽃, 의궤

조선시대에는 국왕의 혼인을 비롯하여 세자의 책봉, 왕실의 혼례, 왕실의 장례, 궁궐의 건축과 같이 국가나 왕실에 중요한 행사가 있으면 행사가 진행되는 동안의 모든 사항을 기록으로 남겨 두었다. 그리고 행사가 끝나면 즉시 의궤청<儀軌廳>을 설치하여 의궤를 편찬하였다. 즉 국가적 행사를 준비하고 관리하는 전담 기구를 설치하여 행사의 전말을 기록한 후 의궤라는 보고서를 편찬하여 국왕 및 관련 기관에 보고한 다음에야 행사의 전 과정이 마무리되었던 것이다.

1

조선시대 기록문화의 전통

의궤란 무엇인가 | 조선시대에는 국왕의 혼인을 비롯하여 세자의 책봉, 왕실의 혼례, 왕실의 장례, 궁궐의 건축과 같이 국가나 왕실에 중요한 행사가 있으면, 행사가 진행되는 동안의 모든 사항을 기록으로 남겨 두었다. 그리고 행사가 끝나면 즉시 의궤청(儀軌廳)을 설치하여 의궤를 편찬하였다. 즉 국가적 행사를 준비하고 관리하는 전담 기구를 설치하여 행사의 전말을 기록한 후 의궤라는 보고서를 편찬하여 국왕 및 관련 기관에 보고한 다음에야 행사의 전 과정이 마무리되었던 것이다.

조선시대의 국왕은 매우 막강한 권한을 가지고 있었다. 재임 기간도 본인의 희망에 의하여 후계자에게 왕위를 물려주지 않는 이상 사망할 때까지 계속하는 종신직이었다. 따라서 국가의 운명은 국왕의 자질과 능력에 따라 크게 좌우되었고, 사대부들은 국가의 존립을 위해서―조선시대의 표현 방식을 빌리면 종묘와 사직을 보존하기 위해서―국왕의 막강한 권한을 규제할 수 있는 방안을 생각했다. 그래서 만들어낸 방안의 하나가 국왕의 교육이었고, 다른 하나가 철저한 기록이었다.

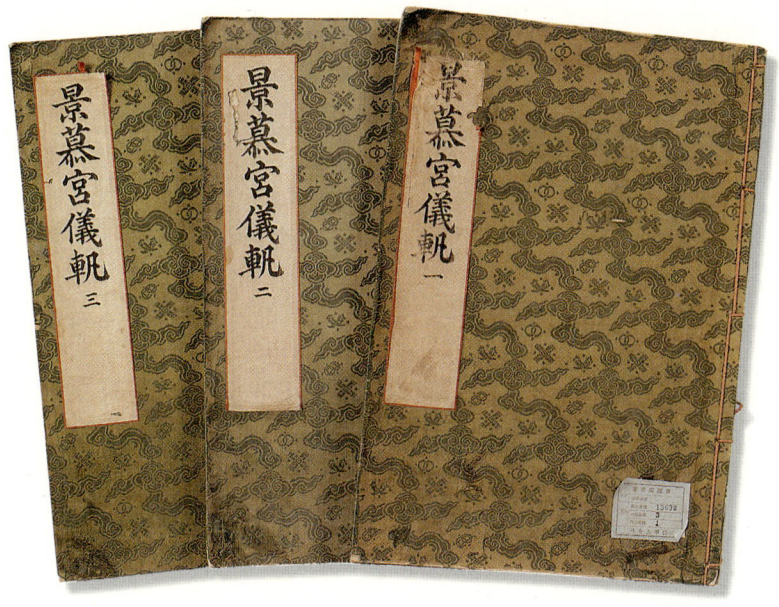

경모궁의궤 정조 8년(1784), 사도세자와 그의 사당인 경모궁에 관계된 기록과 제사 의식을 정리한 의궤. 경모궁의 배치도인 〈본궁전도〉, 제사 의식 때의 위치를 그린 〈향사반차도설〉, 제례에 쓰인 악기를 그린 〈악기도설〉 등의 그림이 수록되어 있다. 서울대학교 규장각 소장.

   조선시대의 국왕은 왕자로 태어나 죽을 때까지 교육을 받아야 했다. 국왕의 교육은 나이와 신분에 따라 몇 단계로 구분되었다. 왕자가 태어난 후 유아기에는 보양청(輔養廳)[1] 교육을, 아동기에는 강학청(講學廳)[2] 교육을 받아야 했는데, 이는 왕자라면 누구나 받게 되는 기초 교육이었다.

   그러나 세자로 책봉되면 교육의 수준은 확연히 달라졌다. 왕세자는 장차 왕위에 올라 대통을 계승할 후계자이므로 다른 왕자들과는 달리 본격적인 국왕 교육을 받지 않으면 안되었다. 왕세자 교육을 의미하는 서연(書筵) 교육은 시강원(侍講院)이란 전문 교육기관이 담당하였는데, 여기서는 국왕으로서 갖춰야 할 덕망과 지식에 관한 교육이 집중적으로 실시되었다.

   왕세자가 국왕으로 즉위한 이후에는 경연(經筵)이라 불리는 국왕 교육이 시작되었다. 경연은 경연청(經筵廳)[3]에서 전담하였는데, 국가의 고위 관료들은 경연을 통해 국왕에게 학문에 힘쓰고 정사에 근면할 것을 요청하고, 중요한 정책을 토론하는 기회도 가졌다.

   그리고 이러한 국왕의 학습 상황은 각 단계별로 『보양청일기』, 『강학

[1] 원자(왕의 적장자)와 원손(왕세자의 적장자)의 보호와 양육을 위해 설치한 기구. 원자·원손의 출생과 동시에 설치되었으며, 보양관은 종2품에서 정3품까지의 고관 가운데서 임명하였다.
[2] 원자와 원손의 조기교육을 위해 설치한 기구. 대체로 보양청의 보양관이 그대로 사(師)·부(傅)에 임명되었다. 궁궐 안에 별도의 학당을 마련하고 한자·한글·체조 등을 가르쳤다.
[3] 경연은 국왕에게 유교 경전 및 역사를 강론하는 일이며, 경연청은 경연관이 경연에 참석하기 위해 대기하던 장소이다.

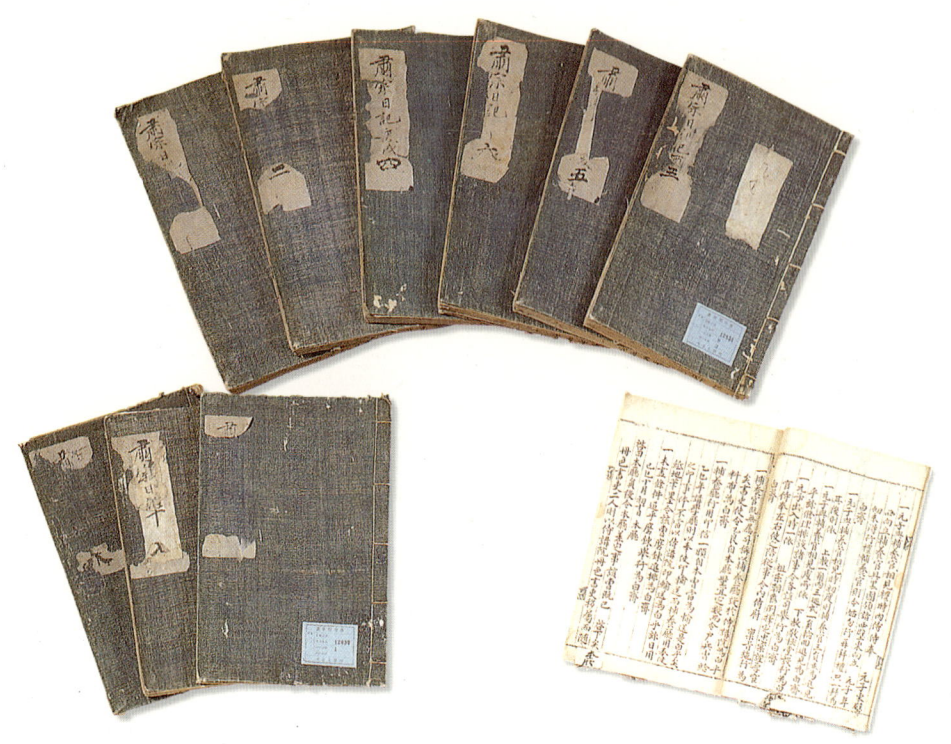

숙종강학청일기, 숙종춘방일기, 경종보양청일기 숙종과 경종의 교육을 담당했던 관서들의 일기. 『강학청일기』(1책)는 숙종이 원자로 있던 5세 때, 『춘방일기』(8책)는 세자로 있던 7~14세에 행한 교육의 내용을 날짜별로 기록한 책이다. 『보양청일기』는 경종이 유아였을 때(2~3세) 양육을 담당했던 보양청의 일기이다. 서울대학교 규장각 소장.

청일기』, 『서연일기』, 『경연일기』로 기록돼 관리되었다. 따라서 성왕(聖王)이 되기를 꿈꾸는 국왕이라면 한시도 학문 연마를 소홀히 할 수가 없었으며, 사대부들은 이 교육을 통해 국왕을 견제할 수 있었다.

왕권을 규제하는 또 하나의 제도적 장치는 철저한 기록문화였다. 『조선왕조실록』은 조선시대 기록문화의 수준을 잘 보여 주는 자료이다. 실록은 국왕이 사망한 후에 비로소 편찬되었고, 후대의 국왕이라도 선왕의 실록을 볼 수 없게 함으로써 기록을 담당한 사관(史官)의 신분을 보장하고 기록의 진실성을 확보했다. 뿐만 아니라 국왕 교육에 관한 일기류 역시 경연 관리와 국왕, 서연 관리와 왕세자 사이의 학습 내용과 주고받은 대화까지 복원 가능할 만큼 철저히 기록됨으로써 국왕의 행동과 생각들은 만천하에 공개되었다.

조선시대의 국왕은 자신이 살아 있을 때는 물론이고 사후에 정리될 기록까지 의식하면서 살아야 했으므로, 스스로를 단속하고 경계할 수밖에 없었다. 다시 말해 국왕의 동정에 대한 철저한 기록은, 막강한 왕권중심 체제에서 국왕의 독단적인 국정 운영을 방지할 수 있는 견제책이자 정치의 투명성을 확보하기 위한 조처였던 셈이다.

이러한 조선시대 기록문화의 꽃이 바로 '의궤'이다. 국왕이 수행하는 국정 가운데 경비가 많이 소요되는 국가 행사를 대상으로 제작되었던 의궤는, 행사의 내역 일체를 빠짐없이 기록하여 공개함으로써 철저했던 조선시대 기록정신의 단면을 유감없이 보여 준다. 즉 행사 기간 중에 국왕이 내린 명령서, 업무를 분장(分掌)한 관청간에 오간 공문서, 업무의 분장 상황, 업무 담당자의 명단, 행사 또는 공사에 동원된 인원, 소요 물품, 경비의 지출 내역, 유공자에 대한 포상 상황이 모두 기록됨으로써 국가의 재정이 낭비되거나 딴 곳으로 전용되는 것을 방지할 수 있었던 것이다.

영조정순후가례도감의궤 중 기명도(부분) 왕실 결혼식에 사용된 각종 탁자와 술병, 술잔들.

의궤에서 발견되는 또 하나의 특징은 아름다운 기록화이다. 의궤에는 행사의 전 과정을 보여 주는 반차도(班次圖)나 각종 건물 또는 물품의 모습을 그린 도설(圖說: 그림 설명)이 수록되어 있다. 대개 천연색으로 그려진 이 그림들을 통해서 우리는 행사가 진행되던 당시의 모습을 입체적으로 느낄 수 있고, 문자 기록만으로는 미처 파악할 수 없었던 물품의 세부 사항까지도 분명하게 알 수 있다. 그러므로 의궤는 기록과 그림이 함께 어우러진 종합적인 행사 보고서라 할 수 있다.

4 궁중의 행사 장면을 그림으로 그린 것으로 반열도(班列圖)·노부도(鹵簿圖)라고도 한다. 궁중 행사의 의식과 늘어선 관원들의 배치 상황이 정확하게 묘사되어 있다.

순조순원후기례도감의궤 반차도 중 왕과 왕비의 가마

의궤의 역사

의궤는 조선 초부터 제작된 것으로 보인다. 실록의 기록에 따르면 태종 11년(1411)에 "종묘제례에 앵두를 올리는 시기가 의궤에는 5월 초하루와 보름이라고 규정되어 있다"는 구절이 있고, 세종 4년(1422)에 태종의 국장 제도를 의논하면서 태조와 정종의 『상장의궤』(喪葬儀軌)와 태종의 비 원경왕후(元敬王后)의 『국상의궤』(國喪儀軌)를 거론하기 때문이다. 또한 성종 때에 만들어진 『악학궤범』(樂學軌範)[5]은 장악원(掌樂院)[6]에 있던 의궤의 악보들을 뽑아서 만든 책이었다. 따라서 의궤는 조선이 건국된 직후부터 국가의 주요 행사를 거행할 때마다 만들어진 것으로 추정된다.

그러나 현재 남아 있는 의궤는 모두 17세기 이후에 만들어진 것이고 그 이전의 것은 발견되지 않는다. 16세기 말에서 17세기 초 사이에 왜란과 호란이라는 두 차례의 큰 전쟁을 겪으면서 조선 정부의 공식 기록들은 대부분 불타 버렸는데, 의궤 역시 전란의 와중에 소실된 것으로 보인다. 현재 규장각에 소장된 의궤 중에는 제작 연대가 1600년(선조 33)까지 올라가는 것이 있는데, 책에는 불에 그을린 흔적이 남아 있어 이러한 추정을 뒷받침해 준다.

17세기 이후 의궤는 꾸준히 제작되었고, 18세기에 들어오면 그 종류

[5] 1493년(성종 24) 발간. 조선시대의 의궤와 악보를 정리하여 편찬한 악서(樂書). 궁중 의식에서 연주되는 음악에 필요한 음악이론, 악기, 의상, 무대장치, 무용 방법 등의 여러 사항이 빠짐없이 망라되어 있다.

[6] 조선시대 궁중에서 행해지는 음악과 무용에 관한 일을 담당한 관청.

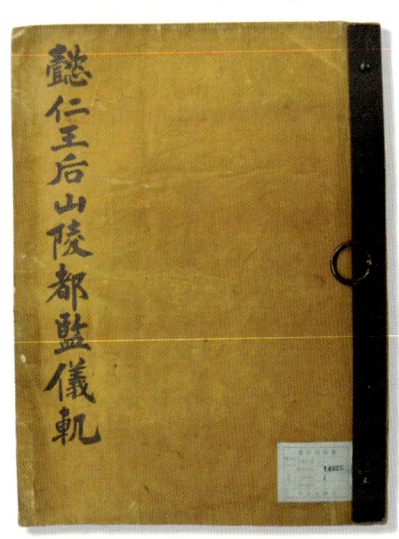

의인왕후산릉도감의궤 규장각에 남아 있는 의궤 가운데 가장 연대가 올라가며, 현 동구릉 소재 선조 능의 좌측에 있는 선조비 의인왕후 박씨의 능을 조성한 기록이다. 본문을 펼치면 불에 탄 흔적이 보이며, 「목록」(目錄)과 「좌목」(座目), 「계사」(啓辭) 내용의 일부분이 손실되어 있는 등 의궤의 상태가 완전하지 못하다. 서울대학교 규장각 소장.

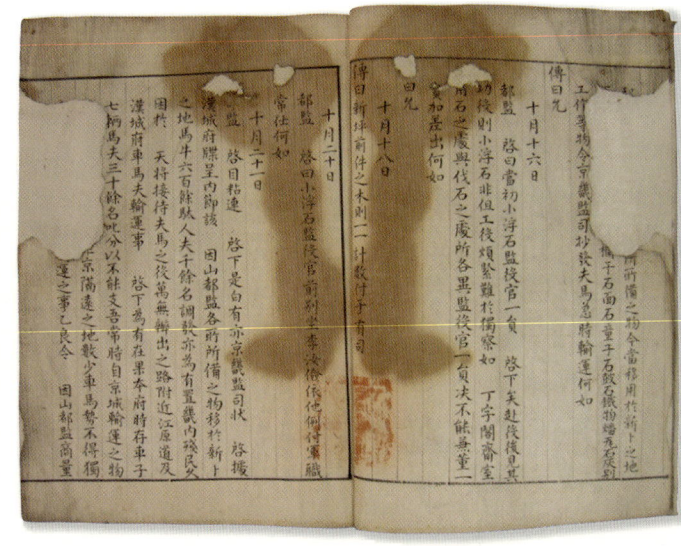

원행을묘정리의궤 정조 22년(1798) 간행. 1795년 윤2월에 정조가 생모인 혜경궁 홍씨를 모시고 화성의 현륭원(顯隆園: 사도세자의 묘)에 행차한 배경과 경위, 절차, 화성에서의 행사 등을 기록한 의궤이다. 종래의 의궤가 필사본으로 제작되었던 것과는 달리, 『원행을묘정리의궤』 이후로는 활자본 의궤가 제작되기 시작하였다. 서울대학교 규장각 소장.

와 숫자가 폭발적으로 늘어난다. 18세기는 국가의 각종 문물과 제도를 전반적으로 재정비하는 시기였으므로, 국가적 행사의 보고서인 의궤 역시 많이 만들어진 것으로 보인다. 특기할 점은, 종래의 의궤는 손으로 직접 쓰고 그림을 그린 필사본으로만 만들어졌는데 정조대의 『원행을묘정리의궤』(園行乙卯整理儀軌)나 『화성성역의궤』(華城城役儀軌)를 필두로 활자본 의궤가 만들어지기 시작했다는 것이다. 그런데 금속활자를 이용하여 인쇄한 활자본 의궤라 하더라도 그 속에 수록된 그림은 목판을 새겨서 찍은 목판본이었다. 오늘날 많이 알려진 1795년 정조의 화성 행차를 그린 《화성능행도》는 의궤 속에 포함된 목판본 그림을 바탕으로 제작된 것이다. 이 시기에 활자본 의궤가 만들어진 것은 보다 많은 사람들에게 이를 보급하여 왕조의 국정 운영 상황을 알리기 위해서였다.

의궤는 19세기에도 계속해서 만들어졌다. 특히 정조의 정책을 계승하여 부강한 국가를 만들려 했던 고종대에는 많은 의궤들이 제작되었는데, 그 체제나 내용에서도 정조대의 의궤와 비슷한 방식을 채택했다. 가장 마지막에 나온 의궤는 1926년 순종황제의 국장을 기록한 『순종효황제어장주감의궤』(純宗孝皇帝御葬主監儀軌)와 1929년 순종황제와 순명황후(純明皇后)의 삼년상을 치른 후 신주를 종묘에 모시는 과정을 기

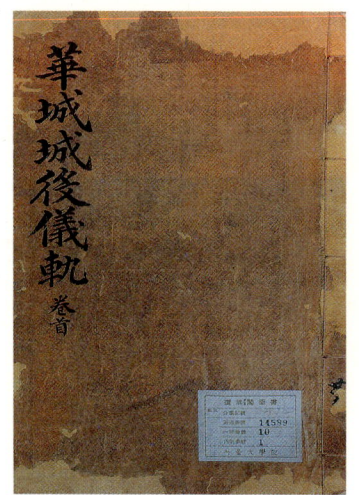 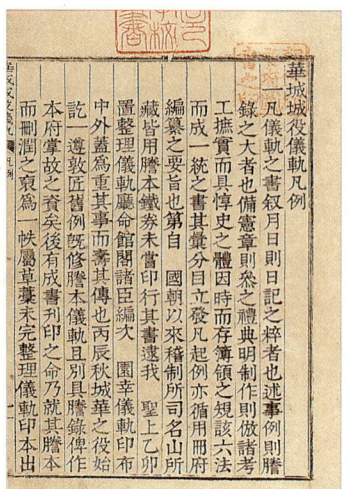 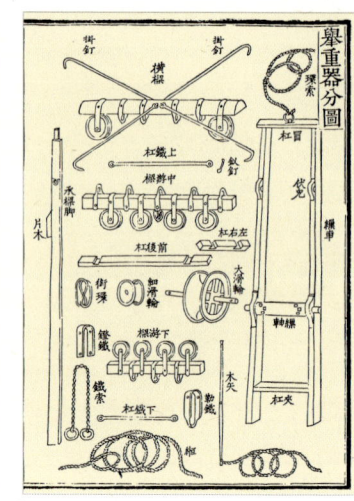

화성성역의궤 화성을 축조한 뒤 공사에 대한 일체의 내용을 기록한 의궤. 화성 축조 공사는 1794년(정조 18) 1월부터 시작되어 1796년 8월까지 계속되었는데, 본 의궤는 1796년에 완성되었고 1801년(순조 1)에 간행·보급되었다. 수록된 그림은 목판을 새겨 찍은 목판본이다. 서울대학교 규장각 소장.

록한 『순종효황제순명효황후부묘주감의궤』(純宗孝皇帝純明孝皇后祔廟主監儀軌)이다. 따라서 의궤는 조선이 건국된 이후부터 순종황제가 사망할 때까지 꾸준히 만들어졌다고 할 수 있다.

의궤라는 이름은 이후에도 계속해서 사용되었다. 일제가 한반도를 식민지로 지배하는 동안 이왕직(李王職)[7]이 작성한 문서 중에 의궤라는 이름이 들어간 것이 있는데, 1935년에 작성된 『전묘궁원단묘의궤』(殿廟宮園壇墓儀軌)는 이왕직에서 관장하던 각급 제사의 축문식을 정리한 것이고, 1942년에 작성된 『종묘영녕전의궤』(宗廟永寧殿儀軌)는 이 해 9월 11일에 거행한 대제(大祭)의 축문을 기록한 것이다. 그러나 이때의 의궤는 특정한 행사에 관한 일체의 기록을 정리한 것이 아니라 이왕직이 관장하던 왕실 제례의 축문을 정리한 장부에 불과하였다. 왕조의 쇠망과 함께 의궤의 기록도 초라해져 갔던 것이다.

[7] 일제하 조선 왕실에 관한 업무를 총괄하던 기관. 이왕직 직원의 임명이나 상벌은 일본 궁내부 대신의 소관이면서 조선총독부의 감독을 받았다. 또한 조선 왕실에 관한 일체의 사항은 이왕직을 통해 일본 궁내부에 보고되었다.

2

왕실의 주요 행사와 의궤

儀軌

조선시대에는 국가나 왕실에 주요 행사가 있을 때 행사의 전 과정을 낱낱이 기록한 의궤를 만들어 후대에 참고가 되게 했다. 따라서 의궤는 조선시대에 거행했던 국가 행사의 종류만큼이나 다양한 종류가 만들어져 왔다고 할 수 있다. 이렇게 왕실의 주요 행사를 의궤로 남기는 전통

세종대왕 왕자 태실 경북 성주군 월항면 선석산 일대에는 세종대왕의 왕자 18명의 태실을 비롯하여 19기의 태실이 모셔져 있다. ⓒ 김성철

예종대왕 태실과 태실비 원래는 완주군 구이면 평촌리 태실마을 뒷산에 세워져 있었으나 1970년 이곳으로 옮겨졌다. 전주시 완산구 경기전 내 소재.
ⓒ 김성철

8 왕세자·왕세손의 책봉 혹은 존호를 올릴 때 사용하는 상징물. 죽책은 대나무에 글씨를 새긴 것이며, 옥인은 옥으로 만든 도장이다.

은 중국이나 다른 나라에서는 발견되지 않는다. 의궤는 우리나라에서만 작성된 독특한 형식의 책이라는 점에서도 그 의미가 크다 할 것이다.

국왕의 일생과 관련된 의궤 조선시대의 의궤 중에는 국왕의 일생과 관련된 의궤가 많이 있다.

왕실에 새 왕자가 탄생하면 즉시 왕자의 태(胎)를 보관할 장소를 결정하고 현지에 태실(胎室)을 만들어 정중하게 안장하게 되는데, 그 과정을 기록한 것으로서 『원자아기씨장태의궤』(元子阿只氏藏胎儀軌)가 있다. 후에 이 왕자가 국왕으로 즉위하게 되면 태실을 태봉(胎封)으로 격상시키고 주위의 석물을 추가로 설치하는데 이때에는 『태실석난간조배의궤』(胎室石欄干造排儀軌)가 만들어졌다.

왕자가 왕세자로 책봉되면 『세자책례도감의궤』(世子册禮都監儀軌)가, 왕세손으로 책봉되면 『왕세손책례도감의궤』(王世孫册禮都監儀軌)

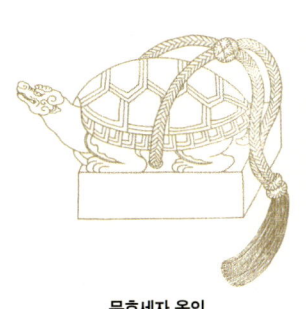   

| 문효세자 옥인 | 옥인의 인면 | 죽책 | 죽책내궤 |

가 만들어졌다. 왕세자 책봉식은 장차 왕위를 계승하게 될 후계자를 결정하는 행사이므로 궁궐의 정전에서 성대하게 거행되는데, 이 자리에서 국왕은 공식 예복인 면복(冕服) 차림을 하였고 책봉된 왕세자나 왕세손은 상징물로 죽책(竹冊)과 옥인(玉印)[8]을 받았다.

조선시대의 국왕은 대부분 전왕이 사망하여 장례가 진행되는 도중에 왕위에 올랐으므로 국왕의 즉위식을 기록한 의궤는 좀처럼 보이지 않는다. 그러나 고종황제의 경우 왕위에 있다가 황제로 즉위했고, 즉위식 자체가 군주국에서 황제국으로 격상되는 중요한 의식이었기 때문에 의궤가 작성되었다. 1897년에 작성된 『고종대례의궤』(高宗大禮儀軌)가 바로 그 책이다.

왕실의 혼인이 있을 때는 『가례도감의궤』(嘉禮都監儀軌)가 작성되었다. 왕 또는 왕세자가 혼인할 시기가 되면 전국에 금혼령을 내린 상태에서 3차에 걸친 선발 과정 끝에 왕비 또는 왕세자빈을 선발하였고, 다시 여섯 가지 절차를 거쳐 혼례를 치렀다. 의궤에는 왕비를 간택하는 과정, 혼수 물품, 국왕이 왕비를 맞으러 가는 과정 등이 소상히 기록되었으며, 혼인의 하이라이트라 여겨진 친영(親迎) 행렬이 반차도로써 생동감 있게 표현되었다. 국왕의 결혼식에는 상징물로 옥책(玉冊)과

문효세자의 옥인, 옥인의 인면, 죽책, 죽책내궤 『경모궁의궤』에서 인용.

고종대례의궤 1897년 간행. 조선시대 국왕은 대부분 전왕이 사망하여 장례가 진행되는 도중 왕위에 올랐으므로 즉위식을 기록한 의궤는 좀처럼 보이지 않는다. 반면 『고종대례의궤』는 왕위에 있다가 황제로 등극한 고종의 황제 즉위식을 기록한 의궤로, 군주국에서 황제국으로 격상되는 의미가 담겨 있다. 서울대학교 규장각 소장.

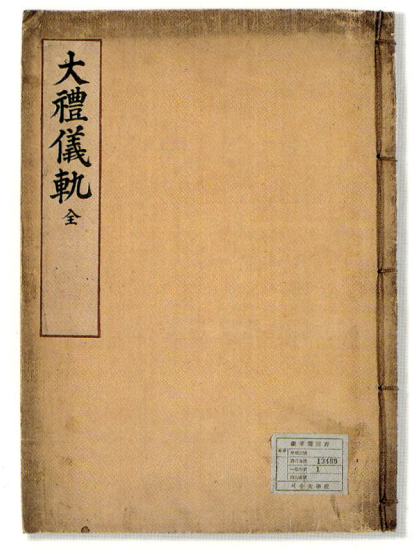

영조의 금보 국립고궁박물관 소장.

영조의 금보와 옥책의 도설 금보는 왕비에 책봉되었음을 증명하는 도장이며 옥책은 왕비 책봉과 관련된 내용을 옥에 기록한 간책(簡册)이다. 『영조정순후가례도감의궤』에서 인용.

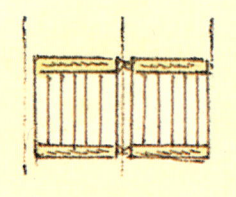

[9] 국왕이나 왕비의 책봉 혹은 존호를 올릴 때 사용하는 상징물. 옥책은 옥에 글씨를 새긴 것이며, 금보는 금도금을 한 도장이다.

금보(金寶)[9]가 만들어졌다.

국왕이나 왕비가 사망했을 때에는 『국장도감의궤』(國葬都監儀軌)가, 왕세자나 세자빈이 사망했을 때에는 『예장도감의궤』(禮葬都監儀軌)가 만들어졌다. 여기에는 장례 절차는 물론이고 장례에 쓰이는 상여, 그릇, 부장품 등 일체의 물품이 그림으로 그려져 함께 수록되었다. 또한 『국장도감의궤』와 함께 『빈전혼전도감의궤』(殯殿魂殿都監儀軌)와 『산릉도감의궤』(山陵都監儀軌)가 작성되었는데, 빈전혼전도감은 국왕 또는 왕비가 사망한 직후부터 상여가 나갈 때까지 사용되는 물품을 준비하고 제사를 집행하는 기관이었고, 산릉도감은 장지에 무덤을 조성하는 공사를 담당한 기관이었다. 또한 삼년상을 치른 후 국왕의 신위는 종묘로 옮겨지게 되는데, 이때의 의식을 기록한 『부묘도감의궤』(祔廟都監儀軌)가 있다.

1993년에 프랑스의 미테랑 대통령이 한국에 가져왔던 『휘경원원소도감의궤』(徽慶園園所都監儀軌)는 정조의 빈이자 순조의 생모인 수빈 박씨(綏嬪朴氏)의 무덤을 양주 배봉산에 조성한 사항을 기록한 의궤이다. '원'(園)이란 왕의 후궁, 세자, 세자빈의 무덤을 가리키는 말로서, 왕 또는 왕비의 무덤을 '능'(陵)이라 하는 것과 구별된다.

선농단과 선잠단지 농사의 신을 모신 선농단과 양잠의 신을 모신 선잠단은 국왕이 농업을 장려하기 위해 조성한 제사 공간이었다. 선농단은 동대문구 용두동에, 선잠단은 성북구 성북동에 위치한다. ⓒ 서울시사편찬위원회

국가 행사와 관련된 의궤

국가의 주요 행사가 있을 때에도 여러 가지 의궤가 작성되었다. 대표적인 것으로는 국가 제례가 거행되는 제단이나 제례 절차에 대한 의궤가 있다. 종묘와 사직은 국가의 대표적인 제사가 거행되는 공간이자 국가와 운명을 같이하는 기관이었다. 태조를 비롯한 역대 국왕의 신주를 모신 종묘와 토지 신과 곡물의 신을 함께 모신 사직에서는 매년 정기적으로 성대한 제사가 거행되었고, 국가의 대사를 알리거나 가뭄에 비를 기원하는 기우제도 수시로 거행되었다. 『종묘의궤』(宗廟儀軌)와 『사직서의궤』(社稷署儀軌)는 종묘와 사직의 시설 증축, 제례 절차, 제사에 사용되는 각종 기물들을 종합적으로 정리한 보고서이다.

임진왜란 이후 조선에서는 전쟁 중에 구원병을 보내준 명나라의 은혜에 보답하자는 대명의리론이 확립되었고, 명나라가 멸망한 이후에는 창덕궁 후원에 대보단(大報壇)을 건립하여 명나라 세 황제의 신위를 모시고 제사를 올렸다. 대보단은 황제의 제단이라고 해서 '황단'(皇壇)이라고도 불렀는데 『황단종향의궤』(皇壇從享儀軌)는 대보단에서의 제례

| 『친잠의궤』에 수록된 제단과 제기 진설도 |

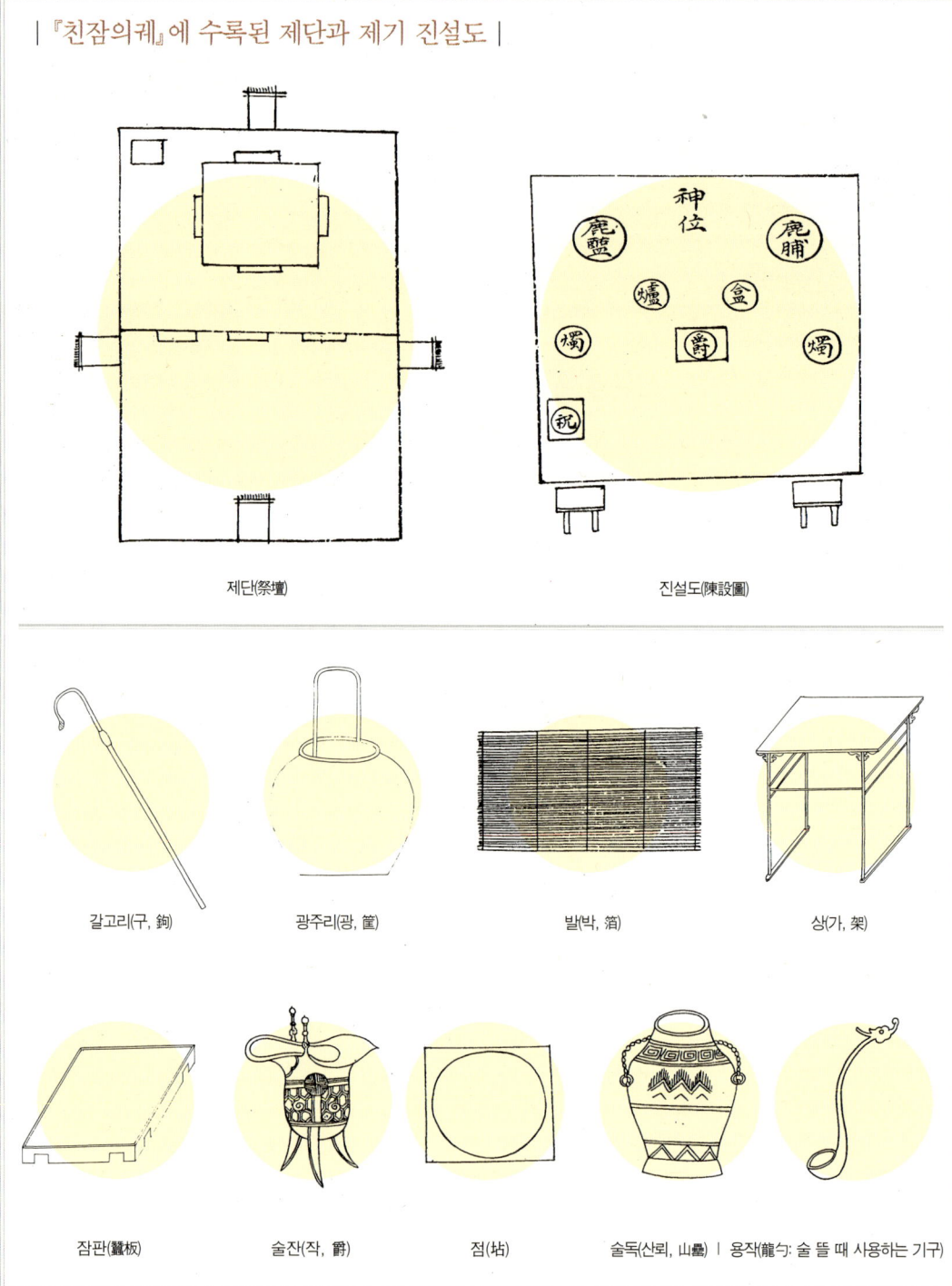

절차를 정리한 것이고, 『대보단증수소의궤』(大報壇增修所儀軌)는 대보단의 증축 공사를 기록한 보고서이다.

조선은 주산업이 농업인 국가였다. 따라서 왕실에서도 농사를 장려하기 위해 국왕이 농사를 짓고 왕비는 누에를 치는 행사를 거행함으로써 백성들에게 시범을 보였다. 『친경의궤』(親耕儀軌)는 국왕이 전농동에 있던 적전(籍田)[10]에 나가 시범적으로 농사를 짓는 과정을 기록한 것이고, 『친잠의궤』(親蠶儀軌)는 왕비를 비롯한 왕실의 여인들이 궁중에서 직접 누에를 치는 행사를 기록한 것이다.

국왕이 중국 사신을 영접할 때에는 『영접도감의궤』(迎接都監儀軌)가 정리되었다. 조선시대 전 시기에 걸쳐 중국과의 외교 관계는 국가적으로 중요한 업무였으므로 정부에서는 중국 사신의 접대에도 상당한 관심을 두었다. 따라서 사신이 방문할 때에는 그 영접을 전담하는 영접도감이 설치되었고, 영접도감 안에는 업무를 총괄하는 도청(都廳)과 실무를 담당하는 부서가 나뉘어 있었다. 현재 영접도감과 관련한 의궤로는 『도청의궤』(都廳儀軌)를 비롯하여 음식과 물자의 제공을 담당한 『미면색의궤』(米麵色儀軌), 사망한 국왕의 조문(弔問)에 관한 업무를 담당한 『사제청의궤』(賜祭廳儀軌)가 전해진다.

편찬 사업과 관련된 의궤

국가적으로 주요한 편찬 사업이 있을 때에도 의궤가 만들어졌다. 실록을 편찬할 때에는 『실록청의궤』(實錄廳儀軌)가, 실록을 수정한 경우에는 『실록수정청의궤』(實錄修正廳儀軌)가, 『신속삼강행실도』를 편찬할 때에는 『동국신속삼강행실찬집청의궤』(東國新續三綱行實撰集廳儀軌)가, 『천의소감』을 편찬할 때에는 『천의소감찬수청의궤』(闡義昭鑑纂修廳儀軌)가, 『국조보감』을 편찬할 때에는 『국조보감감인청의궤』(國朝寶鑑監印廳儀軌)가 정리되었다. 이들 의궤는 중요한 문헌의 편찬 사업을 기록한 것이므로 편찬 작업에 참여한 사람과 소요 물품을 상세히 기록하여 후세에 참고가 되도록 했다. 특히 『국조보감감인청의궤』에는 『국조보감』을

10 국왕이 농경의 시범을 보이기 위해 설정한 토지.

국조보감감인청의궤 1782년(정조 6)에 간행된 『국조보감』의 편찬 및 간행 과정과 관련 의식을 기록한 책. 『국조보감』은 조선시대 역대 왕의 업적 가운데 선정만을 모아 편찬한 편년체의 사서이다. 반차도에는 『국조보감』을 봉안하기 위해 종묘로 향하는 행렬이 그려져 있다. 그림은 반차도 가운데 의장 부분으로, 백택기·삼각기·각단기 등의 깃발과 청개·홍개·봉선 등의 우산류, 금월부·은횡과·금횡과 등 의장품들의 행렬이 장엄하고 화려함을 돋보이게 한다. 서울대학교 규장각 소장.

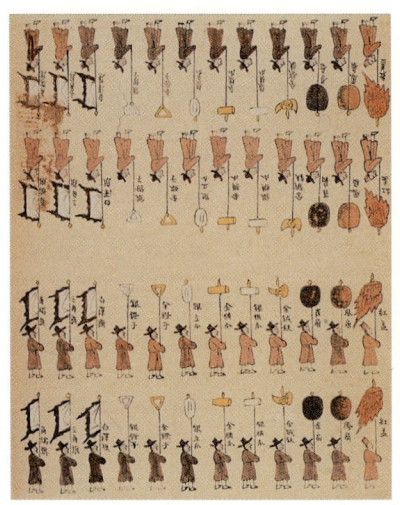 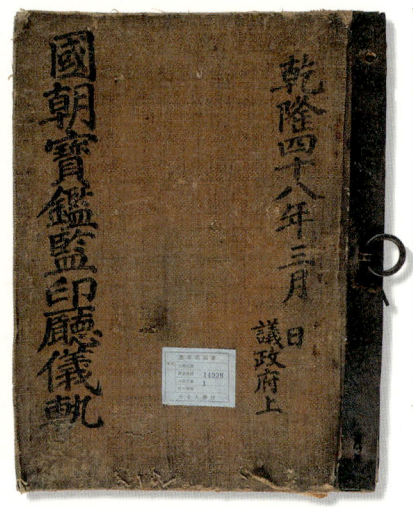

봉안(奉安)한 과정을 그림으로 정리한 반차도가 있어서, 조선 왕실의 서책 봉안 사업의 생생한 현장을 접할 수 있다.

건축과 관련된 의궤

궁궐이나 성곽의 건축 과정을 기록한 의궤로 『영건도감의궤』(營建都監儀軌)가 있다. 이들 의궤에는 당시 건축 기술의 수준과 소요 물품, 인력 동원 방식 등이 기록되어 있어 현대에 와서 궁궐이나 성곽을 복원할 때 활용되고 있다. 일례를 들면 화성(華城: 지금의 수원)은 일제강점기를 거치면서 성곽 일대가 훼손되기 시작했고 한국전쟁 때에도 심하게 파괴되었는데, 1975년 화성 성곽의 축성에 관한 내용을 기록한 『화성성역의궤』(華城城役儀軌)를 활용하여 3년 만에 복원 공사를 완료할 수 있었다. 또한 수원시에서는 화성의 중심부에 있던 화성행궁을 복원하였는데, 역시 『화성성역의궤』가 주요 자료로 이

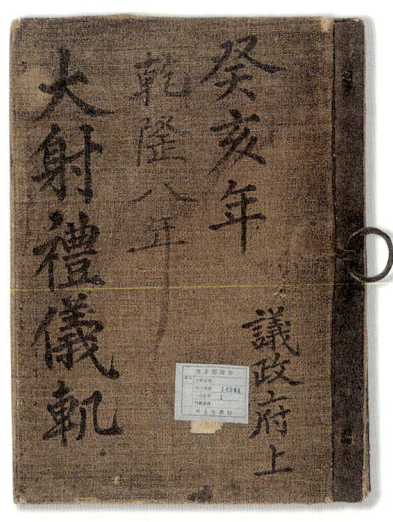

대사례의궤 1743년(영조 19) 윤 4월 7일에 영조가 성균관에서 행한 대사례 의식을 기록한 의궤이다. 대사례는 국왕과 신하가 한 자리에 모여 활을 쏘고, 그 맞힌 수에 따라 상벌을 행하는 의식이다. 서울대학교 규장각 소장.

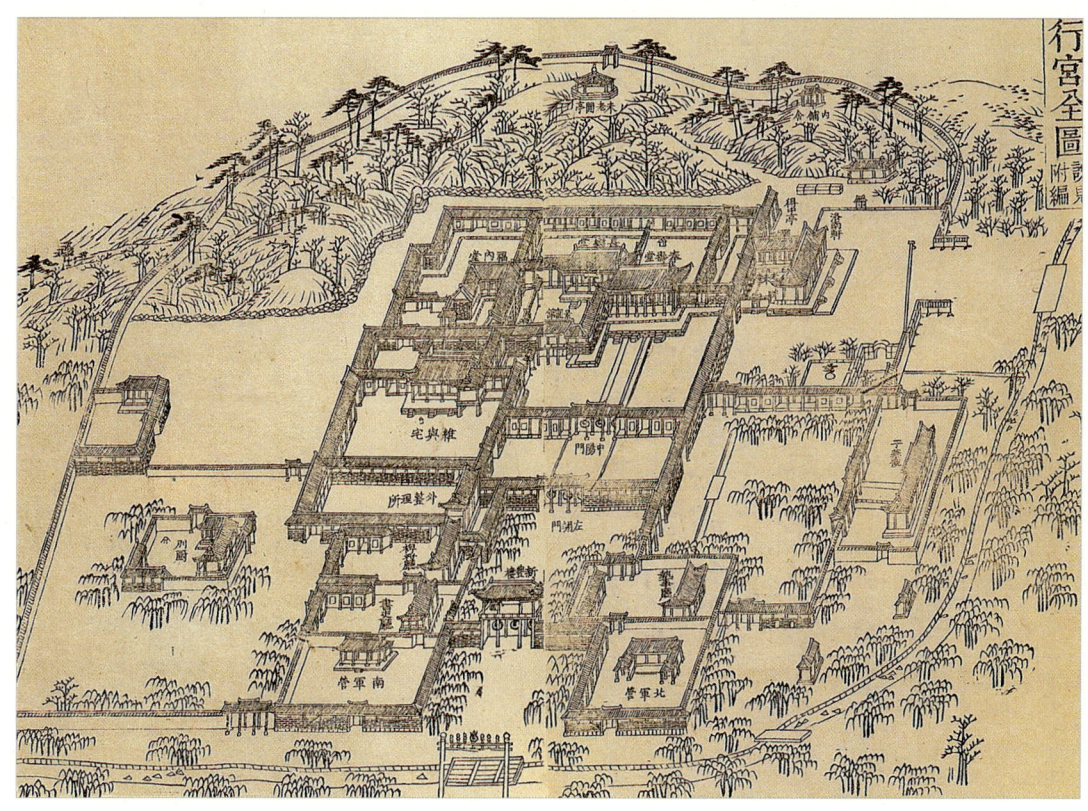

화성행궁전도 『화성성역의궤』에 그려진 행궁의 모습이다. 정문인 신풍루를 비롯하여 봉수당, 유여택, 낙남헌 등의 모습이 보인다. 「행궁전도」는 최근에 이루어진 화성 행궁의 복원에 큰 도움이 되었다.

용되었다. 그외 경복궁, 창덕궁, 경희궁, 경운궁 등 각종 궁궐의 중건 과정을 기록한 의궤들도 다수 있다.

기타 의궤 이외에도 궁중의 경사를 축하하기 위해 잔치를 벌인 것을 기록한 『진찬의궤』(進饌儀軌)와 『진연의궤』(進宴儀軌), 국왕의 초상화인 어진(御眞)을 제작하는 과정을 기록한 『어진도사도감의궤』(御眞圖寫都監儀軌), 국왕과 신하가 성균관에서 활쏘기〔射〕 시합을 했던 행사를 기록한 『대사례의궤』(大射禮儀軌) 등이 만들어졌다. 따라서 조선시대에 국가나 왕실에서 공식적인 행사를 거행했을 때에는 반드시 그에 관한 의궤가 작성되었다고 보아도 좋을 것이다.

인정전영건도감의궤 중 인정전과 녹로(상), 중화전영건도감의궤 중 중화전과 당가(하) 도설
창덕궁 인정전과 덕수궁 중화전을 지을 때 작성된 의궤이다. 녹로는 목재와 석재를 이동시킬 때 사용한 도구이며, 당가는 왕의 어좌가 위치하는 곳이다.

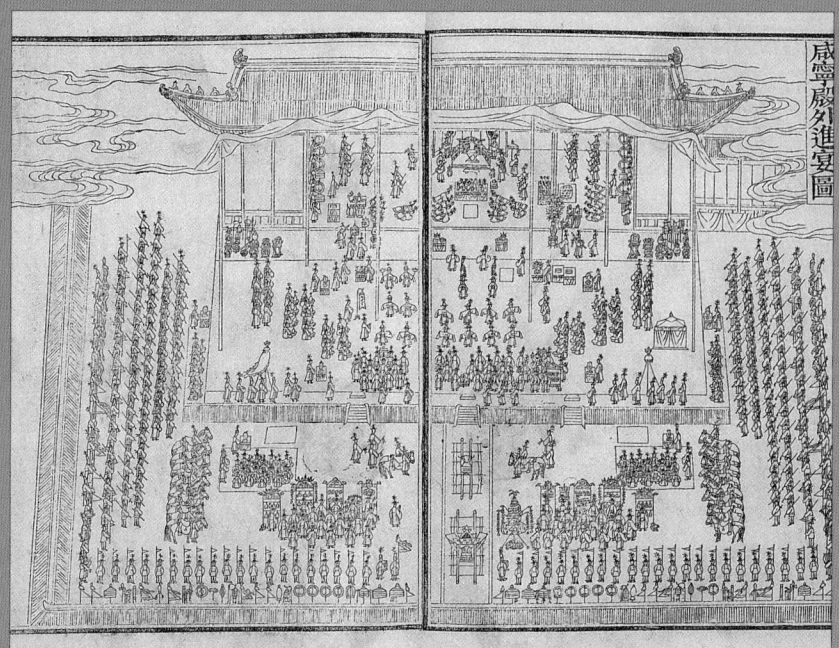

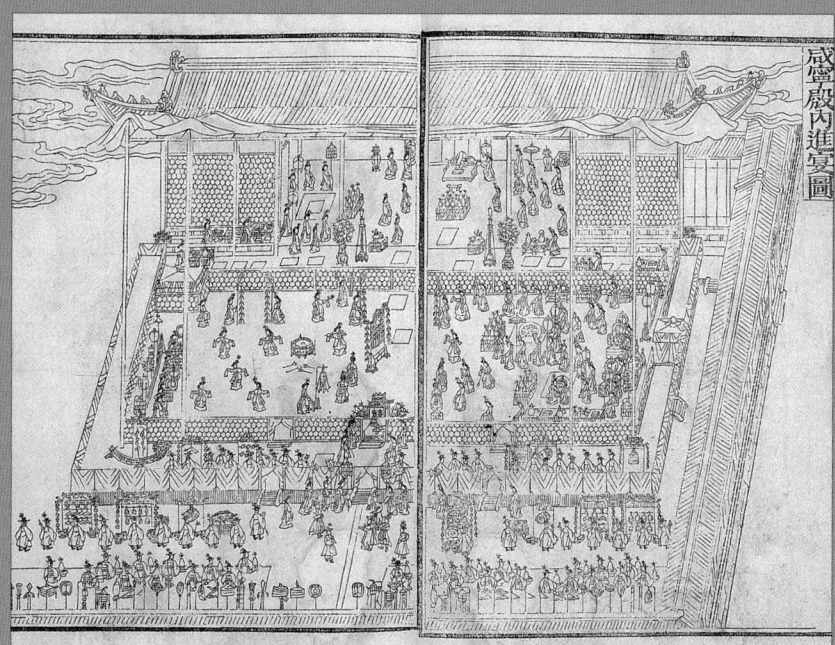

신축진연의궤 중 함녕전외진연도(상)와 함녕전내진연도(하)
「함녕전외진연도」를 보면 고종의 자리가 함녕전 중앙에 마련되고 오른쪽에 황태자의 시연위(侍宴位)가 있다. 덧마루 위에는 무동이 정재를 공연하고, 3품 이상의 동·서반이 함께 자리하였다. 고종과 황태자비, 좌·우명부(命婦), 군부인 등이 참여한 「함녕전내진연도」는 휘장을 사용하여 행사장을 여러 구획으로 나눔으로써 여령(女伶), 등가(登歌), 헌가(軒架)를 각각 격리된 공간 안에 배치하였다.

3

의궤의 제작과 구성 요소

의궤 제작을 위한 도감의 설치 왕실의 각종 행사를 치르기 위해서는 도감(都監)이라는 임시 기구가 먼저 설치되었는데 이 도감은 행사의 명칭에 따라 각각 그 이름이 달랐다. 즉 왕실 혼례의 경우에는 가례도감, 국왕이나 왕세자의 책봉 의식에는 책례도감, 왕실의 장례에는 국장도감, 사신을 맞이하는 행사일 경우에는 영접도감, 궁궐의 건축과 같은 일을 행할 때는 영건도감 등과 같은 이름을 붙였으며, 이들 임시 기구인 도감에서는 각자가 맡은 행사를 주관하였다. 오늘날로 말하자면 대통령취임준비위원회, 월드컵준비위원회가 구성되는 것과 비슷한 이치이다.

도감은 임시로 설치되는 기구이므로 관리들이 겸직하는 경우가 많았다. 도감의 직제는 대개 다음과 같은 방식으로 구성되었다. 먼저 총 책임자에 해당하는 도제조(都提調) 1인은 정승급에서 임명되었으며, 부책임자급인 제조(提調) 3~4명은 판서급에서 맡았다. 실무 관리자들인 도청(都廳) 2~3명, 낭청(郎廳) 4~8명 및 감독관에 해당하는 감조관(監造官)은 당하관의 벼슬아치 중에서 뽑았고, 그 아래에 문서 작성, 문

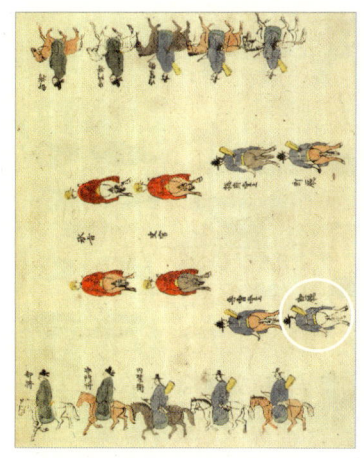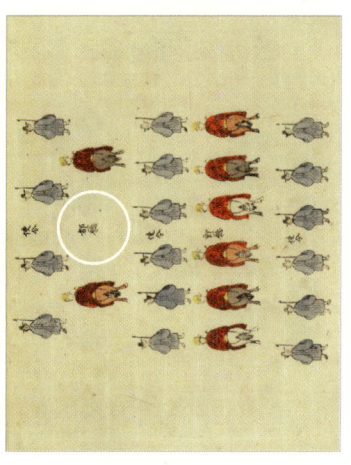

영조정순후가례도감의궤 반차도 중 실무 책임자들 왼쪽부터 순서대로 낭청, 도제조, 제조, 도청 등 실무책임자들의 모습이 보인다.

서 수발, 회계, 창고 정리 등의 행정 지원을 맡은 산원(算員), 녹사(錄事), 서리(書吏), 서사(書士), 고직(庫直: 창고지기), 사령(使令) 등이 수명씩 임명되었다. 도감에서는 행사를 지휘하는 관리자와 실제 업무를 담당하는 실무자들을 고르게 배치하였으며, 행사의 성격에 따라 인원의 증감이 있었다. 이들은 행사의 시작부터 끝까지 전 과정을 날짜순으로 정리한 자료를 먼저 만들었고, 이를 바탕으로 의궤를 제작하였다.

의궤는 어떻게 구성되어 있나

의궤에는 행사의 과정을 날짜에 따라 기록한 전교(傳敎: 국왕의 지시 사항)와 계사(啓辭), 이문(移文) 등 각종 공문서를 비롯하여 업무의 분장, 담당자의 명단, 동원된 인원, 소요된 물품, 경비의 지출, 유공자 포상 등에 관한 내용이 기록되어 있다. 또한 필요한 경우 행사의 전 과정을 보여 주는 반차도나 건물 및 기계의 설계도, 사용 물품의 도설 등을 첨부하여 당시 행사의 구체적인 절차 또는 건축물의 모습을 생생하고 입체적으로 표현하였다.

의궤에 수록된 공문서들은 국왕의 전교를 비롯하여 상급 관청에서 하급 관청으로 지시한 문서, 하급 관청에서 상급 관청으로 보고한 문서, 동급 관청에서 서로 주고받은 문서 등으로 구성되었다. 오늘날로 말하면 업무 협조를 위해 각 부서간의 필요 사항을 지시하거나 보고하

화성성역의궤에 기록된 장인 명단(부분)
片乭伊(편돌이), 片興乭(편흥돌), 申福乭(신복돌) 등 천민의 이름까지 기록되어 있다.

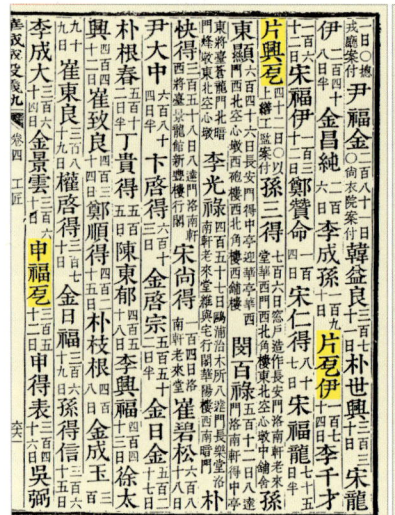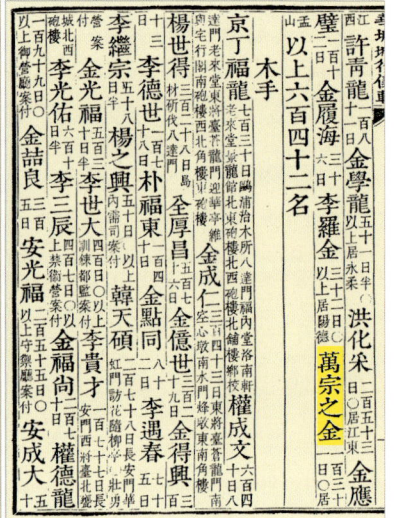

였던 것이다. 예를 들면 행사 준비를 위해 설치된 각 도감에 필요한 인원을 보내 줄 것을 요청한 문서, 각 방에서 필요한 물품의 조달을 건의한 문서 등이 있다. 또한 의궤에는 각 물품에 사용된 재료의 수량 및 비용, 즉 '실입'(實入)과 기존의 물건을 빌려 사용하고 반납한 물품 즉 '용환'(用還)이 구분된 채 기록되어 있어 물자의 낭비를 최대한 줄이려 했었던 의도를 읽을 수 있다.

의궤의 기록들은 전통시대에 제작되었던 물품들을 오늘날에 와서도 완벽하게 복원할 수 있을 만큼 치밀하다. 가령 『가례도감의궤』에서는 왕비가 결혼식에 입었던 각종 의복뿐만 아니라 착용한 장식품까지 일일이 기록하였는데, 가령 수사기(首紗只: 댕기) 1감의 경우 재료는 자적라(紫的羅) 4오리(가늘고 긴 조각을 세는 단위), 길이 2척 4촌, 넓이 1촌이라는 기록이 보여 그 재료와 크기를 알 수 있다. 또한 가마 제작에 사용되었던 물품이나, 각종 의장기(儀仗旗)의 재료와 수량, 빛깔 등이 상세히 기록되어 있다.

또한 의궤에는 행사의 내용에 관한 기록뿐만 아니라, 행사에 참여한 관리와 장인들의 실명(實名)을 기록한 것이 눈에 띈다. 의궤에는 작업에 참여한 사람들의 이름이 양민·천민의 구분 없이 모두 기록되어 있는데, 이 실명 기록은 행사 물품의 제작이나 공사에 하자가 발생할 경우에 그 책임 소재를 명확히 밝히는 근거가 될 수 있었을 것이다.

그렇다고 조선시대의 실명제가 작업자의 잘잘못만 가리려는 것은 결코 아니었다. 의궤에는 김노미(金老味), 김돌쇠(金乭金) 등 이름만으로도 천인임을 알 수 있는 사람들의 이름도 많이 보인다. 국가 최고의 보고서에 낮은 신분 계층 사람들의 이름까지 일일이 기록한 것에는, 그들로 하여금 남다른 책임감과 사명감을 가지고 작업에 참여할 수 있게 독려하는 깊은 뜻도 담겨 있었던 것이다.

『영조정순후가례도감의궤』의 목록

영조와 정순왕후(貞純王后) 결혼식의 전 과정을 기록과 그림으로 남긴 『영조정순후가례도감의궤』(英祖貞純后嘉禮都監儀軌)의 첫머리에 나오는 목록에 기재된 사항들을 보면 다음과 같다.

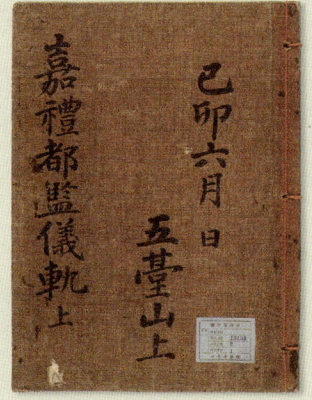

영조정순후가례도감의궤 1759년(영조 35) 6월에 있었던 영조와 정순왕후 김씨(김한구의 딸)의 결혼식 과정을 기록한 의궤. 왕비 후보를 뽑는 삼간택의 과정을 비롯하여 납채(청혼서 보내기), 납징(결혼 예물 보내기), 고기(날짜 잡기), 책비(왕비의 책봉), 친영(별궁으로 가 왕비 맞이하기), 동뢰연(혼인 후의 궁중잔치) 등 왕실 결혼의 구체적인 절차들이 나타나 있다. 서울대학교 규장각 소장.

좌목(座目): 행사를 주관한 담당 관리들의 명단.
계사(啓辭): 국왕이 지시한 사항과 신하들이 건의한 사항을 날짜별로 모은 것.
예관(禮關)·이문(移文)·내관(來關): 가례 의식을 업무에 따라 예조, 병조, 호조 등 각 기관별로 분장하고, 이들 관청간에 주고받은 문서들을 모은 것.

품목(稟目): 하급 관청에서 상급 관청으로 품의한 문서들을 모은 것.

감결(甘結): 상급 관청에서 하급 관청으로 지시한 문서들을 모은 것.

서계(書啓): 봉명관(奉命官)의 복명서를 모은 문서.

논상(論賞): 가례도감에 참여하여 공을 세운 사람들에 대한 포상 규정.

일방의궤(一房儀軌): 교명(敎命: 국왕의 명령서), 의대(衣襨: 의복류), 포진(鋪陳: 깔자리), 의주(儀註: 행사 절차)의 업무를 맡은 일방에서 진행된 사항을 기록한 '의궤 속의 의궤'.

이방의궤(二房儀軌): 의장(儀狀)에 필요한 중궁전의 연여(輦輿) 및 각종 깃발과 도구들을 관장하는 업무를 맡은 이방에서 진행된 사항을 기록한 '의궤 속의 의궤'.

삼방의궤(三房儀軌): 옥책(玉冊), 갑, 궤, 금보(金寶), 보통(寶筒), 주통(朱筒)을 비롯하여 각종 그릇과 상탁(床卓) 등의 물품을 담당하는 삼방에서 진행된 사항을 기록한 '의궤 속의 의궤'.

별공작의궤(別工作儀軌): 각 방에서 부족한 물품을 추가로 지원하는 업무를 담당한 별공작에서 진행된 사항을 기록한 '의궤 속의 의궤'.

수리소의궤(修理所儀軌): 선공감 감역이 주관하여 주로 혼례 행사와 관련된 건물의 보수와 장인들의 가가(假家: 임시 건축물) 건축에 관한 사항을 기록한 '의궤 속의 의궤'.

반차도(班次圖): 가례의 하이라이트라고 인식된 친영 행렬을 기록한 그림.

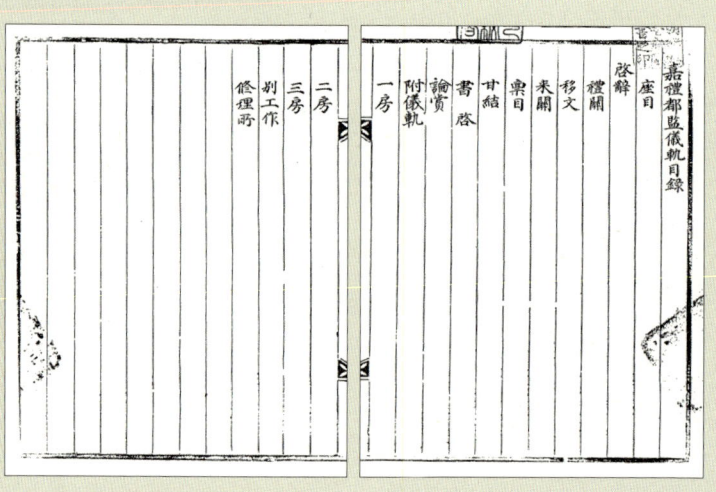

영조정순후가례도감의궤 중 목록 부분

영조정순후가례도감의궤 반차도 중 영조의 가마 부분 총을 든 병력과 갑옷을 입은 무사들이 왕의 행렬을 호위하고 있다. 왕의 가마는 사방을 열어 놓아 왕의 모습을 볼 수 있게 하였다.

현장 기록화, 반차도

반차도는 왕실 행사의 주요 장면을 그림으로 표현한 것으로 오늘날 결혼식 기념 사진 또는 비디오 테이프와 같은 성격을 띠고 있다. '반차'(班次)는 '나누어진 소임에 따라 차례로 도열하는 것'을 일컫는 말로, 반차도를 통하여 우리는 행사 참여 인원, 의장기의 모습, 가마의 배치 등 당시의 생생한 현장들을 접할 수 있다. 의궤의 반차도를 들여다보고 있노라면 마치 그 당시의 행사에 직접 참석하고 있는 듯한 느낌을 받는다.

그런데 반차도는 행사 당일에 그린 것이 아니라, 행사 전에 미리 참

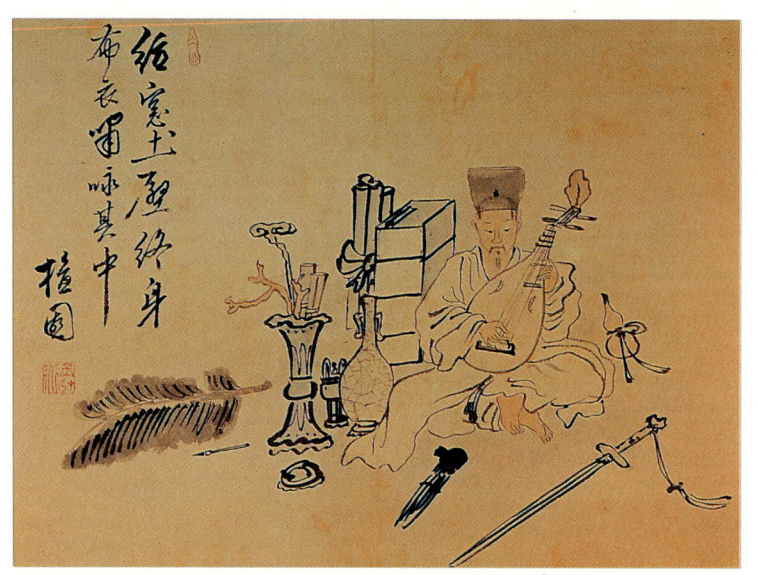

포의풍류도 시·서·화뿐 아니라 음악에도 조예가 깊었던 단원 자신을 그린 그림으로 중국의 골동을 완상하고 풍류를 즐기던 진경시대 후반의 분위기가 나타나 있다. 그는 정조대의 대표적인 도화서 화원으로서 당시 기록화 제작에 가장 크게 기여하였다. 김홍도(1745~1806?), 종이에 담채, 27.9×37cm, 개인 소장.

여 인원과 물품을 배치해 봄으로써 행사 당일에 발생할 수 있는 오류를 최대한 줄이는 기능을 하였다. 따라서 반차도는 오늘날 국가 행사나 군대의 작전 때 미리 실시하는 도상연습과도 같은 성격을 띤다고 할 수 있다.

반차도의 제작은 당대의 유명 화원들이 담당했다. 조선시대의 화원은 도화서(圖畵署)란 관청에 소속된 전문 화가들로서, 이들은 사진이 없던 당시에 그림을 통해 현장의 모습을 가장 생생하게 전달하는 주요한 역할을 맡았다. 이 전문 화가들이 의궤 제작에 참여함으로써 우리 역사의 주요한 장면들이 정확하고도 상세하게 보존될 수 있었다. 말하자면 화원들은 우리의 역사를 보다 생생하고 입체적으로 전해 주는 역사 현장의 전달자였던 것이다. 풍속화가로 널리 알려진 김홍도(金弘道)는 국가의 기록화 제작에 가장 크게 기여한 인물이었다. 김홍도와 그의 문하에 들어온 화원들은 '김홍도 사단'이라 불릴 만큼 체계적인 조직을 갖추고 있었는데, 이들은 정조대의 다양한 기록화들을 전문적으로 제작해 냈다.

현재 규장각이나 국립중앙도서관, 국립고궁박물관 등에 소장된 화원들의 기록화는 표현의 세밀함이나 정확성에 있어서 뛰어난 작품들이 많다. 전통시대의 시각 자료가 태부족한 상황에서도 우리는 화원들의 기록화를 통하여 조선시대의 생활상을 비롯해 생동감 있는 역사의 현장을 상세히 파악할 수 있다.

역사 현장의 전달자, 조선시대의 화원

조선시대의 화원들은 개인적인 작품 활동보다는 의궤나 지도 제작과 같은 국가의 공식 행사에 참여하는 경우가 훨씬 많았다. 화원들이 남긴 일반 감상화는 국가와 궁중의 각종 행사에 동원되고 남은 시간에, 자신의 기량을 키우는 방편으로 그려진 것이 대부분이었다고 볼 수 있다.

조선 후기에 이르러 국가의 공식 행사에서 차지하는 화원들의 역할이 커짐에 따라 이들에 대한 대우도 높아지기 시작하였다. 화원들은 국왕이나 유력한 벼슬아치들의 영정(초상화)을 그리면서 그들의 능력을 한껏 발휘하였다.

국가에 의해 화원들이 자신의 능력을 인정받게 되자 화원직은 차츰 세습되는 경향을 보였다. 조선 중기에서 후기에 걸쳐 번성한 화원 가문은 양천 허씨와 인동 장씨, 경주 김씨, 배천 조씨 등으로, 이들은 17세기 이후 영향력 있는 중인 가문으로 성장하였다.

조선시대 화원들의 그림을 통하여 우리는 많은 것을 알 수 있다. 김홍도나 신윤복(申潤福)의 풍속화가 당시의 생활상을 풍부하게 보여 주고 있는 것처럼 의궤에 실려 있는 왕실의 기록화와 지도에도 우리가 미처 인식하지 못했던 많은 사실들이 담겨 있다.

화성능행도 병풍 중 환어행렬도(부분)
임금의 행차를 백성들이 가까운 곳에서 자유롭게 구경하고 있고 행렬 주변에는 임시로 좌판이 벌어지는 등, 흥겨운 축제의 모습이 그려져 있다.

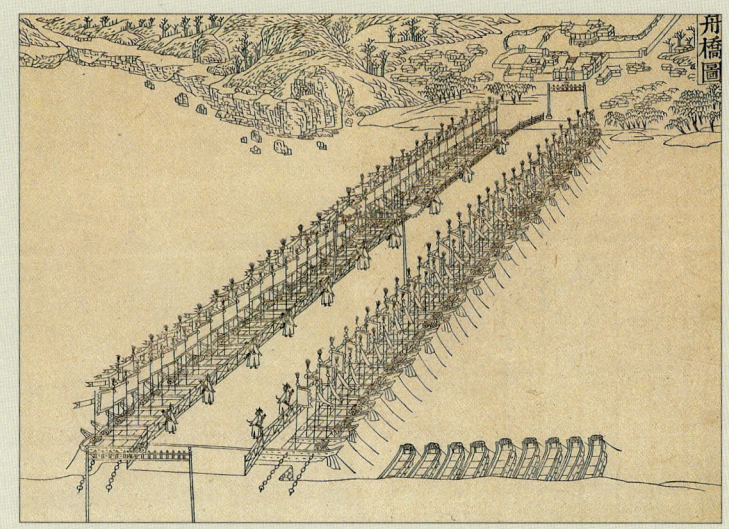

주교도 주교(배다리)는 정조가 설계했는데, 총 36척의 배가 이용되었다. 『원행을묘정리의궤』에 수록.

　정조가 어머니 혜경궁 홍씨를 모시고 수원으로 가던 상황을 기록한 병풍과 『원행을묘정리의궤』의 반차도에는 18세기 후반의 생활상이 잘 나타나 있다. 임금의 행차를 백성들이 자유롭게 구경하고 있고, 행렬 주변에는 임시로 좌판이 벌어지는 등 흥겨운 축제의 모습이 나타난다. 또한 한강을 건너는 그림에서는 정조가 설치한 주교(舟橋: 배다리)가 매우 과학적으로 만들어졌음을 알 수 있다.

　한편 기록화에는 국가 정책의 이념이 반영되거나 그 속에서 새로운 사실이 발견되기도 한다. 대원군 집권기인 1872년에 작성된 지방 지도는 전국 각지의 화원들이 그 지방의 지도를 그려서 중앙으로 올려 보낸 것이다. 그런데 이 지도에는 서양과의 통교(通交)를 반대하는 척화비가 그려져 있어 당시의 쇄국정책이 전국적으로 추진되고 있었음을 알 수 있다. 또한 해남과 진도의 지도에는 거북선이 나오고, 천안의 관아 건물에는 태극무늬가 그려져 있는데, 이런 사실은 다른 문헌 자료에서는 접할 수 없었던 것이다.

　오늘날과 같은 사진이 없던 시절에 국가의 행사를 더욱 생생하게 전달하고자 하는 욕구는 점차 증대되었고, 이러한 욕구는 화원의 수요를 더욱 증가시켰다. 결국 화원들의 활동은 당대의 역사적 사실을 기록으로 남기려는 조선 정부의 의지와 불가분의 관계에 있었다고 평가할 수 있다.

화원들이 그린 지방 지도 위로부터 가덕진 지도, 해남 지도, 천안 지도. 각각 척화비, 거북선, 태극무늬 등이 표시되어 있다. 이와 같은 지방 지도를 통해 당시의 사회상을 읽을 수 있다.

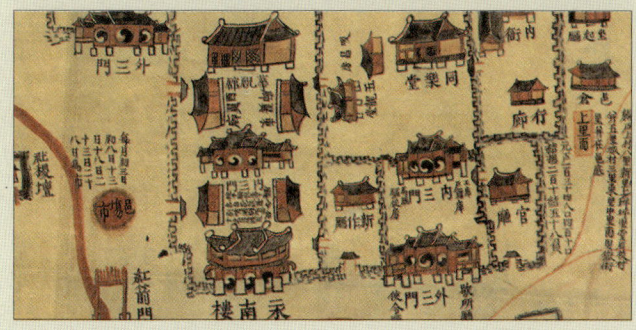

반차도에 사용된 재료

반차도는 천연색으로 그려져 있다. 오늘날과 같은 물감이 없었던 당시에 어떤 방식으로 다양한 채색을 할 수 있었을까? 다행스럽게도 의궤에는 반차도 제작에 사용된 재료들이 잘 나타나 있어 이러한 의문들을 해결할 수 있다. 의궤에는 화원뿐만 아니라 각종 장인들이 사용한 재료가 모두 기록되어 있어서 전통시대 우리 선조들이 어떤 재료를 사용하여 물품을 제작했는지를 직접 확인할 수 있다. 반차도 제작에 소용된 재료는 다음과 같다.

도련지(搗鍊紙) 1권 10장	삼청(三靑) 5전	사발(沙鉢) 3립
초주지(草注紙) 1권	당주홍(唐朱紅) 3량	접시(貼匙) 10립
저주지(楮注紙) 4권	동황(同黃) 2량	자완(磁碗) 2립
출초백지(出草白紙) 1권	청화(靑花) 3량	사막자(沙莫子) 2개
태말(太末) 2승	편연지(片臙脂) 2근	보시기〔甫兒〕 3개
화본감 유지(畵本次油紙) 3장	치우(稚羽) 10개	방구리〔方文里〕 1개
자작판(自作板) 1닢	파유둔(破油芚) 1부	궤(櫃) 1부
황모(黃毛) 2오리	토화로(土火爐) 2좌	탄(炭) 7승
자연(紫硯) 4면	아교 2량	황필(黃筆) 3병
진분(眞粉) 10량	백저포(白苧布) 1척	진묵(眞墨) 1정
삼록(三碌) 5량	백주(白紬) 1척	
이청(二靑) 5전	사기대접〔沙大貼〕 10립	

이중에서 삼록, 이청, 삼청 등은 천연 물감에 해당하는 것으로, 색을 만들어 내는 데는 광물이나 식물과 같은 천연 재료가 사용되었음을 알 수 있다. 반차도가 수백 년이 지난 오늘날까지 변색되지 않고 자연색 특유의 화려하고 은은한 색감을 나타내는 데는 이러한 천연 물감의 사용이 큰 몫을 하였다.

| 천연 물감의 재료들 |

광물성 염료

석록

석웅황

주사

청금석

식물성 염료

홍화

울금

정향

쪽

* 현암사 『우리가 정말 알아야 할 천연염색』 참조.

4

의궤는 어디에 보관되었나

의궤는 편찬 방법에 따라 필사본과 활자본으로 구분되었다. 대부분의 의궤는 담당자가 손으로 직접 기록한 필사본이었다. 의궤는 보통 5~9 부 내외로 제작되었는데, 이는 다시 열람자나 보관처에 따라 어람용(御覽用: 국왕이 친히 열람하는 의궤)과 분상용(分上用: 여러 곳에 나누어 보관한 의궤)으로 구분되었다. 어람용 의궤는 통상 1부가 제작되었으며, 1776년(정조 즉위년)에 규장각이 설립된 이후 주로 규장각에서 보관했다. 그리고 분상용 의궤는 의정부, 춘추관, 예조 등 국가 전례(典禮)를 관장하던 기관과 서울과 지방의 사고(史庫)에 분산·보관되었다. 결혼식을 정리한 가례도감의궤류의 경우 예조에 보내는 것이 필수적이었고, 궁궐 건축을 기록한 영건도감의궤류는 반드시 공조에 보내졌다. 『대사례의궤』의 경우 이 행사가 열린 성균관에 한 부를 보내 보관하게 하였다.

　의궤의 보관처를 알고 싶으면 의궤의 겉표지를 보면 된다. 의궤의 겉표지에는 통상 책의 제목이나 제작 연대와 함께 보관처가 기록되어 있기 때문이다. 가령 표지에 '禮曹上'(예조상)이라 기록되어 있으면 이 의

부용정에서 바라본 창덕궁 주합루
정조 즉위년인 1776년에 세워졌다. 아래층은 왕실의 도서를 보관하는 규장각이고 그 위층의 주합루는 자료의 열람실로서, 사방의 빼어난 경관을 조망할 수 있도록 누각을 지어 올렸다. ⓒ 김성철

규장각도 2층에 주합루, 아래층에 규장각이라는 현판을 걸었다. 주합루 왼편 건물은 책을 말리던 서향각, 오른편 앞쪽 건물은 과거 시험을 치르던 영화당이며, 왼편 아래에 부용지와 부용정이 보인다. 김홍도, 1776년경, 비단에 채색, 144.4×115.6cm, 국립중앙박물관 소장.

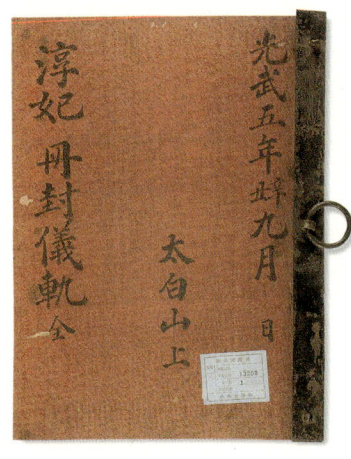 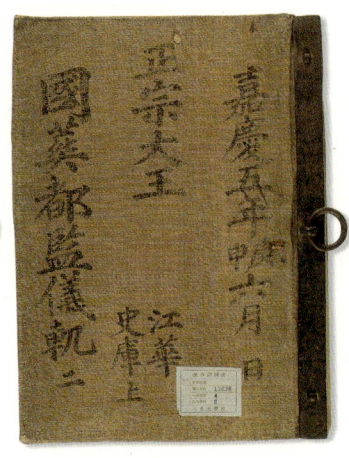 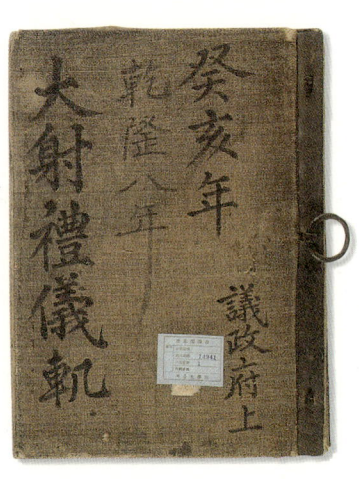

순비책봉의궤(태백산상), 정조국장도감의궤(강화사고상), 대사례의궤(의정부상) 보관 장소가 태백산 사고, 강화부 정족산 사고, 의정부였음을 알 수 있다. 서울대학교 규장각 소장.

❶ **강화 정족산 사고** 『해동지도』의 강화부 지도 중 정족산 사고. 정족산 사고는 본래 강화부 내의 봉선전(奉先殿) 서쪽에 있었는데, 1606년(선조 39)에 마니산으로 옮기면서 신설되었고, 1660년에는 정족산성에 사고를 마련하여 전등사를 수호 사찰로 삼았다.

❷ **무주 적상산 사고** 『해동지도』의 무주부 지도 중 적상산 사고. 후금과의 관계가 악화되면서 묘향산 사고에 있던 실록을 남쪽으로 옮겨 보관하기 위해 마련되었다. 사고 건물은 1614년(광해군 6)에 지어졌다.

❸ **강릉 오대산 사고** 『해동지도』의 강릉부 지도 중 오대산 사고. 오대산 사고는 1606년(선조 39)에 세워졌고 월정사를 수호 사찰로 삼았다. 그러나 실제로는 암자인 영감사에서 사각을 수호했으므로, 영감사를 사고사(史庫寺)라 하였다.

❹ **봉화 태백산 사고** 『해동지도』의 봉화현 지도 중 태백산 사고. 태백산 사고는 1606년(선조 39)에 새로 인쇄한 실록을 보관하기 위해 태백산 입봉 아래 설치되었다가, 1634년에 그로부터 1리쯤 떨어진 서운암 부근의 현재 사고지로 옮겨졌다.

궤는 예조에 보관되어 있던 것이고, '五臺山上'(오대산상)이라 기록되어 있으면 이는 오대산 사고에 보관되어 있던 것이다.

의정부와 예조 | 의궤가 보관된 대표적인 국가 기관으로는 의정부와 예조가 있었다. 의정부는 국가 전례를 심의 결정하는 기관이고 예조는 국가 전례를 실제로 집행하는 기관이었으므로 이들 기관에는 반드시 의궤가 배포되었다.

한말에는 관제 개혁에 따라 의궤의 보관처가 장례원(掌禮院), 비서원(秘書院), 예식원(禮式院) 등으로 바뀌는데, 이 역시 국가 전례를 집행하는 기관이었다.

춘추관과 사고 | 나머지 의궤는 춘추관과 지방 네 곳의 사고에 분산, 보관되었다. 춘추관과 지방의 사고라 하면 우리는 얼른 『조선왕조실록』을 떠올리게 된다. 실록을 편찬한 곳이 춘추관이고, 실록을 보관하는 곳이 춘추관과 지방의 사고였기 때문이다. 그러나 사고에는 실록만이 아니라 왕실의 족보, 경학서, 역사서 등 국가에서 편찬하는 주요 문헌들도 함께 보관되었으며, 의궤 역시 국가의 중요 기록물로서 사고에 소중하게 보관되었다.

사고의 건물은 통상 사각(史閣)과 선원각(璿源閣)으로 구성된다. 사

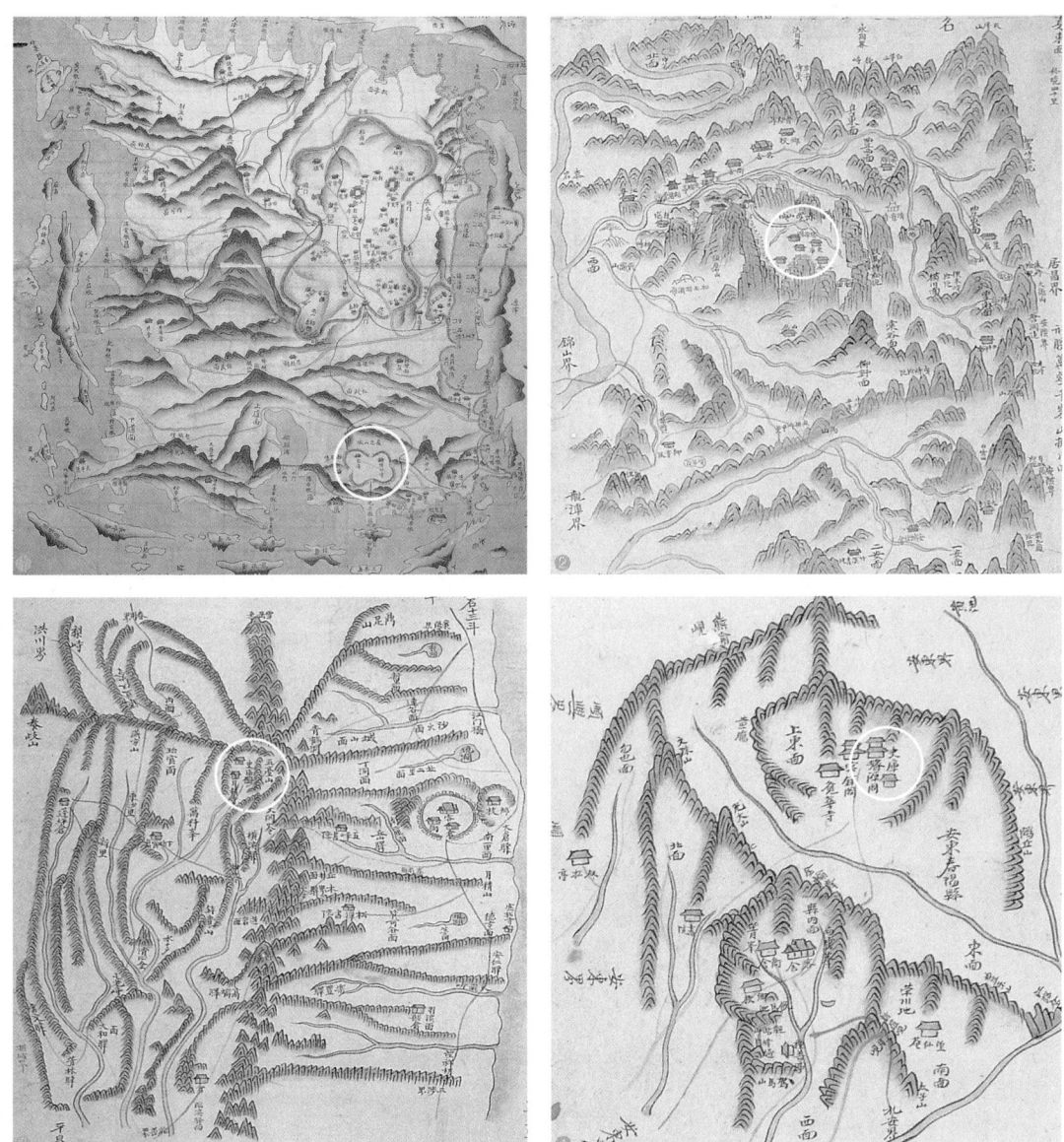

각은 주로 실록을 보관하는 건물이었으므로 '실록각'이라 부르기도 하였다. 선원각은 왕실의 족보인 선원록(璿源錄)을 비롯한 왕실 관련 자료들을 보관하는 건물이었다. 따라서 의궤도 주로 선원각에 보관되었던 것으로 추정된다.

조선시대 사고의 관리를 공식적으로 담당한 기관은 춘추관이었지만,

오대산 사고 그림 《금강사군첩》으로 불리는 화첩 중의 한 폭이다. 이 화첩은 총 60폭으로 구성된 진경산수첩으로, 겉표지에 '금강전도(金剛全圖)'라는 표제가 붙어 있다. 김홍도가 정조의 어명을 받들어 관동 지방의 풍경을 사생해 온 봉명도사첩(奉命圖寫帖)으로 전해진다. 김홍도, 1788년, 비단에 담채, 30.4×43.7cm, 개인 소장.

실제로 지방의 사고를 경비한 것은 인근 사찰의 승려였다. 지방의 사고에는 경비를 담당하는 수호 사찰이 정해져 있었는데, 정족산 사고에는 전등사(傳燈寺), 적상산 사고에는 안국사(安國寺), 태백산 사고에는 각화사(覺華寺), 오대산 사고에는 월정사(月精寺)가 자리하고 있었다. 불교를 이단으로 배척하던 조선시대에 국가의 공식 기록을 승려가 지키도록 한 것은 명분에 부합하는 일이 아니었지만, 사고가 민간인이 쉽게 접근하기 어려운 험준한 산속에 위치해 있었던 데다 안전한 방어나 국가 비용 절감 차원에서도 사찰을 이용하는 것이 효과적이었던 것이다.

현재 규장각에 소장된 고지도를 보면 해당 지역의 지도에는 반드시 사고가 표시되어 있다. 이것은 국가의 주요 기록이 보관되고 있는 사고를 중시하던 당시의 인식이 반영된 결과이다. 18세기 후반에 김홍도가 정조의 명을 받아 관동 지방의 뛰어난 경치를 그려 낸 화첩에도 오대산 사고가 포함되어 있는데, 이 역시 사고를 중시했던 조선인들의 생각을 읽을 수 있는 부분이다.

사고의 역사

실록을 사고에 보관하기 시작한 시기는 고려시대부터였다. 특히 고려 후기부터는 실록의 완전한 소실을 막기 위해 수도인 개성에 내사고(內史庫)를, 지방에는 외사고(外史庫)를 두어 2원 체제로 운영했다. 조선시대에 들어와서도 그 방식은 계승되어, 조선 초에는 서울의 춘추관 사고와 지방의 충주 사고라는 2원 체제로 운영되다가, 세종대에 경상도 성주 사고와 전라도 전주 사고를 추가하여 4사고 체제가 되었다.

조선 전기의 4사고는 사람들의 왕래가 빈번한 서울과 지방관이 거주하는 읍치(邑治)에 위치해 있었다. 따라서 화재 등으로 사고의 서책들이 몇 차례 수난을 당했다. 특히 임진왜란은 사고의 위치에 대해 재인식을 하는 계기가 되었다. 임진왜란이 일어나자 이곳 요지들은 왜군에게 점령되었고, 그에 따라 전주 사고를 제외한 모든 사고의 서적은 불

조선고적도보에 실린 사고
위의 사진은 태백산 사고의 전경과 사각이며, 아래는 오대산 사고의 전경과 사각이다.

타 버렸다. 전주 사고의 책들이 보존될 수 있었던 것은 손홍록(孫弘祿), 안의(安義)와 같은 지방 유생들의 헌신적인 노력이 있었기 때문이었다.

전쟁이 끝난 후 사고가 지역 중심지에서 험준한 산 위로 올라간 것은 바로 이러한 경험 때문이었다. 여러 곳에 분산하여 보관함으로써 완전한 소실은 면했지만 교통이 편리하고 사람의 왕래가 빈번한 지역은 자료를 완벽하게 보존하기가 훨씬 어렵다는 사실을 깨달았던 것이다.

조선 후기에는 5사고 체제로 운영되었다. 서울의 춘추관 사고를 비롯하여 강화도의 마니산 사고, 평안도 영변의 묘향산 사고, 경상도 봉화의 태백산 사고, 강원도 평창의 오대산 사고가 그것이다. 실록의 편찬을 담당했던 춘추관이 서울에 있었으므로 춘추관 사고를 서울에 두는 것은 불가피했지만 그외의 사고는 모두 험준한 산으로 둘러싸인 곳에 위치시켰다. 그러다가 마니산 사고는 병자호란으로 크게 파손되고 1660년(현종 1)에 불까지 나면서 인근의 정족산 사고로 이전했고, 묘향산 사고는 후금(뒤의 청나라)의 침입을 걱정하여 전라도 무주의 적상산 사고로 이전했다. 따라서 지방의 4사고는 정족산·적상산·태백산·오대산으로 확정되었으며, 이 4사고 체제는 조선이 멸망할 때까지 그대로 유지되었다.

강화부궁전도 중 외규장각도(부분)
강화부 행궁터에 있었던 외규장각 건물로 최근 강화도에 건물이 복원되었다.

외규장각 의궤를 보관한 또 하나의 장소가 강화도에 있는 외규장각이었다. 1782년(정조 6) 2월, 정조는 강화도 행궁 자리에 외규장각을 건설하고 강화부와 창덕궁 봉모당에서 보관해 왔던 왕실 관련 물품을 이곳으로 옮겼다. 이때 규장각에 보관했던 어람용 의궤도 유사시를 대비하여 외규장각으로 옮겨졌다.

정조가 강화도에 외규장각을 세운 것은 강화도의 지리적 위치와 전략적 가치 때문이었다. 오늘날 강화도는 인천광역시에 소속된 하나의 군에 불과하지만 조선시대의 강화도는 오늘날 직할시에 해당하는 유수부(留守府)가 설치된 대도시였다. 강화도가 이렇게 중시된 이유는 교통로 및 국방 문제와 밀접한 관련이 있다.

조선시대의 도로는 오늘날과는 달리 육상 도로보다 강과 바다로 이어지는 수로가 더 중시되었다. 왜냐하면 수로는 도로 개설 공사의 필요도 없이 자연적 조건을 그대로 활용하면 되었기 때문이다. 또한 수로를 이용하면 기마술이 발달한 북방 민족의 침략을 방어하는 데 유리하다는 장점도 있었다.

강화부 갑곶진에 정박한 프랑스군 함대
주베르, 1866년.

프랑스 해군이 바라본 강화부 전경 주베르, 1866년.

 그런데 강화도는 서해에서 한강으로 들어와 서울에 이르는 길목에 위치해 있어, 인체에 비유하면 머리와 몸을 연결해 주는 목 부위에 해당하는 중요한 지역이었다. 강화도는 평화시에는 경상도와 전라도에서 거두어들인 공물을 서울로 운반하는 길목이었으며, 유사시에는 서울 방위를 위한 전초 기지가 되었다. 실제로 한말에 병인양요, 신미양요 등 서구 열강들의 침략으로 인한 전쟁이 강화도에서 일어난 것은 바로 이런 이유 때문이었다.
 따라서 조선 정부는 일찍부터 강화도에 방어 시설을 구축하고 서울의 길목을 방어하는 데 만전을 기했다. 정조는 군사적으로 철통 수비를 하고 있는 강화도에 외규장각을 설치하여 규장각에 소장된 중요한 국가 기록을 안전하게 분산, 보관하고자 하였다. 그러나 국방상 가장 안전한 지역의 하나로 여겨졌던 강화도의 외규장각은 불운하게도 1866년 프랑스군의 침입을 받아, 보관 중이던 어람용 의궤들을 집중적으로 약탈당했고 나머지 책들 역시 불타 버리고 말았다.

현재의 보관처 현재 조선시대의 의궤는 규장각, 장서각, 일본의 궁내청, 파리국립도서관 등에 소장되어 있다. 의궤가 가장 많이 보관되어 있는 곳은 서울대학교 규장각이다. 규장각은 약 560여 종, 3,000여 책의 의궤가 소장되어 있는 '의궤의 보고(寶庫)'이다. 규장각 소장본은 춘추관, 예조, 네 곳의 사고에 보관되어 있던 도서가 모여든 것이므로, 책의 종류와 수효가 매우 다양하고 풍부하다. 어람용 의궤의 대다수는 1866년 병인양요 때 약탈당했거나 화를 입었지만 1866년 이후 제작된 어람용 의궤는 현재 규장각에 소장되어 있다.

한국정신문화연구원 장서각에는 300여 종, 500여 책의 의궤가 있는데 주로 적상산 사고에 보관되어 있던 것과 고종대 이후에 제작된 것들이다. 파리국립도서관에는 191종, 297책이 보관된 것으로 알려져 있는데, 이는 1866년 병인양요 때에 프랑스 해군이 강화부 외규장각에서 가져간 것이다. 이밖에 프랑스에서 흘러나간 의궤 1종(『기사진표리진찬의궤』)이 현재 영국의 대영도서관에 보관되어 있으며, 일제강점기 때 일본으로 유출되어 현재 일본 궁내청에 소장되어 있는 의궤도 69종이 있다.

규장각 의궤 보관처의 과거(우)와 현재(좌)

국장 행렬에 사용된 길의장과 흉의장

의장이란 천자나 국왕, 높은 분을 모실 때 위엄을 보이기 위해 격식을 갖추어 세운 병장기를 말한다. 의장은 주관자의 신분, 행사의 규모나 성격에 따라 배열하는 방법이 별도로 규정되어 있었다. 국장 행렬에 사용되는 의장에는 길의장(吉儀仗)과 흉의장(凶儀仗)이 있었는데, 이는 모두 국장도감의 이방에서 제작했다. 길의장에는 각종 깃발, 금등자(金鐙子), 은등자(銀鐙子), 부채, 양산(陽傘) 등이 있었고, 흉의장에는 방상시(方相氏), 죽산마(竹散馬), 죽안마(竹鞍馬) 등이 있었다.

길의장(吉儀仗)   흉의장(凶儀仗)

제2부 의궤로 보는 왕실 문화

반차도는 왕실 행사의 주요 장면을 그림으로 표현한 것으로 오늘날 결혼식 기념 사진 또는 비디오 테이프와 같은 성격을 띠고 있다. 반차(班次)는 나누어진 소임에 따라 차례로 도열하는 것을 일컫는 말로, 반차도를 통하여 우리는 행사 참여 인원, 의장기의 모습, 가마의 배치 등 당시의 생생한 현장들을 접할 수 있다. 의궤의 반차도를 들여다보고 있노라면 마치 그 당시의 행사에 직접 참석하고 있는 듯한 느낌을 받는다.

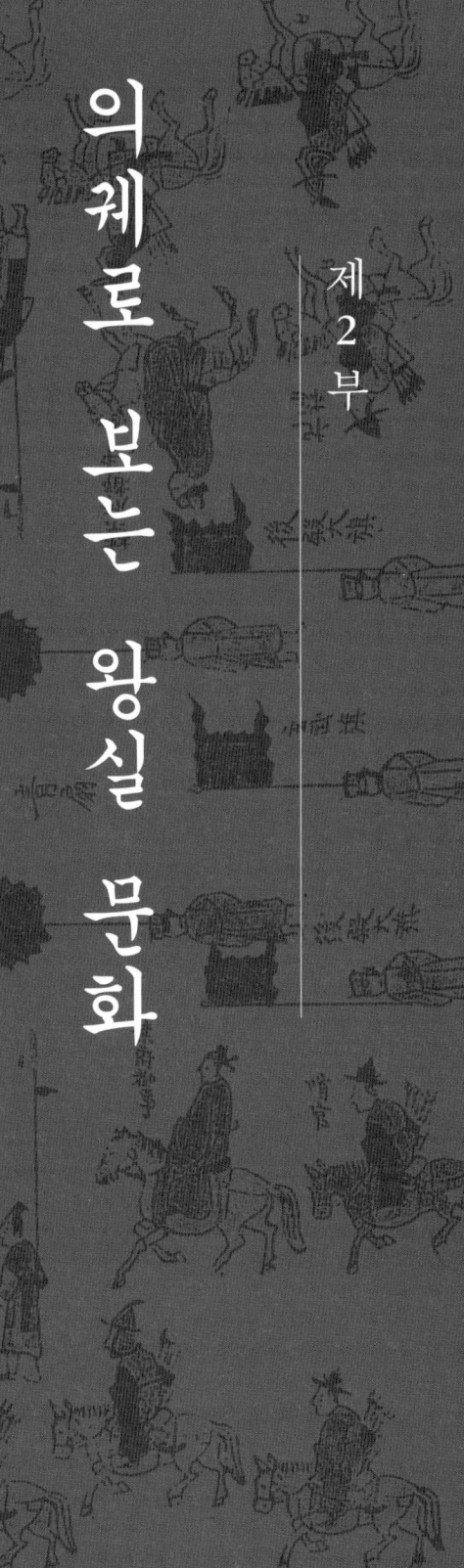

1

왕실의 태를 봉안한 기록
『태실의궤』

조선시대의 국왕은 왕위를 계승할 원자로 탄생하는 순간부터 그 존재가 신성시되었다. 국왕의 존재가 출생과 함께 신성시되었음은 국왕의 태를 봉안한 태실이 만들어진 것에서도 잘 드러난다. 왕실의 태를 봉안한 기록인 『장태의궤』(藏胎儀軌)나 『태실의궤』(胎室儀軌)가 다수 남아있는 것은 조선시대 산속(産俗) 문화의 다양한 면모를 접할 수 있다는 점에서도 흥미롭다.

예로부터 태는 태아에게 생명력을 부여한 것으로서 출산 뒤에도 소중히 보관되었다. 특히 왕실에서는 태가 국운과 밀접한 관련이 있다 하여 더욱 소중하게 다루어졌다. 태는 대개 태옹(胎甕)이라는 항아리에 안치하는 것이 통상적이었으나, 왕세자나 왕세손 등 왕위를 직접 계승할 위치에 있는 사람의 태는 훗날 태봉(胎峰)으로 봉해질 것을 감안하여 석실을 만들어 보관하였다. 그리고 풍수지리 사상과 산신숭배 신앙이 결합됨으로써 태실은 명산에 묻는 것이 관례가 되었다.

왕실의 태를 신성시했던 조선시대에는 태를 보관한 기록들을 모아 의궤를 편찬하는 일 역시 빼놓을 수 없는 중대사였다. 현재 규장각 등에

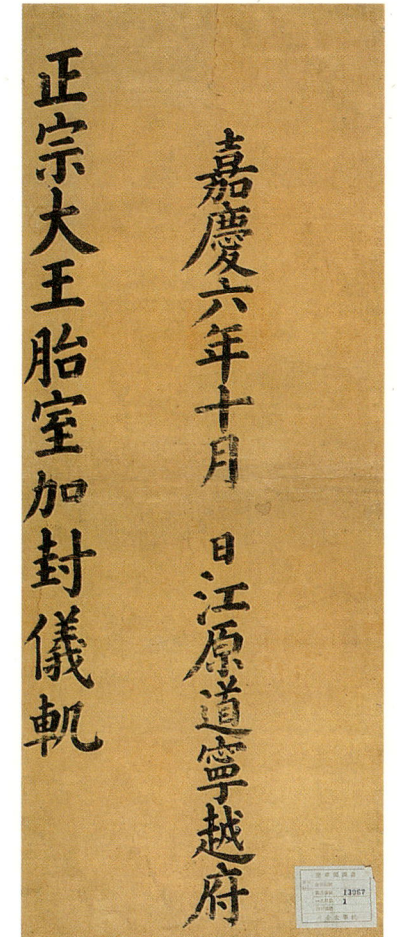 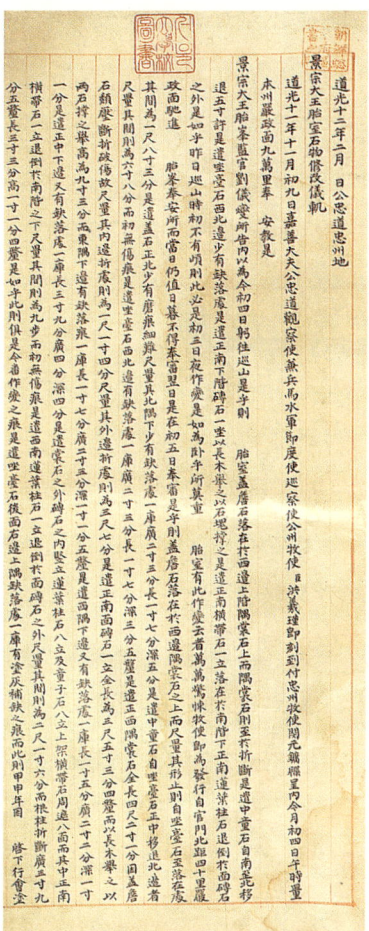

태실의궤 『정조대왕태실가봉의궤』의 표지(좌)와 『경종대왕태실석물수개의궤』(우)의 본문. 태실의궤는 세로의 길이가 특별히 긴 것이 특징이다. 서울대학교 규장각 소장.

소장된 『정종대왕태실석난간조배의궤』(正宗大王胎室石欄干造排儀軌, 1801), 『원자아기씨장태의궤』(元子阿只氏藏胎儀軌, 1809), 『익종대왕태실가봉석난간조배의궤』(翼宗大王胎室加封石欄干造排儀軌, 1836), 『태조대왕태실의궤』(太祖大王胎室儀軌, 1866) 등 태실 관련 의궤에는 왕실에서 태를 보관하고 태실 주변에 각종 석물을 배치했던 기록들이 잘 나타나 있어, 이를 통해 조선 왕실의 장태(藏胎) 문화를 살펴볼 수 있다.

궁중의 산속 엿보기 | 궁중의 산속은 민간보다 훨씬 규모가 크고 복잡한 의식이 수반되었다. 왕비나 세자빈이 임

신하여 출산할 시기가 가까워 오면, 먼저 출산에 필요한 각종 업무를 담당하는 임시 기구인 산실청(産室廳)이 설치되었다. 산실청은 대개 출산 전 5개월부터 3개월 사이에 설치되었는데, 출산에 필요한 인원이나 물품의 조달을 담당하였다. 오늘날로 치면 산부인과의 역할을 한 셈이다. 산실청에는 약방의 제조들이 번갈아 입직(入直)을 하고 의관들은 산모가 있는 궐 안에 대령하는 등 행여나 있을 돌발 상황에 대비하였다. 산월에 임박해서는 부형(父兄)이 들어와 입직을 하고 친정 모친이 미리 들어와 산바라지를 도와주는 것도 허용되었다.

출산이 임박하면 순산을 기원하는 부적을 붙이고 산석(産席)을 깔았다. 산석 위에는 족제비 가죽을 둘렀는데 여기에는 왕자 출산을 바라는 뜻이 담겨져 있었다. 분만을 할 때 산파의 역할은 의녀(醫女)나 혹은 미리 정해 놓은 유모가 하는 것이 보통이었다. 아기〔阿只〕가 탄생하면 국왕이 친히 산실을 방문하여 문 위 중방에 달아 놓은 방울을 흔들며 경사를 알렸다. 원자와 원손 탄생의 경우, 3일 후에 종묘에 고하였으며 7일 후에는 백관의 하례가 있었다.

출산한 후 태는 바로 깨끗이 씻겨졌다. 백 번 정도 씻은 후에 항아리에 태를 봉안하고 기름종이와 파란 명주로 봉한 다음 빨간 끈을 묶어 밀봉하였다. 그리고 이 항아리를 다시 큰항아리에 담고 빈 공간을 솜으로 채웠다. 태는 이렇게 두 개의 항아리 속에 보관되었는데, 왕실의 태를 보관하는 두 개의 항아리는 당시 최고의 수준을 자랑하던 백자로서 현재에도 국보급 문화재로 평가받고 있다.

백자 내외호 보물 1169호 백자 태호. 계미년의 명문이 있는 태지석과 함께 출토되어 17세기 전기 백자 연구에 중요한 자료가 된다. 17세기, 외호 높이 30.9cm, 내호 높이 19.4cm, 호림박물관 소장.

민간의 탯줄 자르기 풍습

민간에서 산후 탯줄을 자르는 방식은 다음과 같다. 우선 아이의 배꼽에서 한 뼘쯤 되는 부분을 자르고 그 끝 부분을 실로 잡아매어 깨끗한 솜에 싸서 아기 배 위에 올려놓는다. 태는 흔히 가위로 자르지만 여아가 태어났을 때에는 동생이 남자이기를 바라는 뜻으로 소독한 낫이나 식칼을 썼다. 태는 짚이나 종이에 싸서 삼신상 아래에 두지만, 이를 귀하게 여기는 집에서는 일진에 맞추어 좋은 방위에 놓아두었다.

태는 보통 사흘이 지나기 전이나 사흘째 되는 날 처리하며, 그 방법은 지역에 따라 달랐다. 서울에서는 태를 왕겨나 참숯 또는 장작불에 태워서 깨끗한 물에 띄우거나 산에 묻으며, 경기도에서는 삼을 찌는 날 잿불에 바짝 태웠다. 강원도에서는 술이 담긴 작은 단지에 태를 넣어 땅에 묻었다가 5, 6년 뒤에 꺼냈다. 제주도에서는 삼거리 노상에서 태를 태운 다음 그릇에 넣어 봉한 뒤 물에 띄웠다.

* 『한국민족문화대백과사전』 참조.

태의 매장 이처럼 태를 신성시한 것은 무엇보다 태가 인생의 첫 출발임을 인식했기 때문이었다. 세종대에 정앙(鄭秧)은 당나라 사람 일행(一行)이 저술한 『육안태』(六安胎)를 인용하여 다음과 같이 말하였다.

사람이 나는 시초에는 태(胎)로 인하여 자라게 되는 것이며, 더욱이 그 어질고 어리석음과 성하고 쇠함이 모두 태와 관계가 있다. 이런 까닭으로 남자는 15세에 태를 간수하게 되나니, 이는 학문에 뜻을 두고 혼가(婚嫁)할 나이가 되기를 기다리는 것이다. 남자의 태가 좋은 땅을 만나면 총명하여 학문을 좋아하고 벼슬이 높으며 병이 없을 것이오, 여자의 태가 좋은 땅을 만나면 얼굴이 예쁘고 단정하여 남에게 흠앙(欽仰)을 받게 되는데, 다만 태를 간수함에는 묻는 데 도수(度數)를 지나치지 않아야만 좋은 상서(祥瑞)를 얻게 된다. 그 좋은 땅이란 것은 땅이 반듯하고 우뚝 솟아 위로 공중을 받치는 듯하여야만 길지(吉地)가 된다.

— 『세종실록』 권78, 세종 18년 8월 신미조

태지석 앞면에는 '乙卯年十月十七日卯時生 王子阿只氏胎'라는 명문이, 뒷면에는 '癸未年十月二十五日 未時藏'이라는 명문이 적혀 있다. 함께 출토된 백자 태호의 양식을 통해 여기서의 '계미년'을 1643년으로 추정하고 있다. 호림박물관 소장.

안태(安胎)란 태를 안치한다는 뜻이다. 즉 깨끗이 씻어서 백자 항아리에 담아 놓고 길방(吉方)에 안치해 두었던 태를, 태봉을 선정해 묻는 의식을 말한다. 태를 묻을 때는 먼저 석실을 만들어 태가 담긴 항아리를 석실에 묻었는데, 항아리 옆에는 태의 주인공이 누구인가를 밝혀 주는 태지석을 비스듬히 놓았다. 태를 봉안한 후에는 이곳을 정기적으로 지키는 군사를 배치하였다. 왕세자의 경우는 4인, 왕이나 왕비의 경우는 8인의 수호 군사를 두는 것이 관례였다.

안태의 시기는 생후 5개월째 되는 날이다. 지관(地官)을 파견하여 풍수설에 따라 태봉이 선정되면 궁궐에서는 태봉출(胎奉出: 태를 봉안하여 나감)의 의식을 행하였고, 안태사(安胎使)를 위원장으로 하는 행렬이 태봉을 향하여 출발하였다. 안태할 때 올리는 제물은 종묘 제사 때에 준하였으며, 안태 행렬이 도착하면 지방관들이 이를 맞이하여 의식이 끝날 때까지 행사를 지원하였다.

태봉이란 계란형의 지표 높이 50~100m 정도 되는 야산을 골라 그 정상에 태를 매장하고 아래에 재실을 지은 공간이다. '태봉리'라 불리는 지명들은 모두가 태를 봉안해 두었던 곳이다. 태봉은 산 위에 석물

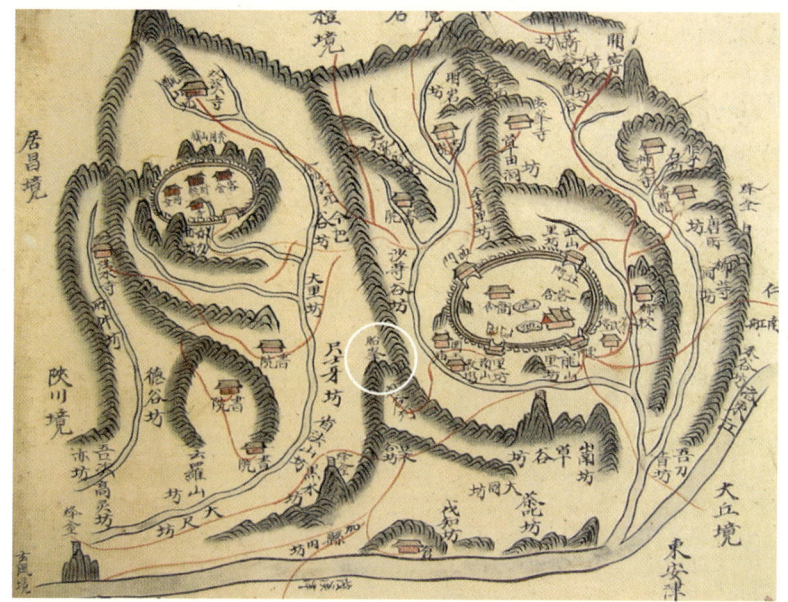

태봉이 표시된 지도 『해동지도』 중 성주 지도. 지도의 표시된 부분에서 태봉(胎峯)의 위치를 확인할 수 있다.

로 안치하는데 석물은 원형이고 아래로 구멍이 뚫려 있다. 그리고 위에는 태함(胎函)을 석물로 덮어 안치하였다.[1]

『조선왕조실록』에는 태봉에 화재가 났다 하여 군수를 좌천한 기록과 태봉 수호를 소홀히 한 이유로 지방관이 처벌을 받은 기록이 있다. 『해동지도』나 1872년 군현 지도와 같은 조선시대 지도 대부분에 태봉이 그려져 있는 것으로 보아 조선 왕실이 태봉을 매우 신성시했음을 알 수 있다.

태실의 설치와 관리

태실은 왕자녀들의 태를 봉안하고 표석을 세운 곳으로, 각종 석물을 배치하여 왕실의 위엄을 더하였다. 『태실의궤』나 『장태의궤』에 나타난 기록과 그림을 통하여 태실의 규모, 태항아리의 모양, 태실에 설치한 석물의 모양, 태실에 제사를 지낼 때의 모습 등을 접할 수 있다.

태실에 배치된 석물이 기록과 함께 그림으로 가장 자세히 전해지는 의궤는 1801년에 편찬된 『정종대왕태실석난간조배의궤』(正宗大王胎室石欄干造排儀軌)[2]이다. 이 의궤는 태실의 석물을 더한 과정을 기록하

[1] 김용숙, 『궁중풍속연구』, pp. 261~263, 일지사, 1987.
[2] 정종대왕은 영조의 뒤를 이은 제22대 국왕 정조를 칭한다. 원래 정조는 사후 '정종'이라는 묘호를 받았으나, 고종대에 황제로 추존되면서 묘호가 '정조'로 바뀌었다.

정조의 태실과 태실비 정조의 태를 모셔 놓은 태실로, 정조가 태어난 다음 해인 1753년(영조 29)에 영월읍 정양리 계족산에 처음 만들어졌다. 정조가 죽자 1800년(순조 1)에 가봉하고 태실비를 세웠다. 강원도 영월군 소재. ⓒ 김성철

고 있기 때문에 태실 주변에 배치한 석물의 모습과 크기, 두께 등이 잘 나타나 있다. 『정종대왕태실석난간조배의궤』에 의하면 각종 석물은 10월 18일에 모두 세밀히 다듬고 19일에 차례로 운상하였는데, 전석·사방석·상석·중동석·개첨석·동자석(童子石)·주석·죽석을 차례로 쌓고 27일 오시(午時)에 개첨석과 비석을 세운 것이 확인된다.

이 의궤에는 태실 조성에 동원된 사람들의 수가 기록되어 있는데, 강원도에서는 부역군 830명과 예석군 970명이, 충청도에서는 부역군 180명과 예석군 2,400명이 각각 동원된 것으로 나타나 있다. 4,300명에 달하는 강원도와 충청도의 인부가 합작하여 태실을 조성하고 석물을 만들어낸 것이다.

이처럼 석물을 더하고 가봉(加封)한 것은 태실의 주인공이 국왕이 되었기 때문이다. 대개 왕세자의 경우 석실을 만들고 비석과 금표(禁標)를 세우며 2~4인 정도의 수호군을 두고 태실을 관리하게 하다가, 왕세자가 국왕으로 즉위하면 태실에 대한 가봉이 이루어지게 된다. 국왕의 위상을 고려하여 태실 주변에는 석난간을 조배(造排)하고 금표도 확장

태실에 설치한 석물의 크기와 높이

구룡대: 길이 6척, 넓이 3척 5촌
비석: 길이 5척 3촌, 넓이 1척 7촌, 두께 8촌
사방석: 길이·넓이 각 3척 2촌, 두께 7촌
중동석: 높이 1척 5촌, 상하 원 지름 5척 2촌, 중원 지름 8척 1촌
개첨석: 높이 3척 5촌, 넓이 3척 2촌
주석: 8개, 길이 3척 5촌, 넓이 5촌, 두께 1척 1촌
동자석: 8개, 길이 1척 9촌, 넓이 1척 3촌, 두께 1척 1촌
죽석: 8개, 길이 3척 1촌, 원의 지름 2척 7촌 5푼
우상석: 8개, 길이 3척 3촌, 넓이 2척 6촌, 두께 7촌
우전석: 8개, 길이 2척, 넓이 1척 3촌, 두께 1척 1촌
면전석: 8개, 길이 2척 5촌, 넓이 1척 7촌, 두께 1척 1촌

(1척은 1촌의 열 배) ※ 척尺(=자): 30.3㎝, 촌寸(=치): 3.33㎝

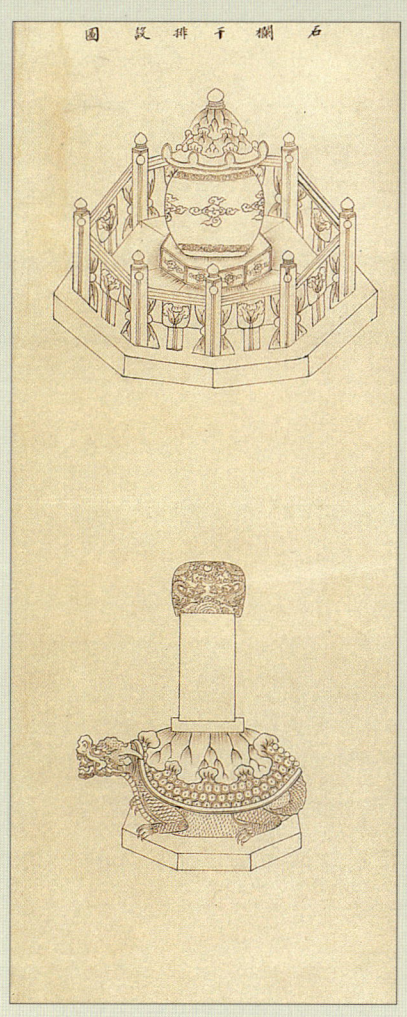
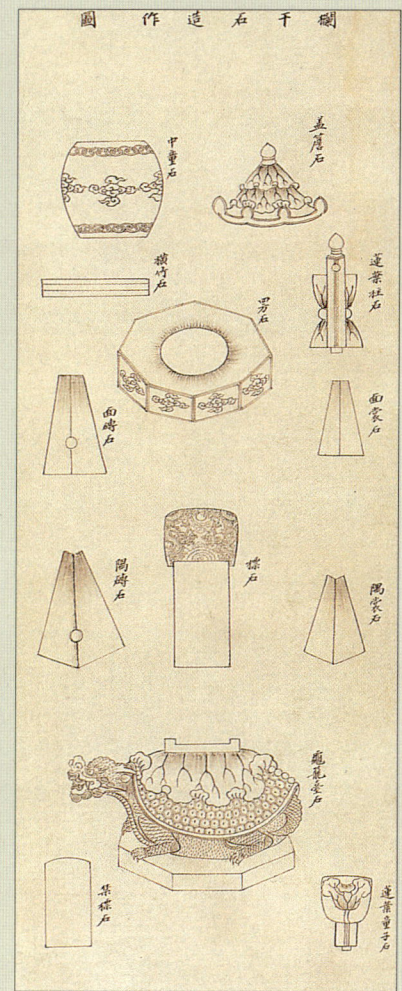

정종대왕태실석난간조배의궤의 도설 왼쪽은 태실과 태실비의 완성된 도설이며, 오른쪽은 각 부재의 명칭을 적어 놓은 전개도라고 할 수 있다.

세종대왕 왕자들의 태실 세종의 18왕자와 단종의 태실을 합하여 총 19명의 태를 집단 안장한 태실이다. 앞줄의 것은 서자인 '군'의 태실이고, 뒷줄의 것은 적자인 '대군'의 태실이다. 경상북도 성주군 소재. ⓒ 김성철

하였으며 수호 군사도 8인으로 증가시켰다. 『정종대왕태실석난간조배의궤』를 보면, 원자였을 경우는 금표를 200보(步: 360m), 수호군을 2명으로 하였다가 왕이 된 후는 가봉하여 금표를 300보(540m), 수호군을 8명으로 증원한 사실이 나타나 있다. 태를 묻는 절차가 끝나면 고후토제(告后土祭), 태신안위제(胎神安慰祭), 사후토제(謝后土祭) 등의 제사 의식이 베풀어졌다. 이때 헌관(獻官: 제사에서 술잔을 올리는 사람)이나 집사는 태봉이 있는 지역의 수령들이 담당하였다.

태실이 완성된 후에는 사후 관리에 만전을 기하였다. 특히 태실을 고의로 훼손하거나 금표로 지정된 지역에서 벌목, 채석, 개간을 하는 일은 엄격히 규제되었고 이를 어길 경우 곧바로 처벌의 대상이 되었다. 태실은 명당지로 인식되었기 때문에 부모나 조상의 무덤을 이곳에 쓰려는 사람들의 시도도 잦았다. 중종대에는 태실에 화재가 일어나자 산지기와 군수가 형벌을 받았고, 선조대에도 태봉 수호를 잘못했다는 죄

서삼릉 태실 전경 왕과 왕자, 공주의 태실 53위가 함께 안치되어 있다. 태를 묻은 태봉은 모두 산실되었고, 검은색과 회색의 일률적인 비석에 태실 주인의 명칭만 적어 놓았다. 전국 각지에 모셔져 있던 태실들은 일제강점기에 이곳으로 옮겨졌다. 경기도 고양시 원당동 소재. ⓒ 돌베개

목으로 군수와 안태사를 심문하였다. 1865년에는 어머니의 장지를 태조대왕의 태실 내에 몰래 쓰고자 했다가 발각된 김치운이란 사람이 황해도 백령도에 귀양 간 기사도 보인다.

한편 태실이 설치되면 이에 소용되는 비용을 그 지역에서 부담해야 했고, 태실 주변 지역은 금표로써 접근이 제한되어 백성들의 생활에 불편이 야기되었다. 현재의 그린벨트 지역과 유사하여 이곳에는 개발이 제한되었던 것이다. 영조는 민간의 이러한 폐단을 헤아려서 "지금부터는 반드시 대궐 내 정결한 곳에 장태하라"는 명령을 내리기도 하였다. 정조대에 자신의 태실에 가봉하기를 수차례 미룬 것도 민폐를 걱정했기 때문이었으며, 옹주의 태를 창덕궁 내의 주합루 근처에 묻은 것 또한 장태의 폐해가 민간에 미치는 영향을 우려했기 때문이었다. 그러나 이러한 조처는 후대에 이르러 유명무실해졌다.

서삼릉으로 옮겨진 조선 왕실의 태실 | 현재 경기도 고양시 원당동에는 조선 왕실의 태실 53위가 안치되어 있다. 이곳에는 왕의 태실 21위, 공주 및 왕자의 태실 32위, 도합 53위의 태실이 있다. 태실의 비석에는 이 태실이 언제 어느 곳에

서 옮겨 왔는지를 밝혀 놓은 비문이 새겨져 있다. 비문에 기록된 태실의 원 소재지를 살펴보면 경북 16곳, 충남 11곳, 충북 5곳, 경기 5곳, 강원 5곳, 전북 2곳, 경남 2곳, 황해도 1곳, 창덕궁 후원 4곳 등으로 주로 삼남 지역에 집중되어 있는 것이 특징이다. 그러나 비석에 새겨진 연대는 거의가 지워져 있어서, 이곳으로 옮겨 온 정확한 연대는 알 수가 없다. 다행히 후궁의 태실에 미처 지우지 못한 쇼와〔昭和〕, 메이지〔明治〕 등 일본의 연호가 새겨져 있는 것으로 보아 대부분의 태실이 일제강점기에 특정한 목적을 띠고 이곳으로 옮겨졌음을 짐작하게 한다. 1929년 3월의 『동아일보』에도, 이왕직의 주관 아래 39위의 조선 왕실 태실을 서삼릉으로 옮겼다는 짤막한 기사가 있어, 일제강점기에 태실이 옮겨졌다는 사실을 재차 확인할 수 있다.

왕실의 태실이 자기 지역에 오게 되면 한편으로는 백성의 생활에 불편함도 있었지만, 대부분은 큰 영예로 생각하였다. 왕실의 뿌리가 고향에 정착함으로써 왕실과의 일체감을 느꼈던 것이다. 경우에 따라서는 지역이 승격되기도 하였다. 현재에도 전국에는 태봉리, 태봉산, 태장동 등의 명칭이 남아 있는데 이들 지역에 태실이 있었음을 알려 주고 있다.

태봉지로 선정된 곳은 백두대간의 지맥이 명당을 이루는 곳이었다. 왕실의 태를 묻은 태봉이 서울에서 멀리 떨어진 곳에 산재하는 까닭은 풍수지리상 명당으로 알려진 곳이라면 어디나 태봉을 지었기 때문이다. 세종대왕 왕자 태실 등 19명의 태실이 함께 모여 있는 성주군 월항면 선석산의 경우도 백두대간의 지맥이 뻗어 나온 곳에 위치해 있었다. 『태봉등록』(胎峰謄錄)[3]에 의하면 왕실의 태는 대개 3곳의 명당 후보지를 정한 후에 최종적으로 한 곳을 낙점하였다고 한다. 1874년(고종 11)에 순종의 태를 안장한 과정을 기록한 『원자아기씨장태의궤』에는, 태봉의 후보지로 충청도 결성현 구항면 난산(卵山)과 강원도 원주, 경기도 양주 3곳이 후보지로 추천되었다가 결국 상지관(相地官)[4]에 의해 난산으로 결정되는 과정이 보인다.

이처럼 명당만을 선정해서 조성했던 태실이 일제강점기에 서삼릉 한

---

3 1643년(인조 21)부터 1740년(영조 16)까지 왕실의 태봉을 조성한 내용을 기록한 책이다. 예조에서 작성하였으며 왕자, 공주, 옹주의 태를 보관한 장소, 날짜, 소요 물품 등을 기록하였다.

4 조선시대에 천문(天文), 지리(地理)와 관련된 일을 맡아 보던 기술직. 왕실의 능묘, 태봉의 자리 잡는 일을 담당했으며 산릉의 조성, 개축과 공사를 지휘·감독하였다.

곳으로 모이게 된 것은 무엇보다 일제의 식민 정책과 관련이 깊다. 앞서 『동아일보』의 기사에서 보았듯이 이왕직의 주도하에 태실이 옮겨진 것은 일제 총독부의 정치적 목적이 개입되었음을 의미한다. 조선의 멸망 후 조선 왕실의 살림살이를 목적으로 설치한 부서인 이왕직은 독자적인 실권이 없이 총독부의 지휘를 받았다. 일제는 왕실과 지역민의 연결고리가 되는 태실을 없앰으로써, 조선인들이 조선 왕실을 떠올릴 만한 여지조차 아예 없애고자 한 것이다. 또한 태실이 대부분 풍수지리적으로 명당에 위치해 있었기 때문에 그들 자신이 이 터를 차지하려는 계산도 숨어 있었다. 실제로 원래 태실이 있던 자리에 총독부 유력 인사의 무덤이 들어서기도 하였다.

정조선황제태실 ⓒ 돌베개

뿐만 아니라 그들은 서삼릉으로 옮긴 공동 태실의 구조를 일본 천황에게 참배하는 신사의 모습을 띠게 만듦으로써, 태실조차 식민 통치를 위한 도구로 철저히 이용하였다. 서삼릉에 옮겨진 조선 왕실의 공동 태실은 원래의 석물이나 비석은 사라진 상태로 일(日)자 모양으로 둘러친 담 속에 조성되었다. 그러나 여기에 전국의 모든 태실이 망라된 것은 아니었다. 현재 규장각에 소장 중인 『익종대왕태실가봉석난간조배의궤』의 주인공인 익종 태실의 경우도 서삼릉에는 존재하지 않는다. 아마도 식민 지배가 가속화되어 가던 1930년을 전후한 시기에 일제는, 조선 왕실과 백성들과의 연결고리를 끊으려는 의도하에 특별한 기준도 없이 전국의 명당터에 산재해 있던 태실을 서삼릉으로 옮겨와 모아 놓았던 것으로 여겨진다.

설상가상으로 태실의 상당수는 일제강점기에 도굴까지 당한 것으로 추정된다. 후손들의 증언에 의해 도굴 사실이 알려진 월산대군 태실의 경우, 이곳에 묻혀 있던 태항아리가 일본인에 의해 수집된 것이 드러남으로써 일제의 도굴을 확증해 주었다. 이처럼 일제는 조선 왕실의 정기가 상징적으로 나타난 태실마저 말살하면서 그들의 식민 통치를 강화시켜 나갔던 것이다. 『태실의궤』에는 이처럼 아픈 역사의 흔적을 담고 있는 태실에 관한 자료가 모여 있다.

2

조선시대 왕실 결혼의 이모저모
『가례도감의궤』

조선시대에도 결혼은 인생에서 최고의 경사였음에 틀림이 없다. 더구나 그 결혼의 주체가 평민가나 양반가가 아닌 왕실이라면 이는 개인사의 측면에서뿐 아니라 국가적 행사로서도 매우 크고 중요한 경사의 하나라 아니할 수 없다. 왕실의 결혼을 가리켜 '가례'(嘉禮)라고 칭하는데, 이 가례의 의식 절차와 진행에 대해 소상히 기록한 의궤가 『가례도감의궤』(嘉禮都監儀軌)이다. 현존하는 『가례도감의궤』는 1627년(인조 5) 소현세자(昭顯世子)의 가례에 대한 기록으로부터 시작하여, 1906년 조선의 마지막 왕 순종의 가례에 대한 기록까지 20여 건이 기록되어 있어서, 조선시대 왕실의 결혼식 장면을 시대순으로 포착할 수 있다. 특히 말미에 그려진 반차도는 축제의 기분을 한껏 내는 생생한 현장감으로 가득 채워져 있어, 당시의 결혼식 행사에 직접 참여하고 있는 듯한, 혹은 비디오 카메라로 촬영한 영상을 보고 있는 듯한 효과를 안겨 준다.

『가례도감의궤』의 제작 | 가례는 원래 왕실의 큰 경사를 뜻하는 말로서, 왕실의 혼인이나 책봉 등의 의식 예법

을 뜻한다. 그러나 조선 후기에 『가례도감의궤』로 제목이 붙여진 책 모두가 왕이나 왕세자의 결혼식을 정리한 기록임을 볼 때, 『가례도감의궤』에 나타난 가례는 곧 왕실의 혼인 의식, 그중에서도 특히 왕이나 왕세자의 혼인을 뜻하는 용어임을 알 수 있다.

조선 전기부터 왕실의 혼인을 위하여 '가례도감'이 설치되었고 이때의 상황을 기록한 『가례도감의궤』가 편찬되었다는 것은 『조선왕조실록』의 기록에 의해 확인되고 있으나, 조선 전기의 의궤 중 현재 전해지는 것은 하나도 없다. 현재 전해지는 『가례도감의궤』 중 가장 오래된 것은 1627년(인조 5) 12월 27일 소현세자(1612~1645)가 강석기(姜碩期)의 딸 강빈(姜嬪)과 혼인한 의식을 정리한 『소현세자가례도감의궤』이며, 순종과 순종비의 결혼식을 정리한 1906년의 『순종순종비가례도감의궤』가 가장 나중의 것이다. 그리고 그 사이 280여 년의 기간 동안에 의궤로 정리된 가례는 모두 20건이다.

『가례도감의궤』는 크게 1책으로 제작한 것과 2책으로 제작한 것으로 구분할 수 있다. 현존하는 의궤 중 1책으로 구성한 것은 『소현세자가례도감의궤』에서부터 『장조헌경후가례도감의궤』(莊祖獻敬后嘉禮都監儀軌)까지이며, 『영조정순후가례도감의궤』부터는 혼인 행사의 전 과정을 보다 체계적으로 정리하여 2책으로 제작하였다. 영조 때 『국혼정례』(國婚定例, 1749)와 『상방정례』(尙方定例, 1752)가 만들어진 후부터는 의식 절차가 보다 정밀해지고 체계화되었으며 이에 따라 의궤의 내용도

5 상의원(尙衣院)의 소관 업무를 정리한 규정집으로 1752년(영조 28) 상의원에서 편찬하였다. 상의원은 왕실의 의복, 금, 보화 등의 물품을 관리하고 공급하던 관청이다.

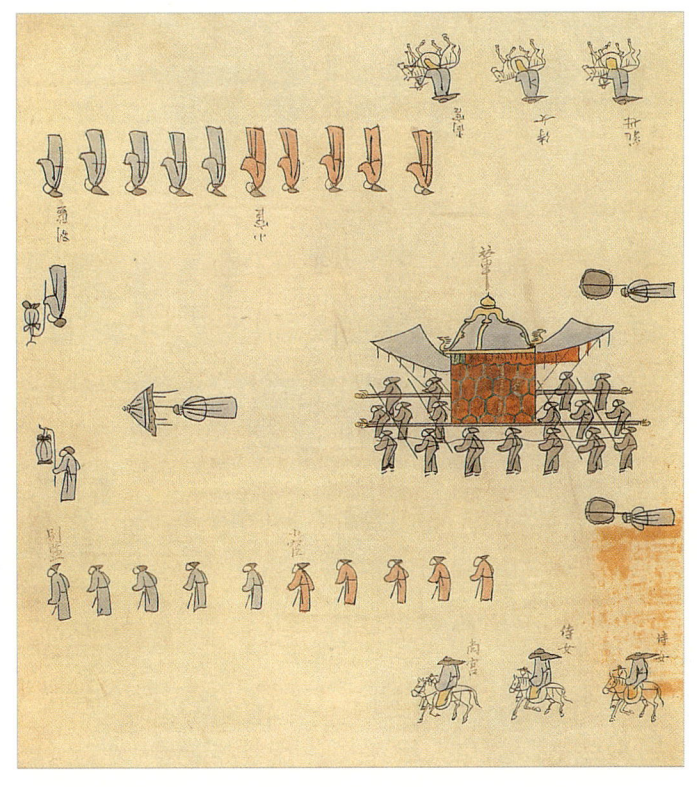

소현세자가례도감의궤 반차도 중 왕비의 가마 『소현세자가례도감의궤』는 현재 전하는 가례도감의궤 가운데 가장 오래된 것으로 1627년(인조 5) 12월에 소현세자가 강석기의 딸 강빈과 혼인한 의식을 정리한 것이다.

국혼정례 1749년(영조 25) 영조가 박문수(朴文秀)에게 명하여 작성한 혼례에 관한 규정을 기록한 책. 당시의 혼인 의례가 사치에 흘러 예물기용(禮物器用)에 많은 비용이 허비되는 것을 보고, 그 폐단을 시정하여 국민의 결혼 비용 지출을 절감시킬 목적으로 편찬하였다. 서울대학교 규장각 소장.

한층 상세해지고 분량도 늘어나게 되었다. 『영조정순후가례도감의궤』 이후 2책 제작이 일반화된 것은 이러한 사정의 반영으로 볼 수 있다.

1책으로 제작된 경우와 2책으로 제작된 경우의 구체적인 차이점은 특히 반차도의 내용에서 두드러진다. 1책으로 구성된 의궤의 반차도는 행렬이 8면에서 18면에 걸쳐 그려질 만큼 규모가 소략한 데다 왕비의 가마만이 그려져 있지만, 2책으로 구성된 의궤의 반차도는 왕과 왕비의 가마가 함께 그려지면서 46면에서 92면에 이르는 긴 행렬이 화면을 채우고 있다. 이로써 조선 후기로 오면서 행사의 내용이 보다 체계적으로 정리되고 있다는 사실을 확인할 수 있다.

왕실 혼인의 절차 │ 『가례도감의궤』에는 왕비의 간택(揀擇)을 비롯하여, 육례(六禮)의 절차인 납채(納采), 납징(納徵), 고기(告期), 책비(册妃), 친영(親迎), 동뢰연(同牢宴) 등 혼인 행사, 혼인에 필요한 각종 물품의 재료와 수량, 물품 제작에 참여한 장인들의 명단, 행사와 관련하여 각 부서간에 교환한 공문서 등이 낱낱이 기록되어 있다. 또한 마지막 부분에는 행사의 하이라이트를 그린 반차도를 그려 넣어 그 대미를 장식하고 있다. 이처럼 체계적이고 화려하게 정리된 기록이라는 점에서 『가례도감의궤』는 조선시대 의궤의 꽃이라 칭할 만하다.

왕실의 혼인 과정 중에서 첫번째로 시행해야 하는 것이 간택이었다. 간택은 왕실에서 규수를 선택하는 절차이다. 국가에서는 왕실의 결혼에 앞서 금혼령을 내리고 결혼의 적령기에 있는 팔도의 모든 처녀를 대상으로 '처녀 단자'를 올리게 했다. 처녀 단자를 올릴 필요가 없는 규수는 종실의 딸, 이씨의 딸, 과부의 딸, 첩의 딸 등에 한정되었다. 그러나 실제 처녀 단자를 올리는 응모자는 25~30명 정도에 불과했다. 그 이유는 간택이 형식상의 절차였을 뿐 실제 규수가 내정된 경우가 대부분이었고, 간택에 참여하는 데 큰 부담이 따랐기 때문이었다. 간택에 참여하는 규수는 의복이나 가마를 갖추어야 하는 등 간택 준비 비용이 만만치 않았을 뿐만 아니라, 설혹 왕실의 부인으로 간택이 되더라도 정치적으로 상당한 부담이 따랐기 때문에 이를 기피하는 경향이 컸다.

그럼 간택을 받은 규수의 심경은 어떠했을까? 혜경궁 홍씨가 저술한 『한중록』(閑中錄)에는 혜경궁 홍씨가 사도세자(思悼世子)의 비로 간택될 당시의 여러 정황들을 언급한 내용이 있는데, "간택 이후 갑자기 찾아오는 친척들이 많고 전에는 절연되었던 하인들도 오는 이가 많아졌으니, 인정과 세태를 가히 볼지라"라고 기록하여 권력층에 접근하는 세태는 예나 지금이나 차이가 없었음을 알 수 있다.

왕실에서는 왕비를 간택할 때 세 차례의 심사 과정을 거침으로써 왕비 간택에 최대한 공정성을 기한다는 점을 강조하였다. 그리고 왕비를 뽑는 중요한 행사를 전국적으로 알려 축제 분위기를 조성하고 전국에 걸쳐 널리 왕비감을 물색하려는 의지를 과시하였다.

한중록 정조의 생모이며 사도세자의 빈인 혜경궁 홍씨의 자전적인 회고록. 서울대학교 규장각 소장.

왕비의 간택과 육례의 절차

왕비의 간택

왕비 후보 중에서 신부감을 선택한다. 대개 3차에 걸친 간택의 과정을 거치는데, 1차에 6~10명을 뽑고, 2차에 3명, 그리고 3차에 최종적으로 1명을 선발한다.

육례의 절차

- 납채: 청혼서 보내기. 간택한 왕비에게 혼인의 징표인 교명문(教命文)을 보내고 왕비가 이를 받아들이는 의식이다.
- 납징(납폐): 혼인 성립의 징표로 예물(폐물)을 보내는 의식.
- 고기: 혼인 날짜를 잡는 의식.
- 책비(책빈): 왕비 또는 세자빈을 책봉하는 의식. 왕비가 혼례복인 적의를 입고 책명을 받는 자리로 나간다.
- 친영: 국왕이 친히 별궁에 있는 왕비를 맞이하러 가는 의식.
- 동뢰연: 혼인 후의 궁중잔치. 국왕이 왕비를 대궐에 모셔 와 함께 절하고 술을 주고받는 의식.

고종과 명성황후의 가례 재연식 운현궁에서 행해진 고종 가례 재연식 중 삼간택(좌), 최종간택(우) 장면. ⓒ 김거부

운현궁 전경 흥선대원군의 둘째 아들인 고종이 출생하여 12세에 왕위에 오르기 전까지 성장한 잠저(潛邸)이다. 철종(哲宗, 재위 1849~1863)의 뒤를 이어 고종이 즉위하자 생부 이하응(李昰應)은 흥선대원군이 되었고, 생모 민씨는 여흥부대부인(驪興府大夫人)의 봉작을 받았다. 이곳에서 대원군은 서원철폐, 경복궁 중건, 세제 개혁 등 많은 사업을 추진하였다. ⓒ 김성철

　동일한 조건에서 후보를 고른다는 취지에서 간택에 참가한 처녀들에게는 모두 똑같은 복장을 입게 하였다. 초간택시의 복장은 노랑 저고리에 삼회장을 달고 다홍치마를 입게 하였는데, 재간택, 삼간택으로 올라갈수록 옷에 치장하는 장식품이 조금씩 늘었다. 삼간택에서 최종적으로 뽑힌 처녀가 부인궁으로 나갈 때 입는 옷은 비빈(妃嬪)의 대례복으로, 거의 왕비의 위용을 갖추게 하였다.

　삼간택에 뽑힌 규수는 별궁에 모셔졌다. 별궁은 예비 왕비가 미리 왕실의 법도를 배우는 공간의 기능과 함께 국왕이 친히 사가(私家)에 가는 부담을 덜어 주는 기능을 하였다. 조선시대에 별궁으로 가장 많이 활용된 곳은 어의동 별궁이었으며, 고종과 명성황후(明成皇后)의 가례시에는 대원군의 사저였던 운현궁이 별궁으로 사용되었다.

　간택을 받아 별궁에서 왕실의 법도를 배운 규수는 곧이어 납채·납징·고기·책비·친영·동뢰연 등 왕실 혼인 의식의 기본이 되는 육례에 의거하여 국왕과 혼례식을 치루게 되는데, 육례의 의식 중에서도 국왕이 왕비를 모셔 오는 친영은 왕실 혼인식의 하이라이트였다. 『가례도감의궤』의 말미에 그려 넣은 반차도에 모두 친영의 장면이 포함된 것은 이러한 의식의 소산이었다.

고종 가례 재연식 중 친영 의식
2004년 10월 2일, 운현궁에서 거행된 고종과 명성황후의 가례 재연 행사 장면이다. 서울시에서 주관하며 가례의 육례 가운데 왕비가 책명을 받는 비수책 의식과 국왕이 왕비를 맞아들이는 친영 의식을 재연하였다. 가례 당시 고종은 15세, 명성황후는 16세였다. 사진은 친영 의식의 장면으로, 위로부터 행렬 가운데 국왕의 가마, 노부(깃발 행렬), 전부고취(앞부분의 악대) 부분이다. ⓒ 김거부

화려한 혼인 행사

조선시대 왕실 혼인의 규모와 대체적인 모습을 파악하는 데는 반차도가 가장 유용하다. 반차도는 혼인 행사의 주요 장면을 그림으로 표현한 것으로 반차도를 통해 참여 인원, 의장기의 모습, 가마의 배치 등 결혼식 현장의 생생한 모습들을 접할 수 있다.

앞에서도 언급했듯이 반차도는 행사 당일에 그린 것이 아니라 행사 전에 참여 인원과 물품을 미리 그려서 실제 행사 때 최대한 잘못을 줄이는 기능을 하였다. 영조와 정순왕후 결혼식의 경우에서도, 친영일은 6월 22일이었지만 친영의 모습을 담은 반차도는 6월 14일에 이미 제작되어 국왕에게 바쳐진 것으로 기록되어 있다.

『가례도감의궤』의 반차도는 모두 국왕이 별궁에 있는 왕비를 맞이하러 가는 친영 때의 모습을 담고 있다. 친영을 가례의 하이라이트라고 여겼기 때문이다. 반차도에는 국왕의 대가(大駕) 앞을 호위하는 선상(先廂: 임금이 행차할 때 앞을 호위하던 군대)·전사대(前射隊)를 비롯하여 주인공인 왕비와 국왕의 가마, 이들을 후미에서 호위하는 후상(後廂: 임금이 행차할 때 뒤를 호위하던 군대)·후사대(後射隊) 등과 행사에 참여한 고위 관료, 호위 병력, 궁중의 상궁, 내시를 비롯하여 행렬의 분위기를 고취하는 악대와 질서를 유지하는 군뢰(軍牢) 등 각종 신분의 인물들이 자신의 임무와 역할에 따라 위치를 정하여 행진하고 있는 모습이 그려져 있다. 이들 중에는 말을 탄 인물도 있고 걸어가는 인물도 있다. 여성들도 상당히 많이 등장하는데, 말을 탄 상궁을 비롯하여 침선비(針線婢) 등 궁궐의 하위직 여성들까지 다양하다.

반차도의 행렬을 살펴보면, 뒷모습을 그린 인물도, 측면만을 그린 인물도, 조감법으로 묘사한 경우 등 다양하다. 다양한 각도에서 인물들을 묘사함으로써 자칫 딱딱해지기 쉬운 행렬의 구도에 생동감 있는 악센트를 부여한 화원들의 예술적 감각을 느낄 수 있다.

반차도에 나타난 인물들은 신분에 따라 착용하고 있는 복식이 서로 다르다. 여러 가지 색깔의 복장과 너울을 쓴 여인의 모습, 각종 군복을

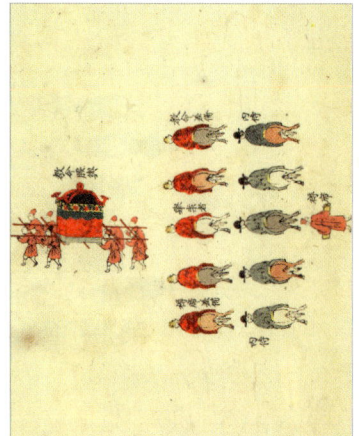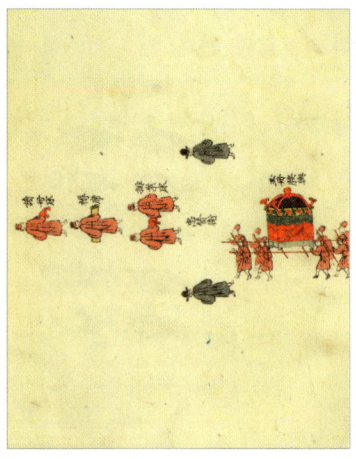

영조정순후가례도감의궤 반차도 중 왕비의 행차 반차도 행렬 중 왕비의 가마는 왕비 책봉 의식과 관계된 교명, 옥책, 금보, 명복을 실은 교명요여, 옥책요여, 금보채여, 명복채여의 뒤쪽에 배치된다.

착용한 기병·보병들의 모습은 당시의 복식 연구에도 귀중하고 생생한 자료가 된다. 행렬의 분위기를 한껏 돋우는 의장기의 모습도 흥미롭다. 행렬의 선두가 들고 가는 교룡기와 둑기를 비롯하여 각종 깃발과 양산, 부채류는 당시 왕실의 권위를 상징해 주고 있다. 수백 명이 대열을 이루어 가는 이 행렬은 바로 당시의 국력과 문화 수준을 보여 주는 최대의 축제 퍼레이드였다. 우리에게 남아 있는 의궤를 통해 오늘날에도 이 행렬을 현장 그대로의 모습으로 볼 수 있다는 것은 얼마나 큰 행운인가.

반차도는 크게 두 부분으로 구성되어 있다. 왕의 행차를 그린 앞부분과 왕비의 행차를 그린 뒷부분이 그것이다. 왕의 연(輦)은 임시 가마인 부연(副輦) 다음에 배치되어 있으며, 왕비의 연은 왕비의 책봉과 관계된 교명·옥책·금보·명복을 실은 교명요여(教命腰輿)·옥책요여(玉册腰輿)·금보채여(金寶彩輿)·명복채여(命服彩輿)의 뒤쪽에 배치되어 있다. 왕과 왕비의 가마 전후에는 전사대와 후사대가 따르고 있다. 왕의 연은 사방을 열어 놓아 내부를 볼 수 있게 하였으며, 왕비의 연은 내부를 볼 수 없게 하였다. 혼인 행사를 주관하는 관리들인 도제조·제조·도청·낭청 등 의정부 대신들과 호위를 맡은 무관들은 왕과 왕비의 연과 함께 중심부를 이루면서 행렬을 선도하고 있다.

인물·말·의장기·의장물·여(輿)·연 등을 목판으로 새겨 도장을 찍듯이 인쇄하고 채색한 것이 매우 흥미로운데, 반차도의 이 채색 그림은 200여 년이 지난 오늘날에도 생생한 모습을 띠고 있어 당시의 복식과 의장 등의 물품을 연구하는 데 큰 도움을 준다. 의장으로 사용된 품목은 매우 다양하다. 그 가운데 의장기는 국가와 왕실의 상징적인 표시 기능을 갖고 있기 때문에 의장의 핵심을 이루며, 이를 중심으로 다른 의장물들이 위엄을 갖추어 정렬하고 있다. 의장물 역시 부(斧: 도끼)·칼·창(槍) 등 직접적인 권력의 표시가 되는 군사적 요소들과 산(傘: 우산)·선(扇: 부채) 등 상서로움을 나타내는 의장을 사용하여 절대적 통치자인 국왕의 위엄을 표시하였다.

반차도에 나타난 행렬의 인물들은, 왕과 왕비의 가마를 중심으로 후면도, 좌측면도, 우측면도의 다양한 기법으로 그려져 있다. 왜 이렇게 다양한 측면에서 인물의 모습을 그렸을까? 그것은 아마도 이 행렬에 참여하고 있는 각 부서의 인물을 구분할 수 있게 하여 담당 업무를 반차도에서도 쉽게 확인할 수 있게 하기 위한 조치였을 것이다. 반차도는

반차도에 그려진 인물의 좌우 측면도와 후면도 인물을 좌측, 우측, 후면의 다양한 시점으로 그려 입체감을 살려준다.

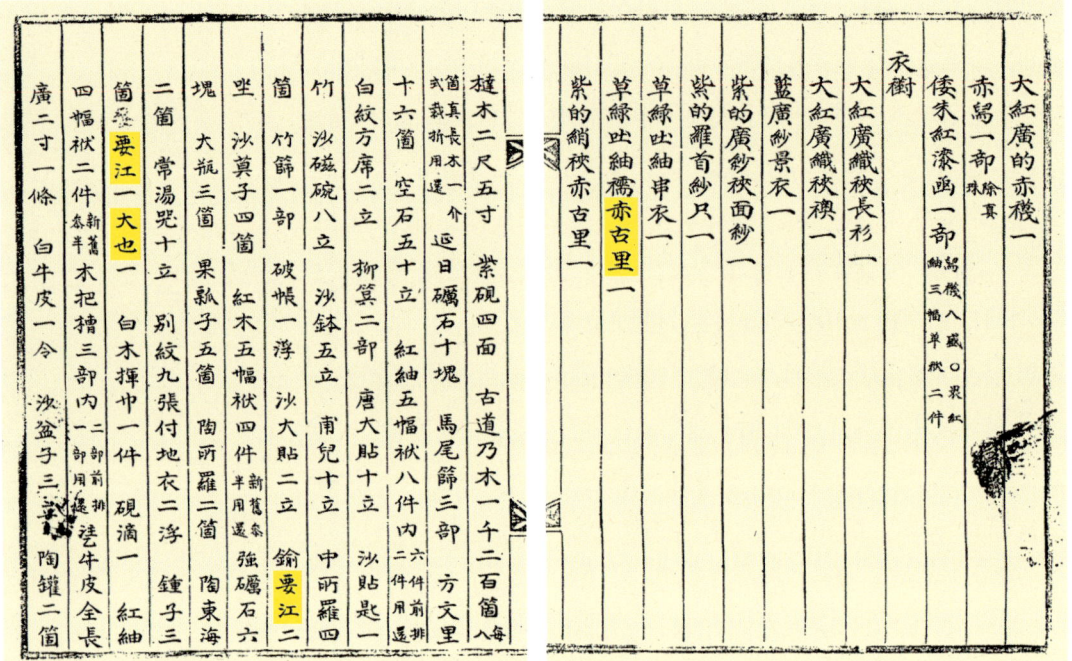

영조정순후가례도감의궤 반차도 중 기명 도설(부분) 요강(要江), 대야(大也), 유요강(鍮要江), 저고리(赤古里) 등 행사에 사용된 각종 전통 물품들이 우리식 한자어로 표기되어 있다.

최초에 그려질 때 행사의 예행연습, 도상연습의 성격을 띠고 있기 때문에, 결국 이러한 목적을 수행하기 위해 만들어진 반차도라면 각 부서별 담당 업무별로 인물을 쉽게 구분하는 것이 필요했을 것이고, 이러한 목적을 충족시키기 위하여 다양한 각도에서 인물의 모습이 포착된 것으로 여겨진다. 이렇게 그려진 행렬은 매우 입체적이며, 정지해 있지 않고 역동적으로 움직이고 있는 듯한 느낌을 준다. 국왕의 혼인이라는 거대한 축제의 행렬을 보다 사실적으로 표현하면서 충실한 도상연습의 실용성까지 구현한 이 반차도에서 당대인들의 지혜가 느껴진다.

『가례도감의궤』를 빼곡이 채우고 있는 이러한 기록들은 우리에게 왕실 혼인의 구체적인 모습과 함께 국가의 정치·문화·경제적 역량의 결집을 확인시켜 준다. 또한 의궤 제작에 사용된 깨끗하고 질긴 종이와 정성을 들인 유려한 필체, 250여 년의 세월이 무색할 만큼 깔끔하게 채색되어 전혀 변질되지 않은 그림 등은 문화재로서의 의궤의 가치를 보다 돋보이게 한다. 또한 의궤에는 행사에 사용된 각종 전통 물품들이 우리식 한자어로 표기되어 친근감을 더해준다. 치마〔赤了〕, 대야(大也), 요강(要江) 등은 그 대표적인 사례이다. 의궤는 우리 문화의 정수를 담고 있는 기록 유산으로서, 국제화 시대의 문화사절로도 손색이 없는 자료이다. 전통문화에 대한 진면목을 보여 줄 수 있는 『가례도감의궤』와 같은 자료는 "가장 전통적인 것이 가장 세계적일 수 있다"는 사실을 잘 보여 주고 있는 것이다.

『가례도감의궤』의 주요 내용

- 행사 참여자들의 명단.
- 행사시 주고받은 각종 공문서.
- 가마, 의장물 등 각종 물품을 제작한 장인 명단.
- 각 물품에 사용된 재료의 수량과 비용.
- 왕과 왕비가 입었던 복장의 내용.
- 궁녀, 내관 등 참여자의 복장.
- 행사에 사용된 총비용과 쓰고 돌려준 것의 비용.

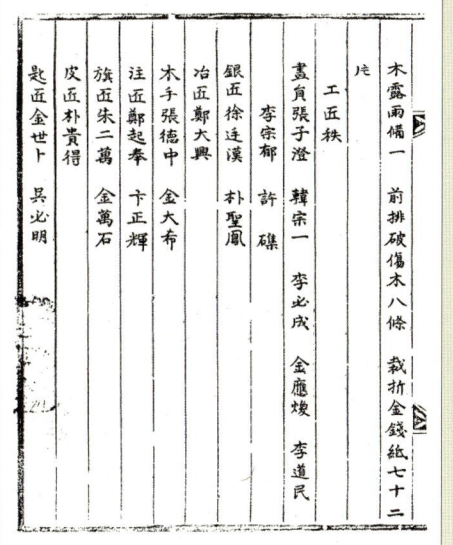

행사에 참여했던 장인 명단 화원, 은장, 목수 등의 실명이 기록되어 있다. 『영조정순후가례도감의궤』에 수록.

3

국왕의 장례에 관한 기록
『국장도감의궤』

유학자의 필독서인 『논어』에 "마지막을 삼가고 멀리 돌아가신 분을 추모하면 백성의 덕이 후한 데로 돌아갈 것이다"라는 구절이 있다. 군주가 일반 사람들이 소홀히 하기 쉬운 상례(喪禮)를 예법대로 실천하고 제사에 정성을 다하면 백성들이 그의 도타운 덕을 본받아 교화가 제대로 이뤄질 것이라는 이야기이다. 유학을 국가 이념으로 하는 조선시대에는 흉례(凶禮), 즉 왕실의 상례(喪禮)를 오례(五禮)[6]의 하나로 정하여 왕도정치를 실천하는 방도로 삼았다.

조선시대에는 국왕에서부터 서민에 이르기까지 부모에 대해 삼년상을 원칙으로 하였다. 사람이 상중에 있으면 그 3년 동안에는 맛있는 것을 먹어도 단맛을 느끼지 못하고, 음악을 들어도 즐겁지 않으며, 어디에 거처해도 마음이 편하지 않기 때문에 삼년상을 지내는 것이다. 또한 국왕이 승하(昇遐)하면 졸곡(卒哭)[7]이 끝난 후에 종묘나 사직과 같은 대사(大祀)에서만 제례악을 연주할 뿐, 그 이외에는 삼년상을 치르는 동안 모든 음악의 연주를 정지했다. 이것은 국왕의 장례는 모든 국민이 근신하는 가운데 경건하게 치러져야 한다는 의미에서 내려진 조치였다.

[6] 국가를 운영하는 다섯 가지 의례. 길례(吉禮), 흉례(凶禮), 군례(軍禮), 가례(嘉禮), 빈례(賓禮)가 있다.

[7] 사망 후 세번째 올리는 제사인 삼우제 이후의 제사. 사망한 지 석 달 이후에 지낸다.

국왕의 사망과 새 국왕의 등극

국왕의 즉위식은 왕은 물론 국가적으로도 매우 큰 경사에 속하는 행사이다. 그러므로 국왕의 즉위식은 매우 화려하고 성대하게 거행되었을 것이라고 흔히들 생각한다. 물론 조선시대에도 몇 차례의 화려한 즉위식이 있었는데, 태종이 생전에 왕위를 물려주어 세종이 즉위할 때와 고종이 조선의 국왕으로 있다가 대한제국의 황제로 등극할 때가 그랬다. 그러나 이러한 몇 경우를 제외하면 국왕의 즉위식은 전혀 화려하거나 성대하게 거행되지 못했다.

조선의 국왕은 자기 스스로 왕위를 후계자에게 물려주거나 정변을 통해 강제로 쫓겨나는 경우가 아니면 평생을 국왕으로 지내는 종신직이었다. 따라서 새로운 국왕이 즉위하려면 전 국왕이 사망한 경우에나 가능했다. 실제로 조선의 국왕은 대부분 전 국왕의 장례가 한창 진행되는 중에 왕위에 올랐으며, 즉위식은 새로운 국왕의 탄생을 기뻐하기보다 전 국왕의 사망을 슬퍼하는 가운데 정중하면서도 간략하게 진행되었다. 국가의 중요한 행사임에도 불구하고, 현재 의궤가 전혀 남아 있지 않은 것은 즉위식이 간략하게 진행되어 기록으로 남길 것이 많지 않았기 때문이다.

국왕의 즉위식은 전 국왕을 위한 성복(成服)[8]이 끝난 후에 사망한 국왕의 시신이 안치된 빈전(殯殿)의 문밖 공간에서 치러졌다. 성복은 보통 국왕이 사망한 지 6일째 되는 날에 했으며, 성복을 하면 왕세자 이하 모든 신료들이 최복(衰服)이란 상복을 입었다. 다만 새 국왕은 즉위식이 진행되는 동안에만 상복에서 면복(冕服)[9]으로 갈아입었다.

국왕 즉위식은 다음과 같이 진행되었다. 먼저 식장의 동쪽에 사망한 국왕의 유언인 유교(遺敎)가 놓이고, 서쪽에는 대보(大寶)[10]가 놓였다. 식이 시작되면 면복을 입은 새 국왕이 빈전을 향해 향을 올리고, 이어 영의정이 유교(遺敎: 국왕의 유언)를 읽고 좌의정이 대보를 새 국왕에게 올린다. 이어서 만세(萬歲)를 하는데, 의식의 진행을 맡은 찬의(贊儀)가 '산호'(山呼)라 하면 모든 참석자들이 양손을 들어 '천세'(千歲)[11]를 외

명성황후국장도감의궤 1895년 을미사변으로 살해된 고종의 비 민씨(1851~1895)를 1897년에 명성황후로 추봉하고 홍릉으로 이장할 때의 국장 절차와 과정을 기록한 의궤. 국장이 끝난 1897년 10월 28일부터 편찬하기 시작하여 1898년 5월 20일 완료하였다. 붉은색의 비단 표지와 화려한 외부 장식은 이 의궤가 어람용으로 제작되었음을 보여 주고 있다. 서울대학교 규장각 소장.

[8] 상주들이 상복을 입음.
[9] 국왕이 국가 의식 때에 착용하는 예복.
[10] 국왕을 상징하는 도장.
[11] 산호는 산호만세(山呼萬歲)의 준말로 국왕에게 축하하는 뜻으로 부르는 만세이며, 천세는 천추만세(千秋萬歲)의 준말로 국왕의 장수를 축수하는 만세이다. 재산호는 다시 산호를 외치는 것이며, 천천세는 천세를 거듭 외치는 것이다.

고종황제의 국장 행렬(좌) 종로를 통과하고 있는 대여(大轝)의 모습이다.

고종황제의 국장 행렬에서의 순종(우)

치고, 찬의가 '재산호'(再山呼)라 하면 참석자들이 다시 양손을 들어 '천천세'(千千歲)를 외치는 것으로 행사가 끝난다. 행사가 끝나면 새 국왕은 바로 상복으로 갈아입고 국장의 절차를 계속 진행했다.

국장 중의 즉위식이라 국왕은 부친이나 조부를 잃고 슬픔이 가득한 자식의 모습이었다. 문종은 부친 세종이 사망하고 6일 만에 왕위에 올랐는데 즉위식장에서 너무나 슬피 울어 옷소매가 다 젖을 정도였다. 정조는 할아버지 영조가 사망하고 5일 만에 왕위에 올랐는데 상복에서 면복으로 갈아입는 것조차 주저하였고, 대보를 받을 때부터 눈물을 흘리기 시작하여 어좌에 앉을 때에는 소리를 내며 울었다. 그러자 참석한 신료들도 함께 눈물을 흘렸다. 이처럼 국왕의 즉위식은 기쁨보다는 슬픔이 큰 자리가 되었다.

국장의 절차

태상왕(비), 세자(빈), 세손(빈)이 사망하면 그 장례를 국상(國喪)으로 치렀다. 그렇지만 국상에 대한 표현은 대상자에 따라 달랐다. 국왕과 왕비의 장례는 국장(國葬)이라 일컬었고, 세자와 세자빈의 장례는 예장(禮葬), 황제의 장례는 어장(御葬)이라 했다. 또한 사망을 표현하는 말도 대상자에 따라 달랐다. 『예기』를 보면 천자는 붕(崩), 제후는 훙(薨), 대부(大夫)는 졸(卒), 사(士)는 불록(不祿), 서민은 사(死)라고 규정했다. 조선의 국왕은 제후에 해당하므로

'훙'이란 표현을 사용하게 되는데, 『조선왕조실록』에는 통상 "상(上)이 승하(昇遐)했다"고 표현되어 있다.

국왕이 사망하면 당일에 장례의 집행을 담당할 관서인 도감(都監)이 설치되고, 이곳에서 업무를 담당할 관리가 차출되었다. 국장 관련 도감으로는 장례를 총괄하는 국장도감(國葬都監), 시신을 안치하는 빈전을 설치하고 염습과 복식을 준비하는 빈전도감(殯殿都監), 무덤을 조성하는 산릉도감(山陵都監)이 설치되었다. 그리고 이 3개의 도감을 총지휘하는 총호사(總護使)로 통상 좌의정을 임명했다.

오늘날의 장례 풍습으로 말하자면 장례를 총괄하는 집행부는 국장도감이, 빈소를 차리고 조문객을 맞는 일은 빈전도감이, 장지에서 묘소를 만드는 일은 산릉도감이 담당했다고 보면 된다. 또한 빈전도감과는 별도로 혼전도감(魂殿都監)이 설치되었는데, 이곳은 장례를 치른 후 가신주(假神主)[12]를 모시고 삼년상을 치르는 혼전(魂殿)[13]에 관한 업무를 담당하는 곳이었다. 그러나 대부분은 빈전도감이 혼전에 관한 업무까지 함께 담당하였다.

국장의 절차는 국장도감 설치→빈전 마련→성복(成服)→발인(發靷)[14]→하관(下棺)[15]→반우(返虞)[16]→국장도감 해산의 순서로 진행된다. 이 순서에 따라 조선시대 국왕의 국장 절차를 살펴보자.

국왕의 병이 깊어 죽음에 임박하면 유언을 듣게 되는데, 이를 고명(誥命)이라고 한다. 대개 국왕의 신임을 받던 측근 신하가 고명을 받으며, 그는 왕위를 전한다는 유교(遺敎)를 작성한다. 국왕이 사망하면 머리를 동쪽을 향하도록 눕히고, 내시가 입과 코 위에 솜을 놓고 숨을 쉬는지를 살핀다. 사망이 확인되면 내시가 국왕이 평소 입던 옷을 가지고 궁궐 지붕에 올라가 용마루를 밟고 세 번 "상위복"(上位復)이라 외친다. 이는 떠나가는 국왕의 혼령에게 돌아오라고 부르는 것이다.

국왕이 사망하면 왕세자 이하 신료들은 머리에 썼던 관과 입었던 옷을 벗고 머리를 푼다. 그리고 흰색의 옷과 신발, 버선을 착용하며, 3일 동안 아무 것도 먹지 않는다. 또한 졸곡 때까지 궁중의 모든 제사와 음

[12] 신주는 죽은 이의 위(位)를 베푸는 나무 패이다. 국왕 또는 왕비의 국장이 끝나면 뽕나무로 만든 가신주를 만들어 혼전에 모시고 삼년상을 치른다. 삼년상이 끝나면 혼전에 모신 가신주를 꺼내어 종묘 터에 묻고 새로운 신주를 만들어 종묘에 모셨다.
[13] 사망한 국왕 또는 왕비의 신주를 모셔 놓은 곳.
[14] 상여가 집에서 떠남.
[15] 관을 광중(壙中: 구덩이)에 내림.
[16] 신주를 궁궐로 가져옴.

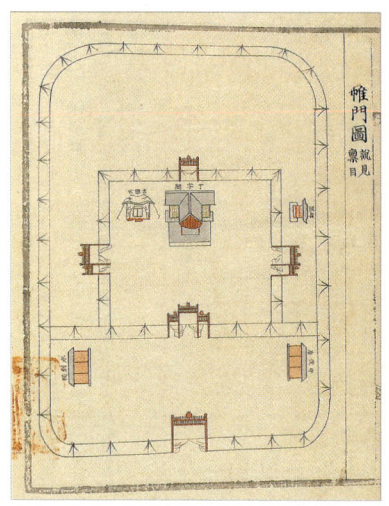

유문도(좌) 『정조건릉산릉도감의궤』에 수록된 그림이다. 이 의궤에는 1800년(순조 즉위년) 7월부터 12월까지 정조의 왕릉인 건릉을 조성한 과정이 기록되어 있다. 함께 수록된 「정자각도」, 「사수도」 등의 그림은 왕릉의 배치와 시설물을 이해하는 데 도움이 된다.

건릉의 정자각(우) 능의 정자각은 제사를 지내는 곳으로, 'ㅜ'자 모양이다.
ⓒ 김성철

17 가래나무로 만든 국왕의 관.
18 전 국왕의 죽음을 애도하는 명령.
19 '묘호'는 국왕이 죽은 후 종묘에 그 신주를 모시면서 부르는 이름이며, '능호'는 왕릉의 이름, '시호'는 생전의 공덕을 칭송하여 죽은 뒤 내리는 칭호이다.

악 연주가 중지되며, 이후 삼년상이 끝날 때까지 사직 제사만 올리고, 음악은 대사(大祀) 때에만 연주한다. 또한 민간에서도 국왕의 사망을 애도하기 위해 5일 동안 시장이 열리지 않으며, 결혼과 도살이 금지된다.

그 다음 국왕의 시신을 목욕시키고 의복을 갈아입히는 습(襲), 옷과 이불로 시체를 감싸는 소렴(小殮)과 대렴(大殮)이 진행된다. 대렴이 끝나면 시신을 넣은 재궁(梓宮)17을 빈전에 모신다. 일반인의 상례 때에는 빈소에 관을 그대로 두지만, 국장에서는 찬궁(攢宮)이라는 큰 상자를 만들어 그곳에 재궁을 모셨다. 한편 국왕이 사망한 지 3일째 되는 날 대신을 사직과 종묘에 보내 국왕의 사망을 알린다.

성복은 대렴을 한 다음날 거행하며, 새 국왕의 즉위식은 성복이 끝난 후에 치르게 된다. 앞서 보았듯이 새 국왕은 전 국왕의 장례 절차가 한창 진행되는 도중에 간략한 의식을 거쳐서 왕위에 올랐다. 즉위식이 있는 날, 새 국왕은 즉위 교서를 반포한다. 그 내용은 대체로 선왕의 공적을 찬양하고 부족한 자신이 이를 계승하여 국왕이 되었음을 천명하는 것이었다. 정조는 즉위 교서에서 사도세자의 예우 문제를 거론하여 장차 자신의 생부를 복권시키는 정책을 추진할 것임을 천명했다.

국왕이 사망한 다음 달에는 새 국왕이 애지(哀旨)18를 내려 묘호(廟號), 능호(陵號), 시호(諡號)19를 정하여 올리게 한다. 가령 정조를 예로

건릉 전경(좌) 정조의 능인 건릉은 정조의 부친인 사도세자가 안치된 현륭원 내에 조성되었다. ⓒ 김성철

찬궁도(우) 『정조건릉산릉도감의궤』에 수록.

들면, 묘호는 정종(正宗, 정종이 정조로 바뀐 것은 고종대이다), 능호는 건릉(健陵), 시호는 문성무열(文成武烈) 성인장효(聖仁莊孝)였다. 또한 국왕의 평생 행적을 기록한 행장(行狀), 책문(册文), 비문(碑文), 지문(誌文)도 고위 신료들이 분담하여 작성하였다. 이때에 작성된 글들은 『조선왕조실록』에서 각 국왕의 실록 마지막 부분에 부록으로 수록되어 있다.

이제 발인(發靷)이 시작되어 국왕의 관이 궁궐을 떠나고 노제(路祭)[20]를 거쳐 장지에 이른다. 산릉도감이 미리 만들어 놓은 장지에 도착하면 관을 정자각(丁字閣)에 모시고, 찬궁에서 관을 꺼내어 하관한다. 국장에서의 하관은 사전에 설치해 둔 녹로(轆轤) 등의 기계를 이용하였다. 왕릉 조성이 끝나면 우제(虞祭)[21]를 지내고, 가신주를 모시고 궁궐로 돌아와 혼전에 두었다.

가신주를 안치하고 나면 국장도감은 업무를 종결하고 해산되었다. 그러나 국장은 끝나지 않았고, 가신주를 혼전에 모시고 삼년상을 지내야 했다. 1년이 지나 연제(練祭)를 지내면 혼전에 모신 가신주를 꺼내어 종묘 뒤뜰에 묻고 새 신주를 만들며, 3년이 지나면 신주를 종묘에 모셨는데 이를 부묘(祔廟)라 한다. 국왕의 신주를 종묘에 모시는 행사는 별도로 부묘도감(祔廟都監)이 담당하였다.

20 장지로 가는 도중에 길에서 지내는 제사.
21 시신을 매장한 후 혼을 위로하는 제사.

 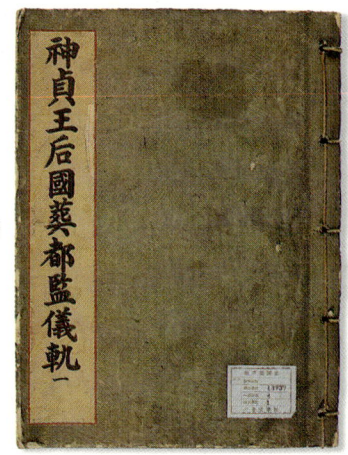 

정종대왕(정조)건릉산릉도감의궤, 신정왕후국장도감의궤, 명성황후빈전혼전도감의궤 국장이 끝나면 국장도감, 빈전도감, 산릉도감에서 각각 의궤를 작성하였으니, 결국 국장을 한번 치르고 나면 『국장도감의궤』, 『빈전도감의궤』, 『산릉도감의궤』라는 3종의 의궤가 동시에 작성되었다. 서울대학교 규장각 소장.

『국장도감의궤』의 내용

국장이 끝나면 국장도감, 빈전도감, 산릉도감에서 각각 의궤를 작성하였으니, 결국 국장을 한번 치르고 나면 『국장도감의궤』, 『빈전도감의궤』, 『산릉도감의궤』라는 3종의 의궤가 동시에 작성되었다. 국왕에게 올려지는 어람용 의궤는 초주지(草注紙)라는 고급 종이로 만들어졌고, 나머지는 저주지(楮注紙)로 작성되었다. 1898년(고종 35) 5월에 완성된 『명성황후국장도감의궤』의 경우에는 모두 7질이 만들어졌는데, 그중 2질은 어람용으로 규장각과 시강원에 보관되었고, 나머지 5질은 의정부, 비서원, 장례원, 정족산 사고, 오대산 사고에 보관되었다.

『국장도감의궤』는 국장도감이 총호사(좌의정)의 지휘하에 국장의 절차를 집행하고 전체 업무를 지휘하는 곳이었으므로, 재궁, 각종 수레, 책보(冊寶), 각종 의장, 제기(祭器)의 제작에 관한 내용이 정리되었다. 그리고 『빈전도감의궤』에는 예조판서의 지휘하에 염습·상복·혼전에 소용되는 물품이, 『산릉도감의궤』에는 공조판서와 선공감(繕工監)[22] 제조의 지휘하에 산릉 일대의 토목 공사, 각종 석물, 정자각 건축, 식목 등에 관한 내용이 정리되었다. 이상 3종의 의궤 가운데 국장의 전모를 보여 주는 『국장도감의궤』를 중심으로 그 내용을 살펴보자.

『국장도감의궤』는 국장에 관한 3종의 의궤 가운데 하나이지만, 이것은 다시 여러 개의 의궤가 합쳐져 만들어진 것이다. 국장도감은 도청

22 토목과 영선(營繕: 집을 새로 건축하거나 수리하는 일)을 담당하는 관서.

(都廳)과 일방(一房)·이방·삼방으로 조직되었고 그 하부에 다시 업무를 분장하는 여러 개의 기관이 있었는데 이들이 각각 의궤를 작성하였기 때문이다.

『도청의궤』에는 장례 일정과 국장을 담당한 관원의 명단, 장례에 대한 국왕의 명령, 국장도감에서 국왕에게 올린 각종 보고서, 국장도감과 다른 기관 사이에 오간 공문, 시호의 책봉, 장례 절차, 소요 비용, 장례 후 시상 내용 등이 수록되어 있다. 『일방의궤』에는 대여(大轝)·견여(肩轝)·요여(腰轝)와 같은 가마와 향로를 실은 향정자(香亭子) 등을 제작하고 조달한 내역을 밝히고 있다. 특히 이곳에는 각종 물품의 모습이 원색 그림으로 설명되어 있고, 장례 행렬 전체의 모습을 그린 반차도가 있다.

다음으로 『이방의궤』와 『삼방의궤』에는 각 방의 담당 업무, 물품의 재료와 제작 방법, 소속 장인의 도구와 재료, 참여한 장인의 명단 등이 실려 있다. 『이방의궤』에서는 각종 의장(儀仗)과 혼전에 배치하는 물품, 제기, 상자, 깔개, 우비의 제작에 관한 내용이, 『삼방의궤』에는 시책문(諡册文), 애책문(哀册文)[23], 정자각 상량문, 만장(輓章)[24]이 수록되어 있다. 특히 만장은 수십 명에 이르는 신료들이 작성한 것으로, 당대 중앙 정계의 핵심 인물들이 모두 망라되어 있었다.

국장도감의 하부에는 다시 여러 개의 기관이 있었는데, 이들도 의궤를 작성했다. 우주소(虞主所)에서는 우제(虞祭)에 쓸 신주와 관련 물품을 제작하고, 표석소(表石所)에서는 산릉에 세울 비석을 제작하며, 지석소(誌石所)에서는 장명등(長明燈)[25] 밑에다 매장할 지석을 제작했다.

또한 별공작(別工作)에서는 크고 작은 상여와 의장, 비석을 보관할 가건물, 지석을 넣을 상자, 책상과 촛대, 분장흥고(分長興庫)에서는 깔개와 우비를, 분전설사(分典設司)에서는 해를 가리는 차일과 평지에 둘러치는 휘장을 제작하였다. 의궤에는 이들 기관이 물품 제작과 관련하여 주고받은 공문서, 소요 재료, 제작에 참여한 장인의 명단 등이 모두 수록되어 있다.

정조국장도감의궤 반차도에 그려진 향정자 향정자는 장례 때 향합(香盒), 향로 등의 제구(祭具)를 받쳐 드는 데 쓰인 작은 정자 모양의 기물이다.

[23] 시책문은 국왕이나 왕비의 생전 공덕을 칭송하여 지은 글이며, 애책문은 국왕이나 왕비의 죽음을 슬퍼하여 지은 글이다.
[24] 죽은 이를 애도하며 지은 글, 혹은 그 글을 종이나 천에 적어 만든 깃발을 말한다. 장례 행렬에서 상여 뒤를 따르다가, 장례가 끝나면 빈청에 보관되었다.
[25] 묘와 능에 불을 밝힘으로써 사악한 기운을 쫓기 위해 설치한 등. 조선시대에 와서는 일품 이상 재상의 묘에만 세울 수 있었으므로, 매장된 사람의 신분을 표시하는 상징물이 되기도 하였다.

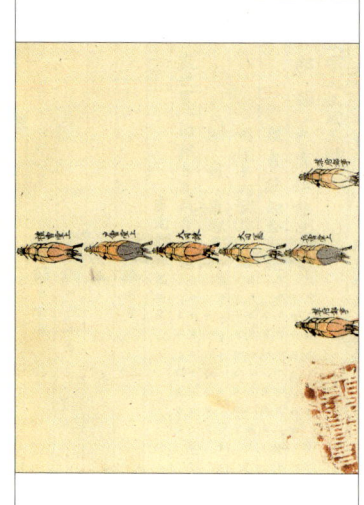

정조국장도감의궤 반차도의 앞부분

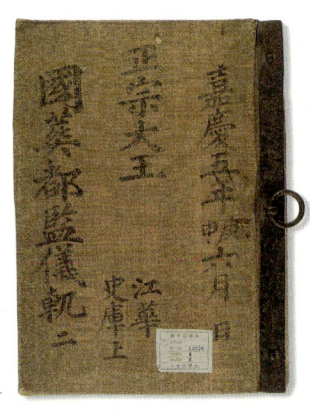

정조국장도감의궤 1800년 정조의 장례식 과정을 기록한 책. 표지의 제목은 『정종대왕국장도감의궤』이며 '정종대왕'은 정조를 가리킨다. 이해 6월 28일 정조가 창경궁 영춘헌에서 승하하자 사망 당일에 국장도감이 설치되고, 7월 3일 빈전(殯殿)을 마련하였다. 서울대학교 규장각 소장.

반차도에 나타난 국장 행렬

국왕의 장례는 엄숙하고 장중하게 진행되었다. 왕위를 계승할 사람이 선왕의 유언에 의해 확정되고, 새 국왕이 정책을 펼쳐 나가는 데 있어 선왕의 유업(遺業)을 계승한다는 것은 중요한 명분이 되었으므로 국왕이나 신료들 모두 정성을 다해 국장을 치렀다.

또한 장례는 다른 행사에 비해 그 절차가 훨씬 복잡하고 까다로우며 장시간 동안 진행되는 행사였으므로, 예제(禮制)의 올바른 집행을 위해 신중을 기해야 했다. 따라서 새로운 국왕이 즉위하여 삼년상을 끝낼 때까지는 상당한 국력과 관심이 국장에 집중될 수밖에 없었다.

국장 행렬을 그림으로 그린 반차도는 발인하기 약 10일 전까지는 완성하여 확인을 받도록 정해져 있었다. 엄숙하고 장중하게 치러야 하는 행사였기에 수많은 참가자들은 미리 반차도를 통해 도상연습을 하고, 행렬 속에서 자신의 위치를 숙지하였다.

1800년에 있었던 정조의 국장 행렬을 그린 반차도는 총 40면에 1,440명의 인원이 그려져 있다. 반차도에 나타나 있는 이 규모는 정조가 1795년에 혜경궁 홍씨를 모시고 화성에 행차했을 때의 1,779명에 비교하면 다소 줄어들었지만 그래도 많은 인원이 참가한 성대한 행사

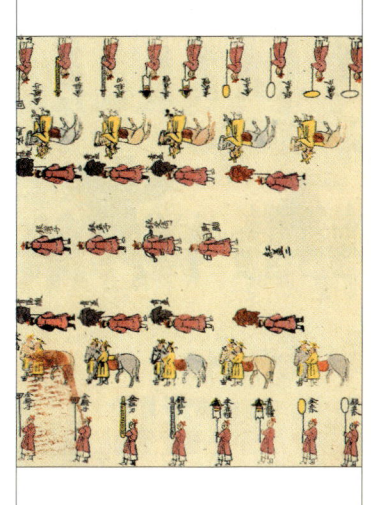  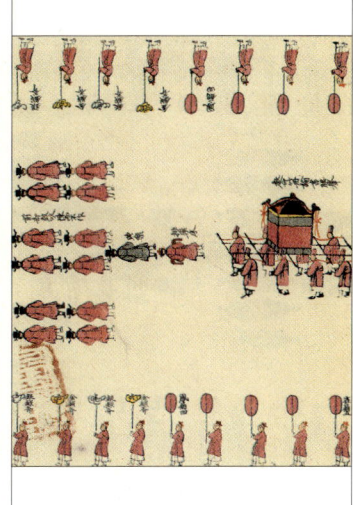

반차도 중 **전부고취와 의장 행렬 부분**

였다. 참고로 1897년의 명성황후 국장 반차도에는 총 78면에 2,035명의 인원이 동원된 것으로 그려져 있다. 고종이 황제로 즉위한 이후의 황실 행사였으므로 그 규모가 더욱 커졌던 것이다.

이제 정조의 국장 행렬을 따라가 보자. 맨 앞에는 경기감사가 행렬을 인도하고 있다. 장지가 화성의 화산(花山) 아래였으므로 이 지역을 관장하는 경기감사가 선도(先導)에 선 것이다. 경기감사 뒤에는 예조, 호조, 대사간, 대사헌, 병조 등 국장을 집행하는 기관의 고위 책임자들이 상복을 입고 따르고 있다. 즉 국장도감 집행부가 제일 앞에 배치된 셈이다. 집행부 다음에는 선상군(先廂軍) 400명이 따르고 있는데, 이들은 정복을 착용하고 소총을 휴대하여 행렬의 선두에서 위엄을 보이고 있다.

다음으로 의장이 집중적으로 배치되었다. 황룡기(黃龍旗)·주작기(朱雀旗)·천하태평기(天下太平旗) 등을 중앙부에 두고 좌우 양쪽으로 각종 깃발이 늘어서 있으며, 나발의 일종인 대각(大角)·중각(中角)·소각(小角)[26]을 든 악대가 지나가고 있다. 이들은 악기를 들고 있지만 연주하지는 않는다. 앞으로 삼년상이 끝날 때까지 대사(大祀) 이외에는 음악을 연주할 수 없기 때문이다.

[26] 군악이나 아악 연주에 사용하던 목관악기. 길쭉하고 주둥이를 낸 것으로 크기에 따라 대·중·소로 나뉜다.

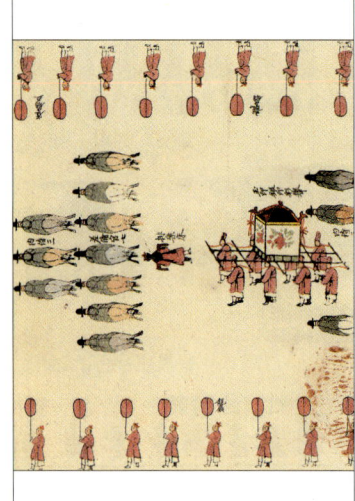
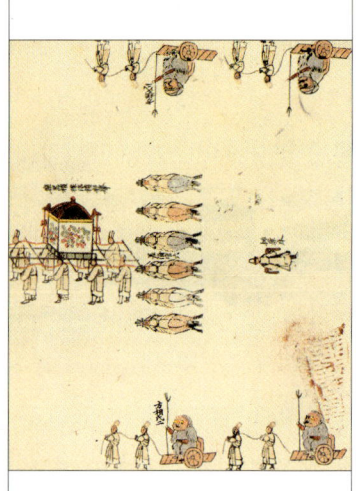

반차도 중 옥인, 은인, 시책 등을 담은 가마와 방상시 행렬 부분

27 '옥인'과 '은인'은 존호를 새긴 옥 도장과 은 도장을 일컫는 말이다. '시책'은 시호를 새긴 책, '시보'는 시호를 새긴 도장인데, '보'는 '인' 보다 등급이 높다.

깃발 부대 다음으로 은관자(銀灌子)·은우자(銀盂子)와 같은 제기가 있고, 그 양편에는 역시 각종 양산 및 의장물이 줄지어 있다. 이곳에는 전부고취(前部鼓吹)라는 악대가 편성되어 있는데, "악기를 배치해 두고 연주하지는 않는다"[陳而不作]라고 기록되어 있다.

그 다음에는 사망한 국왕을 위한 각종 책(冊), 보(寶), 인(印)을 실은 가마가 지나간다. 행렬에는 옥인(玉印)과 은인(銀印), 시책(諡冊), 시보(諡寶)27 등을 실은 가마가 지나가며, 각 가마의 뒤에는 이를 담당하는

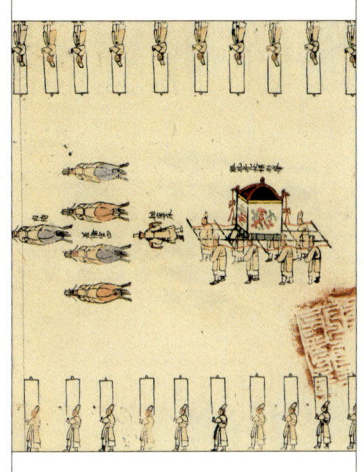
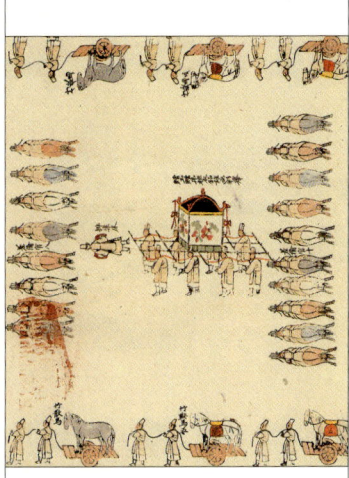

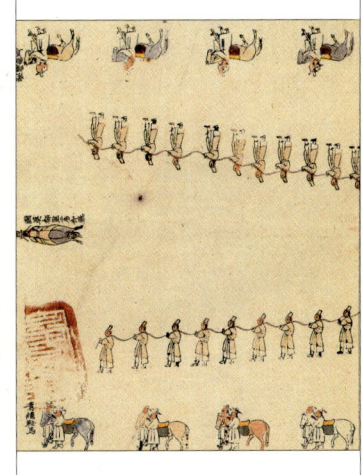
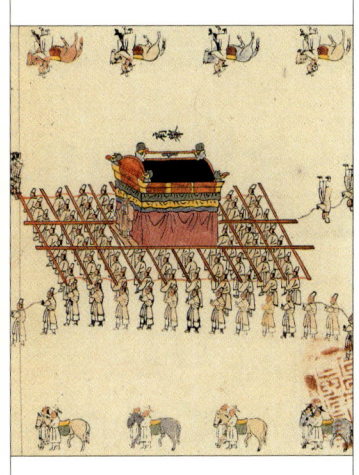

반차도 중 죽산마, 죽안마, 견여 부분

관리와 국장도감의 관리 각 1인이 가마를 수행하고 있다.

　이제 행렬은 서서히 중앙부로 접어든다. 향로를 실은 가마를 앞세우고 각종 의장물과 악대가 지나가며, 붉은 일산(日傘) 다음에 12명의 시위 별감이 인도하는 신연(神輦)[28]이 3색의 촛불을 켜고서 지나간다. 장례가 끝나면 이 신연에 실린 신주는 다시 궁궐로 돌아오게 된다. 다시 여러 개의 채색 가마가 지나가는데, 여기에는 각종 제기 및 장례에 사용하는 집기류를 싣고 있다. 이 부분에서 눈에 띄는 것은 4인의 방상시(方

28　국왕의 가신주를 모신 가마.

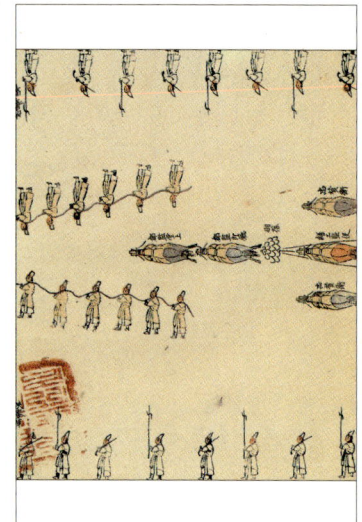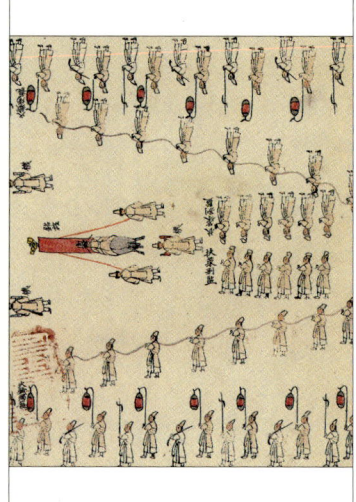

반차도 중 향정자와 명정 부분

相氏)인데, 이들은 악귀를 쫓는 역할을 하였다. 방상시 뒤로는 수십 개의 만장이 늘어섰고, 의장물인 죽산마[29]·죽안마[30]를 실은 수레가 지나간다.

행렬의 중심부에는 먼저 견여(肩轝)가 나온다. 140여 명이 메고 가는 견여는 국왕의 시신이 들어 있는 재궁을 대여(大轝)에 올리고 내릴 때나 좁을 길을 갈 때에 사용한 것으로 추정되는 가마이다. 견여 다음에 향로를 실은 향정자와 국왕의 이름을 밝힌 명정(銘旌)을 앞세우고 대여가 지나간다. 대여는 국왕의 시신이 있는 가마이므로 견여보다 규모가 크며, 행렬의 가장 중심이 된다. 대여의 양옆에는 24명의 군사가 등불을 밝히고 그 바깥에는 호위 군사들이 둘러싸고 있으며, 앞에서는 12명의 별감(別監)이 호위하고 있다.

대여의 후미에는 국장도감의 각급 관리와 중앙 관청의 관리들이 따라가며, 다시 만장이 배치되어 있다. 그리고 그 뒤에는 곡(哭)을 담당하는 궁녀 10명이 지나가는데, 이들은 모두 베일을 쓰고 얼굴을 가렸으며, 이들의 바깥에는 다시 휘장을 둘러 도로변에서 볼 수 없도록 했다.

행렬의 후반부에는 동반(東班)과 서반(西班)의 관리들이 지나가는 사이에 무반의 고위 관리와 장례를 담당한 낭관(郎官)급 관리들이 지나간다. 행렬의 맨 뒤에는 행렬의 앞에 있었던 선상군(先廂軍)에 대응이 되

29 국왕과 왕비의 장례에 쓰이는 말 모양의 제구. 두꺼운 널로 정(井)자 모양의 틀을 만들고 틀의 네 귀에 구멍을 파서 말굽을 만들어 박는다. 그 다음에 다리와 몸통을 만들어 종이를 붙이고 회색을 칠하며, 말총으로 갈기와 꼬리를 만들고, 눈알도 움직이게 하며, 두 바퀴가 달린 수레 위에 세운다.

30 국왕과 왕비의 장례에 쓰이는 말 모양의 제구. 제작 방법은 죽산마와 같으나 네 필로 하며, 두 필은 붉은색, 두 필은 흰색으로 칠하고 모두 안장을 덮는다.

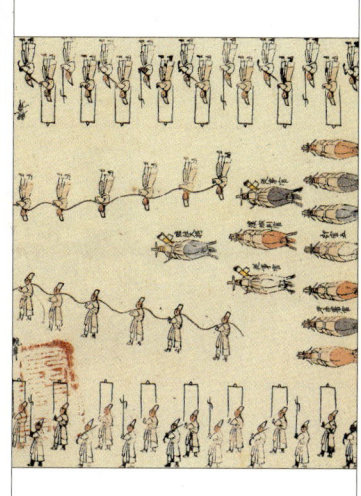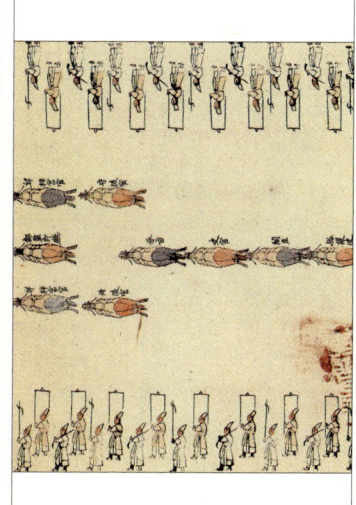

는 후상군(後廂軍)이 있다. 후상군 역시 정복을 입고 소총을 휴대한 채 지나가면서 행렬의 대미를 장식한다.

반차도 중 대여 부분

악귀를 쫓는 방상시 탈

방상시는 악귀를 몰아내는 귀신으로, 국왕의 행차나 외국 사신을 영접하는 등의 궁중 행사에 사용되었다. 국장이 있을 때에는 방상시 탈을 쓴 사람을 수레에 태워 행렬의 앞에서 끌고 가며 잡귀를 쫓고, 묘소에 도착해서는 광(壙)에 있는 악귀를 쫓는 데 사용하였다.

국장에 사용되는 방상시 탈은 보통 나무와 종이로 만들며, 장례가 끝나면 탈을 광 속에 묻거나 태워 버렸다.

고종황제 국장 행렬의 방상시 탈

4

『조선왕조실록』의 편찬과
보관에 관한 기록 『실록청의궤』

『조선왕조실록』은 의궤와 함께 조선시대 기록문화의 진수를 가장 잘 보여 주는 자료이다. 『조선왕조실록』의 편찬 과정을 기록한 『실록청의궤』(實錄廳儀軌)류나 『수정실록청의궤』(修正實錄廳儀軌)류를 통해 실록 편찬의 구체적인 과정을 살펴볼 수 있다.

조선 후기 역대 왕들의 실록 편찬 과정을 기록한 의궤들을 보면, 『선조대왕실록수정청의궤』(宣祖大王實錄修正廳儀軌), 『현종대왕실록개수청의궤』(顯宗大王實錄改修廳儀軌), 『경종대왕수정실록의궤』(景宗大王修正實錄儀軌)와 같이 실록을 수정한 사례가 눈에 띈다. 세계적인 기록유산으로 평가받고 있는 실록은 어떻게 편찬·보존·관리되었으며, 수정본 실록은 어떤 이유에서 나오게 되었을까. 『실록청의궤』를 통해 『조선왕조실록』의 제작 현장으로 들어가 보자.

실록의 편찬과 보관 | 『조선왕조실록』은 역대 왕들의 행적을 중심으로 조선시대의 역사를 정리한 것으로, 1대 태조(太祖)부터 25대 철종(哲宗)까지 472년(1392~1863)간의 기록을 편

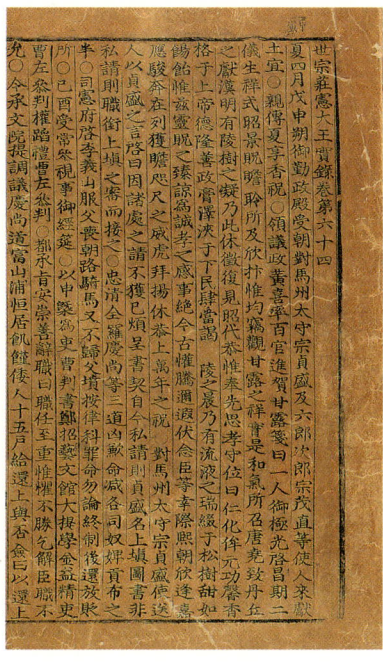

세종실록 단종 2년(1454)에 간행된 실록이다. 기존에는 실록을 필사하여 간행했으나 이때부터 처음으로 활자를 사용하여 인쇄·편찬하였다. 인쇄한 후 밀랍을 입혀 방충, 방습 등 보전에 만전을 기하였다. 서울대학교 규장각 소장.

년체로 서술한 조선왕조의 공식 국가기록이다. 완질의 분량은 1,707권 1,188책(정족산본)으로, 조선시대의 정치·외교·경제·군사·법률·사상·생활 등 각 방면의 역사적 사실을 망라하고 있다.

『조선왕조실록』은 역대 국왕의 사후에 전 왕대의 실록을 편찬하는 방식을 취하였다. 국왕이 사망하면 임시로 실록청을 설치하고, 실록청에는 영의정 이하 정부의 주요 관리들이 영사(領事)·감사(監事)·수찬관(修撰官)·편수관(編修官)·기사관(記事官) 등의 직책을 맡아 실록 편찬을 공정하게 집행하였다. 실록청에서는 사관들이 작성한 사초(史草)·시정기(時政記) 등을 광범위하게 수집하여 실록의 편찬에 착수하였다. 시정기는 서울과 지방의 각 관청에서 시행한 업무들을 문서로 보고받은 것 중 중요 사항을 춘추관에서 기록으로 남긴 것이다. 시정기는 매년 책으로 편집하여 국왕에게 보고하며, 3년마다 인쇄하여 해당 관청과 의정부, 사고 등지에 보관하였다.

조선 전기에는 실록을 서울에 있는 춘추관을 비롯하여 충주·전주·성주 등 지방의 중심지에 보관했었다. 지방의 중심지가 화재와 약탈 등

분실의 위험이 있다는 문제 제기도 있긴 했지만 그대로 유지되다가, 임진왜란을 겪으면서 전주 사고본의 실록을 제외한 모든 사고의 실록이 소실되는 변고가 생기자 사고를 험준한 산지에 보관해야 한다는 의견이 강력히 대두되었다. 이에 따라 조선 후기에는 정족산(강화)·태백산(봉화)·오대산(강릉)·적상산(무주) 등 험준한 산지에 사고를 설치하고 이곳에 실록을 보관하게 되었다.

이후 오대산본은 일제강점기를 거치면서 일본에 반출되었다가 관동대지진 때 대부분 소실되었고, 적상산본은 장서각을 거쳐 현재 북한에 보관되어 있는 것으로 확인되었다. 정족산본과 태백산본의 실록은 경성제국대학 도서관과 서울대학교 도서관을 거쳐, 정족산본은 규장각으로 태백산본은 국가기록원에 각각 보관되어 현재에 이르고 있다. 특히 정족산본 실록은 임진왜란을 겪으면서 유일하게 보존된 전주 사고본의 원본 실록이 현재까지 남아 있는 것으로, 조선 전기에 편찬된 실록의 원형을 그대로 보유하고 있다는 점에서 자료적 가치가 뛰어나다. 『조선왕조실록』은 1997년 10월 1일, 유네스코에 세계 기록 유산으로 등록되어 세계적으로도 그 가치를 인정받았다.

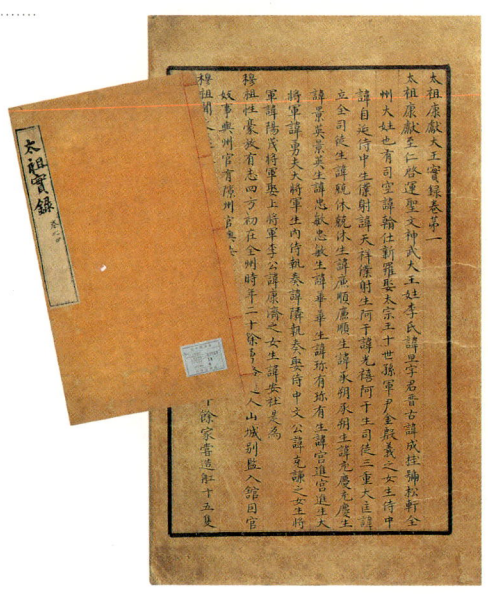

태조실록 조선의 개국시조인 태조 이성계의 6년간의 치적을 기록한 실록으로 조선시대 최초의 실록이다. 태종 13년(1413)에 편찬되었으나 세종대에 개수(改修)되었다. 서울대학교 규장각 소장.

사관과 사초 | 조선시대에는 역사를 기록하는 임무를 맡은 사람을 사관(史官)이라 칭하였다. 좁은 의미의 사관은 예문관의 전임 관원인 봉교(奉敎) 2명, 대교(待敎) 2명, 검열(檢閱) 4명으로, 이들을 '한림'(翰林)이라 하였다. 한림 8원은 춘추관 기사관으로 사관이 되어 입시, 숙직, 사초의 작성, 시정기의 작성, 실록 편찬, 실록 보관을 위한 포쇄(曝曬)[31] 등의 임무를 수행하였다. 무엇보다 이들에게 중요한 임무는 국왕의 동정을 항시 지켜보고 국가의 모든 회의에 참여하여 자신이 보고 들은 내용을 빠짐없이 기록하여 사초로 남기는 것이었다.

[31] 실록을 병충해나 습기로부터 보호하기 위해 바람에 말리는 일. 대개 3년에 한 번씩 포쇄 작업이 이루어졌다.

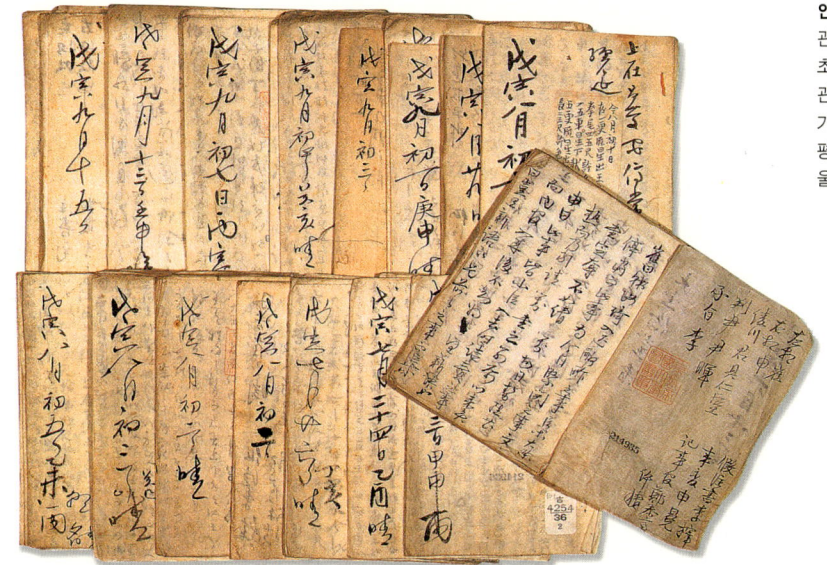

인조무인사초 인조 16년(1638)의 사관이 작성하여 집에 보관하였던 가장사초의 원본이다. 가장사초는 퇴근한 사관이 집에서 차분히 기억을 더듬으며 기록한 것으로, 중간 중간에 자신의 논평을 사론(史論)으로 싣기도 하였다. 서울대학교 규장각 소장.

사초는 크게 입시사초(入侍史草)와 가장사초(家藏史草)로 구분되었다. 입시사초란 예문관의 전임(專任) 사관이 정사가 이루어지는 장소에 입시하여 기록한 사초를 말하며, 가장사초란 사관이 퇴궐한 후 집에서 견문한 내용을 재정리한 것으로 인물에 대한 평가가 수록된 것이다. 실록에 '史臣曰'(사신왈) 등으로 표기된 부분은 대개 가장사초의 내용을 발췌한 것이며, 이 가장사초는 사적으로 집에 보관하고 있다가 실록청에 납입하여 실록 편찬에 활용하였다. 1987년, 인조대 사관이었던 정태제의 무덤을 이장할 때 몇 권의 책과 함께 그가 기록한 가장사초가 발견된 적도 있다.

사초는 사관이 국가의 모든 회의에 참여하고 보고 들은 내용과 자신이 판단한 논평까지를 그대로 기록한 것으로서, 역사적 사실과 함께 당대 사관들의 역사 인식까지 담겨 있다. 또한 사초는 사관 이외에는 국왕조차도 마음대로 볼 수 없게 하여 사관의 신분을 보장하였고 자료의 공정성과 객관성에 만전을 기하였다.

사초는 사관들이 1차로 작성한 초초(初草)와 이를 다시 교정하고 정리한 중초(中草), 실록에 최종적으로 수록하는 정초(正草)의 세 단계 수

도성도 정조 연간에 제작된 지도책 『여지도』(輿地圖)에 수록된 서울 지도. 창경궁을 비롯한 궁궐, 종묘와 사직, 각종 관청 이름이 상세히 기록되어 있다. 좌측 상단의 왼편에 표시한 세검정 일대는 사초를 세초하던 곳이다. 서울대학교 규장각 소장.

정 작업을 거쳐 완성되었다. 초초·중초의 사초는 물에 씻어 그 내용을 모두 없앴으며, 물에 씻은 종이는 재활용하였다. 이러한 작업을 세초(洗草)라 하였다. 조선시대에 사초를 주로 세척하던 장소는 세검정 일대의 개천이었다. 차일암(遮日巖)이라 불린 널찍한 바위에서는 물에 씻은 종이를 말렸으며, 말려진 종이는 조지서(造紙署)에서 새로운 종이로 재활용하였다. 또 세초를 마치면 이를 축하하는 행사인 세초연(洗草宴)이 베풀어졌다. 세초를 했던 개천과 조지서의 모습은 조선시대 지도에도 선명하게 표시되어 있다.

세검정도 세검정이 1748년에 지어진 것을 감안하면 이 그림은 정선의 나이 70세 이후에 그려졌을 것으로 추정된다. 세검정의 수려한 경관을 선면에 가득 담은 그림으로, 지금은 이 광경 그대로를 볼 수 없지만 당시 탕춘대(蕩春臺) 주위를 흐르던 석간수(石澗水)와 정자는 아직도 우뚝 서 있다. 정선(1676~1759), 18세기, 종이에 담채, 23x62.4cm, 국립중앙박물관 소장.

실록의 편찬 과정

1. 실록청의 설치
실록청은 도청과 3~6개의 방(房)으로 구성된다. 최고 책임자는 총재관(總裁官)이며, 도청과 방에는 당상과 낭청이 있다.

2. 초초(初草)의 작성
각 방에서 시정기와 사초를 요약하여 작성한다.

3. 중초(中草)의 작성
도청에서 초초를 바탕으로 추가·삭제·수정·편찬한다.

4. 정초(正草)의 작성
총재관과 도청당상이 모여 중초를 교정한 후 정본으로 인쇄한다.

5. 실록의 봉안
1부는 춘추관에, 4부는 지방의 외사고에 봉안한다.

6. 세초 및 세초연
사초·시정기·중초는 세검정 일대 개천에서 물에 씻고, 종이는 재생한다. 차일암에서 세초연을 열어 편찬에 참여한 관원들을 격려한다.

한림관각회권(좌) 예문관(藝文館) 검열(檢閱)에 선발된 사람의 명단을 적어 놓은 책. 검열은 '한림 8인'으로 구성된 사관 중에서 최하급 관리로 예문관 내에서 1차 선발된 이후 수차례의 선발 과정을 거쳐 확정되었다. 본문 하단에 정약용(丁若鏞)이 1790년(정조 14)에 검열로 선발된 기록이 보인다.

경국대전의 춘추관 조항(우) 정3품 관리가 최고 책임자로 있는 춘추관은 실록의 자료가 되는 '시정기'를 작성하며, 다른 기관의 문관(文官)으로 겸임하게 한다는 규정이 있다.

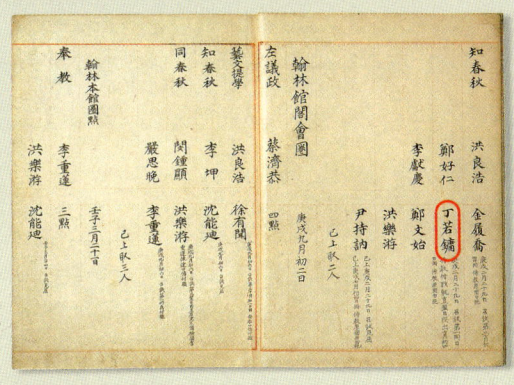
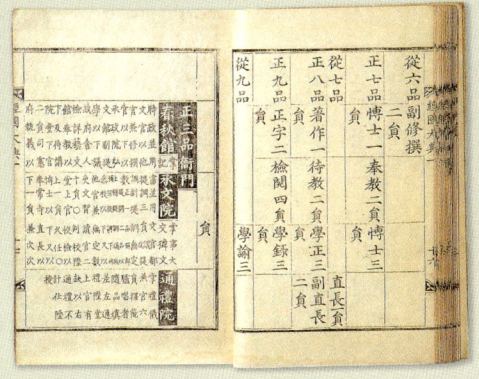

숙종대에서 영조대 연간의 학자 조문명(趙文命)은 『숙종실록』을 편찬한 뒤 세초연에 참석한 감회를 아래와 같은 시로 표현하였다.

조문명 초상 조문명(1680~1732)은 영조대에 탕평책을 추진하는 데 앞장선 학자이자 정치가이다. ⓒ 유남해

작은 붓으로 어찌 하늘을 다 그려 내리요?	寸管那能盡畫天
아아! 성대한 덕은 백왕보다 앞섰네.	於休盛德百王前
십 년 만에 비로소 실록 편찬의 일을 마치고	十年始訖編芸役
한가한 날에 비로소 사초를 씻는 잔치를 열었네.	暇日初開洗草筵
저녁에 시내에서 밥을 지으니 맛난 음식이요,	晚後溪炊當美饌
비 온 뒤의 물소리는 거문고 소리보다 낫네.	雨餘山水勝鳴絃
지난날 붓을 들었던 것이 이제 꿈결 같은데	舊時簪筆今如夢
직접 완성된 책을 보니 다시금 눈물이 흐르네.	手閱成書更泫然

— 조문명, 『학암집』(鶴巖集) 권2 「세초연」(洗草筵)

『실록청의궤』의 내용

『실록청의궤』에는 실록이 편찬된 구체적인 과정과 실무적인 내용이 실려 있다. 1657년(효종 8)에 편찬된 『선조실록수정청의궤』를 통해 개략적인 상황을 살펴보자.

『선조실록수정청의궤』의 앞부분에는 주로 『선조실록』을 수정해야 한다고 주장한 인물들이 올린 계사(啓辭: 국왕에게 아뢰는 글)와 상소문, 담당 관리의 명단이 실려 있다. 인조반정 직후 『선조실록』을 가장 먼저 수정해야 한다고 주장했던 이수광(李晬光)[32]·임숙영(任叔英)[33]의 계사와 이식(李植)[34]이 올린 소차(疏箚), 총재관 이하 관원들의 명단이 기록되어 있다. 이어 업무 지침이라 할 수 있는 '찬수청단자'(纂修廳單子)가 있는데, 이 찬수청단자를 통해 실록청에서 주관하고 준비했던 업무의 대체적인 윤곽을 알 수 있다.

업무 원칙을 밝힌 찬수청단자 다음에는 주로 효종대 실록수정청이 업무와 관련하여 올린 계사가 내용의 대부분을 차지하고 있다. 이 부분에는 실록수정청 소속 관원들의 임면(任免)과 전출, 적상산 사고에서

[32] 이수광(1563~1628)은 주청사로 중국에 다녀오면서 마테오 리치의 저서 『천주실의』(天主實義)를 들여 와 서양의 사정과 천주교를 소개하였고, 저작 『지봉유설』(芝峰類說)을 통해 실학의 선구적 인물로 평가된다. 인조반정 직후 도승지 겸 홍문관 제학으로 임명되었다.

[33] 임숙영(1576~1623)은 영창대군(永昌大君)의 무옥(계축화옥)이 일어나자 다리가 아프다는 평계를 대고 정청(庭請)에 참가하지 않았다. 광주(廣州)에서 은둔하다가 인조반정 초에 복직되었다.

[34] 이식(1584~1647)은 당대의 이름난 학자로 한문 4대가의 한 사람으로 꼽힌다. 영창대군의 어머니인 인목내비의 폐모론(廢母論)이 일어나자 벼슬을 버리고 낙향했다. 인조반정 후 복직하여 실정(失政)을 논박하다가 좌천되었다.

찬수청단자를 통해 본 실록청의 주요 업무 원칙

- 수정 작업을 담당할 장소를 남별궁에 두고 실록수정청이라 한다.
- 승정원에 보관되어 있는 선조대의 『주서일기』(注書日記)를 가져다 참고한다.
- 사초 수정에 필요한 지필묵(紙筆墨)과 잡물(雜物)은 해당 부서에서 마련한다.
- 당상과 낭청에게 줄 인신(印信)은 해당 부서에서 마련한다.
- 당상과 낭청은 본래 업무 이외에는 공회에 참석하지 않아도 된다.
- 사관 한 사람은 구례(舊例)에 따라 대기시킨다.
- 서리·서사·고직·사령 등에게는 호조와 병조에서 급료를 지급한다.
- 수직군사(守直軍士)와 다모(茶母)를 해당 부서에서 파견한다.
- 태만한 관원은 분패(粉牌: 당하관의 패)를 사용하여 징계하고, 태만한 하인은 잡아서 태장(笞杖)을 가한다.
- 미진한 사항은 추후에 마련한다.

실록의 내용을 등사해 오는 문제, 완성된 실록을 인출하고 제본하여 궤에 보관하는 문제와 관련된 논의 등이 실려 있다.

이어 실록수정청에서 다른 관서에 업무 협조를 위해 보낸 문서들을 모아 놓은 「이문질」(移文秩), 「감결질」(甘結秩)이 수록되어 있다. 지방의 관찰사들에게 수정 작업에 필요한 자료 협조를 요청한 내용, 사고에서 실록을 등사할 때 필요 인원을 차출해 달라는 내용, 실록의 수정과 인출에 필요한 장인, 수직군사(守直軍士) 등 인원의 차출과 잡물의 마련에 협조해 달라는 내용 등이다. 뒷부분에는 수정 작업을 마칠 무렵의 수정청 소속 관원들의 명단, 임금(효종)이 담당자들에게 포상을 내리고 세초연을 베풀어 준 데 대해 감사하는 내용, 효종이 내린 비망기(備忘記)[35] 등이 실려 있다.

35 임금이 명령을 적어 승지에게 전하던 문서.

한편 실록의 편찬이 완성되면 실록을 춘추관과 각 사고에 보관하는 봉안 의식이 국가적 사업으로 엄격히 베풀어졌다. 『헌종대왕실록청의궤』와 『철종대왕실록청의궤』와 같이 후대에 만들어진 실록에는 「봉안식」(奉安式)이라 하여 실록을 봉안한 과정을 자세히 기록하고 있다. 편찬과 함께 봉안 의식이 중시된 것은 무엇보다 후대에까지 실록을 영구히 보존하려는 정신 때문이었다.

조선 후기에는 지방의 험준한 산간 지역에 사고가 위치해 있었기 때문에 관리들은 열람에 어려움이 많았다. 그러나 조선시대인들은 언제 일어날지 모르는 재난에 대해 안전하게 실록을 보존하고자 하는 뜻에서 이러한 불편을 기꺼이 감수했던 것이다.

실록의 봉안은 크게 중앙의 사고인 춘추관에 봉안하는 의식과 지방의 외사고에 봉안하는 의식의 두 가지 형태가 있다. 먼저 춘추관에 봉안하는 의식을 살펴보자. 춘추관에 봉안하는 날 실록찬수청의 총재관, 당상, 도청, 낭청 및 춘추관 당상은 흑단령(黑團領)[36]을 입고 실록청에 모여 실록을 담은 궤를 채여(彩輿)에 싣고 홍목(紅木) 보자기로 덮는다. 초초, 중초, 초견본(初見本), 중견본(中見本)은 가자(架子: 시렁) 위에 싣고 홍목 보자기로 덮은 후 붉은 끈으로 묶는다. 고취(鼓吹: 악대)는 진열만 하고 연주는 하지 않는다. 상마대(上馬臺) 및 인로군(引路軍)이 선두에서 인도하며 의장, 향정, 고취의 순으로 행진하고 이어 어람부록(御覽附錄) 채여,[37] 충찬위(忠贊衛: 오위의 하나로 원종공신原從功臣 및 그 자손이 속한 군대) 2인, 실록 채여, 충찬위 2인이 뒤를 따른다. 분판낭청(粉板郎廳)[38] 및 교수낭청(校讎郎廳)[39]이 정렬하고 춘추관당상, 총재관, 주관당상, 교정교수당상(校正校讎堂上: 교정과 교수를 담당한 당상관), 도청, 낭청이 인정문(仁政門: 창덕궁의 정전인 인정전의 정문)까지 이른다. 총재관 이하 모든 당상, 도청은 춘추관의 동쪽 정원에 나아가 순서대로 정렬하며, 사고에 절을 올릴 준비를 한다. 찬의(贊儀)가 4배를 외치면 총재관 이하 모두가 4배를 한다. 예가 끝나면 충찬위의 도움을 받아 실록을 담은 궤를 춘추관 대청에 임시로 올린다. 총재관 이하는 당으로

[36] 검은색 비단으로 지은 깃이 둥근 관복. 당상관의 단령은 무늬가 있는 비단으로, 당하관은 무늬가 없는 것으로 만들었다.

[37] 어람부록은 전왕의 행장 등을 기록한 것으로, 현왕이 실록을 보지 못하는 대신 왕의 열람을 허용한 것이다. 어람부록 채여는 '어람부록'을 실은 무늬 있는 가마이다.

[38] 분판을 담당한 낭청. 분판은 분을 기름에 개어 만든 나무판으로 실록의 제작에 사용되었다.

[39] 교수(교정)를 담당한 낭청. 교수란 두 사람이 마주앉아 대조하여 잘못을 바로잡는 것을 말한다.

올라오고 춘추관 관원이 사고를 열어 실록을 봉안한 후 사고를 봉인(封印)하면 총재관 이하는 물러난다. 이렇게 춘추관에 실록을 봉안하면 다음날 의정부에서 주악(酒樂)이 하사된다.[40]

지방의 외사고에 봉안할 때는 왕명을 받은 봉안사(奉安事)와 종사관 몇 명만을 보냈다. 봉안사와 함께 종사관으로 따라가는 사람은 봉안의 일시를 점치는 관상감 관원을 비롯하여 서리(書吏)·고직(庫直)·영리(營吏)·마두(馬頭)·예방(禮房) 등 행정 실무자와 말을 모는 사람 등이었다. 사고에 도착하면 봉안사는 흑단령을 입고 춘추관의 봉안 의식 때와 같이 집사자의 도움을 받아 4배를 행한 후 실록을 봉안하였다. 기존의 사고에 있던 실록을 다른 곳으로 옮겨 와서 봉안하는 경우를 이안(移安)이라 하는데, 인조대에 후금의 침략 가능성이 커지자 묘향산 사고에 있던 실록을 무주의 적상산으로 옮겼던 경우가 대표적인 사례이다.

이처럼 『실록청의궤』에는 실록을 편찬하는 데 참여한 인원과 주요 업무, 포상, 관공서간에 주고받은 문서, 봉안 의식 등이 구체적으로 기록되어 있다. 즉 실록이라는 한 권의 책을 완성하기까지 노력한 사람들의 면모가 낱낱이 적혀 있는 것이다. 『조선왕조실록』이 세계의 기록 유산으로 지정될 만큼 조선시대 기록문화의 정수를 보여 주는 자료라면, 『실록청의궤』는 바로 최고의 기록 유산을 대상으로 한 또 하나의 기록 문화라 할 수 있다.

실록의 철저한 관리와 점검

실록 편찬의 과정을 완벽하게 기록한 『실록청의궤』와 함께 『조선왕조실록』의 가치를 돋보이게 하는 자료로 『실록형지안』(實錄形止案)이 있다. 실록형지안은 실록의 봉안이나 포쇄, 실록의 고출(考出: 전거典據가 필요할 때 뽑아서 열람함), 실록각의 보수 등의 사유로 불가피하게 사고를 열어야 할 때 그 사유와 함께 당시에 보관되었던 서책의 상황을 기록한 일종의 장서 점검 기록부에 해당하는 서류철이다. 실록형지안에는 사

40 배현숙, 「조선조 사고의 장서 관리」, 『규장각』 2, 1978.

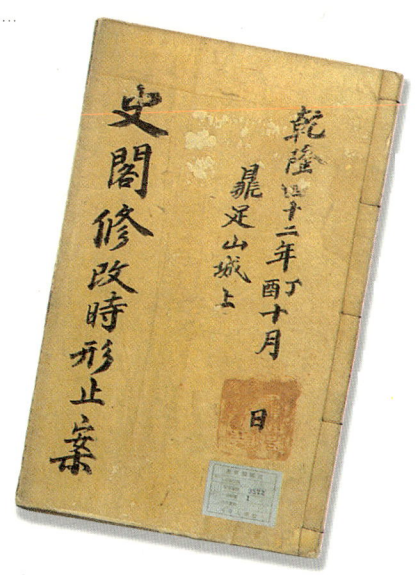
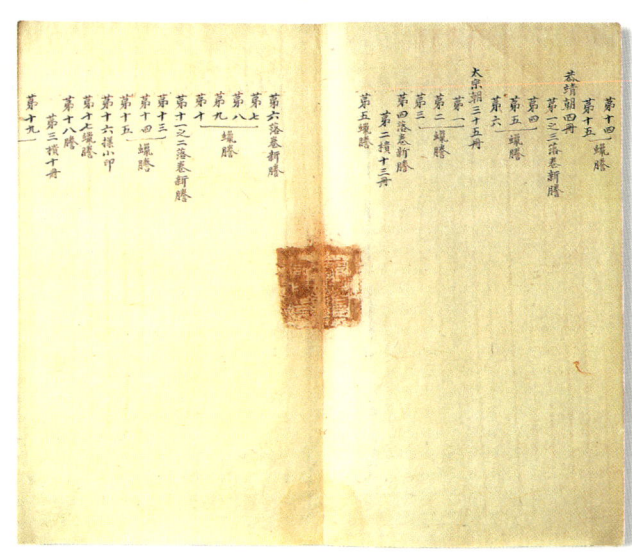

사각수개시형지안(史閣修改時形止案)
1777년(정조 1) 10월 강화도 정족산성 사각 개수의 전말을 기록한 형지안. 서울대학교 규장각 소장.

고를 연 시기, 각 사고별·궤짝별로 보관된 서책의 종류와 수량, 파견된 사관과 실무자들의 명단 등이 기록되어 있다. 한 예로 1601년 9월 11일에 작성된 '묘향산사고포쇄형지안'을 보면『태조실록』에서『명종실록』까지 궤에 보관한 것이 나타나는데, 1궤에『태조실록』15책과『정종실록』6책을 보관한 것에서부터 45궤에『명종실록』9책을 보관한 사실까지 기록되어 있다. 1궤에는 최소 7책에서 최고 30책까지 담겼는데, 각 책의 크기가 고려되었을 것이다. 실록형지안을 통하여 조선시대에 각 사고에 보관된 실록에 대한 꾸준한 점검과 관리가 이루어졌음을 알 수 있다.

사고의 문은 중앙에서 파견된 사관이 아니면 함부로 열지 못하도록 하였다. 그만큼 사고의 실록들을 소중히 여겼던 것이다. 사관 또한 국가의 명령을 받아 험준한 산간 지역에 있는 사고에 가는 것을 커다란 명예로 생각하였다.

실록에 대한 엄격한 관리 실태를 보여 주는 것이 정기적인 포쇄 작업이다. 포쇄는 책을 바람에 말려 습기를 제거하여 부식 및 충해를 방지시킴으로써 서적을 오랫동안 보존하기 위한 작업으로, 대개 3년(과거시험 식년과 같이 진술축미년辰戌丑未年)에 한 번씩 행해졌다. 포쇄는 주

실록을 보관한 궤짝

실록은 궤짝에 넣어 보관하였다. 현재 규장각에 보관되어 있는 실록의 궤짝을 표본조사해 보면, 궤짝의 재질은 오동나무·피나무·회나무·소나무 등으로 가볍고 재질이 단단한 목재가 사용되었음을 확인할 수 있다.

실록을 궤에 넣을 때 함께 넣었던 물건은 홍복(紅袱: 붉은 보자기), 개복유둔(蓋覆油芚: 덮개용으로 사용한 기름종이), 천궁(川芎)과 창포(菖蒲), 초주지 등이었다. 병충해를 방지하기 위해 방부·방충 효과가 있는 천궁과 창포를 홍보에 싸서 넣었고, 습기를 방지하려는 목적에서 기름종이를 위에 덮었던 것이다. 책과 책 사이에는 초주지를 2장씩 넣었으며, 그외 서적을 잘 보관하기 위하여 홍면(紅綿), 가는 백저포(白苧布) 등을 넣기도 했다.

태백산 사고의 내부
『조선고적도보』에 실린 사진. 실록을 보관하던 궤짝과 당시 실록의 보존 상황을 알 수 있다.

실록포쇄형지안 태백산 사고의 실록을 포쇄한 날짜와 이를 담당한 춘추관 관리의 직명, 성명을 기록한 책. 1606년(선조 39)부터 1666년(현종 7)까지의 포쇄한 내용이 실려 있다. 서울대학교 규장각 소장.

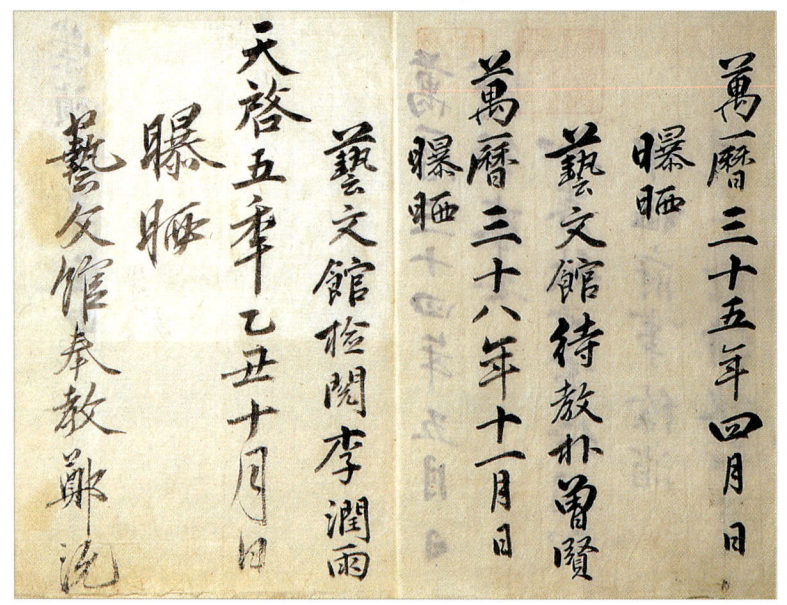

로 봄·가을의 청명한 길일을 택하였으며, 춘추관에서 파견된 관원이 포쇄를 담당하였다.

조선 후기의 문신이며 학자인 신정하(申靖夏)는 1709년(숙종 35) 가을 포쇄관(曝曬官)에 임명되어 태백산 사고에 다녀왔다. 신정하는 이때의 상황을 「태백기유」(太白紀遊)라는 기행문과 「포사」(曝史)라는 시로 남겨 놓았다. 「태백기유」와 「포사」에는 포쇄의 광경과 포쇄에 임하는 사관의 심정이 잘 나타나 있다.

사각(史閣) 담장을 쳤고 담장 동쪽에 사관이 포쇄할 때 머무는 연선대(蓮僊臺)라는 건물이 있다. 사각에는 번(番)을 서는 참봉과 이를 지키는 승려가 늘 머무른다. 사각에 이르면 네 번 절한 뒤 자물쇠를 열고 봉심(奉審)한다. 포쇄는 3일 동안 하였는데 날씨가 늘 맑았으며, 이때 포쇄한 서적은 서른 여섯 상자이다. 포쇄가 끝나면 서적을 상자에 담아 사각의 누옥(樓屋)에 넣고 전처럼 봉인을 한다.

— 신정하, 『서암집』(恕菴集) 권11 「태백기유」

나는 임금의 조서를 받들고	我來啣丹詔
가을바람에 말을 달려 왔네.	馹騎橫秋風
두 번 절한 뒤 손수 자물쇠를 열고서	再拜手啓鑰
연선대 가에서 포쇄를 하네.	曝之蓮臺畔
귀한 상자 서른 여섯 개를 내놓으니	金箱三十六
해가 하늘 중앙에 이르렀네.	白日當天半
지나는 바람에 때로 함께 책장을 열고	過風時與披
날던 새가 갑자기 책에 그림자를 남기네.	度鳥忽遺影
때때로 서적 가운데서	時於簡編中
시시비비를 스스로 깨닫네.	是非獨自領

― 신정하, 『서암집』 권3 「포사」

위의 기록을 보면, 사관이 사고에 도착하여 4배를 하고 사고 문을 연 다음 책궤에 보관하였던 실록을 꺼내 3일간 포쇄를 하고, 포쇄가 끝나면 실록을 다시 궤 속에 넣어 봉인하였음을 알 수 있다. 이때 사관은 임시로 마련한 거처에서 감독을 했는데, 태백산 사고의 경우에는 연선대가 그 기능을 하였다.

사관들은 어떤 고난을 무릅쓰더라도 국가의 기록을 철저히 보존·관리하는 것을 책무로 인식하였으며, 중앙의 사관을 맞이한 지방관은 이들을 극진히 환대하였다. 실록의 보존은 누구에게나 중대사로 인식되었던 것이 당시의 분위기였다.

신정하는 한림 송성명(宋成明)이 오대산 사고로 포쇄하러 가는 것을 축하하며 보낸 글에 다음과 같이 씀으로써, 사관의 직책을 맡은 사람이라 할지라도 포쇄하러 가는 영예를 얻기란 쉽지가 않음을 언급하였다.

사고에 가서 포쇄하는 일[晒史]은 청복(淸福: 매우 영예스러운 복)이어서 사람 중에 이런 기회를 만나고 만나지 못하는 것은 인연이다. 무릇 금궤 석실(金匱石室: 국가의 중요한 문헌을 보관하는 장소로, 여기서는 사고를 말함)의 전적을 살펴보고 기이하고 멋진 경관을 내달리며, 옛날에 들었던 것을 망라하고 선경(仙境)을 오매불망하는 사람이라도 반드시 인연이 있어야만 능히 할 수 있다. 선배로 한림원에 들어간 사람 중에서 길게는 10년, 가깝게는 3~5년이 지났으나 한 번도 가 보지 못한 사람도 있다. 이른바 '석실제명록(石室題名錄: 사고에 봉안·이안·포쇄한 실록형지안을 말함)을 살펴보면 이를 알 수 있다. 그러므로 벼슬하더라도 한림원에 임명되지 못하면 포쇄의 업무를 할 수가 없고 벼슬하여 한림에 임명되더라도 오래되지 않으면 능히 할 수 없다. 그리고 이 몇 가지를 능히 하더라도 불행히 병이 많아서 여정에서 말을 타는 수고로움을 두려워한다면 능히 할 수가 없다. 대개 인연이 없어서 할 수 없는 것으로는 이 세 가지(출사, 한림 근속, 건강)가 있다.

― 신정하, 『서암집』 권10, 「송송한림성집쇄사오대서」(送宋翰林聖集曬史五臺序)

현재 규장각에는 350여 책의 실록형지안이 보관되어 있으며, 그중에는 서책을 정기적으로 점검하고 거풍(擧風)을 시킨 기록인 포쇄에 관한 내용이 가장 많다. 실록형지안을 통한 철저한 기록과 관리에서 조선시대 기록문화의 면모를 다시금 확인할 수 있다.

수정본 실록은 왜 만들어졌나

『조선왕조실록』의 편찬과 관련하여 또 하나 흥미로운 점은 수정 과정을 거친 실록이 존재한다는 것이다. 이렇게 실록을 수정하여 편찬한 경우는 크게 네 차례가 있었는데, 『선조실록』과 『선조수정실록』, 『현종실록』과 『현종개수실록』, 『경종실록』과 『경종수정실록』, 독립된 수정실록의 모습을 갖추지는 못했지만 『숙종실록』의 내용을 수정·보완하는 형식으로 『숙종실록』의 말미에 첨부한 '숙종실록보궐정오'의 경우가 그것이다. 그렇다면 수정본 실록이 존재하게 된 이유는 무엇일까?

수정본 실록이 존재할 수밖에 없었던 가장 큰 이유는 조선 중기 이후 붕당정치가 심화되었기 때문이다. 실록은 전임 왕에 관한 기록이므로 후대 왕 때의 집권 세력에 의해 편찬되었다. 그런데 붕당정치가 가속화되면서 정파간의 권력 교체가 생겼고 새로 권력을 잡은 붕당은 반대파들에 의해 씌어진 실록의 내용이 마음에 들지 않았다. 이로 인해 수정본 실록이 편찬된 것이다.

 최초의 수정본 실록의 편찬 작업은 인조대에 이루어졌다. 인조는 서인들이 주도한 인조반정의 성공을 기반으로 즉위한 왕이었으므로, 인조대의 집권 세력은 서인이었다. 그런데 서인들이 타도한 광해군대의 집권 세력은 북인이었기 때문에 『선조실록』 역시 북인들의 손에 의해 완성되었다. 이 북인 주도의 실록은 서인들의 입장에서 너무나 불만스러웠다. 이러한 인식에서 인조 원년 경연에서 특진관 이수광과 지경연사 이정귀(李廷龜)[41] 등이 『선조실록』과 광해군대의 시정기를 수정하자고 제의했던 것이다.

 그러나 기존의 실록을 없애고 새로 실록을 쓴다는 것은 전례도 없거니와 자신들의 정치적 입장에 의한 편찬이라는 비난을 살 것이 분명했다. 이에 기존의 『선조실록』은 그대로 두고 『선조실록』의 내용을 수정·보완한 형태의 『선조수정실록』을 만들어 두 가지 형태의 실록을 후대에 그대로 보존하게 하였던 것이다. 서인의 입장에서는 후대에 양 실록을 비교해 보도록 함으로써 자신들의 정치적 정당성을 확보하고자 하는 의도도 있었을 것이다.

 서인들은 1623년 인조반정으로 집권에 성공하자 바로 전왕대의 실록인 『광해군일기』의 편찬과 함께 『선조실록』의 수정 작업도 해야 한다고 주장하였다. 이에 『광해군일기』의 편찬과 함께 『선조실록』의 수정에 착수하였으나, 1627년의 정묘호란과 1636년의 병자호란과 같은 전란을 겪게 되고, 효종 즉위 후에는 『인조실록』 편찬이 국가의 현안 사업이 되면서 『선조수정실록』의 편찬은 뒤로 미루어질 수밖에 없었다. 그러다가 『인조실록』이 완성된 후 서인들의 국정 주도하에 『선조실록』의 수정 작업도 계속 이루어져 1657년(효종 8)에 드디어 『선조수정실록』이 완성되었다. 1623년 인조반정 성공 후 서인들의 발의가 있은

---

[41] 이정귀(1564~1635)는 한문학의 대가로 글씨에도 뛰어났고, 신흠(申欽)·장유(張維)·이식(李植)과 함께 조선 중기 4대 문장가로 꼽힌다. 임진왜란 때 세자를 가르치는 설서(說書)를 지냈고, 명나라의 사신 송응창(宋應昌)을 만나 『대학』을 강론하여 높은 평가를 받았다. 저서로 『월사집』(月沙集)이 있다.

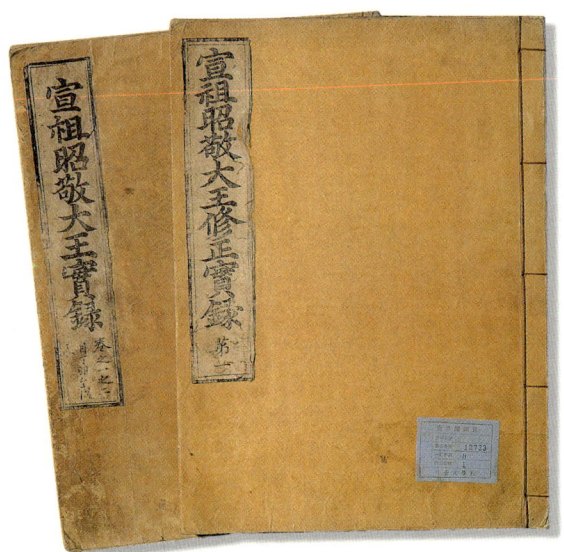

선조실록과 선조수정실록 『선조실록』은 광해군대에 집권한 기자헌(奇自獻), 이이첨(李爾瞻) 등 북인이 중심이 되어 편찬하였으며, 『선조수정실록』은 1623년 인조반정 이후 집권한 서인들에 의해 편찬되었다. 서울대학교 규장각 소장.

42 1680년(숙종 6) 남인의 영수인 영의정 허적의 조부 잠(潛)이 시호(諡號)를 받게 된 축하연에서 유악(油幄: 왕실 사용의 기름칠한 천막)을 사용한 사건과, 허적의 아들 견(堅)의 역모 사건으로 남인 일파가 축출된 사건.

지 무려 34년 만이었다.

그럼 서인들은 무슨 까닭으로 이처럼 집요하게 『선조실록』의 수정에 집착했던 것일까? 이것은 무엇보다 자신들의 반대 정파였던 북인들의 정국 운영과 인물 평가에 불만을 품었기 때문이다. 북인들에 의해 편찬된 『선조실록』에는 북인들의 행적을 긍정적으로 평가하고 서인측 인사들에 대해서는 부정적으로 평가하는 경향이 컸다. 한 예로, 서인의 학문적 영수로 활약했던 이이(李珥)의 '졸기'(卒記)에서도 북인들의 『선조실록』에는 "李珥卒"이라는 단 세 글자만 기록함으로써 아무런 의미도 표현하지 않았던 것에 비해 서인들의 『선조수정실록』에는 이이가 죽은 날, 그의 인품, 학문적 성취, 교유 및 사승 관계 등에 대해 자세히 언급하고 있다. 또한 정철(鄭澈)에 관한 기록에서도 『선조실록』이 정철의 성격과 행적을 부정적으로 묘사한 데 비하여 『선조수정실록』에서는 그를 긍정적으로 평가하고 있다. 이처럼 인물 평가에서 양 실록은 단적으로 차이를 보인다.

인조대에 만들어진 수정본 실록의 전통은 현종, 숙종, 경종, 영조대에까지 이어지게 된다. 『현종실록』은 숙종 초반인 1677년(숙종 3)에 허적(許積), 권대운(權大運) 등 남인이 중심이 되어 완성하였다. 그러나 1680년, 경신환국(庚申換局)⁴²으로 집권한 서인은 남인들의 정치적 입장이 강하게 반영된 『현종실록』의 개수 작업에 착수하여 1683년에 『현종개수실록』을 완성하게 된다. 또한 『숙종실록』의 편찬이 완료될 무렵에 정권을 잡은 소론은 『숙종실록』 각 권의 말미에 '보궐정오'(補闕正誤)를 만들어 기존의 노론이 중심이 되어 편찬한 『숙종실록』의 내용을 보완하였다. 『경종실록』은 영조대 초반 정권을 잡은 소론의 주도로 편찬되었으나 이에 불만을 품은 노론이 1778년(정조 2)에 『경종수정실

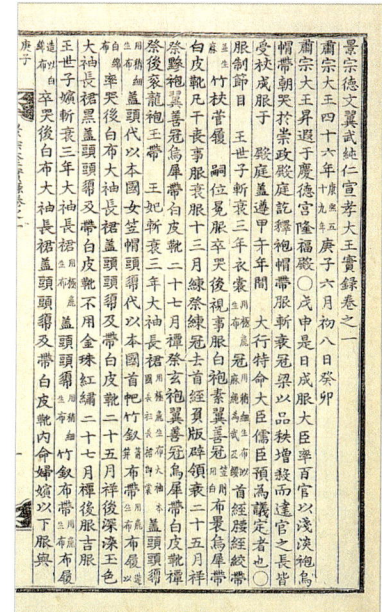 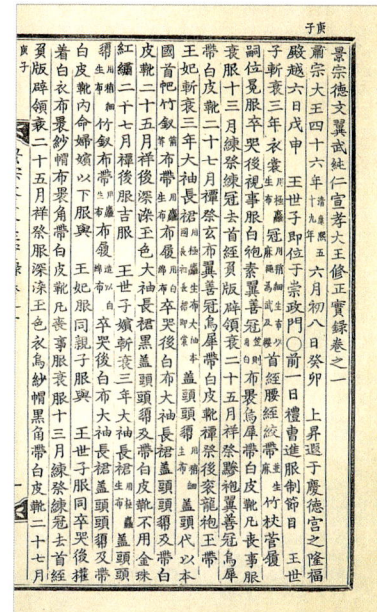

경종실록(좌)과 경종수정실록(우) 『경종실록』은 영조대 초반 정권을 잡은 소론에 의해 편찬되었으나, 1778년(정조 2) 정권을 잡은 노론은 『경종실록』의 내용에 불만을 느끼고 『경종수정실록』을 완성하였다.

록』을 완성하게 된다.

이처럼 개수실록이나 수정실록의 편찬 배경에는 정파간의 권력 다툼이 있었다. 그러나 수정본 실록을 편찬한 후에도 기존의 실록을 없애지 않고 그대로 보존하여 후대에 역사적 평가를 바라는 기록 중시의 전통은 계속되었다. 결국 한 국왕에 관한 두 종류의 실록이 존재한 것에서, 붕당정치의 격화라는 시대적 상황과 함께 반대 정파에 의해 작성된 기록까지 보존함으로써 역사적 평가를 후대인들의 몫으로 남겨 두었던 조선시대인들의 투철한 기록정신의 전통을 확인할 수 있다. 그리고 이러한 실록과 수정본 실록을 편찬한 배경과 과정을 자세히 기록한 의궤가 있기 때문에, 지금의 우리는 실록 편찬에 임했던 당대인들의 의식과 노력의 흔적까지 쉽게 찾아볼 수 있는 것이다.

5

왕조의 통치 질서를 표현하는 제사 기록 『종묘의궤』・『사직서의궤』

사람들은 조상으로부터 태어나 만물의 근본을 하늘에 두고 땅이 길러준 음식을 먹으면서 생명을 영위한다. 따라서 사람들이 하늘과 땅, 조상에 제사를 올리는 것은 자신의 근본에 보답하고 시초로 돌아간다는 '보본반시'(報本反始)의 의미를 지닌다.

성리학적 이상사회의 실현을 위해 예악(禮樂)의 정치를 펼쳤던 조선시대에는 국가를 구성하는 오례(五禮)가 있었다. 오례 중에서 국가의 제사는 길례(吉禮)에 속했으며, 사직과 종묘는 길례 중에서도 가장 중요한 제사, 즉 대사(大祀)였다. 사직과 종묘의 제사는, 조선이 농업을 주산업으로 하고 전주 이씨를 왕실로 한 국가임을 상징적으로 표현하는 행사였다. 조선의 국왕들이 '종묘사직'이라고 말하면 이는 바로 국가와 왕실을 말하는 것이었다. 국왕은 전쟁이 일어나 피난을 하는 경우에도 종묘와 사직의 신주(神主)는 반드시 모시고 가서 제사가 끊어지지 않도록 했다. 왜냐하면 종묘와 사직의 제사가 끊어졌다는 것은 바로 국가가 멸망했음을 의미하기 때문이었다.

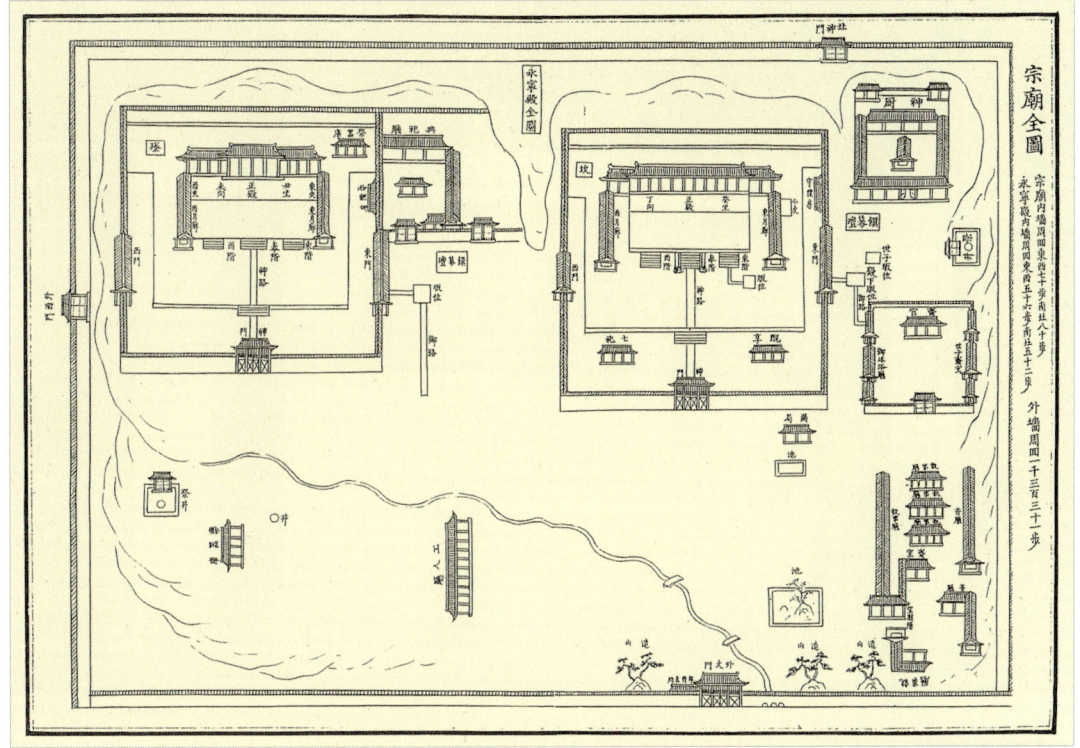

종묘전도 오른쪽 면 중앙에 위치한 건물이 정전이며, 왼쪽 면에 있는 것이 영녕전이다. 『종묘의궤』에 수록.

종묘의 연혁

종묘는 조선의 역대 국왕과 왕비의 신주를 모신 사당으로, 현재 종로구 훈정동에 위치해 있다. 종묘의 건물은 본묘(本廟)인 정전(正殿)과 별묘(別廟)인 영녕전(永寧殿)으로 구분된다. 종묘 정전은 현 국왕으로부터 4대까지의 가까운 조상과 국가를 창업하거나 중흥시킨 공적이 있는 국왕들의 신주를 모셨고, 영녕전은 본묘에서 옮겨진 신주를 모시고 제사를 올리는 곳이었다.

우리나라에 종묘가 처음 세워진 것은 삼국시대였다. 신라에서는 남해차차웅(南解次次雄)이 서기 6년에 시조묘를 세웠고 유리이사금(儒理尼師今)이 여기서 제사를 올렸다고 하며, 고구려에서는 동명왕묘를, 백제에서는 동명왕과 국모(國母)의 묘를 세웠다고 한다. 고려시대에는 종묘 제도를 완비하고 5묘제를 실시하였다.

조선은 건국 초기에 개경에 있던 고려의 종묘 자리에 조선의 종묘를 세웠다가 1395년에 개성에서 서울로 도읍을 옮기면서 현재 자리에 종

남문에서 바라본 영녕전 세종 3년 (1421) 정종의 신주를 종묘에 모실 때 지은 별묘이다. 가운데 4칸의 본전에는 추존 4왕과 왕비들의 신주를 모셨고, 나머지 협실에는 정전에 계속 모실 수 없는 신주들을 옮겨 와 모셨다. ⓒ 김성철

묘를 건설하였다. 태조가 서울에 도성(都城)을 건설하면서 종묘와 사직을 궁궐과 함께 제일 먼저 건설하게 한 사실은 종묘와 사직이 차지하는 위상을 잘 보여 준다.

조선시대에는 국왕이나 왕비가 죽으면 국장(國葬)을 치르고, 국장이 끝나면 우주(虞主), 즉 가신주를 만들어 혼전에 모셨다. 1년이 지나면 가신주를 묻고 새 신주를 만들어 혼전에 모시며, 삼년상이 끝나면 길일을 골라 혼전에 모신 새 신주를 꺼내 종묘에 모신다. 이를 부묘(祔廟)라고 한다. 종묘의 신주는 4대가 내려갈 때까지 모시며, 4대가 지나 친진(親盡: 제사를 받드는 대수代數가 다 된 것)이 되면 신주를 꺼내서 별묘인 영녕전으로 옮긴다. 이와 같이 정전에 있는 신주를 꺼내어 영녕전으로 옮기는 것을 조천(祧遷)이라고 한다. 그러나 생전에 국가를 위해 많은 공적을 남긴 국왕은 불천위(不遷位)라 하여 그 신주를 영녕전으로 옮기지 않고 정전에 그대로 두었다.

『예기』(禮記)에 따르면 제후국인 조선은 5묘를 둘 수 있다. 태조와

종묘 정전 당시 재위하던 왕의 4대조와 역대 왕 가운데 공덕이 있는 왕과 왕비의 신주를 모시고 제사하던 곳이다. 선왕에게 제사 지내는 곳인 만큼 장중함과 경건함이 느껴진다. ⓒ 김성철

그 4대조인 목조(穆祖), 익조(翼祖), 도조(陶祖), 환조(桓祖)를 합하면 5묘가 되는데, 1410년(태종 10)에 이들의 신주를 종묘 정전에 모신 모습은 다음과 같았다.

본묘(정전)				
목조	도조	태조	익조	환조
제1소	제2소	시조	제1목	제2목[43]

조선 초 태조가 사망한 후 종묘에는 별묘가 없었다. 그러나 시간이 흘러 후대 왕들의 신주가 계속 추가되면서 별묘가 필요해졌다. 세종은 태종이 사망하자 별묘를 건설하여 태조의 선대 4대를 모셨고, 본묘에는 태조를 제일 서쪽의 1실에 모시고 그 오른쪽으로 차례에 따라 신위(神位)를 모셨다. 1472년(성종 3), 예종의 신위를 모신 상황은 다음과 같았다.

[43] 소(昭)와 목(穆)은 사당에서 신주를 모시는 차례를 말하는 것으로 왼쪽 줄은 소(昭), 오른쪽 줄은 목(穆)이라고 한다.

도성도 중 종묘와 사직 부분 18세기 중엽에 그려진 『여지도』(輿地圖)에 수록된 서울 지도. 경복궁에서 보았을 때 좌묘우사(左廟右社), 즉 왼쪽에 종묘, 오른쪽에 사직이 위치한다.

본묘(정전)						
태조	정종	태종	세종	문종	세조	예종
1세	2세	3세	4세			5세

별묘(영녕전)			
목조	익조	도조	환조

    이후 종묘에는 후대 국왕과 왕비의 신주가 계속 추가되었고, 이에 따라 본묘와 별묘의 건물도 계속 증축되었다. 왜냐하면 본묘에는 4대가 지나도 신주를 옮기지 않고 그대로 두는 불천위가 늘어났고, 별묘에는 본묘에서 나온 신주들이 계속 추가되었기 때문이다. 이로 인해 현재 종묘에 있는 건물은 모두 옆으로 길쭉한 모습을 하고 있다.

사직단 전경 사직단에는 토지신을 모신 사단과 곡물의 신을 모신 직단이 있다. ⓒ 김성철

사직의 연혁

사직은 토지신인 사(社)와 곡물의 신인 직(稷)에게 제사를 올리는 제단으로, 종로구 사직동에 있다. 경복궁을 중앙에 놓고 보면 동쪽에는 종묘가, 서쪽에는 사직단이 배치되어 있다. 이는 종묘는 양(陽)에 해당하는 사람의 신주를 모신 곳이고, 사직은 음(陰)에 해당하는 땅의 신주를 모신 곳이기 때문이다. 종묘와 사직은 좌묘우사(左廟右社), 즉 왼쪽에는 종묘, 오른쪽에는 사직이라 하여 일찍부터 서로 대칭이 되는 자리에 배치되었다.

종묘는 서울에 하나만 있었으나, 사직은 지방의 각 군현에 하나씩 설치되어 있었다. 지방의 사직도 음의 방향에 배치했기 때문에 관아(官衙) 건물의 서쪽에 자리했다. 종묘 제사는 국왕이 주관했으나, 지방에 있는 사직 제사는 국왕 대신 해당 지방의 수령이 주관했다.

현재 규장각에 있는 조선 후기의 지방 지도를 보면, 지방 관아 근처

사직서전도 『사직서의궤』의 권두에는 「사직서전도」와 「단유도설」, 「찬실도설」(饌實圖說) 등의 그림이 실려 있어 사직단의 전경과 사직제의 구체적인 모습을 살펴볼 수 있다.

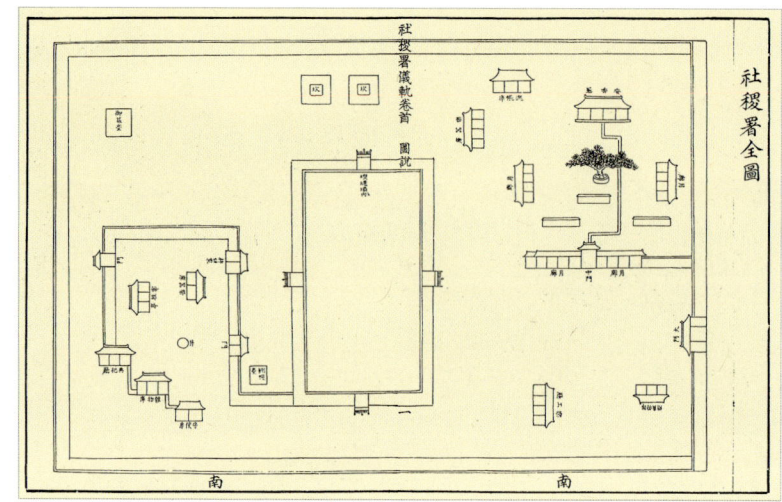

에 있는 사직단의 모습이 잘 나타나 있다. 농업이 주산업인 조선시대에 토지신과 곡물신을 모신 사직은 서울과 지방의 중심지에 위치했고, 국가적인 차원에서 종묘보다 더 큰 비중을 차지했다. 『국조오례의』(國朝五禮儀)[44]에서 사직에 관한 제도가 종묘보다 앞서 나오는 것도 이 때문이다.

사직단은 사단(社壇)과 직단(稷壇)이라는 두 개의 사각형 제단으로 구성되는데, 동쪽에는 사단이, 서쪽에는 직단이 있다. 사직단의 제단이 사각형인 것은 하늘은 둥글고 땅은 네모지다는 전통적 관념에 따른 것이었고, 황제가 하늘에 제사를 올리는 원구단(圓丘壇: 환구단이라고도 함)의 제단이 둥근 모양인 것도 이러한 이유에서였다. 토지신을 모신 사단에는 국사신(國社神)의 신주에 후토신(后土神)의 신주가, 곡물신을 모신 직단에는 국직신(國稷神)의 신주에 후직신(后稷神)의 신주가 배향되어 있다.

사직단의 제단에는 다섯 가지 색의 흙을 덮었는데, 동에는 청색, 서에는 흰색, 남에는 적색, 북에는 흑색, 중앙에는 황색으로 하였다. 또, 사직단의 사방에는 홍살문이 있는데, 특이하게도 북문만 3개의 문으로 구성되어 있다. 이는 신이 출입하는 곳이 북쪽이므로 북문의 격을 높이기 위해서였다.

[44] 왕실을 중심으로 한 국가의 기본 예식인 길례(吉禮)·가례(嘉禮)·빈례(賓禮)·군례(軍禮)·흉례(凶禮)의 오례에 대해 규정한 예전(禮典). 세종 때에 편찬에 들어가 성종 때 완성되었고, 비로소 유교를 바탕으로 한 예교 질서(禮敎秩序)가 정립되었다.

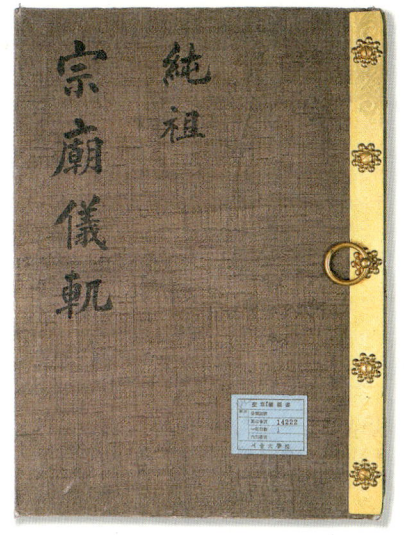
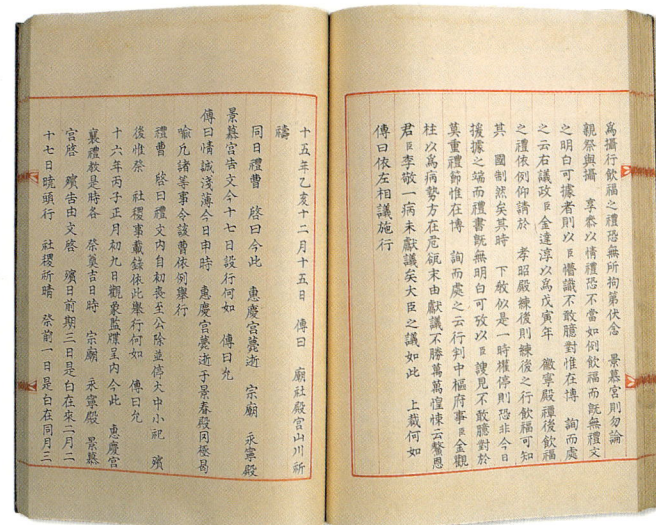

종묘의궤 1816년(순조 16)에 작성된 『종묘의궤』. 숙종, 영조대에 작성된 의궤를 수정·보완한 것이다. 서울대학교 규장각 소장.

사직단이 처음 설치된 것은 삼국시대였고, 『삼국사기』에 고구려와 신라가 사직단을 설치한 기사가 나온다. 고려시대에는 991년(성종 10)에 사직을 종묘와 함께 설치하였는데, 그 제도가 중국의 것과 거의 같았다. 1395년, 현재의 자리에 사직이 세워졌고, 그 시설은 고려시대와 비슷했으나 단의 크기가 반으로 줄어들었다. 사직단의 크기가 줄어든 것은 제후국이라는 명분을 따른 것으로 보인다.

임진왜란이 일어나자 사직단은 불탔고, 사직단에 있던 신주는 개성의 목청전(穆淸殿: 태조 이성계의 옛집)으로 옮겨져 보관되었다. 이후 신주는 평양으로 갔다가 황해, 강원도 등지로 옮겨 다녔으며, 국왕의 환궁과 함께 서울로 돌아왔다. 1897년, 고종이 대한제국의 황제가 되었을 때 사직의 제도도 변하여 국사가 태사(太社)로, 국직이 태직(太稷)으로 승격되었고 신위도 새로 만들어졌다.

『종묘의궤』와 『사직서의궤』의 내용

종묘에는 국왕의 신주가 계속해서 추가되었으므로 여러 번 건물을 증축해야 했다. 종묘의 본묘는 1395년, 별묘는 1421년에 창건된 후 모두 4차례의 증축이 있었고, 1608년에는 두 건물 전체를 중건하였

사직서의궤 사직의 제도와 의식 절차, 관련 행사 등을 그림과 함께 기록한 의궤. 1783년 정조의 명으로 편찬한 본래의 『사직서의궤』에 1804년(순조 4) 2월까지의 기록을 더한 것이다. 정조는 1783년 사직제를 지내기 위해 이곳에 머물다가 『사직서의궤』가 없음을 알고 이의 편찬을 명하였다. 서울대학교 규장각 소장.

다. 또한 국왕이 사망한 이후 시호(諡號)나 존호(尊號)가 추가로 올려지면 종묘에 모신 신주나 책보(冊寶)도 바뀌었다. 이처럼 종묘의 증축이나 제도에 변화가 있을 때마다 『종묘의궤』(宗廟儀軌)가 새로 만들어졌기 때문에 오늘날 여러 본이 전해진다. 반면에 사직은 1395년에 완공된 이후 제도상에 큰 변화 없이 그대로 내려왔고, 임진왜란 때에 불탄 이후 한 차례 중건되었다. 현재 전해지는 최초의 『사직서의궤』(社稷署儀軌)는 1783년(정조 7) 정조의 명에 의해 정리된 것이다.

『종묘의궤』의 맨 처음에는 여러 가지의 그림 설명이 나온다. 「종묘영녕전전도」에서는 종묘의 본묘와 별묘의 전경과 부속 건물들의 위치를 알 수 있으며, 각종 진찬도(進饌圖)에서는 4계절과 납일(臘日: 동지로부터 세번째 술일)에 지냈던 대제(大祭)와 삭일(朔日: 초하루)과 망일(望日: 15일)에 지냈던 제사의 음식 배치를 알 수 있다. 또한 상세히 묘사한 그림을 통해 제사를 올릴 때의 악기(樂器)와 악기 배치도, 일무(佾舞), 제기, 국왕과 왕세자의 복식, 악공(樂工)들의 복식 등을 알 수 있다.

『종묘의궤』의 본문에는 종묘의 창건과 중건에 관한 기록, 각 신실(神室)에 모신 신주의 기록, 국왕의 시호와 묘호에 관한 논의, 신주의 봉안과 이전(移轉) 사실, 존호의 추가, 국왕의 친제(親祭) 사실, 제례에 사용되는 악장, 제사 물품, 축문의 양식 등이 수록되어 있다. 또, 종묘를 수리한 사실이나 종묘의 물건을 도둑맞은 일, 종묘에 얽힌 일화를 소개하고 있다. 종묘와 관련된 일화 중에는 세종대에 창덕궁과 수강궁(壽康宮)의 자리가 풍수지리상으로 종묘의 맥을 끊는 자리에 있어서 그 위치를 옮기자는 논의가 있었다는 내용도 있다. 또 임진왜란 때 일본군이 종묘에 주둔했는데, 매일 밤 신병(神兵)이 나타나 북을 두드리며 공격을 하자 놀란 일본군들이 자기들끼리 싸우다가 많은 사망자가 나왔고 이 때문에 주둔지를 다른 곳으로 옮겼다는 일화도 있다.

『사직서의궤』에도 맨 처음에는 그림 설명이 나온다. 사직단의 전경, 사단과 직단의 신주 배치와 주변 담장의 모습, 제사별 음식 배치, 제기, 악기, 악기의 배치, 일무, 일무에 사용하는 도구, 국왕과 왕세자의 복장 등이 상세하게 그림으로 설명되어 있다. 또한 당시에 옷감을 잴 때 사용하던 포백척(布帛尺)을 비롯하여 4종의 자의 그림을 실물 크기로 그려 놓은 모습을 볼 수 있다.

『사직서의궤』에 나오는 일무

일무는 제사를 올릴 때 추는 춤으로, 문무(文舞)와 무무(武舞)로 나뉜다. 문무는 왼손에 피리, 오른손에 적(翟: 꿩의 꼬리 3개를 장대에 꽂아 만듦)을 잡는데, 이는 평화를 상징한다. 무무는 왼손에 방패, 오른손에 도끼를 잡는데, 자신을 보호하고 적을 상대한다는 뜻이다. 일무에는 등급이 있었는데, 천자의 경우에는 64인이 추는 8일무, 제후의 경우에는 36인이 추는 6일무, 경대부(卿大夫: 직급이 높은 관리)의 경우에는 16인이 추는 4일무, 사(士)의 경우에는 4인이 추는 2일무를 사용할 수 있었다.

사직서의궤에 수록된 적(翟), 방패(干), 도끼(戚)

제례시 국왕과 왕세자의 복장

국왕과 왕세자의 복장은 기본적으로 동일하지만 겉옷과 치마, 각종 장식에 들어가는 문양의 종류에서 차이가 난다. 국왕은 구장복(九章服), 왕세자는 칠장복(七章服)이다. 「사직서의궤」에서 인용.

국왕

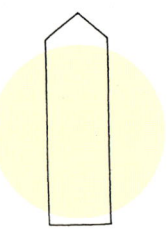
규(圭: 홀)

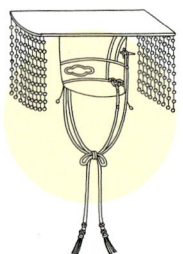
면(冕: 면류관)

의면(衣面: 겉옷 앞면)

의배(衣背: 겉옷 뒷면)

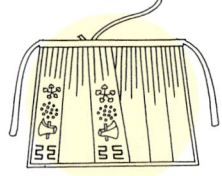
상(裳: 치마)

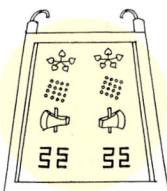
폐슬(蔽膝: 무릎 가리개)

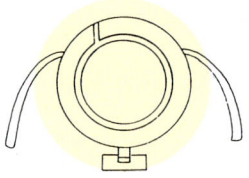
방심곡령(方心曲領: 가슴 장식)

화대(華帶) / 대대(大帶)

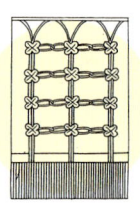
수(綬)

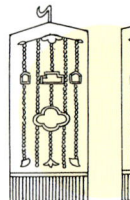
패(佩: 허리 장식)

말(襪: 버선)

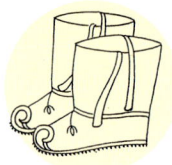
석(舃: 신발)

왕세자

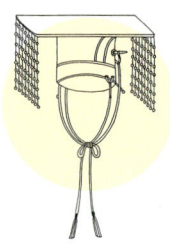
면(冕)

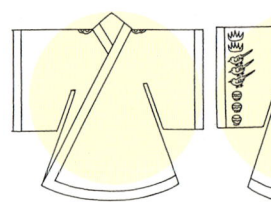
의(衣)

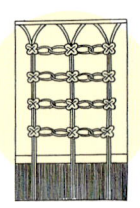
수(綬)

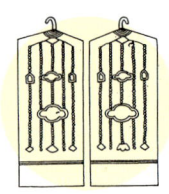
패(佩: 허리 장식)

종묘의례 재연 행사 전주이씨 대동종약원에서 거행하는 종묘제례. 조선시대에는 춘하추동 각 1회, 그리고 설날에 제례를 올렸지만 현재는 5월 첫째 일요일에 거행하고 있다. 종묘제례는 악(樂), 가(歌), 무(舞)가 동시에 공연되는 종합예술이기도 하다. ⓒ 김성철

『사직서의궤』의 본문에는 신주의 기록 방식, 제사 날짜, 축문 양식, 악장(樂章), 희생, 제례 절차, 사직과 관련된 각종 고사, 사직에 관해 국왕이 내린 명령과 지은 글 등이 수록되어 있다. 고사에 따르면 병자호란 때 사직단의 신주를 강화도로 옮겼는데, 강화도까지 함락되자 윤방(尹昉) 등이 신주를 땅에다 묻은 일이 있었다. 그러나 신주를 파내는 과정에서 4개를 파손시킨 일로 윤방이 파직되었고, 신주는 파손된 부분을 수리하여 다시 모신 것으로 되어 있다.

제례와 제례악 조선시대에 국가가 공식적으로 거행한 제례에는 대사(大祀), 중사(中祀), 소사(小祀)가 있었고, 이 외에는 비가 내리기를 비는 기우제(祈雨祭)나 풍년을 기원하는 기곡제(祈穀祭) 같은 부가적인 제사를 말하는 기고제(祈告祭), 왕실의 조상을

민간의 제례로 제사하는 속제(俗祭), 지방에서 지방관이 주재하는 주현제(州縣祭)가 있었다.

서울에서 국왕을 중심으로 하는 전형적인 국가 제례는 대사, 중사, 소사였으며, 이를 합하여 정사(正祀)라고 하였다. 『국조오례의』에서 확립된 조선 전기의 국가 제례는 다음과 같다.

대사	사직, 종묘(영녕전)
중사	풍운뢰운(風雲雷雨), 해악독(海嶽瀆), 선농(先農), 선잠(先蠶), 우사(雩祀), 문묘(文廟), 역대시조(단군·기자·고려 시조)
소사	영성(靈星), 노인성(老人星), 마조(馬祖), 명산대천(名山大川), 사한(司寒), 마제(禡祭), 영제(禜祭), 포제(酺祭), 칠사(七祀), 둑제(纛祭), 여제(厲祭)

대사, 중사, 소사란 제사의 등급을 세 가지로 구분한 것이다. 국가 제례는 이 세 가지 등급에 따라 제사에 참여하는 헌관(獻官)의 숫자, 제사 직전에 근신하는 재계(齋戒) 일수, 국왕의 참석 여부, 음악의 사용 여부, 제기의 숫자 등이 분명하게 구분되어 있다. 이를테면 대사와 중사에는 국왕이 헌관으로 참여하지만 소사에는 참여하지 않았고, 헌관도 대사와 중사에는 3인(초헌·아헌亞獻·종헌)이지만 소사는 1인이었다. 또한 제사 직전 헌관이 산재(散齋: 다른 사람을 조문하거나 문병을 하지 않고 근신함)하는 기간은 대사는 4일, 소사는 2일이었고, 치재(致齋: 제사 일에만 전념함)하는 기간은 대사는 3일, 소사는 1일이었다.

구분 제사	헌관	산재	치재	국왕 향축	폐백	음악	제기의 숫자						
							籩	豆	俎	簠	簋	甄	鉶	爵
대사	3인	4일	3일	○	○	○	12	12	3	4	4	6	6	6
중사	3인	3일	2일	○	○	○	10	10	3	2	2	3	3	3
소사	1인	2일	1일	×	×	×	8	8	2	2	2	-	-	3

종묘제례악 연주 종묘제례에는 보태평과 정대업을 연주한다. 보태평과 정대업은 원래 세종이 연회에 사용하기 위해 만든 속악이었는데, 세조가 이를 종묘제례악으로 정했다. ⓒ 김성철

종묘와 사직에서 올리는 제사는 가장 등급이 높은 제사로, 조선왕조의 통치 질서를 상징적으로 표현하는 행사였다. 실제로 1년에 4차례 거행되는 종묘대제와 사직대제는 국왕이 초헌관으로 참여하여 제사를 주재하는 가운데 왕세자는 아헌관, 영의정은 종헌관으로 참여해 국가 최고의 격식으로 진행되었다.

종묘와 사직의 제례에는 정기적으로 거행되는 대제(大祭) 이외에 부정기적으로 올리는 고유제(告由祭)와 기고제(祈告祭)가 있었다.

고유제는 국가에 중요한 일이 있을 때 그 사유를 알리는 것으로, 전쟁에 승리하거나 역적을 처단했을 때, 왕비나 왕세자를 책봉했을 때, 왕실의 상례가 있거나 국왕과 왕비의 병이 나았을 때, 왕릉을 이전할 때, 종묘나 사직 건물을 개축하거나 담장을 수리할 때 거행되었다. 말하자면 사대부 집안에서 가묘(家廟)를 설치하고 집안의 중요한 행사를 조상들에게 알렸듯이, 국가에서 일어난 중요한 사건을 왕실의 조상과 농업을 관장하는 신들에게 보고했던 것이다.

기고제에는 가뭄이 심하여 비가 내리기를 기원하는 기우제, 풍년이 들기를 기원하는 기곡제, 겨울에 눈이 오기를 비는 기설제(祈雪祭), 비가 내렸을 경우에 감사를 드리는 감사제(感謝祭)가 있었다. 이들 제례는 대부분 일반 백성들의 삶과 밀접한 관련이 있기에 사직에서 거행되는 경우가 많았다.

부정기 제례에 속하는 고유제와 기고제는 국왕이 직접 참여하지 않

는 경우가 많았는데, 이런 경우에는 정1품 관리가 초헌관이 되고, 정2품 관리가 아헌관, 종2품 관리가 종헌관이 되어 제례를 거행했다.

한편 제례를 거행할 때에는 반드시 제례악을 연주함으로써 예악(禮樂)의 정치를 구현했다. 대사와 중사에는 모두 그에 해당하는 제례악이 있었으며, 제례의 각 절차에 따라 그에 적합한 가사로 된 음악을 연주했다. 국가 제례의 기본 절차는 영신(迎神: 신을 맞이함)→전폐(奠幣: 폐백을 올림)→진찬(進饌: 음식을 올림)→초헌·아헌·종헌→철변두(徹籩豆: 제기를 물림)→송신(送神: 신을 전송함)의 순으로 이루어졌으며, 각 절차에 따라 제례악이 연주되었다.

사직제례악은 기본적으로 중국의 음악을 따랐고, 종묘제례악은 속악(俗樂), 즉 조선의 음악을 사용하였다. 세조는 종묘제례에 정대업(定大業)과 보태평(保太平)을 연주하도록 하였는데, 이는 원래 세종이 연회용 음악으로 만든 것이었다. 정대업은 조선을 창업한 태조의 무공(武功)을 노래한 것이고, 보태평은 조선을 안정시킨 태종의 문덕(文德)을 노래한 것이다. 세조는 종묘에서 보태평과 정대업을 연주하도록 함으로써 선왕들의 공적을 찬미했다.

종묘제례악은 문묘제례악과 함께 지금까지 그 원형이 보존되어 정기적으로 연주되고 있다. 동양의 전통 제례를 시작한 중국에서는 제례악이 사라진 반면 우리나라에서 그 원형을 보존하고 있는 것은 큰 자랑거리이다. 최근에 들어와 종묘제례악은 종묘제례에서 독립하여 전통음악의 한 장르로 무대 위에서 공연되고 있으며, 전통문화의 자원을 발굴하고 순수 예술성을 추구한다는 점에서 좋은 평가를 받고 있다.

6

왕실에서 사용한 도장에 관한 기록
『보인소의궤』

'보인'(寶印)이란 조선시대의 왕실과 관청에서 사용한 도장을 말한다. 보인은 원래 불교의 삼보(三寶: 불교의 세 가지 보물인 불佛·법法·승僧) 가운데 하나인 법보(法寶)를 가리키는 말이었다. 불교의 여러 법 중에서도 실보(實寶)인 법보는 매우 견고하여 부서지지 않으므로 이를 국왕의 도장에 비유한 것이었다.

보인은 보(寶)와 인(印)이라는 두 가지 도장을 합한 말이다. '보'는 어보(御寶)라고도 하는데 국왕이 공식적으로 사용하는 도장이며, '인'은 보를 제외한 일반 도장을 말한다. 따라서 '보'는 국왕(왕비 포함)만 사용하지만, '인'은 국왕과 왕세자를 비롯한 왕실의 가족은 물론이고 중앙과 지방의 각급 관청에서도 사용하였다.

보인을 오래 사용하면 글자의 획이 문드러져 식별하기가 어렵게 되므로, 이전의 것을 폐기하고 이를 대체할 보인을 만들어야 했다. 또한 국왕의 호칭이 달라지거나 새로운 관청이 창설되면 이에 해당하는 보인이 추가로 필요했다. 이때 보인의 제작을 위해 임시로 설치한 기관이 보인소(寶印所)이며, 보인을 제작하고 난 다음에 관련 기록을 정리한

조선 왕실의 보인

보(寶)는 국왕과 왕비가, 인(印)은 국왕, 왕세자, 왕실 기록, 각급 관청에서 사용할 수 있었다. 보와 인은 재료에 따라 금보(인), 은보(인), 옥보(인)로 구분되기도 한다.

1. **선조 금보** 正倫立極 盛德洪烈 至誠大義 格天熙運 顯文毅武 聖睿達孝 大王之寶 1604년 제작
2. **선조 옥보** 正倫立極 盛德洪烈 至誠大義 格天熙運 顯文毅武 聖睿達孝 大王之寶 1604년 제작
3. **숙종 금보** 章文憲武 敬明元孝 大王之寶 1720년 제작
4. **숙종 옥보** 顯義光倫 睿聖英烈 王寶 1713년 제작
5. **영조 옥보** 至行純德 英謨毅烈 王寶 1740년 제작
6. **정조 금보** 文成武烈 聖仁莊孝 大王之寶 1800년 제작
7. **정조 옥보** 正祖 宣皇帝寶 1899년 제작
8. **진종세자 은인** 孝章 承統 世子之印 1729년 제작

국립고궁박물관 소장

영조 83세 은인 영조가 83세이던 1776년에 세손 정조에게 준 은인(銀印). 인면에 '孝孫 八十三書'라 새겨져 있다. 국립고궁박물관 소장.

의궤가 『보인소의궤』(寶印所儀軌)이다.

보인에 관한 기록

오늘날 공공기관에서 발행되는 모든 공문서에는 해당 기관장의 직인이 찍힌다. 공문서의 직인은 그 문서가 진본이라는 것을 문서를 발행한 기관의 대표가 공식적으로 확인하는 증표이다. 또한 개인이 작성한 문서에도 도장을 찍는데 이는 그 문서에 기록된 내용이 사실임을 본인이 확인한다는 의미이다. 조선시대의 공문서에도 기관장의 직인이 찍혔다. 다만 국왕의 명의로 만들어진 국가 문서의 경우 그 종류가 매우 많았으므로 문서의 종류만큼이나 많은 보인이 있었다.

보인은 왕실의 권위를 표현하는 상징물의 의미도 있다. 조선시대에는 국왕과 왕비, 왕세자, 왕세자빈, 대왕대비를 추대하거나 국가적 경사가 있을 때 왕실 구성원의 권위를 높이기 위해 존호(尊號)를 더하는 경우가 많았는데 이때 새 존호를 새긴 보인을 만들어 올렸다. 영조는 만년에 세손인 정조의 청을 받아들여 『승정원일기』에서 사도세자를 비난하는 기록을 삭제하고 '효손'(孝孫)이라 새긴 은인(銀印)을 만들어 정조에게 하사했다. 이후 정조는 행차를 할 때마다 이 도장을 행렬의 제일 앞에 배치하였는데, 이는 자신에 대한 영조의 신뢰를 보여 주는 상징물이었기 때문이다.

보인은 국가의 공식 도장이었으므로 크기나 용도가 세세하게 정해져 있었다. 보인은 그 주인의 위격(位格)에 따라 모양과 내용이 정해졌고, 같은 인물의 보인이라 하더라도 용도에 따라 크기에 차이가 있었다. 또한 기존에 사용하던 보인을 폐기하고 이를 대체할 보인을 만들 때에는 모양이 같아야 했으므로 매우 세밀한 부분까지 규격을 정해 두었다.

현재 보인의 제작에 관한 기록은 여러 형태로 전해진다.

『금보개조도감의궤』(金寶改造都監儀軌)는 1705년(숙종 31)에 종묘와 영녕전에 있던 금보를 새로 제작한 것에 관한 기록이다. 종묘에는 역대 국왕들의 신주와 함께 금보·옥책(玉冊)이 있었는데 왜란과 호란을 거치면서 파손되었는데도 오랜 시간이 지나도록 수리하지 못한 채로 있다가 숙종대에 와서야 없어진 금보를 보충하고 금보를 보관하던 보갑(寶匣)을 수리하였던 것이다. 또한 숙종은 태조의 4조인 목조(穆祖)·익조(翼祖)·도조(度祖)·환조(桓祖)와 신의왕후(神懿王后: 태조의 제1왕비)의 금보를 처음으로 만들어 종묘에 올렸다. 이는 조선 왕실의 권위를 높이기 위해서였다.

『책보개수도감의궤』(冊寶改修都監儀軌)는 인조의 비인 장렬왕후(莊烈王后)의 책보(冊寶)를 제작한 것에 관한 기록이다. 1687년(숙종 13) 9월 2일, 대왕대비(장렬왕후)가 거처하던 만수전(萬壽殿)에 불이 나서 대비가 입던 의복과 생활용품들이 타 버리고 책보도 불에 그을려 손상을 입었다. 이에 숙종은 대왕대비의 책보를 새로 제작하도록 하였는데, 이 과정을 기록하여 정리한 것이 『책보개수도감의궤』이다.

『옥인조성도감의궤』(玉印造成都監儀軌)는 1735년(영조 11) 효장세자(孝章世子: 영조의 첫째 아들)의 세자빈 조씨(조문명의 딸, 뒤에 효순왕후孝純王后로 추존됨)를 현빈(賢嬪)으로 책봉하면서 내린 옥인(玉印)의 제작에 관한 기록이다.

『인신등록』(印信謄錄)은 의궤는 아니지만 인신(印信), 즉 관인(官印)의 제작에 관한 기록이다. 조선시대의 관인은 공조에서 제작하고 예조에서 관리하였는데 기관장의 품계에 따라 그 크기가 달랐다. 관청에서 새로운 관인을 요청하면 예조에서 이를 제작하여 국왕에게 보고한 다

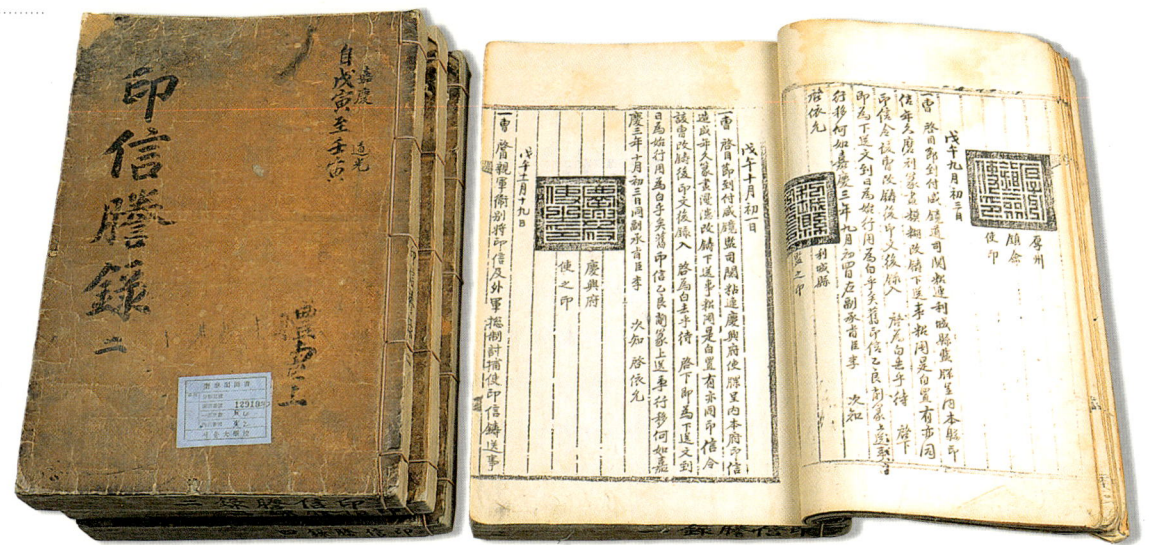

인신등록 관인(官印)을 관장하는 예조와 인신을 만드는 공조에서 각 중앙관서와 지방관의 요청으로 인신을 주조하여 내려 보냈을 때의 기록을 모은 책. 숙종대의 기록이 1책, 영조대의 기록이 1책 남아 있고, 1797년(정조 21)부터 1870년(고종 7)의 기록이 4책으로 묶여 있다. 서울대학교 규장각 소장.

음 해당 관청으로 내려보냈으며, 관청에서는 새로 제작된 관인이 도착하면 옛 도장의 글자를 깎아서〔削篆〕예조로 올려 보냈다.

현재 규장각에는 숙종대부터 고종대까지 각급 관청의 관인 제작 내역을 기록한 6권의 『인신등록』이 있다. 이 가운데 정조대 이후의 기록에서는 관인을 찍은 모양도 함께 수록하고 있다. 또한 관인에 얽힌 일화도 있다. 임진왜란 중에 경상우병영(慶尙右兵營)의 우수사(右水使) 최경회(崔慶會)는 왜군에 쫓기다가 관인을 몸에 안은 채 강물로 뛰어들었다. 전쟁 중 군영의 도장이 왜군의 손에 넘어간다면 군대를 동원하는 데 큰 혼란이 생길 수 있음을 염려하였기 때문이다. 이 관인은 1747년(영조 23)에 발견되어 서울로 보내졌는데, 이를 본 영조는 최경회의 충절을 기리는 글을 지었고, 관인은 다시 원래의 보관처인 경상우병영으로 되돌아갔다.

『보인소의궤』의 내용

『보인소의궤』는 1876년(고종 13)에 경복궁 근정전에 보관하던 국왕의 보인과 세자궁의 옥인을 새로 제작한 것에 관한 기록이다. 보인을 전면적으로 다시 제작한 것은 경복궁의 화재 때문이었다. 이해 11월 4일에 경복궁 교태전(交泰

殿)에 큰불이 나서 인근의 건물들까지 포함하여 830여 간을 태우는 사건이 발생했다. 불은 순식간에 사방으로 번져 여러 전각에 보관 중이던 역대 국왕의 친필과 물품들을 태웠고, 국왕의 대보(大寶)와 세자의 옥인을 제외하고는 보인도 모두 불타 버렸다. 고종은 11월 8일에 화재로 없어진 보인을 다시 제작·수리하도록 했고, 그리하여 남아 있던 보인들을 전면적으로 수리하는 작업이 시작되었다.

보인의 제작은 무위소(武衛所)와 호조에서 주관했다. 무위소는 대원군으로부터 정권을 넘겨받은 고종이 궁궐의 수비를 강화하기 위하여 1874년에 창설한 군영이었다. 이후 무위소는 병력을 계속 증강하면서 궁궐뿐 아니라 도성의 수비도 관장하였으며, 1881년에는 무위영(武衛營)으로 승격되었다. 1876년의 보인소는 무위소 제조이자 이조판서인 김보현(金輔鉉)과 호조판서 민치상(閔致庠)이 주관하였으며, 낭청도 무위소와 호조의 관리가 담당하였다.

『보인소의궤』는 총 9건이 작성되었다. 고급 종이인 초주지(草注紙)를 사용한 의궤는 국왕이 열람하는 어람용, 왕세자가 열람하는 예람용(睿覽用), 세자시강원 보관본 등 3건이며, 저주지(楮注紙)를 사용한 6건은 규장각, 춘추관, 4개의 사고(정족산, 적상산, 태백산, 오대산)에 각 1건씩 보관되었다.

현재 규장각에는 9건 가운데 7건이 보관되어 있다. 그중에는 초주지로 만든 3건이 모두 남아 있고, 저주지로 만든 4건은 표지의 기록으로 보아 규장각, 춘추관, 태백산, 정족산에 보관된 본임을 확인할 수 있다. 따라서 적상산, 오대산에 보관된 2건을 제외하고는 모두 남아 있는 셈이다.

의궤의 첫머리에는 보인을 제작한 일정이 나와 있다. 1876년 11월 16일에 호조와 무위소의 당상과 낭청이 근정전으로 가서 보인을 가지

보인소의궤 1876년(고종 13) 궁중에서 사용하는 보(寶)와 인(印)의 개주(改鑄), 개조(改造), 수보(修補) 과정을 기록한 의궤. 1876년 11월 8일 궁중에서 사용하는 각종 보와 인이 닳았으므로 무위소(武衛所)와 호조가 그 수리 및 개조를 담당하라는 고종의 지시에 따라 이루어졌다. 의궤의 기록은 1876년 11월 8일부터 1877년 1월 4일까지이다. 당시 왕실에서 사용된 도장의 모습을 살펴볼 수 있는 자료이다. 서울대학교 규장각 소장.

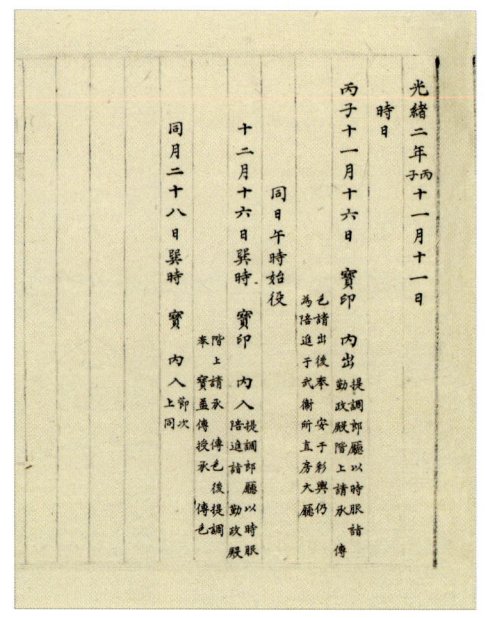

보인소의궤에 수록된 보인 제작 일정
1876년 11월 16일에 호조와 무위소의 당상과 낭청이 근정전으로 가서 보인을 가지고 나와, 채여에 싣고 무위소 직방의 대청으로 옮겨 갔다는 등의 내용이 기록되어 있다.

고 나와서 채여(彩輿)에 싣고 무위소 직방(直房)의 대청으로 옮겨 갔다. 제작 작업은 이 날 바로 시작되었으며, 12월 16일에 1차로 3종의 보인을, 12월 28일에 나머지 보인을 완성하여 근정전에 올려 보냈다.

이어서 보인의 제작을 담당한 관원의 명단과 보인의 개수에 관한 국왕의 지시 및 해당 관청의 보고서가 나온다. 다음에는 작업에 필요한 재원의 조달 및 작업자의 급료가 나오는데, 비용은 무위소에서 숙동(熟銅) 300근과 함석 150근을 내었고, 호조에서 은 880냥과 엽전 2,355냥 5전을 냈다. 작업자가 받는 급료는 업무에 따라 차이가 있었는데, 장인은 매달 11냥 4전을 받은 반면에 작업을 지원한 포교(捕校)는 6냥, 포졸은 3냥을 받았다.

그 다음에는 보인을 제작하는 데 필요한 인원과 물품을 해당 관청에 요청하는 문서가 나온다. 작업을 시작할 때 필요한 차일이나 병풍을 요청하거나 보인을 근정전으로 옮길 때 가마를 멜 군사들의 복식을 준비하라는 지시 등이 있다.

12월 28일, 보인이 근정전에 올려진 후에는 작업에 참여한 사람들에게 포상을 내렸는데, 무위소의 제조와 종사관은 숙마(熟馬)와 사슴 가죽을 하사받았고, 하급 관리들은 품계가 올라가거나 지방 수령에 임명되었다. 보인을 제작한 장인들은 무명을 상으로 받았는데, 이를 보면 27종 77명의 장인들이 참여하였음을 알 수 있다. 보인 제작에 참여하여 상을 받은 장인의 내역은 다음과 같다.

보장(寶匠)	4명	조각장(彫刻匠)	2명
두석장(豆錫匠)	1명	야장(冶匠)	3명
금장(金匠)	1명	쇄자장(鎖子匠)	2명
은장(銀匠)	1명	마조장(磨造匠)	2명
옥각수(玉刻手)	1명	마광장(磨光匠)	3명
소로장(小爐匠)	1명	칠장(柒匠)	3명
담편장(擔鞭匠)	1명	호갑장(護匣匠)	5명
병풍장(屛風匠)	4명	과피장(裹皮匠)	2명
보장(寶匠)	5명	다회장(多繪匠)	3명
두석장(豆錫匠)	10명	입사장(入絲匠)	3명
은장(銀匠)	2명	안자장(鞍子匠)	2명
목수(木手)	2명	매집장(每緝匠)	2명
소목장(小木匠)	3명	담편장(擔鞭匠)	2명
소로장(小爐匠)	7명		

『보인소의궤』의 상당 부분은 도설(圖說)이 차지하고 있다. 여기에는 새로 제작된 11종의 보인과 이를 보관하는 상자의 그림이 천연색으로 그려져 있고 세부 규격이 정리되어 있다.

그 다음에는 보인을 비단이나 각종 옷감으로 싸서 보관하는 방법인 봉과식(封裹式), 작업에 소요되는 물품을 국왕에게 요청하고 소요 내역을 기록한 품목(稟目), 작업이 끝난 후 각종 물품의 실제 소요량과 남은 양을 보인소에서 호조에 통보한 문서인 이문(移文) 등이 정리되어 있다.

『보인소의궤』의 마지막에는 의궤 작성에 관한 기록이 나온다. 이를 보면 대부분의 의궤는 제작과 동시에 해당 기관으로 이송하였으나, 4곳의 사고로 보내지는 것은 일단 예문관(藝文館: 국왕의 명령을 작성하는 관서)에서 잘 건조시킨 후에 지방으로 발송하였음을 알 수 있다.

『보인소의궤』에 수록된 각종 보인 도설

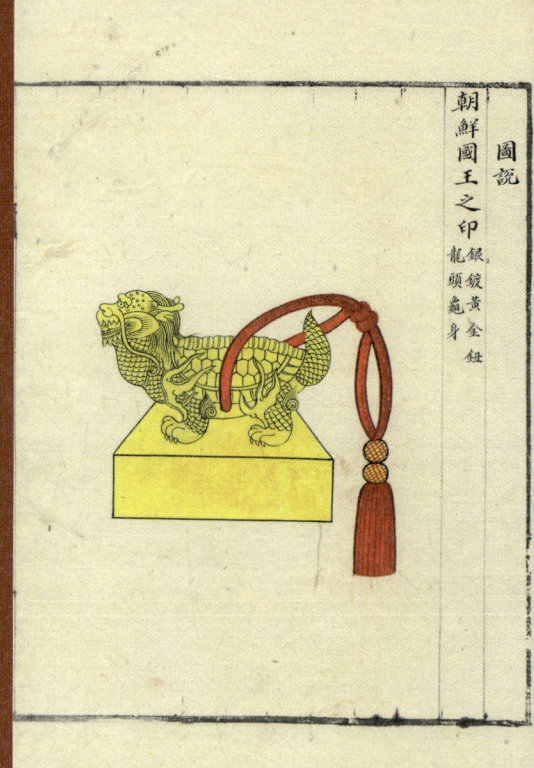

1. 조선국왕지인(朝鮮國王之印)
2. 대조선국주상지보(大朝鮮國主上之寶)
3. 조선왕보(朝鮮王寶)
4. 위정이덕(爲政以德)
5. 소신지보(昭信之寶)
6. 시명지보(施命之寶)
7. 유서지보(諭書之寶)
8. 과거지보(科擧之寶)
9. 선사지기(宣賜之記)
10. 무위소(武衛所)
11. 왕세자인(王世子印)

『보인소의궤』에 수록된 보인

『보인소의궤』에는 1876년에 만들어진 11종의 보인이 수록되어 있는데, 그 종류와 재료, 규격은 다음과 같다. 여기서 단위는 촌(寸)이며, 자는 예기척(禮器尺)을 사용하였다.

주척과 예기척 『보인부신총수』에 수록된 주척과 예기척. 보인의 제작시 치수를 재는 데 사용되었다.

순서	보인	재료	손잡이				판			
			모양	길이	넓이	높이	길이	넓이	높이	테두리
1	조선국왕지인(朝鮮國王之印)	천은도금	용머리거북몸	4.1	2.4	2.6	4.0	4.0	1.1	0.5
2	대조선국주상지보(大朝鮮國主上之寶)	천은도금	거북	4.8	2.0	1.8	4.2	4.1	1.0	0.5
3	조선왕보(朝鮮王寶)	천은도금	거북	4.8	2.0	1.0	4.4	4.4	1.0	0.3
4	위정이덕(爲政以德)	천은도금	사각			2.3	3.5	3.5	1.0	0.3
5	소신지보(昭信之寶)	천은도금	거북	4.7	2.0	1.8	3.9	3.9	0.9	0.25
6	시명지보(施命之寶)	순금	거북	4.0	2.0	1.2	4.0	4.0	0.9	0.35
7	유서지보(諭書之寶)	동도금	거북	4.0	2.0	1.8	3.6	3.6	1.0	0.35
8	과거지보(科擧之寶)	동도금	거북	4.1	2.0	1.7	3.5	3.5	0.8	0.3
9	선사지기(宣賜之記)	천은	사각			1.9	2.9	2.9	1.0	0.1
10	무위소(武衛所)	천은도금	거북	4.7	2.0	1.8	3.9	3.9	1.0	0.6
11	왕세자인(王世子印)	옥	거북	4.8	3.0	2.3	4.2	4.2	1.4	0.5

이상 11종의 보인 가운데 '조선국왕지인'(朝鮮國王之印)에서부터 '선사지기'(宣賜之記)까지 9종은 보(寶)에 해당하고, 나머지 '무위소'(武衛所)와 '왕세자인'(王世子印) 2종은 인(印)에 해당한다. 보인의 재료는 대부분 은에다 금을 입힌 것이며, 손잡이는 주로 거북이 모양이다. '조선국왕지인'의 경우 유일하게 용머리에 거북이 몸을 한 손잡이가 달렸는데, 고종이 황제로 즉위한 이후에는 용 손잡이를 한 보인이 많아졌다. 이는 국왕의 보인은 손잡이를 거북이 모양으로 하지만 황제

는 용 모양으로 하도록 정해져 있었기 때문이다.

'조선국왕지인'은 중국과의 외교문서에 사용된 보인으로 '대보'(大寶)라고도 불린다. 일본과의 외교문서에는 '대조선국주상지보'(大朝鮮國主上之寶), '위정이덕'(爲政以德), '소신지보'(昭信之寶)가 사용되었는데, '소신지보'가 제일 먼저 사용되다가 이후에 이덕보(以德寶)라 불리는 '위정이덕'이 사용되었으며 마지막으로 '대조선국주상지보'가 사용되었다. 중국과의 외교문서에 사용되던 보인에서는 '조선국의 왕'이라 표현했는데, 그후 일본과의 외교문서에 사용한 보인에 이르러서는 '대조선국의 주상(主上)'이라고 표현함으로써 조선의 위상을 한층 높였음을 알 수 있다.

또한 '조선왕보'(朝鮮王寶)는 국왕의 교명(敎命)이나 전문(箋文)에, '시명지보'(施命之寶)는 교서나 교지에, '유서지보'(諭書之寶)는 관찰사나 절도사의 임명 교지에, '과거지보'(科擧之寶)는 과거 응시자의 시험지나 합격 증서에, '선사지기'(宣賜之記)는 서적을 하사할 때에 사용한 보인이었다.

보인은 손잡이〔鈕〕, 판(板), 끈〔纓子〕, 방울〔方兀〕, 술〔蘇兀〕 등으로 구분되며, 각 부위의 규격과 소요 재료는 의궤에 상세히 서술되어 있다. 또한 보인이 제작될 때에는 이를 보관하기 위해 통(筒)·녹(盝: 인印 뒤웅이)·호갑(護匣)이라는 3종의 상자가 함께 제작되었다.

모든 보인은 보통(寶筒)·인통(印筒)에 넣은 후에 다시 보록(寶盝)·인록(印盝)에 넣었다. 그 다음에는 호갑에 담았는데, 모든 보인에 호갑이 있었던 것은 아니었다. 1876년에 4개의 호갑이 만들어졌는데, 대보와 '대조선국주상지보', '시명지보'와 '유서지보'가 같은 호갑에 함께 보관되었고, '조선왕보'와 '왕세자인'의 호갑이 따로 만들어졌다. 호갑에도 차이가 있었다. 대보의 호갑은 표면에 노란 사슴의 가죽을 붙인 반면 '조선왕보'는 검은 사슴의 가죽을 사용하였다. 그러나 호갑의 안은 다같이 백마의 가죽으로 만들었고, 통에는 자물쇠가 없지만 녹과 호갑에는 모두 자물쇠가 달려 있었다.

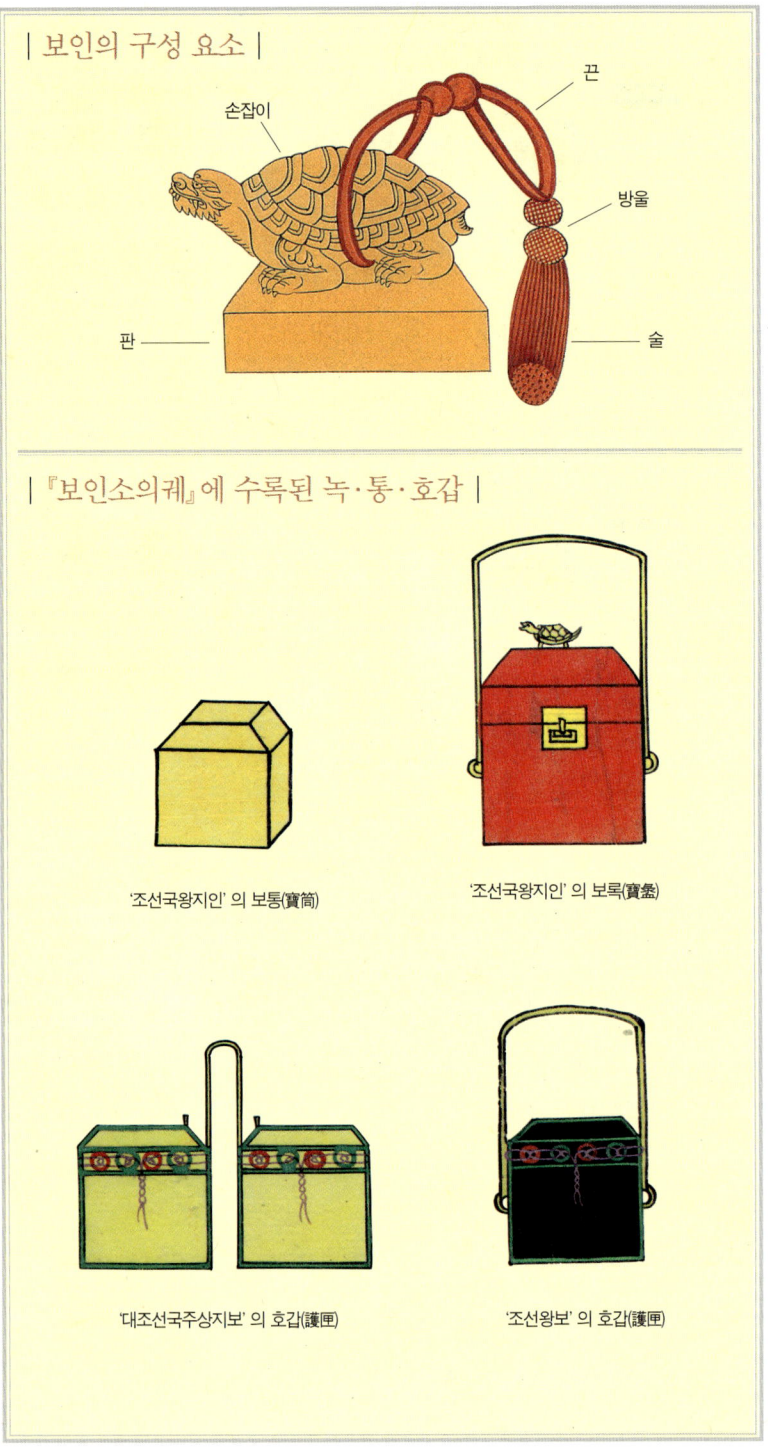

대보를 상자에 넣는 절차, 봉과식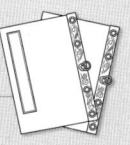

1. 대보를 구름무늬가 수놓인 붉은 비단 보자기로 싸고 이를 자주색 명주 끈 2개로 십자 모양으로 묶은 다음 보통(寶筒)에 넣는다. 흰 솜으로 빈 공간을 채운 다음 향 한 봉지를 위에 놓고 뚜껑을 닫는다.
2. 보통을 구름무늬가 수놓인 붉은 비단 보자기로 싸고 자주색 명주 끈 2개로 십자 모양으로 묶은 다음 보록(寶盝)에 넣는다. 흰 솜으로 빈 공간을 채우고 향 한 봉지를 위에 놓고 뚜껑을 닫는다.
3. 보록을 놋쇠에 금도금을 한 자물쇠로 잠그며 열쇠를 열쇠집에 넣어 자물쇠에 걸어 둔다.
4. 초주지로 보록을 둘러서 봉하고 "신근봉"(臣謹封)이라 쓰며, 신(臣) 자 아래에 무위소 제조가 도장을 찍는다.
5. 자문지(咨文紙: 중국에 자문을 보낼 때 사용하던 고급 종이)로 표지를 만들어 보인의 이름을 써서 근봉(謹封) 뒤에 꽂는다.

고종의 황제 즉위와 보인

보인은 왕실의 권위를 보여 주는 상징물로 사용자의 위격에 따라 그 양식이 엄격하게 구분되어 있다. 고종은 1897년 10월에 환구단에서 황제로 즉위하였는데, 조선의 국왕에서 대한제국(大韓帝國)의 황제로 격상되어 보인에도 많은 변화가 있었다.

고종이 황제로 즉위한 이후에 사용한 보인에 대해서는 『보인부신총수』(寶印符信總數)에 기록되어 있다. 이 책은 1903~1907년 사이에 만들어진 것으로 고종황제는 물론이고 황후, 황태자, 황태자비, 황태손이 사용하던 보인이 차례로 정리되어 있다. 또한 『보인소의궤』에 수록된 11종의 보인이 모두 포함되어 있다.

『보인소의궤』에 수록된 보인과 『보인부신총수』에 수록된 보인의 가장 큰 차이는 황제의 보인이 대폭 늘어났다는 점이다. 『보인부신총수』에는 40여 종의 보인이 수록되어 있는데 이중 황제가 사용하는 보인은

고종황제 옥보의 인면 국립고궁박물관에 소장된 고종황제의 옥보(玉寶) 인면. '文憲武章仁翼貞孝太皇帝寶'(문헌무장인익정효태황제보)라고 새겨져 있다.

모두 새로 추가된 것이었다. 대한제국이 성립되었으므로 이를 상징하는 '대한국새'(大韓國璽)가 만들어졌고, 여러 종류의 '황제지보'(皇帝之寶)와 황제의 명령을 의미하는 '제고지보'(制誥之寶), '칙명지보'(勅命之寶)가 만들어진 것이다. 이들 보인의 손잡이는 모두 용으로 되어 있어 외형상 황제의 보인임을 분명히 구분시켜 주고 있다. 국왕의 보인이었던 '시명지보'는 국왕급에 해당하는 황태자의 보인이 되었다.

국호를 대한제국으로 개정하고 고종이 황제로 즉위한 것은 조공 체계를 통해 중국의 번국(藩國)에 머물던 조선이 중국에서 완전히 분리된 독립국가가 되었음을 의미하였다. 따라서 대한제국은 황제의 위격에 적합한 최고 수준의 보인을 갖추었던 것이다.

● 조선시대 보인 목록

구분	보인소의궤	보인부신총수	비고
황제		대한국새(大韓國璽)	
		대한국새(大韓國璽)	
		황제지보(皇帝之寶)	
		황제지보(皇帝之寶)	
		황제지보(皇帝之寶)	
		제고지보(制誥之寶)	
		칙명지보(勅命之寶)	
		칙명지보(勅命之寶)	
중국	조선국왕지인(대보)朝鮮國王之印(大寶)	조선국왕지인(朝鮮國王之印)	청 사대문서, 대내 봉안
		조선국왕지인(朝鮮國王之印)(여진어)	청 주청용, 봉모당 봉안
		조선국왕지인(朝鮮國王之印)	명 사대문서, 봉모당 봉안
일본	대조선국주상지보(大朝鮮國王上之寶)	대조선국주상지보(大朝鮮國王上之寶)	왜국비준, 대내 봉안
		대조선국보(大朝鮮國寶)	왜국문서, 대내 봉안
		대조선국대군주보(大朝鮮國大君主寶)	
		대조선대군주보(大朝鮮大君主寶)	
		대군주보(大君主寶)	
		대조선국보(大朝鮮國寶)	
	위정이덕(爲政以德)	위정이덕(爲政以德)	왜국 통신문서, 주합루 봉안
	소신지보(昭信之寶)	소신지보(昭信之寶)	왜국 통신문서, 주합루 봉안
국내	조선왕보(朝鮮王寶)	조선왕보(朝鮮王寶)	교명·친상 전문, 주합루 봉안
	시명지보(施命之寶)	시명지보(施命之寶)	유서, 대내 봉안
	유서지보(諭書之寶)	유서지보(諭書之寶)	시권 홍패 백패, 대내 봉안
	과거지보(科擧之寶)	과거지보(科擧之寶)	서적 반사
	선사지기(宣賜之寶)	선사지기(宣賜之寶)	춘방 교지, 대내 봉안
		준명지보(濬明之寶)	
		명덕지보(命德之寶)	
		수훈지보(垂訓之寶)	
		광운지보(廣運之寶)	
		흠문지보(欽文之寶)	
		흠문지새(欽文之寶)	
		대원수보(大元帥寶)	
		기로소(耆老所)	
		규장지보(奎章之寶)	서적반사
		준철지보(濬哲之寶)	각신 교지, 대내 봉안
		동문지보(同文之寶)	서적 반사
		선황단보(宣貺端寶)	서적 반사
군영	무위소(武衛所)	무위소(武衛所)	무위소 어람 문서, 대내 봉안
		친군영(親軍營)	
		친군영(親軍營)	
		호위청(扈衛廳)	

『보인부신총수』에 수록된 보인과 인면

'조선국왕지인'과 '대조선국주상지보'는 고종이 국왕 시절 사용했던 보인으로, 중국이나 일본 간의 외교 문서에 사용하였다. '대한국새', '황제지보', '제고지보', '칙명지보'는 황제 등극 이후에 사용된 보인이다.

조선국왕지인

대조선국주상지보

대한국새

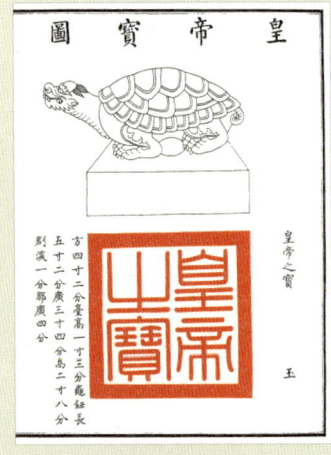
황제지보

제고지보

칙명지보

7

국왕과 신하가 함께하는 활쏘기 시합 『대사례의궤』

활과 우리 민족의 인연은 고대국가 시절로 거슬러 올라간다. 중국이 우리 민족을 지칭하던 동이(東夷)라는 용어는 '이'(夷)자에 활 궁(弓)이 포함됨으로써 '동쪽의 활 잘 쏘는 민족'이라는 뜻을 내포하고 있다. 그만큼 우리 민족은 오래전에 주변국으로부터 활쏘기에 능한 민족으로 인식되었다.

고구려를 세운 동명왕이 활쏘기에 뛰어난 사람이었다는 기록이나 고구려 고분벽화의 기마 자세로 뒤돌아 활을 쏘는 무사들의 모습에서도 우리는 우리 민족의 뛰어난 활쏘기 솜씨를 접할 수 있다. 이수광(李睟光)이 쓴 『지봉유설』(芝峰類說)[45]에는 중국의 창, 일본의 칼과 견줄 우수한 우리 무기로 활을 들고 있는데, 이 기록도 우리 민족과 활의 밀착된 관계를 보여 준다. 이러한 전통은 현대의 올림픽 양궁 종목에서 우리나라 선수들이 보여 준 뛰어난 기량에서도 드러난다.

그런데 전통 사회에서 활쏘기는 단순히 무예만을 시험하는 행위가 아니었다. 『주례』에는 활쏘기(射)가 예(禮)·악(樂)·어(御)·서(書)·수(數) 등과 함께 육례의 하나로 중시되었으며, 『논어』·『맹자』·『예기』 등

---

[45] 1614년(광해군 6) 이수광이 편찬한 일종의 백과사전. 중국에서 얻은 견문을 토대로 조선, 중국, 일본, 동남아 등과 유럽의 일까지 소개하고 있으며, 당시 태동하고 있던 실학정신을 보여 준다.

의 유교 경전에서도 심신의 수양을 가져오는 행위로 '사'(射)를 중시하였다. 또한 활쏘기는 왕권의 강화나 국방 강화를 위한 기본적인 덕목의 하나였으므로, 국왕은 문무 관리들과의 활쏘기 행사를 정기적으로 베풀었는데, 이 활쏘기 회동이 곧 '대사례'(大射禮)이다. 『대사례의궤』(大射禮儀軌)는 대사례의 과정을 기록과 그림으로 정리한 책이다.

대사례란 어떤 행사인가

대사례는 국왕과 신하가 회동하여 활쏘기 시합을 통해 군신간의 예를 확인하는 행사이다. 『조선왕조실록』에 의하면 조선에서 대사례가 시행되었던 것은 1477년(성종 8), 1502년(연산군 8), 1534년(중종 29), 1743년(영조 19) 등 4차례로 확인된다. 그러나 대사례 외에 어사(御射)·시사(試射)가 빈번하게 실시되었고, 지방에서 실시되는 향사례(鄕射禮)도 매우 활성화되어 있었다. 조선 사회에서 사례(射禮)가 중요한 의미를 지니고 있었음은 기록화에서도 확인된다. 정조가 어머니 혜경궁 홍씨를 모시고 화성에 행차한 모습을 8폭의 병풍으로 담은 《화성능행도》(華城陵幸圖) 중에는 정조가 득중정(得中亭)에서 활쏘기 시범을 보인 모습을 담은 〈득중정어사도〉(得中亭御射圖)가 남아 있어서 국가의 주요한 잔치에 활쏘기가 빠지지 않았음을 잘 보여 주고 있다.

성종대에 대사례를 실시한 이유는 무엇보다 왕권의 과시와 군사적 필요성에 의해서였다. 대사례의 실시에 앞서 내린 하교에서 성종은 대사례의 전통이 말세가 된 이후 끊겼으나, 국가가 여러 해 동안 편안한 이때에 다시 대사례를 실시할 수 있을 것이라 하면서, 대사례를 거행하고자 하는 자신의 심정을 이해해 줄 것을 신하들에게 호소하였다. 성종대는 조선 전기 정치제도가 정비되어 사회가 안정되어 가던 때로 성종은 대사례의 실시를 통하여 왕권을 강화하는 한편 자신의 시대가 성세(盛世)임을 대내외에 과시하고자 했던 것이다. 한편 성종은 대사례가 갖는 군사적 의미를 강조하였는데, 이는 대사례가 실시되기 직전인 7월부터 변경 지방의 방비 문제가 계속 제기되고 있었던 시대적 상황과 밀

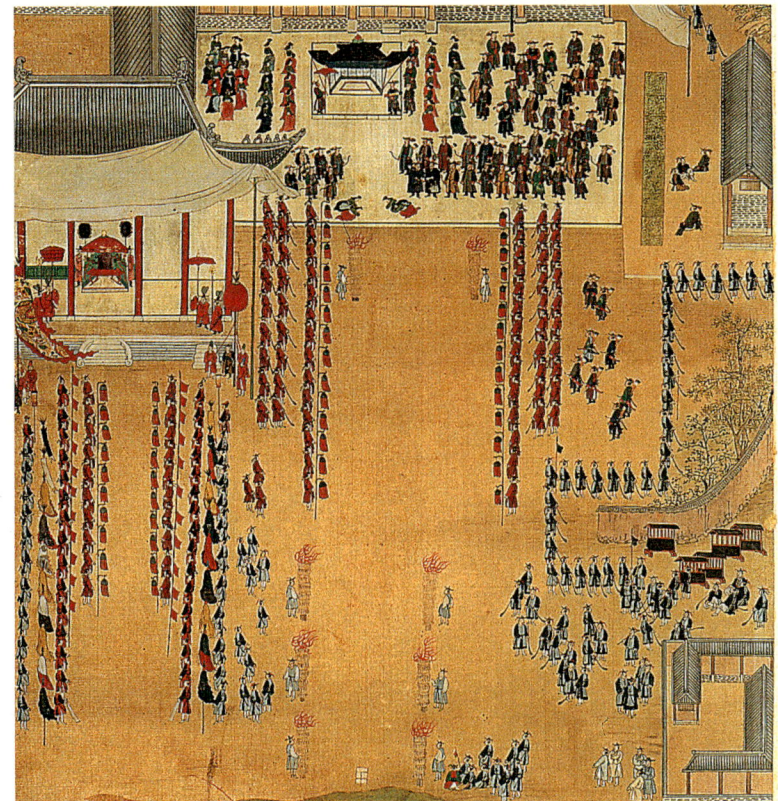

득중정어사도(부분) 〈득중정어사도〉에는 정조의 화성 행차 일정 중 윤2월 14일, 왕이 득중정에서 신하들과 활쏘기를 한 다음 저녁에 혜경궁을 모시고 불꽃놀이를 구경하는 모습이 그려져 있다. 그림 왼편의 낙남헌에는 왕의 어좌가 마련되어 있으며 득중정 앞에는 혜경궁의 가마가 자리해 있다. 《화성능행도》병풍 중 한 폭.

접한 관련을 갖는다. 또한 성종은 백성들과 성세의 기쁨을 함께하기 위해 향사례와 향음주례(鄕飮酒禮)도 실시할 것을 지시하고 있는데, 이로써 대사례를 단지 왕실 행사만이 아닌 전국민이 참여하는 국가적인 차원의 것으로 확대하려 하였음을 알 수 있다. 성종대 실시된 대사례는 대사례의 전형이 되어 이후에 시행되는 대사례도 그 기본 성격에 있어 성종대를 크게 벗어나지 않았다.

반정으로 즉위하고 기묘사화를 거쳤던 중종은 민심 수습책으로 대사례와 같은 국가적인 행사의 필요성을 느끼고, 즉위 후 여러 차례 대사례를 실시하고자 하였다. 그러나 여러 가지 사정으로 행하지 못하다가 결국 중종 29년 8월에 이르러서야 그 시행을 보게 되었다. 중종은 연산군대에 실시되었던 대사례가 군신의 연회로 끝났음을 잘못된 것으로 지적하면서 유생들에 대한 공궤(供饋: 국왕이 음식을 내려줌)를 매우 강조하는 모습을 보이고 있다. 중종대에는 6,229명의 유생들이 공궤를 받았다.

영조대의 대사례 실시는 왕권 강화라는 국왕의 의도가 크게 작용하였던 것으로 보인다. 즉위 초부터 표방하였던 왕권 강화를 위한 탕평책이 제대로 실시되지 못하는 가운데, 1740년(영조 16) 노론 4대신이 복관되면서 노론의 정치적 영향력이 점차 강화되어 영조의 탕평정책은 큰 위기를 맞게 되었다. 이에 따라 영조는 새로운 활로를 모색해야 할 처지에 놓이게 되었고, 이러한 상황이 200여 년 만에 대사례를 다시 실시하려는 중요한 배경이 되었던 것으로 생각된다. 이러한 추정은 대사례의 실시에 적당한 때가 아니라는 상소에도 불구하고 국왕이 직접 예전의 규례를 살펴보면서 대사례를 시행토록 한 점이나, 원래 대사(大射)는 천자의 예이지만 제후에게도 대사례가 있었다는 이유로 그대로 '대사례'로 부르게 하였던 데에서도 찾을 수 있다.

영조는 대사례가 시행되는 날 200년 만에 조종의 예법을 회복했다는 사실을 상기시키는 한편 자신의 나이가 50세가 되었을 때 이 행사가 열리게 되는 것을 매우 감격해 하였다. 또한 200년 만에 맞는 대사례를 기념하기 위하여 각도의 관찰사 및 수령들에게 전국의 인재를 두루 뽑아 시상할 것을 거듭 명하였으며, 특별히 이 행사를 기록으로 남길 것을 지시하였다. 이로써 영조대에 실시한 대사례 모습은 기록과 그림으로 남겨졌고, 현재의 우리들은 이 행사가 전개되는 구체적이고 생생한 현장을 엿볼 수 있게 되었다.

대사례가 갖는 왕권 강화의 성격은 영조대 이후에도 그대로 지속되었다. 예를 들면 정조는 화성 행차시에 득중정에서 직접 활쏘기 시범을 보였으며, 순조의 경우 대사례를 실시할 여유를 갖지는 못했지만 문무 대신들과의 가종 활쏘기 모임을 통하여 국정을 주도하려는 의지를 보였다. 이와 같이 대사례는 조선 사회에서 왕권 강화라든가 민심 수습 또는 군사적 필요 등에 의해 시행되었으며, 군신간의 화합을 도모하고 국정의 방향을 정하는 의미도 포함된 정치적 이벤트였다.

『대사례의궤』의 내용과 구성

『대사례의궤』는 1743년(영조 19) 윤4월 7일 성균관에서 대사례를 행한 과정을 기록과 그림으로 정리한 책이다. 『대사례의궤』는 1책으로 만들어졌으며 5건의 책이 제작되었다. 어람용 1책은 왕에게 바치고 의정부, 사고, 예조, 그리고 대사례 실시 장소인 성균관에 각각 1책씩 보관하였다.

대사례가 성균관에서 열린 것은 국왕이 친히 성균관에 행차하여 유생들을 격려하고 이들에게 심신의 수양을 쌓을 것을 권장하려는 취지에서였다. 조선시대에 성균관 유생들은 국가의 원기(元氣)로 인식되고 있었으며, 그만큼 국가에서 거는 기대도 컸다. 성균관 유생들이 국가로부터 장학금과 각종 물품을 무상으로 지급받았던 것이나 국가의 주요 행사를 이곳에서 열었던 것은 최고 교육기관인 성균관에 대한 국가의 기대를 보여 주고 있다. 대사례와 함께 왕세자 입학례와 같은 의식도 성균관에서 열렸는데, 국왕이나 왕세자가 주인공이 되는 이러한 행사는 성균관 유생들에게 큰 자극이 되었을 것이 틀림없다.

영조는 1743년 윤4월 7일 원유관(遠遊冠)과 강사포(絳紗袍)[46] 차림으로 창덕궁 영화당(暎花堂)[47]에서 소여(小輿)를 타고 집춘문(集春門)[48]을 통해 궁궐을 나왔다. 당시 국왕을 경호하던 병력의 배치 및 담당 임무, 도로 사정 등은 다음과 같은데, 이를 통하여 막강한 권력의 상징인 국왕 행차시의 경호 모습을 상상해 볼 수 있다.

고종 어진 고종이 조회 때나 외국 사신을 접견할 때 입던 예복인 원유관과 강사포 차림의 모습이다. 국립고궁박물관 소장.

[46] 국왕의 조복(朝服), 삭망(朔望), 조강(朝降), 진표(進表), 조현(朝見) 등에 착용한다. 원유관을 머리에 쓰므로 원유관포, 원유관복이라고도 한다.

[47] 창덕궁 부용지 동편에 있는 건물.

[48] 창경궁 동북쪽의 문. 성균관에 가장 가까워서 국왕이 성균관에 행차할 때는 주로 이 문을 사용하였다.

영조의 성균관 행차시 경호 상황과 부서별 임무

1. 사금(司禁: 일반인의 접근을 금지하는 임무를 맡은 사람) 60인을 준비시킨다.
2. 훈련원 관원은 주장(朱杖: 붉은 지팡이)을 잡고 좌우에 나누어 시위한다.
3. 금군(禁軍)과 별장(別將)은 시사관(侍射官)으로서 참여시킨다.
4. 별장 대령은 각 번의 장들에게 전립(戰笠)과 전복(戰服)을 착용시키고 성균관비가 세워진 모퉁이 동쪽에 진을 친다.
5. 별파진(別破陣)의 파진군(破陣軍: 나누어 진을 친 군대)은 조총을 지참하고 시위한다.
6. 의장(儀仗)은 의장고(儀仗庫) 관원이 뽑아서 배치한다.
7. 장마(仗馬: 안장이 있는 말)는 사복시(司僕寺) 관원이 진열한다.
8. 표기(標旗) 군사 5명은 장대하고 실한 군사를 뽑는다.
9. 가마 근처에서 상소를 올리는 사람과 격쟁인(擊錚人)은 각별히 엄금한다.
10. 의금부 낭청 2인은 나장(羅將), 부장(部將)을 거느리고 길 앞의 잡인(雜人)들을 엄금한다.
11. 창검군(槍劍軍: 패를 찬 군인) 60명은 금위영(禁衛營) 군병에서 차출한다.
12. 추패군(椎牌軍) 8명은 청의(靑衣) 군사로서 뽑는다.
13. 가마 뒤의 금군과 어영청의 별초무사(別抄武士)는 가마 옆에서 시위한다.
14. 좌우 도로의 관광 잡인은 한성부에 특별히 신칙하여 엄금한다.
15. 매복처의 군사는 어영청에서 정해 보낸다.
16. 출궁, 환궁시 돌의 거화(擧火: 불을 붙이는 것)는 공조낭청이 담당한다.
17. 도로와 교량은 한성부에 명하여 담당하게 한다.
18. 궐내와 경호 지역 내에서 시끄럽게 하는 것은 병조에서 담당하고, 위외(衛外)와 행로는 의금부 및 훈련도감에서 담당한다.

> 19. 유생들이 떠드는 것은 성균관에서 담당하여 엄금한다.
> 20. 가마를 호위하는 포수(砲手), 살수(殺手) 80명은 훈련도감 군병에게 명하여 차출한다.
> 21. 어가가 나갈 때 전상군병(前廂軍兵: 군대의 전위)은 식당에 작문(作門: 임시로 문을 설치함)하고, 후상군병은 성균관비가 세워진 모퉁이 서쪽 반수(泮水) 천변에 배치한다.

49 익선관은 왕과 세자의 시무복인 곤룡포에 쓰던 붉은색 관. 곤룡포는 왕이 집무시에 입던 정복이다. 가슴과 등, 양 어깨에 용의 무늬를 금으로 수놓은 원보(圓補)를 붙인 옷으로 '용포'(龍袍), '어곤'(御袞) 등으로 불린다. 세종 26년(1444) 이후 착용하였다.

궁궐을 나온 영조는 창덕궁과 연결된 성균관의 하련대(下輦臺: 가마에서 내리는 곳)에 이르러 가마를 내렸으며, 임시 숙소인 악차(幄次: 임시 장막)에 들어가서 제복(祭服)인 면복으로 갈아입은 후, 성균관 문묘에서 작헌례(酌獻禮: 술을 따르는 예)를 행하였다. 대사례를 행하기 전 선현들을 참배하는 의식을 행한 셈이다.

악차로 돌아온 영조는 익선관(翼善冠)과 곤룡포(袞龍袍)[49] 차림으로 성균관 명륜당으로 들어가서 이곳에 대기하고 있던 신하들과 유생들을 격려한 후 본행사인 대사례 의식을 행하였다. 대사례를 마친 후에는 선비들에게 시험을 보이고 포상하는 시사(試士)가 뒤따랐는데, 영조는 성균관 유생들을 격려하고 '희우관덕'(喜雨觀德)을 시의 제목으로 주었다. 오랜 가뭄 끝에 단비가 내리자 그 기쁨을 표시한 '희우'와 유교 경전인 『예기』에 활쏘기를 함축적으로 표현한 '관덕'을 합쳐 시제로 삼은 것이다. 『예기』에는 "예로부터 활쏘기〔射〕는 덕을 보는 것〔觀德〕이

성균관 대성전(좌) 공자를 비롯한 성현의 위패를 모신 제사 공간이다. ⓒ 김성철

성균관 명륜당(우) 성균관 유생들이 학문을 연마하는 공간이다. ⓒ 김성철

며 덕은 그 마음에 얻는 것이다. 그러므로 군자가 활쏘기하는 것은 그 마음을 보존하는 것이다"라 하여 활쏘기의 목적은 마음의 수양에 있음을 강조해 표현한 구절이 있다. 또 예로부터 활쏘기가 수양과 예의 회복에 비중을 두고 있었음은 다음의 자료들에서 확인할 수 있다.

> 사(射)는 진퇴와 주선이 예에 맞고 안으로 뜻이 곧고 밖으로 몸이 바른 연후에 궁시를 심고하게 잡아야 한다. 궁시가 심고한 연후에야 적중시키는 것을 말할 수 있고 이로써 덕행을 볼 수 있다.
>
> ―『예기』 제46편 「사의」(射儀)

> 어질다는 것은 활쏘는 것과 같다. 활쏘는 것은 자신을 바로잡은 후에 발하는 것이다.
>
> ―『맹자』(孟子) 「공손추」(公孫丑) 상

> 사람의 행동을 살펴보는 데 활쏘기보다 좋은 것이 없다. …… 활쏘기를 반드시 학교에서 익히게 한 것은 그것으로 하여금 사람의 착함을 알아내고 선비의 재질을 가려 뽑아 교화 가운데서 함양되게 한 것이니 어찌 과녁 맞히기를 주로 하여 힘만 숭상할 뿐이겠는가.
>
> ―『연산군 일기』 8년 3월 2일

폭군으로 알려진 연산군이 대사례를 실시하면서 활쏘기를 함양의 방법으로 인식한 것이 이채롭다.

이처럼 활쏘기는 예로부터 사람의 품성을 바로잡는 행동으로 인식되었다. 그러므로 탕평정치의 완성으로 강력한 왕권을 확립시키고 이를 바탕으로 백성의 교화에 진력하던 군주 영조에게 있어서 대사례는 단순한 활쏘기 행사가 아니었다. 대사례를 통해 관리들의 정신 자세와 기강을 확립하는 한편 국왕의 교화가 만백성들에게 전파되게 하려는 원대한 정치적 포부가 함축되어 있는 바로 그러한 행사였던 것이다.

그림으로 보는 대사례 절차

『대사례의궤』의 앞부분에 그려진 세 장면의 그림을 통하여 우리는 대사례 현장의 모습과 분위기를 접할 수 있다. 이 세 장면의 그림은, 왕이 활쏘는 모습을 그린 〈어사례도〉(御射禮圖), 신하들이 활쏘는 모습을 그린 〈시사례도〉(侍射禮圖), 성적에 따라 상벌을 내리는 과정을 그린 〈시사관상벌도〉(侍射官賞罰圖)로서 시간적 순서에 따라 행사의 모습이 각각 4면에 걸쳐 그려져 있다. 각각의 그림을 보면서 대사례가 열렸던 현장 상황을 살펴보자.

어사례도(御射禮圖)

먼저 〈어사례도〉를 보면 악차(幄次)에 세 개의 단을 설치한 것이 보인다. 제1단은 국왕의 자리, 제2단은 자줏빛의 용문석(龍文席: 용무늬가 있는 방석)을 깔아 놓은 어사위(御射位), 제3단은 종친 및 문무백관의 자리였다. 단의 동쪽에는 3개의 탁자가 놓였다. 제1탁에는 국왕의 각지와 팔찌를 담고 제2탁에는 어궁(御弓: 국왕의 활)을 제3탁에는 어시(御矢: 국왕의 화살)를 담았는데, 탁과 함은 모두 붉은색이었다. 동서 계단 아래에는 탁자 2개를 두었다. 동쪽 탁자에는 상으로 줄 표리(表裏: 겉옷감과 속옷감)와 궁시를 놓았으며, 서쪽 탁자에는 벌로 줄 단술과 잔을 놓았다. 하연대에 바닥을 높여 사단(射壇)을 만들고 90보(步) 떨어진 곳에 과녁을 세운 다음 후단을 쌓았다. 임시로 설치한 어좌 앞으로는 문무의 관리들이 호위하고 있는 모습이 보이며, 악차는 차일과 휘장으로 사방을 막아 국왕을 엄호하였다.

뜰의 동서에는 홍살문을 설치하여 대사례 의식의 신성함과 위엄을 더하게 하였으며, 홍살문 앞에는 헌가(軒架)[50]를 두어 행사의 분위기를 고취시켰다. 홍살문 너머에는 과녁을 설치하였다. 어사에 사용된 과녁

[50] 헌가는 대례(大禮), 대제(大祭) 등에 사용하는 악기를 배치하는 것을 말하는데, 종경(鍾磬)·고(鼓)를 주로 사용하였다.

대사례의궤의 어사례도(부분)

인 웅후(熊候)는 붉은 바탕에 곰의 머리를 표적으로 그리고, 붉은 대나무와 붉은 줄을 사용하여 후단 위에 설치하였다. 원래 천자의 과녁으로는 호랑이 모양을 그려 넣은 호후(虎候)를, 제후의 과녁으로는 웅후를 사용하였는데, 당시는 중국과의 관계를 고려하여 국왕의 과녁을 웅후로 삼은 것이다.

과녁은 어좌에서 남쪽으로 90보 거리에 설치하였으며, 웅후로부터 동·서 각 10보 되는 지점에는 핍(乏)을 설치하고 핍 안에는 좌측에 7명, 우측에 6명의 획자(獲者)[51]를 배치하였다. 웅후와 핍은 훈련원에서

51 핍은 화살을 쏠 때 획자를 보호하기 위해 가죽으로 만든 물건. 여기서 획자는 화살이 맞고 안 맞는 것을 알리는 사람을 말한다.

웅후의 크기와 재료

크기: 길이·너비 각 18 예기척(禮器尺).
모양: 홍칠포(붉은 칠을 한 포)를 사용하고 백피(흰 가죽)를 가운데 대며, 3정(正)을 만든다.
재료: 마사(麻絲) 1냥, 회우피(灰牛皮) 장·광 각 6척, 당주홍(唐朱紅) 4냥, 진분(眞粉) 4냥, 하엽(荷葉) 4냥(화畵 3정正 소입所入), 당주홍 1전, 진분 5전, 소연목(小椽木) 4개, 숙마조(熟麻條) 30파(把: 묶음), 생저(生苧) 2전, 오승포(五升布) 175척.

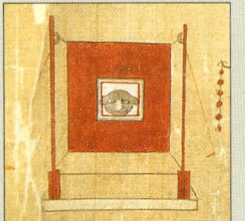

웅후 〈어사례도〉에 그려진 웅후. 왕의 활쏘기에 이용되던 과녁으로 붉은 바탕에 곰의 머리를 그렸다.

규격에 맞게 설치하였다. 훈련원 정(正)은 북 앞에 섰으며, 훈련원 정 뒤에는 국왕이 쏜 화살을 처리하는 어사취시관(御射取矢官)이 배치되었다. 이외에도 그림에는 나타나지 않지만 자줏빛 두건과 옷을 갖춘 위사(衛士) 30인이 핍 전후에 배치되어 국왕을 엄중히 경호하였다.

시사례도(侍射禮圖)

〈시사례도〉는 왕과 함께 활쏘기에 참여한 사람이 두 명씩 짝을 지어 활쏘는 모습을 담고 있다. 〈어사례도〉와의 차이점은 과녁이 푸른 색의 미후(麋侯: 사슴머리)로 바뀐 점이다. 핍 뒤에 서 있던 획자들은 화살이 꽂히면 해당하는 방위의 깃발을 들었는데, 중앙에 적중하면 적색, 상변에 맞히면 황색, 하변에 맞히면 흑색, 좌측에 맞히면 청색, 우측에 맞히면 백색의 깃발을 올렸다. 맞히지 못한 경우에는 채색된 깃발을 올렸다. 또한 동쪽 핍 앞에는 북을, 서쪽 핍 앞에는 금(金)을 두고, 화살이 적중하면 북을 치고 그렇지 못하면 금을 쳤다. 아래쪽에는 어사례 때와 마찬가지로 시사자들이 절을 할 때와 활을 쏠 때 필요한 음악을 연주하는 헌현(軒懸)들이 위치해 있는 모습이 눈에 들어온다.

시사자는 종2품 이상의 의빈과 종친 10명, 정1품 이하의 문신 10명, 정3품 이상의 무신 10명 등 총 30명이 참여하였다. 문신과 무신, 종친을 두루 망라한 셈이다. 이들 중 정3품 당상관 이상인 경우에는 사단 위에서, 정3품 당하관 이하인 경

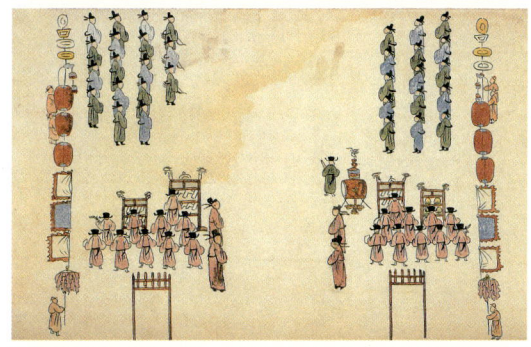
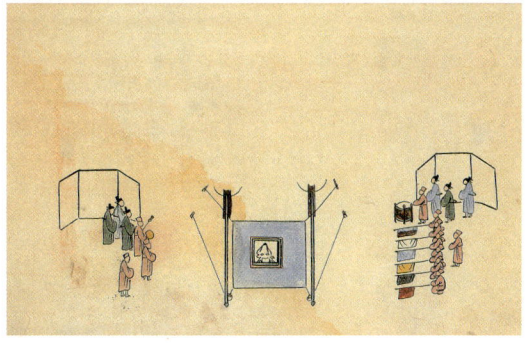

대사례의궤의 시사례도 왕과 함께 활쏘기에 참여한 사람이 두 명씩 짝을 지어 활쏘는 모습을 담고 있다.

우에는 사단 아래에서 활쏘기를 했다. 직책에 따라 24명은 단상에서, 6명은 단하에서 활을 쏘았는데, 『대사례의궤』에는 그들이 활을 잡았던 손이 왼손인지 오른손인지와, 과녁을 맞힌 횟수 등도 기록되어 있다. 전체 30명 중 왼손잡이가 12명으로 40%의 큰 비중을 차지하는 것도 이채롭다. 이처럼 실명(實名)과 함께 적중 여부를 기록으로 남긴 것은 평소에 활쏘기를 연마하라는 뜻도 담겨 있었을 것이다.

시사관상벌도(侍射官賞罰圖)

〈시사관상벌도〉는 활쏘기를 마친 후 시상하고 벌주를 주는 장면을 그린 그림이다. 병조정랑이 관직과 성명을 부르면 해당자는 국왕 앞으로 나아갔다. 이때 상물(賞物) 중 표리(表裏: 겉옷감과 속옷감)는 군기시(軍器寺)에서, 궁시(弓矢: 활과 화살)는 제용감(濟用監)에서 각각 준비하였으며, 벌주는 내자시(內資寺)에서 준비하였다. 화살을 적중시킨 사람은 표리와 궁시를 상으로 받았으며, 맞히지 못한 사람은 벌주를 마셨다.

담당 관원이 동쪽 계단에 이르러 국왕께 맞힌 자의 관직과 성명을 크게 아뢰는데, 맞힌 자들은 동쪽 계단 아래에서 서쪽을 향해 서고, 맞히지 못한 자들은 서쪽 계단에서 동쪽을 향하여 섰다. 풍악이 울리면 국왕께 사배한 후 시상을 받았다. 네 발을 맞힌 자는 표리와 탑견(搭肩: 어깨걸이)을, 세 발을 맞힌 자는 리(裏: 속옷감)와 탑견, 두 발을 맞힌 자는 궁시와 진요(搢腰: 허리에 차는 요대), 한 발을 맞힌 자는 궁(弓)과 진요를 상으로 받았다.

한편 맞히지 못한 자는 벌주를 마셨다. 예관이 치(觶: 향음주의 예에 쓰는 뿔잔)로 술을 떠서 굽혀 풍(豊: 술잔을 받는 그릇)에 두면 맞히지 못한 자가 풍에 나아가 북향하여 꿇고, 왼손으로는 부린 활을 잡고 오른손으로는 해를 잡고 서서 마셨다. 비록 맞히지 못했더라도 술을 마시는 작은 벌칙만 둠으로써 행사 자체를 축제의 분위기로 이끌어 나가려는 배려가 엿보인다.

시사관 사우별단(侍射官射耦別單)

대사례에 참여한 관리들의 명단과 네 발을 쏜 후 그 적중 여부를 기록한 내용을, 『대사례의궤』에서 발췌한 것이다.

1. 단상시사(壇上侍射)

말창군	직(櫻)	우궁(右弓)	적중 못함(不中)
낙창군	당(棠)	좌궁(左弓)	2발 적중(二中)
서평군	요(橈)	우궁	2발 적중(二中)
여은군	매(梅)	좌궁	4발 적중(四中)
금성위	박명원(朴明源)	우궁	1발 적중(一中)
월성위	김한신(金漢藎)	좌궁	1발 적중(一中)
이조참관	이익정(李益炡)	우궁	3발 적중(三中)
병조판서	서종옥(徐宗玉)	좌궁	2발 적중(二中)
남원군	설(橋)	우궁	2발 적중(二中)
행부사직	서종옥(徐宗玉)	우궁	2발 적중(二中)
		※조현명대(趙顯命代)•	
동은군	부(榑)	우궁	1발 적중(一中)
동지중추부사	정언섭(鄭彦燮)	좌궁	1발 적중(一中)
해은군(海恩君)	이당(李欓)	우궁	2발 적중(二中)
한성부우윤	이주진(李周鎭)	좌궁	적중 못함(不中)
성계군(成溪君)	목훈(木熏)	우궁	1발 적중(一中)
대사성	김상노(金尙魯)	좌궁	적중 못함(不中)
행부사직(行副司直)	김성응(金聖應)	우궁	3발 적중(三中)
함녕군(咸寧君)	박찬신(朴纘新)	우궁	4발 적중(四中)
행부사직	구성임(具聖任)	우궁	4발 적중(四中)
행부사직	정찬술(鄭纘述)	우궁	3발 적중(三中)
행훈련원도정(行訓練院都正)	윤광신(尹光莘)	우궁	4발 적중(四中)
행부호군(行副護軍)	이의풍(李義豊)	우궁	2발 적중(二中)
행부사과(行副司果)	구택규(具宅奎)	우궁	3발 적중(三中)
선전관(宣傳官)	조동정(趙東鼎)	좌궁	4발 적중(四中)

2. 단하시사(壇下侍射)

부사과(副司果)	홍익삼(洪益三)	좌궁	2발 적중(二中)
선전관	이장오(李章五)	좌궁	2발 적중(二中)
부사과	유언국(兪彦國)	우궁	1발 적중(一中)
훈련원부정(訓練院副正)	구선복(具善復)	좌궁	3발 적중(三中)
선전관	신민(申㫤)	우궁	3발 적중(三中)
예문관대교(藝文館待敎)	조명정(趙明鼎)	좌궁	3발 적중(三中)

● 조현명의 대리로 참석했다는 뜻.

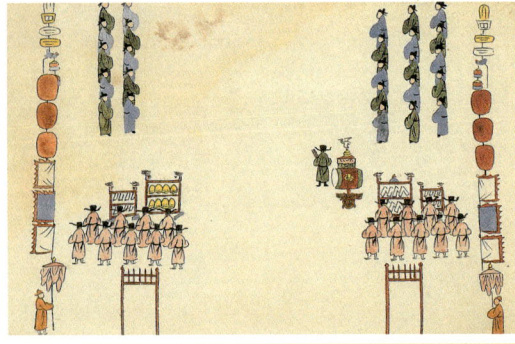
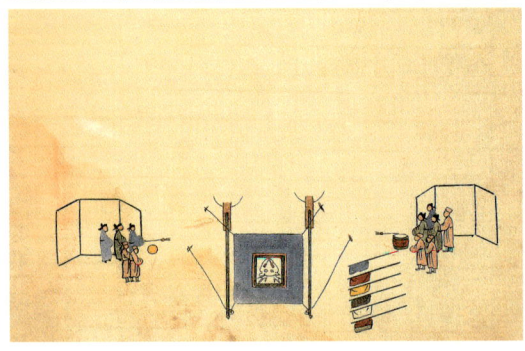

대사례의궤의 시사관상벌도 활쏘기를 마친 후 성적에 따라 상벌을 내리는 장면.

대부분의 의궤에는 행사의 하이라이트에 해당하는 장면을 반차도로 표시한 데 비하여, 『대사례의궤』에 그려진 그림들은 시간적 순서에 따라 행사의 모습을 모두 담고 있는 것이 특징이다. 이러한 모습은 비슷한 시기에 그려진 〈준천시사열무도〉(濬川試射閱武圖)와도 유사하다. 〈준천시사열무도〉는 영조대에 청계천 공사를 완성하고 유공자들을 치하한 모습을 담은 그림으로, 영조대에는 국왕 주도의 국가적 사업이 빈번히 이루어졌음을 확인할 수 있다. 영조대부터 활성화된 기록화의 흐름은 정조대에 꽃을 피우게 된다. 정조대에 화성 행차의 모습을 여덟 폭의 병풍에 담아낸 것도 이러한 기록화의 계승으로 볼 수 있다.

대사례의 마무리

대사례는 활쏘기 행사로만 끝나는 것이 아니었다. 국왕의 활쏘기와 신하들의 시사(侍射)가 끝난 다음, 행사의 실무자인 인의(引儀)가 종친과 문무백관을 인도하여 나가고 무시관(武試官)이 과거 응시자들을 거느리고 들어와 배위(拜位)에 나아가 국왕에게 인사를 시켰다. 무과 응시자들은 세 명씩 짝하여 쏘았는데, 김복규 등 60명이 뽑혔다. 이어 문시관(文試官)이 초고(初考)에서 합격한 약간 명을 뽑아서 전시(殿試)에 참여시켰고, 전시에서는 한광조 등 6명을 뽑았다.

『대사례의궤』의 기록에는 시관 및 유생들을 위하여 구급약을 준비하여 만약의 사태에 대비

하는 모습과 문무 급제자들의 관대(冠帶)와 기마(騎馬), 어사화(御賜花) 등의 준비를 지시한 내용들도 흥미를 끈다. 문무 합격자가 뽑히면 관례에 따라 방방(放榜: 과거 합격자의 명단을 발표함)하는 것으로 행사는 마무리되었으며, 영조는 연을 타고 돈화문을 거쳐 환궁하였다.

영조는 대사례가 끝난 후 병조판서와 동부승지에게 특별히 명하여 성균관에 물력옥자(物力屋子: 대사례 행사에 사용하는 물품을 보관하는 창고) 3칸을 만들어 행사에 사용된 제 용구들을 보관하게 하였으며, 예문관 대제학으로 하여금 대사례의 시행 과정을 적은 『대사례기』를 찬진하여 성균관 명륜당에 걸어 두도록 하였다. 행사의 의미를 재확인하고 행사 기록이 영구히 보존되기를 바랐던 영조의 이러한 염원은 『대사례의궤』의 편찬으로 결실을 보게 된 것이다.

준천시사열무도 1760년에 청계천 준설 공사를 완성하고, 공사에 참여한 무사들의 무예 시험 및 유공자 포상 행사를 4첩으로 기록한 그림. 흥인문 남쪽에 있는 오간수문(五間水門)에 행차하여 준천의 현장을 관람한 국왕 영조의 자리와 국왕을 수행한 관리들의 모습을 비롯하여 하천변에서 소와 수레 등 각종 도구를 활용하여 준설 작업에 열중인 인부들의 모습, 영화당(暎花堂)에서 유공자를 포상하는 장면이 그려져 있다. 1760년, 비단에 채색, 각 폭 20×28.6cm, 서울대학교 규장각 소장.

8

정조의 화성 행차, 그 8일간의 장대한 역사 『원행을묘정리의궤』

정조의 화성 행차와 그 의미

1795년 윤2월 9일 새벽, 정조는 창덕궁을 출발하여 화성으로 향했다. 정조가 화성을 방문하는 것은 이때가 처음이 아니었다. 정조는 1789년에 자신의 생부 사도세자의 묘소를 수원부(水原府)가 있던 화산(花山) 아래에 모시고 현륭원(顯隆園)이라 명명한 이후 매년 이곳을 방문한 바 있었다. 그럼에도 불구하고 1795년은 정조에게 특별한 의미가 있는 해였다. 어머니 혜경궁 홍씨가 회갑을 맞는 해였던 것이다. 게다가 사도세자와 혜경궁 홍씨는 동갑이었으니 사도세자가 살아 있었더라면 함께 회갑잔치를 올렸을 해이기도 했다.

그뿐만이 아니었다. 한 해 전에 공사를 시작한 화성이 어느 정도 윤곽을 드러내고 있었으니 국왕이 직접 공사 현장을 둘러볼 필요도 있었고, 즉위 20년이 다 되어 가는 시점이었으므로 자신의 권위를 펼쳐 보일 필요성도 느꼈다. 이에 따라 정조는 조선왕조를 통틀어 가장 성대하고도 장엄한 행사를 기획하게 되었다.

정조가 국왕으로 있던 18세기 후반은 조선의 문예 부흥기로서, 사회

각 분야의 발전이 두드러진 시기였다. 또한 이 시기는 세계사적으로도 역동적인 시대였으니, 미국이 신생국가로 탄생하여 조지 워싱턴이 초대 대통령으로 즉위하고, 프랑스에서는 시민혁명이 일어나 근대 시민국가가 등장하였으며, 중국에서는 건륭(乾隆, 재위 1736~1795)황제가 즉위하여 청나라 최대의 융성기를 맞이하고 있던 때였다.

이때 정조는 아버지의 비극을 빚은 붕당정치를 극복하고 재야의 선비와 백성을 적극 포용하는 민국(民國)을 건설하며, 농업과 상공업이 함께 발전하는 새로운 경제질서를 구축하려 하였다. 또한 정조는 왕권을 확립하기 위해 장용영(壯勇營)을 설치하여 군권(軍權)을 장악하고, 주자 성리학으로 도덕성을 높이며, 청으로부터 새로운 기술과 경영 방식을 도입하여 부강하고 근대화된 나라를 만들고자 하였다.

정조의 화성 행차는 이러한 꿈을 펼치는 시금석이었다. 정조는 사도세자를 모신 화성을 자주 방문함으로써 어버이에 대한 효심을 표현하였는데, 그 능행길은 현륭원 참배로만 끝나는 것이 아니었다. 그는 화성을 오가는 길에 일반 주민들의 민원을 살피고 이를 해결하는 기회로 활용하였으며, 지방에 숨겨진 인재를 발탁하여 관리로 등용했다. 또한 경기도 일대를 직접 방문하여 수도권의 방위 체제를 점검하고, 수시로 군사들을 동원하여 단체 훈련을 시켰다.

1795년의 화성 행차는 정조가 그동안 이룩했던 자신의 위업을 과시하고 신료와 백성들의 충성을 결집시켜 자신이 추진하는 개혁에 더욱 박차를 가하려는 정치적 행사였다. 정조는 이 행사를 통해 아버지와 자신을 따르는 친위 세력을 하나로 묶고, 장차 화성을 중심으로 펼쳐 가려는 개혁 정치의 구상을 널리 알리고자 했다.

『원행을묘정리의궤』의 내용과 구성

『원행을묘정리의궤』(園行乙卯整理儀軌)는 말 그대로 '을묘년(1795)에 현륭원에 행차한 내용을 정리(整理)한 의궤'이다. 정조는 1794년 12월에 이 행사를 주관할 정리소(整理所)란 관청을 설치한 바

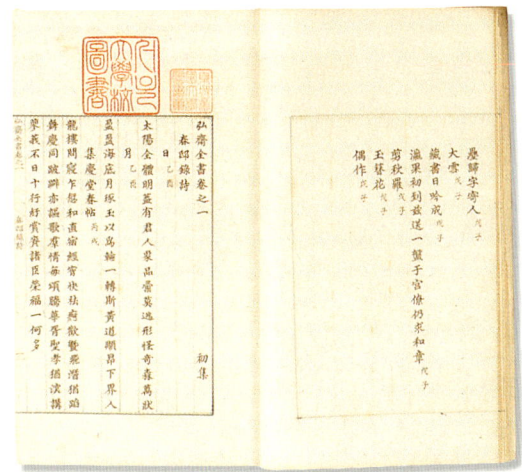
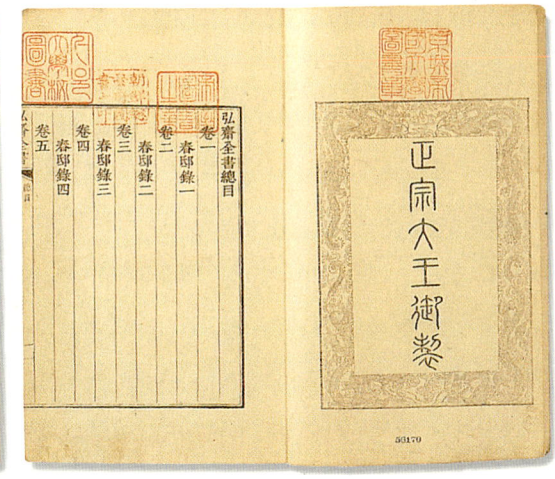

홍재전서의 필사본과 활자본 필사본은 1787년(정조 11) 정조에게 올려진 원본으로 보이며, 활자본은 1814년(순조 14) 정리자로 인쇄한 것이다.

있는데, '정리의궤'란 '정리소의 업무를 정리한 의궤'를 의미한다고도 할 수 있다.

『원행을묘정리의궤』는 활자로 인쇄한 최초의 의궤이다. 조선시대의 의궤는 사람이 직접 손으로 쓰고 그림을 그린 필사본이 대부분이었다. 그런데 정조는 『원행을묘정리의궤』를 널리 알리기 위해 활자로 인쇄할 것을 결정했고, 그 인쇄를 위해 특별히 금속활자를 만들었다. 1795년에 만들어진 이 활자를 '정리자'(整理字)라고 한다. 정리자는 이러한 연유로 제작되었기 때문에 이후 정조와 관련이 깊은 서적을 인쇄하는 데 주로 사용되었다. 1814년에 순조가 정조의 문집인 『홍재전서』(弘齋全書)[52]를 정리자로 인쇄한 것은 그 대표적인 예이다.

『원행을묘정리의궤』는 권수(卷首) 1권, 본문 5권, 부록 4권 등 총 10권 8책으로 구성되었다. 권수의 내용은 주로 도식(圖式), 즉 그림이다. 여기에는 화성 행궁의 전경, 봉수당(奉壽堂)의 잔치, 잔치 자리에서 공연된 무용, 잔치 자리에 사용된 조화, 그릇, 복식, 화성에서의 주요 행사 장면, 행사에 사용된 가마의 모양과 세부도, 그리고 행렬 전체의 모습을 그린 반차도가 나온다. 이 그림들은 『원행을묘정리의궤』의 백미가 되는 부분으로, 김홍도를 비롯한 궁중의 화원들이 그린 것을 목판에 새겨서 인쇄한 것이다.

[52] 정조의 시문집. 그의 학문과 정책들을 담고 있는 이 책의 편찬은, 학문적 권위를 바탕으로 왕권 확립을 도모하기 위한 정치적 의미를 지닌다.

본문에는 행사와 관련된 국왕의 명령과 대화 내용, 행사에 사용된 글들, 의식 절차, 행사와 관련한 관리 및 관청의 보고서, 잔치 음식의 내용과 조달 상황, 국왕과 혜경궁이 타고 간 가마의 재료와 비용, 배다리 설치, 행사에 참여한 내빈(內賓: 여자 손님)과 외빈(外賓: 남자 손님), 군인의 명단 등이 수록되어 있다. 우리가 오늘날 정조의 화성 행차와 회갑잔치를 원형에 가깝게 재현할 수 있는 것도 이처럼 풍부한 기록이 남아 있기 때문이다. 특히 경비의 수입과 지출을 항목별로 정리한 재용(財用: 재정 지출 내역)에는 모든 비용이 상세하게 기록되어 있어서, 당시의 물가 동향을 이해하는 데에도 크게 도움을 준다.

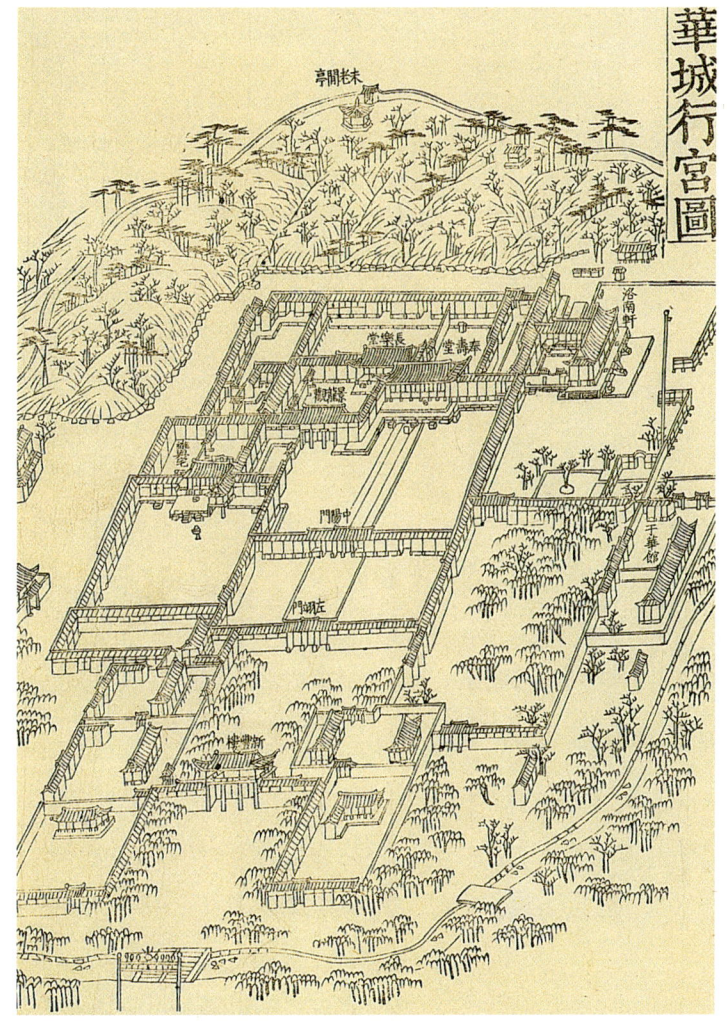

화성행궁도 정문인 신풍루로 들어가 좌익문, 중앙문을 거쳐 봉수당에 이르는 길이 잘 나타난다. 『원행을묘정리의 궤』에 수록.

부록에 해당하는 부편(附編)에는 혜경궁의 진짜 생일날인 1795년 6월 18일에 창경궁 연희당(延禧堂)에서 열렸던 회갑잔치, 1월 21일 사도세자의 회갑일에 사도세자의 신위(神位)를 모신 경모궁(景慕宮)에 정조가 참배한 일, 태조 이성계의 아버지인 환조(桓祖)의 탄신 8회갑(480주년)을 맞아 정조가 영흥본궁(永興本宮)에 관리를 보내 제사를 올린 일, 1760년 사도세자가 충청도 온양 행궁에 가서 심은 느티나무가 35년 만에 큰 나무로 성장한 것을 기념하여 영괴대비(靈槐臺碑)를 세우고 당시 세자를 수행한 관원에게 상을 내린 일 등을 정리했다. 이 네 가지 행사

봉수당진찬도 봉수당에서 혜경궁 홍씨의 회갑연을 개최한 모습이다. 『원행을묘정리의궤』에 수록.

는 조선 왕실의 권위를 높이고 사도세자와 혜경궁의 회갑을 축하하는 의미가 있는 행사였다.

정조의 화성 행차에 관한 기록은 이외에도 많이 남아 있다. 『원행정례』(園行定例)라는 책이 있는데, 이는 1789년 이후 매년 있었던 정조의 화성 행차와 관련된 사항을 정례화하여 정리한 것이다. 또한 1795년의 행사를 8폭의 그림으로 그린 《화성능행도》라는 병풍이 있는데, 이는 『원행을묘정리의궤』에도 나오는 주요 행사 장면을 천연색으로 그린 명품이다. 《화성능행도》 병풍은 현재 덕수궁 궁중유물전시관, 호암미술관, 일본 교토대학 문학부박물관 등에 전해지고 있다. 그리고 규장각에는 〈화성원행반차도〉(華城園幸班次圖)라는 천연색 두루마리 그림이 있다. 이는 『원행을묘정리의궤』의 반차도와 같은 내용인데, 『원행을묘정리의궤』의 그림이 행렬을 옆에서 본 모양을 그린 것이라면 이는 행렬을 뒤에서 본 모양을 그린 것이다.

정조가 내린 능행시 지침

정조는 능행을 할 때에 백성들에게 부과되는 폐단을 제거하고 행사 비용을 절약하기 위해 다음과 같은 지침을 내렸다.

- 먼 곳의 진귀한 음식을 구해서 바치지 말 것.
- 음식 맛은 시중의 습속을 따르고 사치하거나 화려하게 하지 말 것.
- 각 참(站)에서는 개인적으로 물건을 진상하는 것을 금할 것.
- 춤추는 사람은 각 도에서 뽑지 말고 내의원, 혜민서, 공조, 상방(尙房)에 소속된 사람과 화성의 기생을 뽑을 것.
- 악공과 춤추는 사람의 복식은 깨끗이 하되 화려하게 하지 말 것.
- 왕의 수라상은 10여 그릇이 넘지 않도록 할 것.
- 잔치 음악은 간편하게 하고 악기는 서울과 화성에 있는 것을 보수해서 쓸 것.

능행 코스의 변경

1789년 사도세자의 무덤을 현륭원으로 옮긴 이후 첫 능행에서 정조는, 과천을 거쳐 화성으로 가는 길을 택했다. 창덕궁을 출발하여 노량진에 도착한 이후의 코스는 다음과 같았다.

- 노량의 배다리 → 노량 행궁(용양봉저정) → 만안 고개 → 금불 고개(지금의 숭실대학교 부근) → 사당 사거리 → 남태령 → 과천 행궁(온온사, 1박) → 찬우물 고개 → 인덕원 사거리 → 사근참 행궁 → 지지대 고개

그런데 이 코스는 당시로서는 험준했던 남태령 고개를 넘어야 했다. 게다가 과천을 벗어난 찬우물점에 정조가 탐탁지 않게 여기던 인물인 김약노(金若魯, 1694~1753)의 무덤이 있었으니, 그는 노론의 영수로 사도세자의 죽음에 깊이 관여한 김상노(金尙魯, 1702~?)의 형이었다. 이에 정조는 능행 코스를 바꾸어 시흥에서 수원으로 가는 시흥로(오늘날 1번 국도) 코스를 개발하게 된다.

- 노량의 배다리 → 노량 행궁 → 만안 고개 → 번대방평 → 문성동 → 시흥 행궁(1박) → 대박산 → 만안교 → 안양참 → 군포천 다리 → 청천평 → 원동천 → 사근평 → 사근참 행궁 → 지지대 고개

〈화성원행반차도〉와 『원행을묘정리의궤』의 반차도

화성원행반차도(부분) 1795년(정조 19) 정조가 어머니 혜경궁 홍씨를 모시고 화성에 행차한 모습을 기록한 반차도이다. 1,536cm에 달하는 장대한 어가 행렬에는 국왕의 가마와 혜경궁의 가마, 각종 참여 인원과 의장기, 악대 등이 적절히 배치되어 화려하고 장대한 축제의 모습을 연출하고 있다.

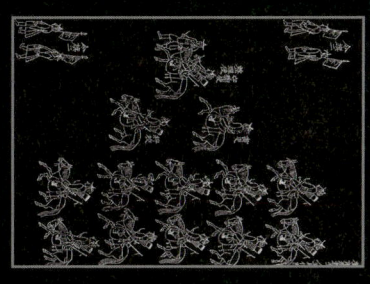
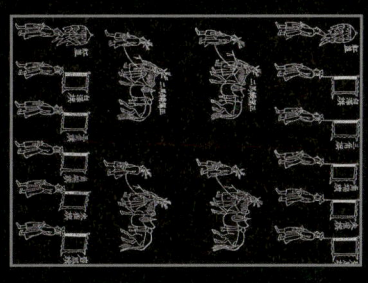
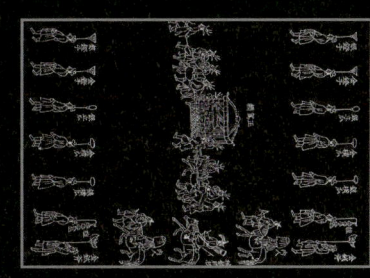
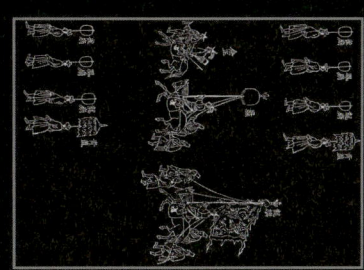

화성원행반차도(좌)와 원행을묘정리의궤의 반차도(우) 비교 두 그림의 구성이나 배치는 유사한데, 『원행을묘정리의궤』의 반차도는 측면에서 그린 그림인 데 비해, 〈화성원행반차도〉는 후면도로 그려진 것이 특징이다. 또한 〈화성원행반차도〉는 한지에 천연색 물감으로 그렸으며, 『원행을묘정리의궤』의 반차도는 목판에 새겨 인쇄한 것이다.

날짜별로 본 주요 행사

1795년 윤2월 9일, 창덕궁을 출발한 정조의 행렬은 7박 8일간의 공식 일정에 들어갔다. 그러면 행사는 과연 어떻게 진행되었을까? 당시 화성에서 있었던 주요 행사를 날짜별로 살펴보자.

정조의 화성 행차 준비는 1794년 12월부터 시작되었다. 제일 먼저 행사를 주관할 정리소를 설치하고, 행사 경비로 10만 냥을 마련하였는데 모두 정부의 환곡을 이용한 이자 수입이었다. 환갑을 맞이한 혜경궁 홍씨가 장거리 여행을 할 수 있도록 특별하게 설계된 가마가 2대 제작되었고, 행사에 사용할 비단은 중국제를, 거울은 일본제를 사용하였다. 또한 1,800여 명의 행렬이 이동할 수 있는 시흥로를 새로 닦고, 한강을 안전하면서도 적은 비용으로 건널 수 있도록 고안한 배다리를 건설하였다.

본행사는 1795년 윤2월 9일에 시작되었다. 반차도에 나타난 인원은 1,779명이지만 현지에 미리 가 있거나 도로변에 대기하면서 근무한 자를 포함하면 6,000여 명에 이르는 엄청난 인원이었다. 새벽에 창덕궁을 출발한 일행은 노량진을 통해 배다리를 건너 노량 행궁(용양봉저정)에서 점심을 먹었고, 저녁에 시흥 행궁에 도착하여 하룻밤을 묵었다. 의궤에는 휴식 시간에 먹을 간식이나 점식 식사 때 음식의 그릇 수, 들어간 재료와 음식의 높이, 밥상을 장식한 꽃의 숫자까지 기록되어 있다.

둘째 날인 윤2월 10일에는 시흥을 출발하여 청천평(맑은내들)에서 휴식을 하였고, 사근참 행궁에서 점심을 먹었다. 점심 무렵에 비가 내리기 시작하였는데 정조는 길을 재촉하였고, 진목정(眞木亭)에 이르러 잠시 휴식한 다음 저녁에 화성 행궁에 도착하였다. 행렬이 화성의 장안문을 들어갈 때에 정조는 갑옷으로 갈아입고 군문(軍門)에 들어가는 절차를 취하였다. 이는 정조의 화성 행차가 군사훈련으로서의 의미도 있음을 상징적으로 보여 주는 것이었다.

다음날인 윤2월 11일, 정조는 아침에 화성 향교의 대성전에 가서 참배를 하고, 오전에는 낙남헌(洛南軒)으로 돌아와 수원과 인근의 거주자

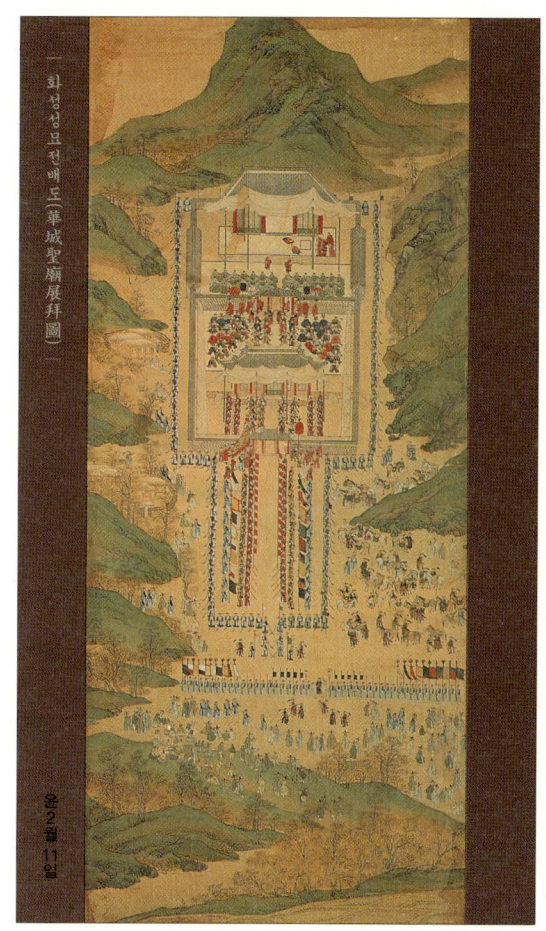

화성성묘전배도(華城聖廟展拜圖)
윤2월 11일

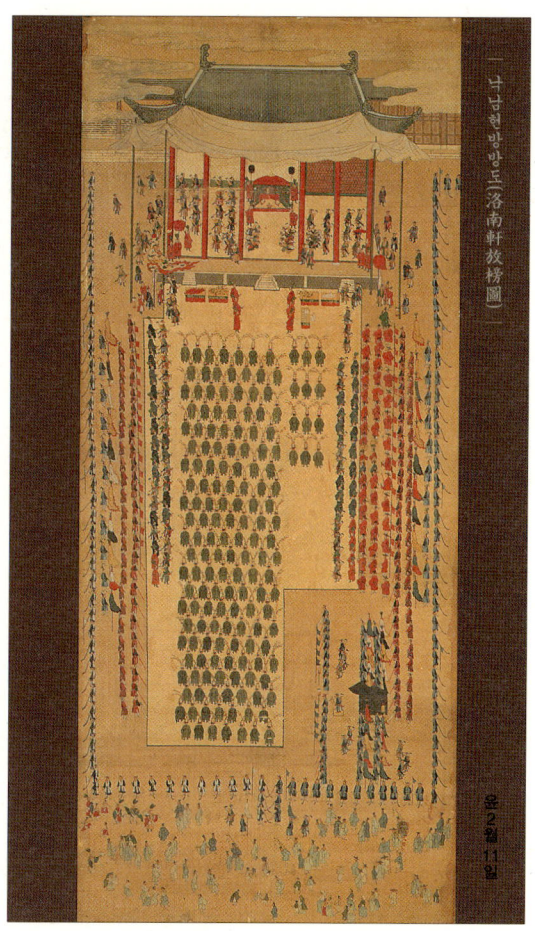

낙남헌방방도(洛南軒放榜圖)
윤2월 11일

를 대상으로 한 문·무과 별시를 거행하여 문과 5인, 무과 56인을 선발하였다. 오후에는 봉수당에서 회갑잔치 예행연습을 하였다. 정조는 특히 행사 비용을 절감하기 위해 잔치에는 숙련된 기생을 쓰지 않고 바느질하는 종이나 의녀들을 동원하였는데, 이들의 춤 솜씨가 은근히 걱정되었다.

윤2월 12일에는 아침에 현륭원에 참배를 하였다. 남편의 무덤을 처음 방문한 혜경궁 홍씨의 슬픔이 너무 큰 것을 보고 정조는 조급하고 당황해 하였다. 오후에 정조는 화성의 서장대(西將臺)에 올라 주간 및 야간 군사훈련을 직접 주관하였다. 화성에 주둔시킨 5,000명의 친위부대가 동원된 이 날의 훈련은 서울에 있는 반대 세력에게 엄청난 시위

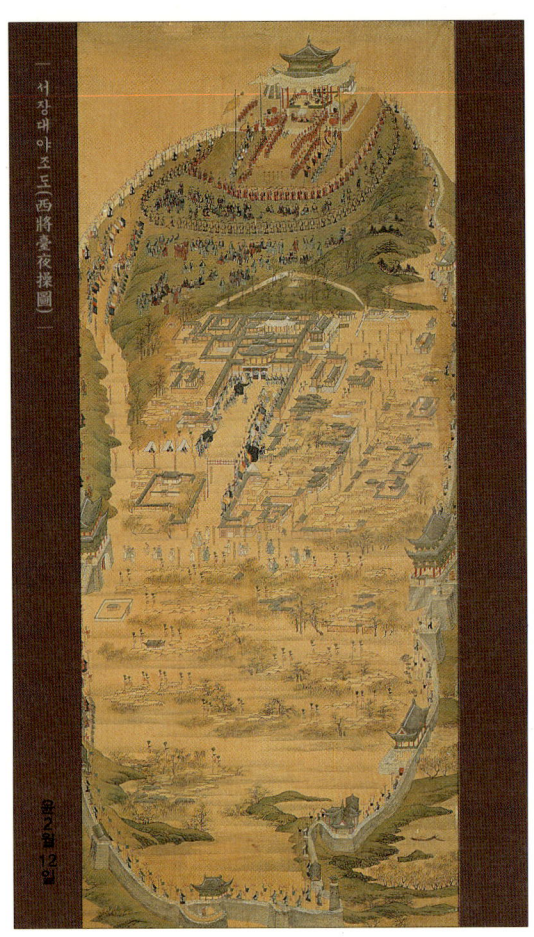
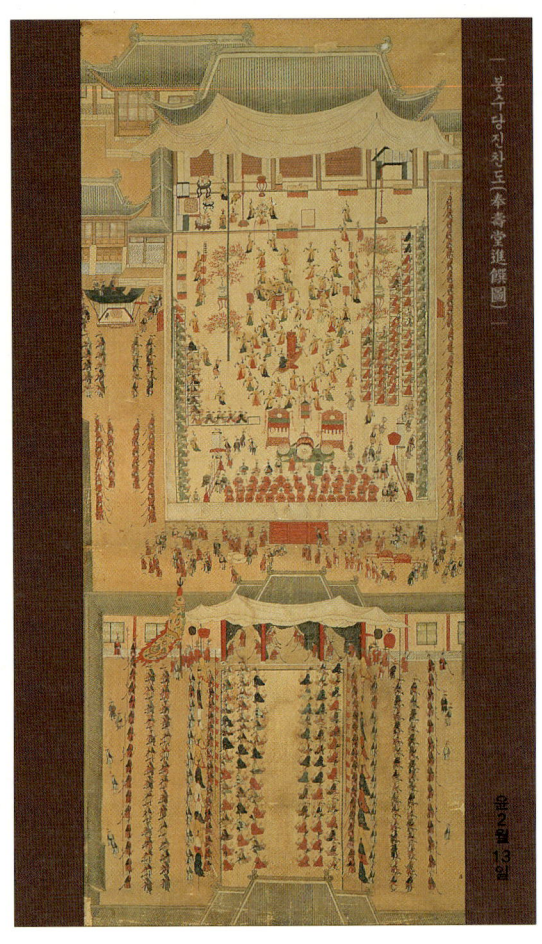

효과가 있었다.

윤2월 13일에는 이번 행차의 하이라이트인 회갑연이 거행되었다. 의궤에는 연회 장소의 좌석 배치와 가구들, 의식의 진행 절차, 잔치에 참가한 여자 손님 13명과 남자 손님 69명의 명단이 소개되어 있다. 또한 잔치에 쓰인 춤과 음악, 손님에게 제공된 상의 숫자와 음식, 소요 경비가 열거되어 있다.

윤2월 14일에는 화성의 곤궁한 주민들에게 쌀을 나눠 주고, 오전에 낙남헌에서 양로연을 베풀었다. 서울에서 정조와 같이 온 관료 15명과 화성의 노인 384명이 참가하였는데, 정조와 노인들의 밥상에 오른 음식이 동일하였다. 양로연을 끝으로 공식 행사는 끝났다. 이후 정조는

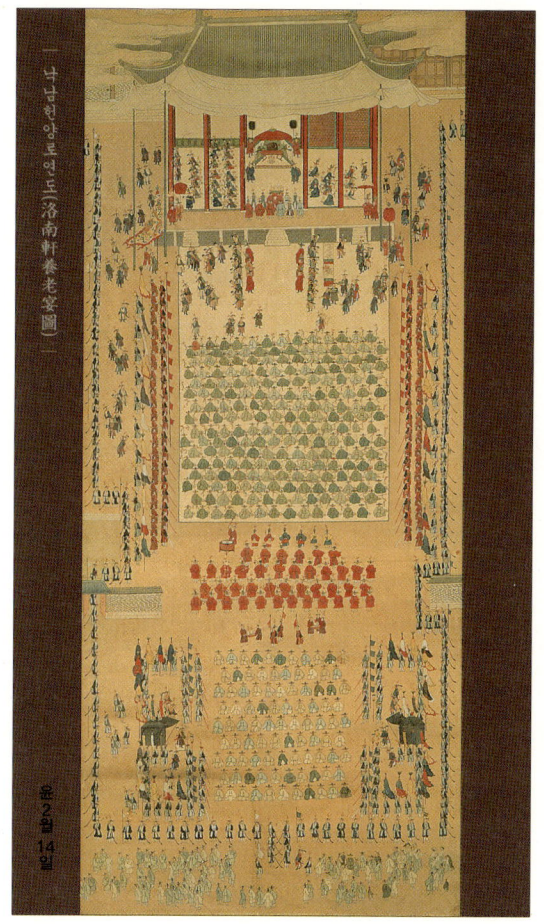
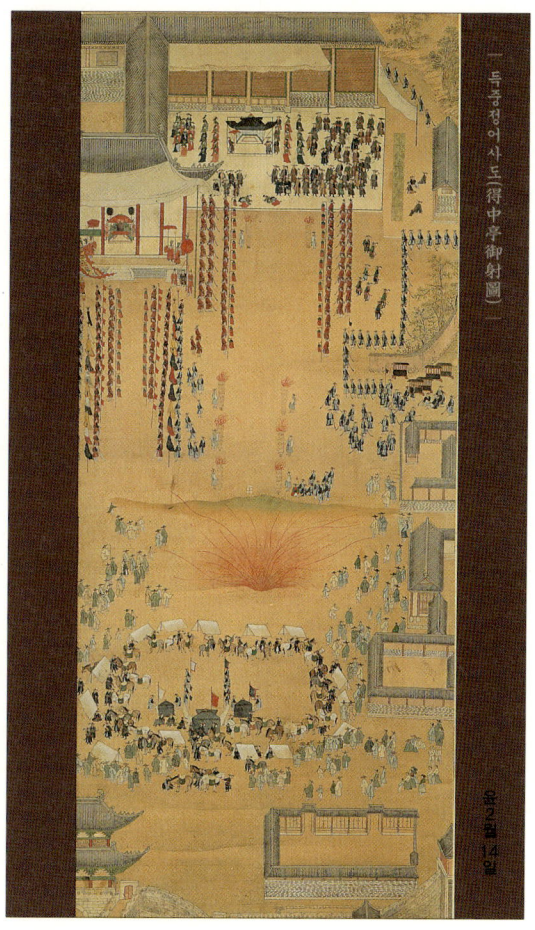

휴식에 들어갔는데, 한낮에는 화성의 축성 상황을 확인하기 위해 방화수류정(訪花隨柳亭)을 시찰하고, 오후에는 득중정에서 활쏘기를 하였다. 이날 활쏘기의 성적은 정조가 제일 좋았다.

윤2월 15일은 서울로 출발하는 날이었다. 정조는 오던 길을 돌아서 시흥에 도착하여 하룻밤을 잤고, 윤2월 16일에는 노량을 거쳐 서울로 돌아왔다. 시흥을 출발하면서 정조는 백성들의 민원을 직접 듣고자 하였다. 정조가 백성들을 만나 고충을 이야기할 것을 권유한 끝에 금년 호역(戶役: 호 단위로 부과되는 부역)에 두 번이나 징발된 폐단이 있다는 얘기를 듣고, 이를 해결해 주겠다고 약속하였다.

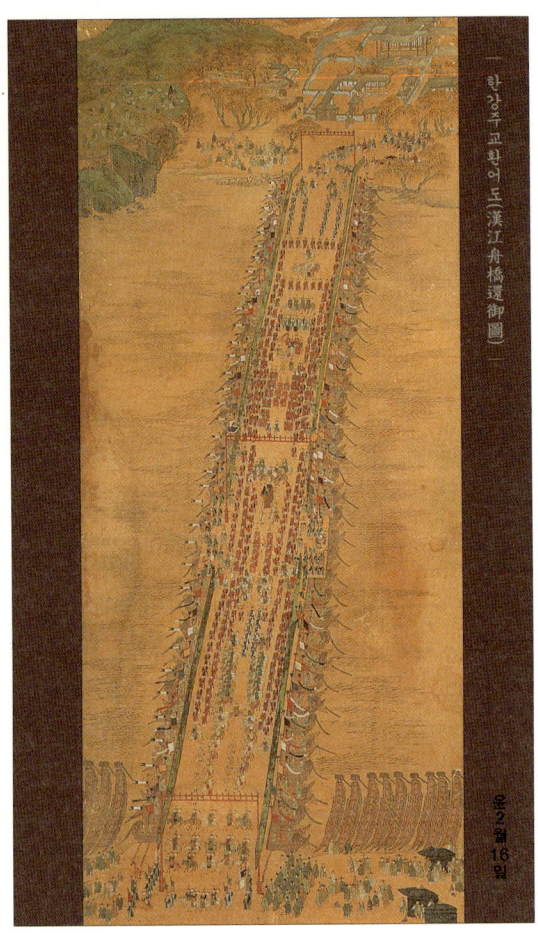

|환어행렬도(還御行列圖)| |한강주교환어도(漢江舟橋還御圖)|

윤2월 15일 / 윤2월 16일

반차도로 보는 그날의 행렬

『원행을묘정리의궤』에는 정조의 행렬이 63면에 걸친 반차도로 정리되어 있다. 당대의 화가였던 단원 김홍도(金弘道)가 지휘하고 김득신(金得臣), 이인문(李寅文), 장한종(張漢宗), 이명기(李命基) 등 당대의 일류 화원들이 제작한 이 그림은 절정기에 오른 진경문화(眞景文化)의 진수를 잘 보여 준다. 정조와 혜경궁 홍씨를 중심으로 하는 이 행렬에는 1,779명의 사람과 779필의 말이 동원되었는데, 악기를 연주하는 악대기 115명, 각종 의장용 깃발을 든 사람이 238명이나 포함되어 있다.

행렬은 전체적으로 질서 정연하면서도 인물 개개인의 표정이나 동작, 깃발이 휘날리는 정도가 다르게 표현되어 있어 자유로운 느낌을 준

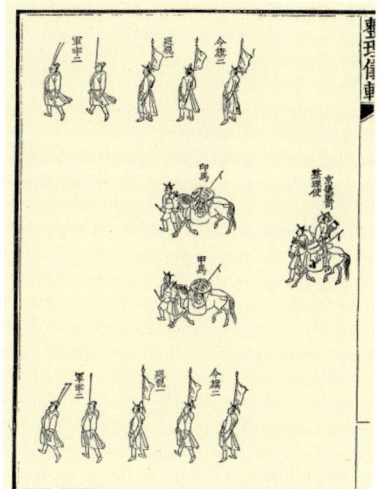
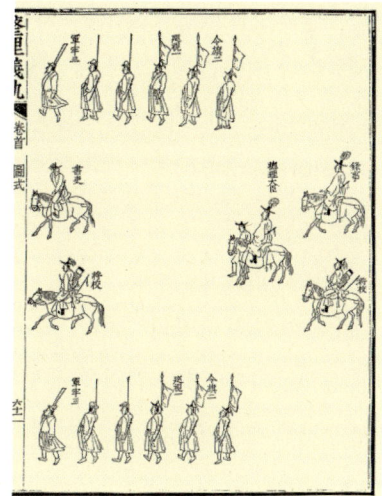

원행을묘정리의궤 반차도 행렬 속의 서유방과 채제공

다. 실록에는 정조의 정치가 "모든 일을 옳은 방향으로 처리하여 그의 교화가 미치지 않은 곳이 없었으니, 궁궐 안이 엄숙하고 질서 정연하면서도 화기(和氣)가 넘쳐흘러 각자 자기 도리를 다하였다"고 기록되어 있는데, 반차도에서도 이러한 분위기가 잘 드러난다.

이제 반차도를 따라 그날의 행렬을 살펴보기로 하자.

제일 앞에 경기감사 서유방(徐有防)[53]이 보인다. 서유방이 행렬의 선두에 선 것은 행차의 목적지가 그의 관할 구역인 경기도 화성이었기 때문이다. 서유방은 정리소의 정리사(整理使)이자 경기감사의 자격으로 행렬을 인도하였다. 그 다음에 1795년의 행사를 총괄했던 총리대신(總理大臣) 채제공(蔡濟恭)[54]이 있다. 채제공은 당시 정조의 신임을 가장 크게 얻고 있던 정치적 실력자로서, 생부인 사도세자를 복권시키고 화성을 건설하려는 정조를 실무적으로 뒷받침한 정조의 측근 인사였다. 채제공의 뒤로는 별기대(別騎隊) 84명과 각종 깃발을 든 군사가 따르고, 징·나팔·호적·해금·장고·북·피리 등으로 구성된 악대가 따른다. 정조의 행렬에는 악대가 여러 곳에서 발견되는데, 전체 행렬의 보조를 일정하게 유지하고 행렬을 웅장하게 보이게 하는 효과가 있었다.

다음에는 병기로 무장한 훈련대장(訓練大將)과 금군별장(禁軍別將)

[53] 서유방(1741~1798)은 대사성·대사간·대사헌 등 삼사의 장(長)을 여러 차례 역임했고, 전관(銓官)을 맡아 보는 이조와 병조의 판서를 거치면서 정조 때 권력의 중추에 있었다. 정조의 정책을 합리화한 『속명의록』을 언해하여 간행하는 데 참여하였다.

[54] 채제공(1720~1799)은 탕평책의 제도적 장치인 한림회권(翰林會圈)을 통해서 관료로 성장하였고, 사도세자 폐위를 목숨을 걸고 철회시켜 영조의 신임을 얻었다. 정조의 세손 시절 교육을 담당했고, 수원성 축성을 담당하는 등 정조의 개혁 정치 추진의 핵심 인물이다.

이 따르고, 차비선전관(差備宣傳官)[55]의 호위하에 국왕의 어보(御寶)를 실은 말이 지나간다. 그 뒤에 베일로 얼굴을 가린 18명의 나인(궁녀)들이 말을 타고 지나가는데, 이들은 회갑잔치에서 각종 무용을 공연할 무용수이다. 궁녀들이 궁궐 밖을 출입할 때에는 얼굴을 가리고 다녔음을 알 수 있다. 궁녀 뒤로 혜경궁의 옷을 실은 말이 차지장교(次知將校)[56]의 호위하에 지나가고 있다.

이제 행렬은 국왕의 가마가 있는 곳에 이른다. 수어사(守禦使)[57] 심이지(沈頤之)가 50명의 기병을 선도하며 지나가고, 그 뒤에 각종 의장기가 늘어선 사이에 정조의 가마를 끌고 갈 예비 말 4필이 있다. 다음에 정조가 타기로 예정되어 있는 어가(御駕)가 나타나는데, 실제로 정조는 이 가마를 타지 않았다. 국왕의 가마 뒤로는 국왕을 상징하는 용기(龍旗)가 나오는데, 규모가 커서 5명의 병졸이 함께 들었다. 다음에 51명으로 구성된 취주악대가 나타나는데, 이들은 행렬의 중앙부를 인도하는 악대로서 장용영에서 차출된 사람들이었다. 악대 뒤에는 훈련도감과 장용영의 초요기(招搖旗)가 있는데, 이는 군영의 군대를 동원할 때 사용하는 깃발이었다. 정조가 왕릉을 행차할 때에 군사훈련이 수시로 있었는데, 이번 행차에서는 화성 서장대에서 거대한 군사훈련이 있었던 것이다.

행렬의 중앙부는 혜경궁 홍씨가 탄 가마이다. 그에 앞서 혜경궁에게 제공할 음식을 실은 수라가자(水刺架子) 마차가 있는데, 이를 감시하는 홍수영(洪守榮)은 공교롭게도 혜경궁의 친정 조카이다. 다음으로는 혜경궁의 가마를 끌고 갈 예비 말 8필과 정조의 갑옷을 실은 2마리의 말이 있다. 그리고 훈련도감 소속의 협련군(挾輦軍) 80인과 무예청 총수(銃手) 80인의 엄중한 호위 속에 혜경궁 가마〔慈宮駕轎〕가 나타난다. 혜경궁 가마의 측근에는 별감(別監) 6인이 호위하는데 이들은 모두 무예가 출중한 사람들이었다. 왕실의 주요 인물들을 호위했던 별감들은 대단한 위세를 부렸다.

정조가 실제로 탄 좌마(座馬)는 혜경궁의 가마 바로 뒤에 있다. 정조

---

[55] 특별한 사무를 맡기기 위해 임시로 임명한 선전관.
[56] 특별한 물품을 담당한 장교.
[57] 도성을 방어하는 오군병 중의 하나. 경기도 광주의 남한산성을 거점으로 하였다.

혜경궁 홍씨가 탔던 가마의 부분도

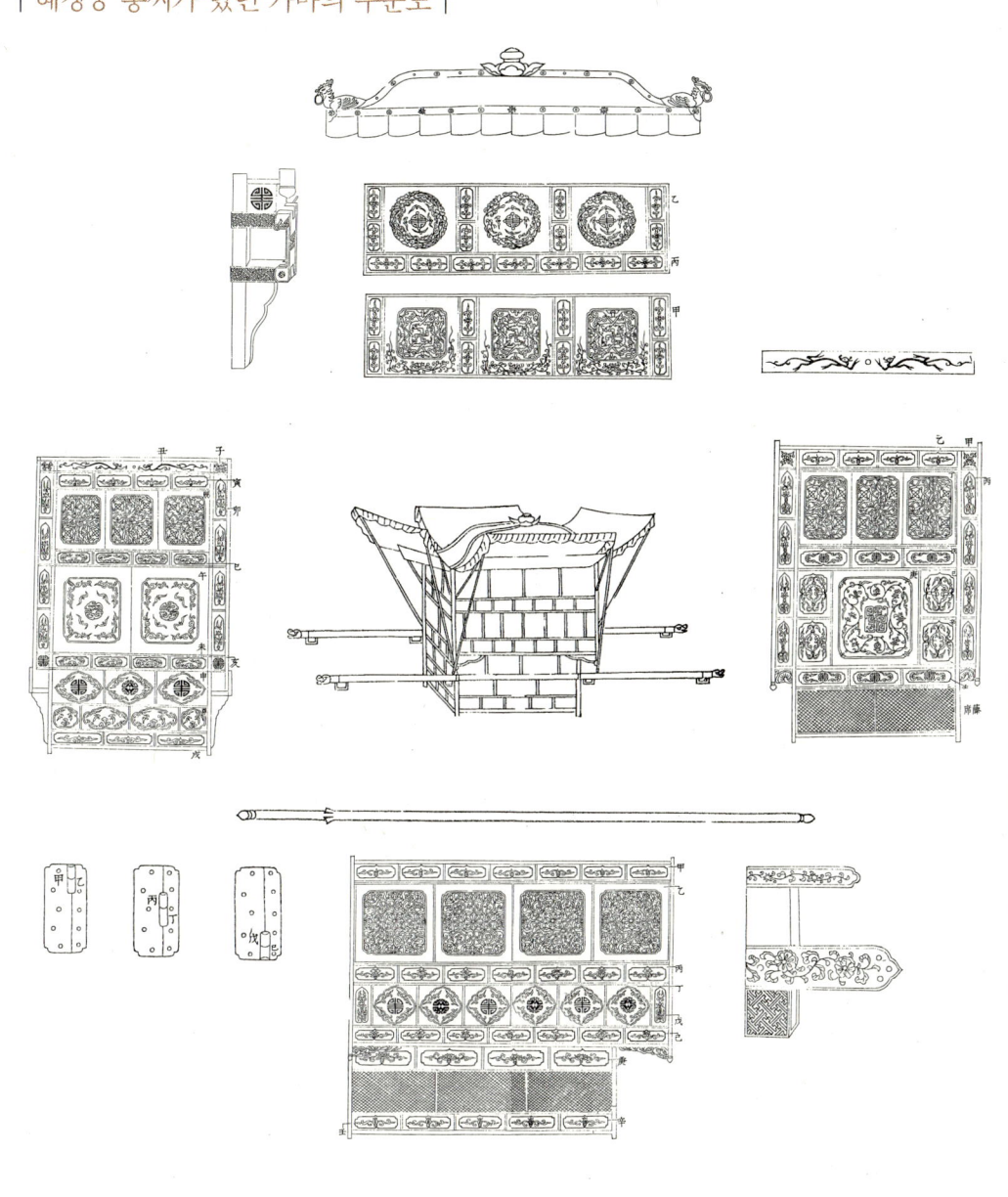

정조는 원행을 준비하면서 혜경궁 홍씨가 타고 갈 가마의 제작에 특별한 정성을 기울였다. 가마(가교)를 만드는 데 2,785냥의 비용이 들었고, 29종의 장인(匠人) 약 120명이 참여했다. 이 가마는 길이가 5척 4촌, 너비가 3척 5촌으로 가마의 양 끝을 말의 안장에 연결하여 두 마리의 말이 앞뒤에서 끌도록 하였다. 『원행을묘정리의궤』에서 인용.

의 좌마는 말을 호위하는 30명의 무예청 군사와 30명의 순라군에 둘러싸여 있으며, 측근에는 역시 별감 6인이 경호하고 있다. 어머니를 모시고 가는 행차였으므로 정조는 일부러 가마를 타지 않았다. 말을 탄 국왕의 실체 형상은 그리지 않는 것이 당시의 관례였으므로 좌마 위의 정조는 표현되지 않았다. 오늘날 우리는 국왕의 모습을 어진, 즉 왕의 초상화를 통해서만 볼 수 있는데, 정조의 어진은 아직까지 발견되지 않았다.

정조의 가마 다음에는 혜경궁의 두 딸이자 정조의 누이인 청연군주(清衍君主)와 청선군주(清璿君主)가 탄 쌍가마의 모습이 보인다. 이들은 정조보다 2살, 4살 연하의 누이들로서 혜경궁의 회갑잔치를 오빠와 함께 치르기 위해 이번 행렬에 동행했다. 그런데 이 행렬에는 시어머니의 회갑잔치에 당연히 있어야 할 정조의 부인 효의왕후(孝懿王后)의 모습이 보이지 않는다. 그 이유는 무엇일까?

효의왕후가 이 행사에 불참한 이유를 분명하게 밝혀 주는 자료는 보이지 않는다. 그렇지만 당시의 정황으로 보아 그 이유를 추정할 수는 있다. 당시 창덕궁에는 영조의 둘째 부인이자 정조의 할머니인 정순왕후가 살아 있었다. 그런데 정순왕후는 사도세자를 죽음에 이르게 한 정치 세력과 관련되어 있었으므로, 사도세자의 무덤을 참배하고 혜경궁의 회갑잔치를 거행하는 행사에 동행하기는 곤란했다. 따라서 정순왕후는 궁중에 남았고 손자며느리인 효의왕후가 함께 남아 할머니를 모신 것으로 보인다.

이제 행렬은 중심부를 지나 후반부에 이른다. 먼저 장용영 소속의 고위 군관을 앞세운 장용위(壯勇衛) 군사 96인이 5열로 줄을 지어 따르고 있다. 여기에는 규장각신, 승정원 주서(注書), 예문관 한림(翰林) 등 문반 요직에 있는 관리들이 보이고, 오늘날 대통령 주치의라 할 수 있는 약물대령의관(藥物待令醫官)의 모습도 보인다. 그 뒤에 화려한 깃발 부대와 함께 장용대장(壯勇大將) 서유대(徐有大)가 장교 4인, 서리 2인, 아병 10인을 대동하고 행진하고 있다.

혜경궁 홍씨 진찬연 재연 행사 복원된 화성 행궁에서 혜경궁 홍씨의 회갑잔치를 재연한 장면이다. 위로부터 정조가 신풍루를 지나 봉수당으로 입장하는 장면, 혜경궁이 입장하는 장면, 정조가 봉수당 월대에서 혜경궁에게 술잔을 올리는 장면, 정조가 혜경궁에게 치사(致詞)를 드리는 장면이다. 정조가 술잔을 올리고 치사를 드리자, 혜경궁은 "전하와 더불어 경사를 함께 한다"고 화답하였다. ⓒ 수원시 화성사업소

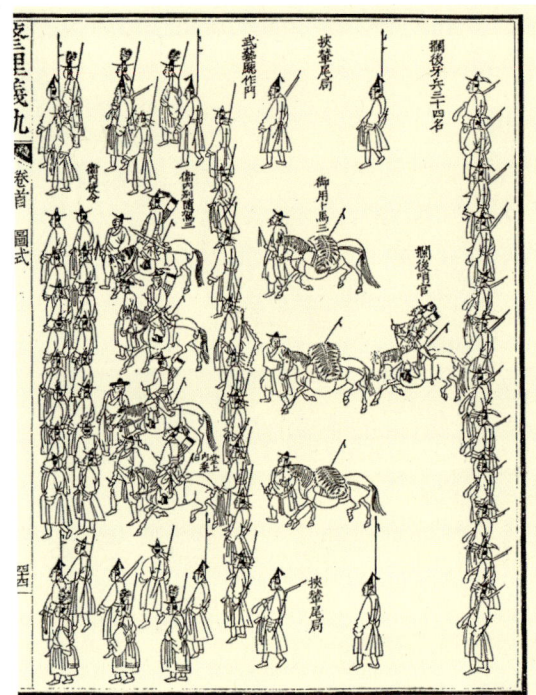
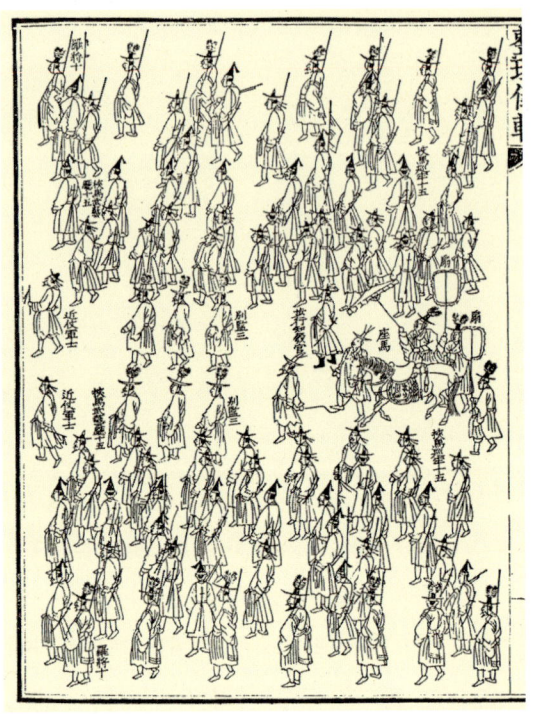

정조의 좌마와 66인의 수행원 정조의 좌마는 말을 호위하는 30명의 무예청 군사와 30명의 순라군에 둘러싸여 있으며, 측근에는 별감 6인이 경호하고 있다. 『원행을묘정리의궤』에 수록.

장용영 수위식 재연 장면 복원된 화성 행궁의 정문인 신풍루 앞에서 거행된다. 사진은 정조가 신풍루에 올라 활쏘기 훈련을 참관하는 장면(상)과, 성문을 수위하는 장용영 군사들의 모습(하)이다. ⓒ 돌베개

장용영은 1785년에 국왕의 호위를 전담하기 위해 만든 장용위에서 출발한 부대로, 정조는 1793년(정조 17)에 이를 장용영이라는 독립 군영으로 발전시켰다. 장용영은 내영(內營)과 외영(外營)으로 구성되었고, 내영은 도성의 방어를 담당하고 외영은 화성의 방어를 담당했는데, 장용 외영의 우두머리인 장용외사(壯勇外使)는 화성 유수가 겸직했다.

장용영 군사 뒤로는 국왕의 비서실장인 도승지(都承旨) 이조원(李祖源)이 3인의 승지와 함께 가고, 그 뒤에는 규장각의 각리(閣吏)와 각신이 각 2인, 장용영 제조 이명식(李命植)이 경연관 2인을 대동하고 행진하고 있다. 그 다음에는 용호영에서 차출된 가후금군(駕後禁軍: 국왕 행렬의 후방 경호를 담당하는 군대) 50인이 따르고, 엄청난 크기의 표기(標旗)와 함께 각 군문에서 선발된 무사 9인이 따르며, 병조판서 심환지(沈煥之)가 장교를 대동하고 따른다. 마지막에는 다시 금군 25인이 5열을 이루어 따르며, 나팔·호적·북 소리와 함께 초군(哨軍: 경비병)들이 따르면서 총 10리에 이르는 행렬의 대미를 장식한다.

| 2부 | 의궤로 보는 왕실 문화

9

조선왕조 문화 절정기의 대역사
『화성성역의궤』

화성의 축성 | 조선 태조 이성계가 조선왕조의 도읍을 서울로 옮긴 지 꼭 400년이 되는 1794년, 정조는 수도권의 남쪽 요충지인 수원에 화성을 건설하기 시작했다. 공사 기간이 2년여, 공사에 투입된 인원은 연 70여만 명, 공사비가 80만 냥에 이르는 거대한 공사였다.

정조가 화성에 깊은 관심을 가진 것은 사도세자의 묘소인 현륭원을 조성한 1789년부터였다. 사도세자의 묘소는 원래 양주의 배봉산(拜峰山, 현재 서울시립대학교 자리)에 영우원(永祐園)이란 이름으로 조성되어 있었다. 그러나 그 터가 좋지 않아 정조는 늘 마음이 편치 않다가 마침내 용이 여의주를 희롱하는 형국이라는 화산 아래의 천하 명당으로 옮겼다. 그러나 현륭원이 조성된 자리는 원래 수원부의 읍치가 있던 자리였으므로, 수원부를 지금의 화성으로 옮기고 장차 조선 최대의 행궁이 될 화성 행궁을 건설하기 시작했다.

1793년에 정조는 수원이란 이름을 '화성'(華城)[58]으로 고치고, 이곳에 유수부를 설치했다. 유수부란 지방 도시에 중앙의 고관을 파견하여

---

58 '화성'이란 이름은 『장자』(莊子) 「천지」(天地) 편에 나오는 '화인축성'(華人祝聖)이란 고사에서 유래한 것이다. 화(華) 지방의 어떤 사람이 요(堯) 임금께서 장수하고 부유하며 자식이 많을 것을 기원했다. 그러자 요 임금은 장수하면 욕됨이 많고, 부유하면 일이 많으며, 자식이 많으면 걱정이 많기 때문에 싫다고 하면서 덕성(德性)을 기를 것을 강조했다는 것이다. 따라서 화성이란 이름에는 백성의 입장에서는 왕실의 장수와 부귀, 자손의 번창을 기원하고, 국왕의 입장에서는 요 임금처럼 덕성을 갖출 것을 기원하는 뜻이 들어 있다.

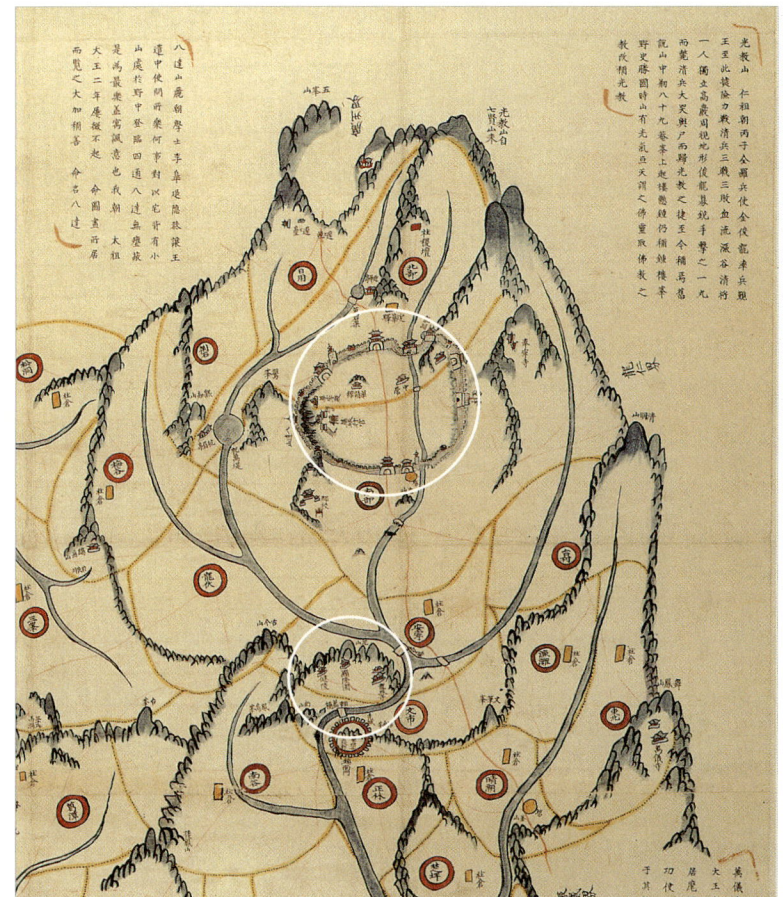

수원부 지도 1872년(고종 9)에 제작된 수원부의 지도. 정조대에 건설된 화성 성곽을 비롯하여 화성 행궁, 사도세자의 현륭원, 정조의 건릉, 수호 사찰인 용주사 등이 잘 나타난다.

다스리게 한 것으로, 오늘날의 직할시 개념에 해당한다.

조선시대에는 화성 이외에 개성(開城)·강화·광주(廣州)에 유수부가 설치되었는데, 서울을 중심부에 두고 이들 4개 도시로 둘러싸인 지역은 바로 조선 후기의 수도권에 해당하는 지역이었다.

1794년의 화성 축성은 이를 뒤이어 나온 조치였다. 사도세자가 살아 있었다면 혜경궁 홍씨와 함께 60세가 되는 바로 그해에 정조는 신도시 수원에 성곽과 행궁을 마련하는 공사를 시작했던 것이다. 화성 축성 공사는 집권 20년이 다되어 가는 정조의 안정된 왕권과 절정기에 이른 조선왕조의 문화적 역량을 총체적으로 과시하는 대역사가 되었다.

『화성성역의궤』의 내용 구성

『화성성역의궤』는 정조가 화성의 성곽을 축조한 뒤에 그 공사에 관한 일체의 내용을 기록한 의궤이다. 화성의 축조 공사는 1794년(정조 18) 1월에 시작하여 1796년 9월까지 계속되었다. 처음 공사를 시작할 때에는 공사 기간이 10년 정도 걸릴 것으로 예상했는데, 실제 공사는 2년을 조금 넘겨 끝났다. 화성의 성역 공사가 이처럼 일찍 끝날 수 있었던 것은 국왕 정조의 강력한 의지와 그를 돕는 관료들의 결집된 지혜, 그리고 조선왕조의 충실한 국력이 뒷받침되었기 때문이었다.

『화성성역의궤』 편찬 작업은 화성 축성 공사가 끝난 1796년 9월부터 시작되었다. 국가의 주요 행사가 끝나면 이내 의궤청을 설치하고 의궤를 편찬했던 기왕의 관례에 따른 조치였다. 그리하여 일단 그해 11월 9일에 초고가 완성되었으나, 이보다 앞서 완성된 『원행을묘정리의궤』와 체제가 맞지 않자 수정 작업에 들어갔고, 1800년 5월에 편찬이 끝나서 인쇄 작업에 들어갔다. 그러나 이해 정조의 갑작스런 죽음으로 작업이 중단되었고, 결국 1801년 9월에 활자본으로 간행되었다. 『화성성역의궤』는 『원행을묘정리의궤』와 마찬가지로 정리자로 인쇄했는데, 이는 정조와의 각별한 인연을 고려한 것이었다.

『화성성역의궤』는 80만 냥이란 거금을 투입한 대공사의 종합 보고서였으므로 다른 의궤에 비해 분량이 많은 편이다. 또한 조선왕조의 문예 부흥기인 정조대, 그중에서도 가장 전성기에 속하는 1790년대에 만들어진 책이므로 그 내용이 상세하고 치밀한 것이 특징이다. 『화성성역의궤』는 권수(卷首) 1권, 본문 6권, 부록 3권을 합하여 총 10권 9책으로 구성되어 있다. 권수에는 『화성성역의궤』의 체제를 설명한

화성성역의궤 화성을 축조한 뒤에 그 공사에 관한 일체의 내용을 기록한 의궤. 화성 축조 공사는 1794년(정조 18) 1월부터 시작되어 1796년 8월까지 계속되었는데, 본 의궤는 1796년에 완성되었고 1801년 활자로 간행, 보급되었다. 성곽의 축조와 관련된 공식 문서와 참여 인원, 소요 물품, 건축 설계 등에 관한 기록과 그림이 함께 수록되어 있다. 서울대학교 규장각 소장.

범례, 화성을 건설하고 의궤를 편찬하며 인쇄하는 데 참여한 인원 명단, 그리고 도설, 즉 그림이 들어 있다. 여기에는 화성의 전체 모습을 그린 「화성전도」(華城全圖)와 화성의 4대문, 비밀 통로인 암문(暗門), 횃불을 올려 신호를 주고받았던 봉돈(烽墩) 등 성벽에 설치된 모든 시설물들의 세부도가 그림으로 남아 있다. 또한 화성 행궁, 사직단, 문선왕묘(文宣王廟: 공자의 위패를 모신 사당), 영화역(迎華驛) 등 화성 주변의 건물이나 시설의 그림도 함께 수록되어 있다. 1975년에 정부에서 화성 성곽의 복원 공사를 시작하여 불과 3년 만에 원형에 가깝게 복원할 수 있었던 것도 이 그림의 설명에 힘입은 바 컸다.

본문의 처음에는 화성 건설의 기본 계획서라 할 수 있는 「어제성화주략」(御製城華籌略)이 있다. 이 글은 정약용(丁若鏞)[59]이 작성한 초안에 정조가 약간의 수정을 가한 것으로 성의 둘레, 높이, 재료, 성 주위의 도랑 등을 규정한 일종의 설계안이다. 그러나 실제 화성은 원안대로 건설되지 않은 부분이 있는데, 「어제성화주략」에서는 성의 둘레를 3,600보(步)로 규정했으나 실제는 4,600보로 늘어난 것이 한 예이다. 이처럼 화성의 둘레가 커진 것은 원래 성 밖에 두는 것으로 계획했던 동문 주변의 민가들을 성 안에 포함시키기 위해 성을 더 크게 지었기 때문이다.

이외에도 본문에는 행사와 관련된 국왕의 명령과 대화 내용, 성을 쌓는 데 참여한 관리와 장인들에게 준 상품, 각종 의식의 절차, 공사 기간 중 관련 기관 사이에 오간 공문서, 장인들의 명단, 소요 물품의 수량과 사용 내역, 단가 등이 수록되어 있다.

본문에서 보이는 특징은 철저한 기록정신이다. 장인들의 명단에는 공사에 참여한 1,800여 명의 기술자 명단이 석수, 목수, 니장(泥匠: 흙을 바르는 기술자), 와옹장(瓦甕匠: 기와나 벽돌을 만드는 기술자), 화공(畵工) 등 직종별로 정리되어 있다. 이들의 이름을 보면 최무응술(崔無應述)·안돌이(安乭伊)·유돌쇠(柳乭金) 등과 같이 하급 신분에 속하는 사람들의 이름이 많이 보이며, 이름 밑에는 근무한 일수를 하루의 반까지 계산하여 임금을 지급했음이 나타나 있다. 국가의 공식 기록에 천인들의

[59] 정약용(1762~1836)은 조선 후기 실학사상을 집대성한 인물이다. 한강에 배다리〔舟橋〕를 준공시키고 거중기를 개발하였으며, 서양식 축성법을 도입하여 수원성을 설계하는 등의 기술적 업적을 남겼다.

이름이 보이는 것도 특이하지만, 이들의 작업량을 세밀히 정리하여 일일이 품삯을 지급했다는 것은 놀라운 일이 아닐 수 없다.

부록에는 화성에 관계되는 각종 건축물의 규모와 위치, 그리고 각각에 소요된 경비가 상세히 정리되어 있다. 또한 1795년에 정조가 화성에 행차한 행사와 정조가 지었던 글이 소개되어 있는데 이는 『원행을묘정리의궤』와 중복되는 부분으로, 수정 과정에서 추가된 것으로 보인다.

『화성성역의궤』는 1965년에 수원문화재보전회에서 1책으로 영인하였고, 1994년에 서울대학교 규장각에서 3책으로 영인, 간행하였다. 또한 1978~1979년에는 수원시에서 이를 번역한 『국역화성성역의궤』를 간행하여 오늘날 많은 연구자들이 이용하고 있다.

아름다운 과학 건축 도시

화성의 도시 구조는 서쪽에 위치한 팔달산을 배경에 두고 성곽의 중심부에 화성 행궁 건물이 동쪽을 바라보는 형세로 배치되었다. 화성 행궁은 평소에는 화성 유수가 사무를 보는 관청이지만 국왕이 행차할 경우에는 임시 궁궐로 이용했다. 행궁의 주요 건물로는 봉수당(奉壽堂) 48칸, 장락당(長樂堂) 25칸, 경룡관(景龍館) 10칸 반, 복내당(福內堂) 20칸 반, 유여택(維輿宅) 50칸 반, 낙남헌(洛南軒) 13칸, 노래당(老來堂) 7칸, 득

화성의 4대문

화성의 4대문은 동의 창룡문(蒼龍門), 서의 화서문(華西門), 남의 팔달문(八達門), 북의 장안문(長安門)인데, 이들 대문은 모두 방어의 편의를 위해서 반달 모양의 옹성(甕城)을 가지고 있다. 서울에서 화성에 갈 때는 북문인 장안문을 거쳐서 성안으로 들어가며, 남문인 팔달문을 통해서 경기 남부 지역으로 통하게 된다. 따라서 4대문 중에서 장안문과 팔달문의 규모가 창룡문과 화서문보다 훨씬 크며, 팔달문 주변에는 시장이 조성되어 오늘에 이른다.

화성의 4대문과 화성성역의궤에 수록된 4대문의 도설 위로부터 창룡문(동문), 화서문(서문), 팔달문(남문), 장안문(북문). 『화성성역의궤』에서 인용. ⓒ 김성철

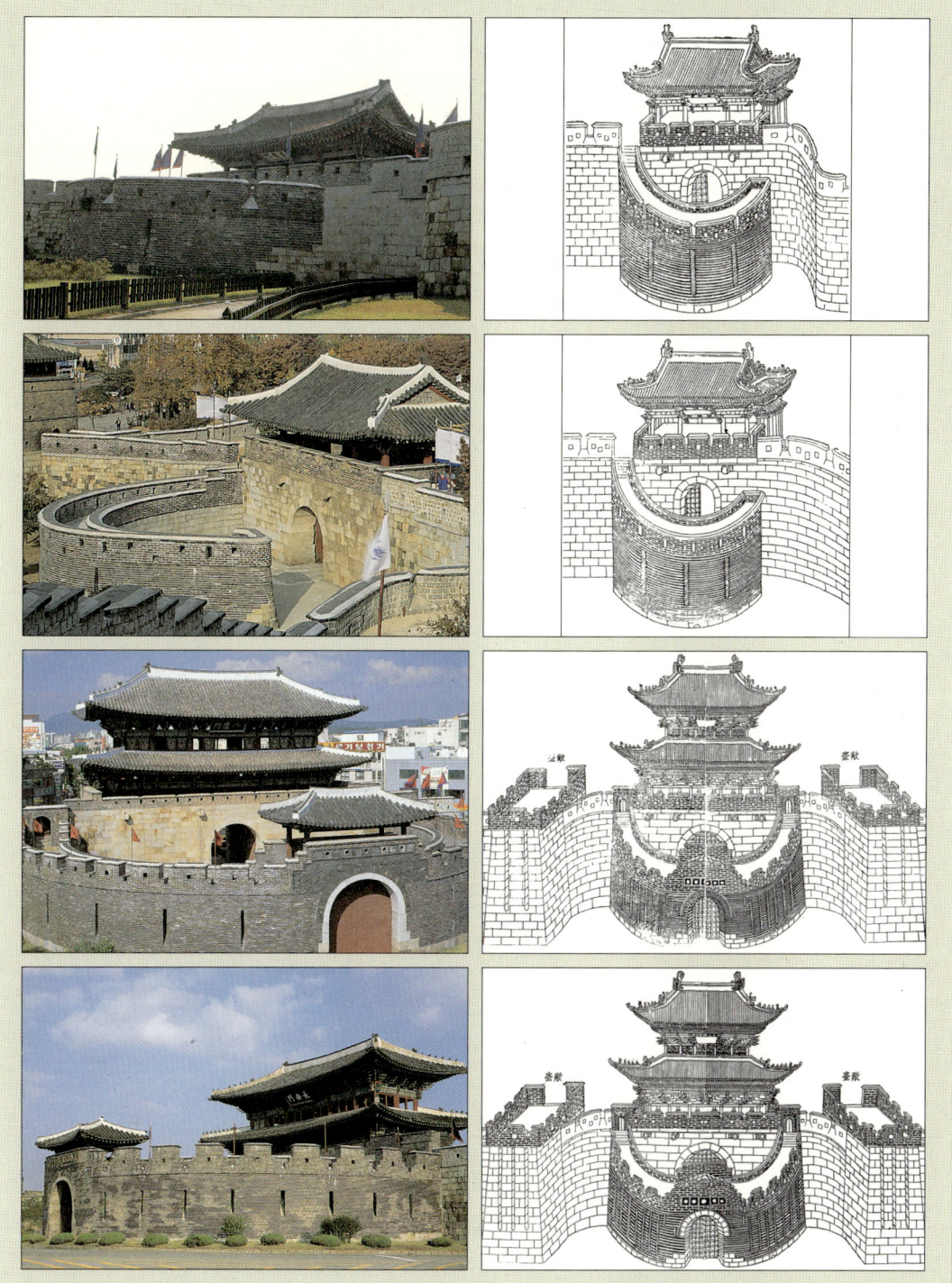

복원된 장락당(좌)과 봉수당(우) 봉수당과 장락당이란 이름에는 혜경궁 홍씨의 장수와 평안을 기원하는 의미가 담겨 있다. ⓒ 수원시 화성사업소

중정(得中亭) 20칸, 신풍루(新風樓) 8칸 등이 있다.

봉수당은 행궁의 중심 건물로서, '장수를 기원한다'는 이름에서 짐작되는 바와 같이 혜경궁 홍씨의 회갑잔치를 거행한 건물이다. 여기에는 원래 정조가 친필로 쓴 '壯南軒'(장남헌), '華城行宮'(화성 행궁)이란 현판이 걸려 있었는데, 혜경궁 회갑잔치를 거행하면서 정조는 다시 '奉壽堂'(봉수당)이란 현판을 써서 걸었다. 낙남헌은 1795년에 수원과 인근의 유생을 모아 놓고 임시 과거를 보았던 곳이다. 낙남헌은 현재 신풍초등학교 담장 안쪽에 위치하고 있는데, 정조대에 지어진 화성 행궁 건물 중에서 유일하게 남아 있는 건물이다. 노래당은 '늙어서 오는 집'이라는 뜻을 가진 것으로 보아, 정조가 왕위를 아들에게 물려준 후에 와서 살려고 생각했던 건물로 추정된다.

약 5km에 이르는 화성의 성벽에는 다양한 시설물이 설치되어 있었다. 내루(內樓) 4곳, 암문(暗門: 비밀 통로) 5곳, 수문(水門) 2곳, 적대(敵臺: 적의 동태를 살피는 곳) 4곳, 노대(弩臺: 석궁을 쏘는 곳) 2곳, 공심돈(空心墩: 적을 관찰하고 공격하는 곳) 3곳, 봉돈(烽墩: 봉화대) 1곳, 치성(雉城: 성벽의 일부를 돌출시켜 성벽에 접근하는 적을 공격하는 곳) 8곳, 포루(砲樓: 화포 공격을 하는 곳) 5곳, 포루(舖樓: 군사 대기소) 5곳, 장대(將臺: 군사 지휘소) 2곳, 각루(角樓: 적군 감시와 휴식을 겸하는 곳) 4곳, 포사(舖舍) 3곳이 모두 성벽에 있는 시설물이었다.

서장대(西將臺)는 팔달산 정상에 있는 군사 지휘소로서, 정조의 친필로 전해지는 '화성장대'(華城將臺)라는 현판이 걸려 있다. 이곳에 오르

| 화성 행궁 복원 전후의 현판들 | 국립고궁박물관에 소장된 현판 원본과, 복원된 건물에 새로 단 현판을 비교하였다. '奉壽堂', '壯南軒', '華城行宮'은 정조의 친필로 쓰여진 것이다. ⓒ 국립고궁박물관·돌베개

奉壽堂(봉수당)

壯南軒(장남헌)

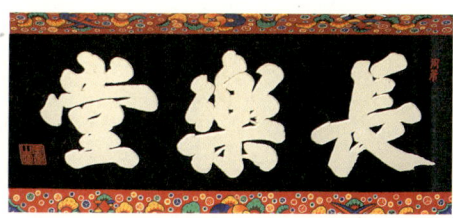
長樂堂(장락당)

華寧殿(화녕전)

華城行宮(화성 행궁)

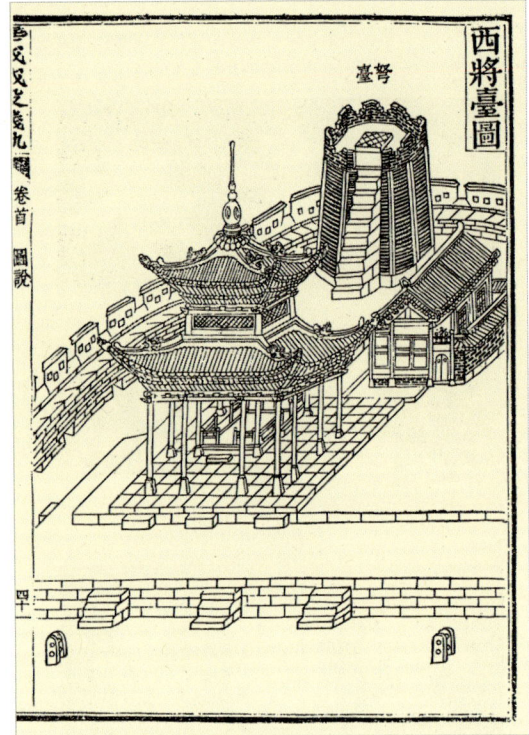 

서장대도(좌) 1795년 화성에 행차한 정조는 서장대에 올라 군사 훈련을 총지휘했다. 『화성성역의궤』에 수록.

서장대성조도(우) 1795년 화성에서의 군사 훈련은 주간에 시작하여 야간까지 계속되었다. 『화성성역의궤』에 수록.

면 화성과 그 외곽의 모습이 한눈에 들어오는데, 1795년의 행차에서 정조는 이곳에서 군사훈련을 총지휘하고 관람했다.

동북각루(東北角樓)인 방화수류정(訪花隨柳亭)은 아름다운 풍광을 지닌 정자로, 비상시엔 군사 지휘소로 사용되었던 곳이다. '꽃을 찾고 버들을 쫓는다'는 이름을 가진 절벽 끝의 정자 건물, 그 아래에 조성된 반달 모양의 용연(龍淵), 그 한가운데 있는 작은 섬에 심어진 버드나무가 서로 어울리면서 화성에서 가장 멋진 경치를 만들어 낸다. 방화수류정에서는 화성의 서장대, 장안문, 동장대는 물론이고 멀리 광교산과 관악산 자락까지 한눈에 들어온다.

화성은 우리나라의 전통적인 축성 방식에다 중국에서 전해진 새로운 기술을 결합하여 만든 성곽이다. 이전에 만들어진 우리나라의 성들은 흙바닥을 다지고 그 위에 돌을 쌓아서 만든 석성(石城)이 주류를 이루었는데, 성곽의 건축에 사용되는 돌은 주로 화강암이었다. 우리나라의

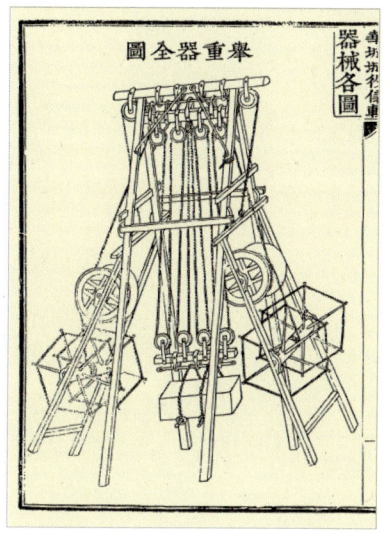 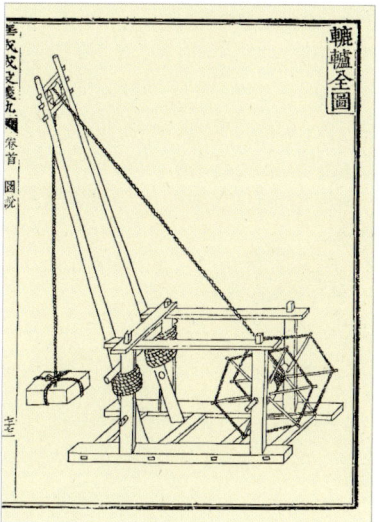

거중기도(좌)와 녹로도(우) 화성 건축 시 무거운 물건을 이동할 때 사용한 거중기와 녹로. 녹로는 이전부터 사용하였지만, 거중기는 화성 건설을 위해 정약용이 개발하였다. 『화성성역의궤』에 수록.

화강암은 내구성이 크다는 장점이 있지만, 무게가 무거워 운반하는 데 힘이 들고, 돌의 규격이 일정하지 않아 성을 쌓으려면 일일이 다듬어서 사용해야 하는 불편이 있었다.

화성 건축에서는 벽돌을 적극적으로 사용했다. 박지원(朴趾源)[60]·박제가(朴齊家)[61]는 청의 발달된 문물을 적극적으로 수용하자는 북학론(北學論)을 주장한 학자들인데, 이들이 청에서 도입하고자 한 문물 중에는 벽돌이 포함되어 있었다. 벽돌은 견고하여 오래 견딜 뿐만 아니라 규격이 일정하여 작업하기가 수월하였다. 그리하여 화성의 4대문을 비롯한 주요 건축물은 벽돌을 사용하여 짓고, 성벽의 몸체는 종래와 같이 화강암을 사용하였다.

화성의 건설에는 또한 서양의 과학기술도 활용하였다. 성곽 공사에는 많은 돌이 사용되므로 이를 효율적으로 운반할 수 있는 기구가 필요했는데, 그 대표적인 기구가 거중기(擧重器)와 녹로(轆轤)이다.

거중기는 여러 개의 활륜(滑輪: 도르래)을 이용하여 무거운 물체를 적은 힘으로 들어올리도록 고안한 장치이다. 화성의 건설을 위해 처음 거중기를 만든 사람은 정약용이다. 정약용은 독일인(중국명 등옥함鄧玉函)의 『기기도설』(器機圖說)이란 책을 참고하여 거중기를 개발했는데, 이

---

60 연암(燕巖) 박지원(1737~1805)은 이용후생의 실학을 주장한 북학파의 대표적 인물. 『열하일기』의 「도강록」에서 성제(城制)와 벽돌 사용 등에 대한 관심을 나타내고 있다.

61 박제가(1750~1805)는 박지원의 문하에서 실학을 공부했다. 청나라에서 보고 들은 것을 정리한 『북학의』(北學議)를 통해, 청나라의 선진적인 문물을 도입할 것을 주장했다.

화홍문과 방화수류정 대천(大川)이 성 내로 들어오는 입구에 수문을 열고 위에는 누각을 세워 화홍문이라 했으며, 동쪽 용암 바위 위에는 주변을 감시하고 경치를 즐길 수 있는 각루를 세워 방화수류정이라 했다. ⓒ 김성철

62 청나라 때 편찬된 중국 최대의 백과사전. 천문(天文)을 기록한 역상휘편(曆象彙篇), 지리·풍속의 방여휘편(方輿彙篇), 제왕·백관의 기록인 명륜휘편(明倫彙篇), 의학·종교 등의 박물휘편(博物彙篇), 문학 등의 이학휘편(理學彙篇), 과거·음악·군사 등의 기록인 경제휘편 등의 6휘편으로 구성되어 있다.

책은 정조가 1776년에 청나라에서 구입해 온 『고금도서집성』(古今圖書集成)[62] 속에 포함되어 있었다. 말하자면 거중기는 서양에서 중국으로 전해진 과학기술을 응용하여 만든 셈인데, 정약용은 상하 8개의 활륜을 사용하면 25배의 힘을 얻을 수 있다고 주장했다.

녹로 역시 활륜을 이용하여 무거운 물건을 들고 내리는 데 사용하는 기구이다. 다만 거중기의 경우 여러 개의 활륜을 사용하지만 녹로는 활륜을 하나만 사용한다는 점이 달랐다. 녹로는 화성 건설에 사용된 이후에도 각종 공사에 많이 이용되었다. 창덕궁 인정전을 중건할 때나 국왕의 장례식에서 관을 땅속에 내릴 때 이용한 것은 그 대표적인 예이다.

오늘날의 화성   18세기 후반에 건설된 신도시 화성의 아름다움은 『화성성역의궤』에 수록되어 있는 「화성전도」를 통

화성전도 정조대에 건설한 화성 전체의 모습이 잘 나타난다. 그림 하단의 창룡문(동문) 쪽은 원래 그곳에 있던 민가를 성안으로 포함시키기 위해 길쭉하게 늘어났다. 『화성성역의궤』에 수록.

해 충분히 짐작할 수 있다. 이 그림은 화원 엄치욱(嚴致旭)이 그린 것인데, 『화성성역의궤』의 그림 작업에는 엄치욱 외에도 최봉수(崔鳳壽)·김필광(金弼光)·강치길(姜致吉)·지상달(池相達) 등의 화원과 승려들이 참여하였다. 팔달산 기슭을 흐르는 수원천〔柳川〕을 중심으로 펼쳐진 도시의 전경을 비스듬히 내려다본 모습으로 그려낸 「화성전도」에는 성곽과 성안의 중요 시설물마다 이름이 쓰여 있다. 또한 팔달산 정상에는 서장대가 있고, 그 아래에 화성 행궁이 있으며, 행궁 앞으로 장안문에서 팔달문 쪽으로 뻗은 대로변에 이미 많은 집들이 들어서 있는 것을 확인할 수 있다.

오늘날의 화성은 이 그림에 보이는 건물과 시설을 중심으로 하면서 그 이외의 지역까지 포함한다. 먼저 화성 행궁 옆에는 정조의 사당인 화녕전(華寧殿)이 있고, 화성 주변에는 농업 용수의 개발을 위해 건설

서성우렵과 한정품국 왼쪽의 〈서성우렵〉은 서장대 건너편 북문 밖 들판에서 사냥하는 모습을 그린 것이며 오른쪽의 〈한정품국〉은 화성 행궁 뒤 미로한정(未老閒亭)에서 국화를 감상하는 모습을 그린 그림이다. 김홍도가 그린 수원팔경의 일부로 전한다. 김홍도, 비단에 담채, 각 폭 97.7×41.3cm, 서울대학교박물관 소장.

된 만석거(萬石渠: 일왕저수지), 축만제(祝萬堤: 농촌진흥청 옆의 서호), 만년제(萬年堤: 융건릉 부근 안녕리)와 같은 인공 호수가 있다. 또한 화성군에는 사도세자의 무덤인 융릉(隆陵)과 정조의 무덤인 건릉(健陵)이 있고, 그 옆에는 정조대에 왕실의 원찰(願刹)로 중건된 용주사(龍珠寺)가 있다.

1796년 8월 19일, 화성 행궁에서는 화성의 완공을 축하하는 낙성식 잔치가 열렸다. 이 자리에는 김홍도가 그린 16폭의 병풍이 놓여 있었는데, 이는 화성의 이름난 봄 경치와 가을 경치를 각각 여덟 가지씩 골라서 그린, 이른바 《화성춘팔경》(華城春八景)과 《화성추팔경》(華城秋八景)이라는 그림 병풍이었다. 이 그림의 대부분은 오늘날 사라져 버렸지만 그 일부로 생각되는 것이 현재 서울대학교 박물관에 전한다. '화서

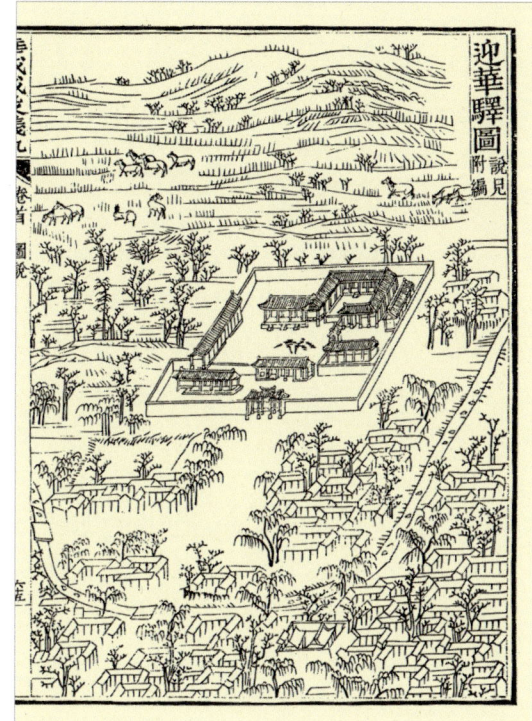 

문 밖의 가을 사냥'(서성우렵西城羽獵)과 '미로한정의 국화 완상'(한정품국閑亭品菊) 2폭이 그것이다. 또한 『화성성역의궤』에도 사라진 이 그림들의 잔영이 남아 있다. 꽃나무가 우거진 만석거의 풍경을 그린 「영화정도」(迎華亭圖)를 통해 우리는 '만석거의 황금 들판'(석거황운石渠黃雲)을 상상할 수 있고, 영화역 건물과 후면의 들판을 거니는 말의 모습을 그린 「영화역도」(迎華驛圖)를 보고 '영화역에 뛰노는 말'(화우산구華郵散駒)을 떠올려 볼 수 있다.

1975년 정부에서는 『화성성역의궤』의 기록을 바탕으로 화성 성곽의 복원 공사를 벌여 대부분을 복원했다. 또한 1996년에는 수원시에서 화성 행궁의 복원 공사를 시작하여 행궁의 중심부 건물을 복원했다. 그렇지만 수원시와 화성군 일대에 산재해 있는 문화유산을 발굴하고 보존, 복원하는 작업은 이제부터일 것이다. 정조가 원대한 꿈을 가지고 화성을 건설한 지 200년의 세월이 지난 뒤에.

영화역도(좌) 서울 남쪽의 중요한 역참 가운데 하나였던 양재역을 화성으로 옮긴 것은 화성의 도시 발전을 위한 시책의 하나였다. 『화성성역의궤』에 수록.

영화정도(우) 두 척의 배가 한가롭게 노닐고 있는 곳이 만석거이고, 그 위로 영화정이 보인다. 『화성성역의궤』에 수록.

화성 성곽과 행궁의 복원

1796년에 완공된 화성 성곽은 세월이 흐르면서 성벽과 구조물들이 무너졌으며, 한국전쟁을 거치면서 문루가 파손되었다.

1975년에 시작된 화성 성곽의 복원 공사는 3년의 기간을 거쳐 현재의 모습으로 태어났다. 화성의 복원에는 『화성성역의궤』가 주요 자료로 활용되었다. 그러나 복원 당시 이미 시가지가 성터의 일부를 차지하고 있었기 때문에 팔달문에서 동남각루까지 491m 구간과, 성의 중앙부에 있던 행궁은 복원하지 못하였다.

1996년, 수원시는 화성 축성 200주년을 기념하여 성곽을 복원 정비하는 사업을 다시 시작하였다. 화성의 4대문 주변의 도로로 인해 잘려 나갔던 성곽을 이어 주고 성곽 주변의 환경을 정비하였는데, 이로 인해 화서문 옆에 끊어졌던 성곽이 다시 이어졌다.

화성 행궁의 복원은 수원시가 1994년에 시작했다. 봉수당·장락당·낙남헌·신풍루 등 33개 동의 건물이 궁전 형태를 이루고 있었던 행궁 자리는 (구)수원의료원·수원중부경찰서·신풍초등학교 등이 차지하고, 낙남헌 건물만 신풍초등학교 교정 한 모서리에 덩그러니 남아 있는 상태에서 시작된 공사였다. 2000년 수원의료원이 빠져나간 자리에 봉수당을 비롯한 행궁의 중심 건물이 복원되었고, 이 복원 공사는 계속되고 있다.

1997년 12월, 화성이 세계문화유산으로 등록되면서 화성 성곽과 행궁의 복원 사업은 새로운 전기를 맞았다. 그러나 화성 행궁의 완전한 복원, 팔달문 일대의 성곽 정비, 남수문의 복원, 노송로의 소나무 보호와 육성 등 아직도 많은 과제가 남아 있다.

화성 행궁의 평면도

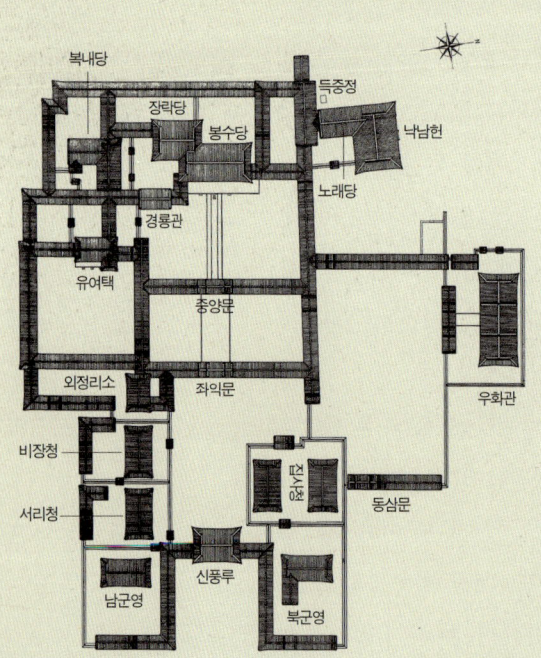

화성 행궁을 복원하기 위한 현장 발굴 모습

복원된 화성 행궁 전경 신풍초등학교 자리에 있던 동삼문과 우화관은 앞으로 복원할 예정이다.

화성의 명승지

화성춘팔경
화산의 아지랑이(花山瑞靄), 수원천의 물안개(柳川淸烟),
매향교의 꽃놀이(午橋尋花), 관길야의 뽕나무 밭(吉野觀桑),
신풍루의 향음주례(新豊社酒), 대유둔의 풍년가 소리(大有農歌),
영화역에 뛰노는 말(華郵散駒), 연못에 떠 있는 물새(荷汀泛鷺).

화성추팔경
화홍문의 장쾌한 물살(虹渚素練), 만석거의 황금 들판(石渠黃雲),
용연의 밝은 달(龍淵霽月), 구암의 저녁 노을(龜巖返照),
화서문 밖의 가을 사냥(西城羽獵), 동장대의 활쏘기(東臺畵鵠),
미로한정의 국화 완상(閑亭品菊), 화양루의 눈 구경(陽樓賞雪).

오늘날의 수원팔경
광교산에 쌓인 눈(光敎積雪), 북지의 연꽃 감상(北池賞蓮),
화홍문의 장쾌한 물살(華虹觀漲), 용연의 달맞이(龍池待月),
남제의 긴 버드나무 숲(南堤長柳), 팔달산의 맑고 푸른 기운(八達晴嵐),
서호의 낙조(西湖落照), 화산의 두견화(花山杜鵑).

방화수류정에서 바라본 용연 ⓒ 돌베개

10

궁중잔치의 화려한 멋, 궁중잔치의궤

『진연의궤』(進宴儀軌), 『진찬의궤』(進饌儀軌), 『진작의궤』(進爵儀軌) 등은 궁중잔치의 규모와 내용을 보여 주는 의궤들이다. 『진연의궤』는 조선시대에 국가에 경사가 있을 때 궁중에서 베푸는 잔치의 내용을, 『진작의궤』는 왕·왕비·왕대비 등에 대하여 작위를 높일 때 행한 의식을, 『진찬의궤』는 왕·왕비·왕대비의 기념일을 맞이하여 음식물을 올린 의식을 기록한 의궤이다.

이 의궤들은 왕실의 경사를 맞이하여 존호와 음식물을 올리면서 행한 궁중잔치의 모습을 담고 있다. 명칭은 다르지만 궁중잔치의 멋과 화려함을 보여 주는 대표적인 의궤라 할 수 있다. 이외에도 왕실에 올리는 잔치 의식을 뜻하는 용어로 '풍정'(豊呈)이라는 말을 쓰기도 했다.

현재 파리국립도서관에는 인조대에 거행한 풍정 의식을 정리한 『풍정도감의궤』가 소장되어 있다. 그러나 조선 후기에 이르러서는 '풍정'이라는 용어보다도 '진연' 혹은 '진찬'이라는 말이 왕실의 잔치 의식을 가리키는 대표적인 용어가 되었다.

이외에 정조가 어머니 혜경궁 홍씨의 회갑을 맞아 사도세자의 묘소

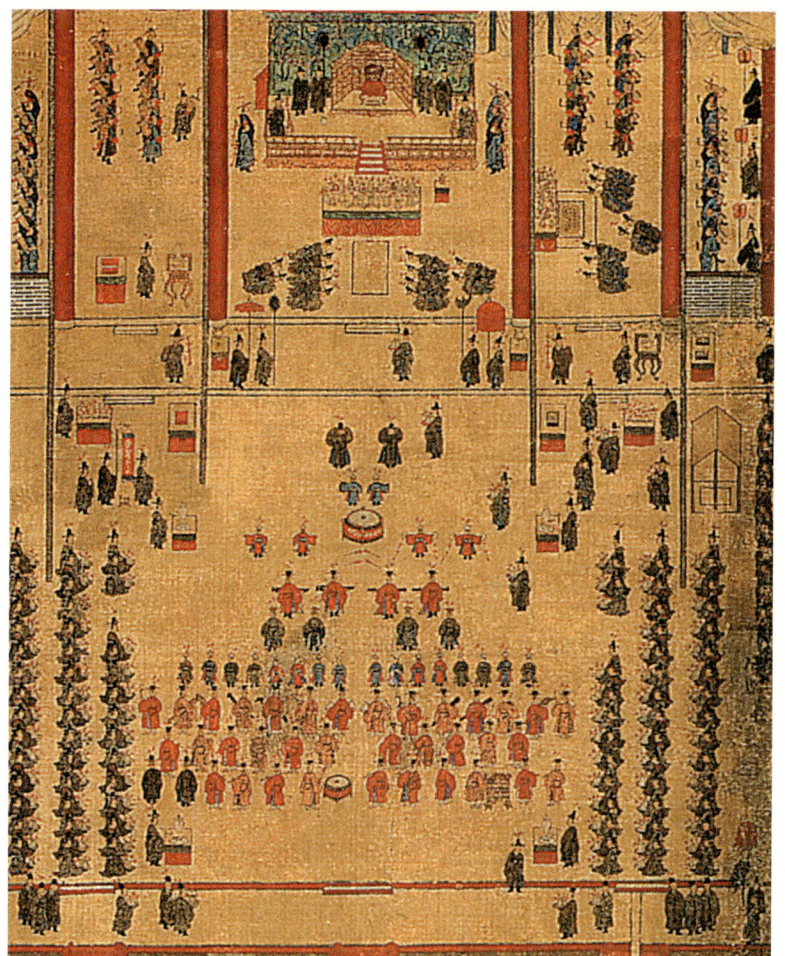

기축년진찬도병 중 명정전외진찬도(부분) 《기축년진찬도병》은 〈명정전외진찬도〉와 〈자경전내진찬도〉로 구성되어 있다. 연회에 참석한 왕과 대왕대비부터 문을 지키는 병졸, 악공과 정재 등을 반차도에 준하여 그렸으며, 다른 진찬도에서 보기 어려운 다양한 인물의 모습과 포즈까지 표현하여 궁중 풍속 장면을 엿볼 수 있게 한다.

봉수당에서의 회갑연(좌측 면) 1795년 화성 행궁 봉수당에서 혜경궁 홍씨의 회갑연을 개최한 장면. 중앙의 무대에서는 무고(舞鼓)와 선유락(船遊樂)이 공연되고 있다. 《화성능행도》 8폭 병풍 중 〈봉수당진찬도〉의 부분이다.

가 있는 수원 현륭원으로 행차한 상황을 기록한 『원행을묘정리의궤』의 내용 중에도 회갑연을 베푼 모습이 나타나 있고, 잔치의 절차를 서식으로 간단히 기록한 각종의 「홀기」(笏記)나 「회연도」(會宴圖)와 같이 독립된 그림을 통해서도 궁중잔치의 모습을 접할 수 있다.

궁중잔치의 모습을 정리한 의궤에는 잔치에 올린 음식물을 비롯하여 잔치에 필수적으로 따랐던 궁중음악과 궁중무용, 각 무용을 공연한 기생들의 복장과 명단, 왕실에 바쳐진 꽃 등 조선시대 궁중 의식의 면모를 보여 주는 생생한 자료들이 기록되어 있다. 특히 잔치 때의 참여자들의 위치를 미리 확인할 수 있도록 그려 놓은 반차도와 궁중무용의 구체적인 모습, 연주된 악기와 복식, 그릇 및 상 위에 올려진 꽃 등은 잔치 관련 의궤가 아니면 좀처럼 찾아보기 힘든 귀중한 자료들이다. 조선시대 왕실의 잔치 행사를 기록한 의궤를 통해 당대인들의 축제의 현장으로 들어가 보자.

화려하고 웅장한 궁중잔치, 연향

조선시대에는 왕이나 왕비의 생일을 축하할 때, 세자의 탄생이나 왕세자의 책봉을 기념할 때, 외국 사신을 영접할 때, 동짓날이나 정초 등 여러 궁중 의식 때 화려하고 웅장한 잔치가 베풀어졌다. 이러한 잔치를 '연향(宴享)'이라 하였는데, 이 연향의 업무는 예조에서 주관했다. 연향의 '연'은 '악'(樂)을 뜻하고 '향'(享)은 헌(獻), 즉 봉상(奉上)한다는 뜻으로, 술과 음식을 준비하고 풍악을 울려 신하나 빈객을 대접하는 행사를 의미하였다. 『경국대전』의 예전 '연향'조에 의하면 매해 정례적으로 행하던 연향으로는 회례연(會禮宴: 신하들을 위로하는 잔치)과 양로연(養老宴: 80세 이상의 노인을 위한 잔치)을 비롯하여 단오나 추석과 같은 명절에 행하는 잔치, 행행(行幸: 왕의 행차)·강무(講武)[63]와 같이 국왕 주관의 특별 행사 뒤에 행하는 잔치, 충훈부(忠勳府: 공신들의 상훈을 담당하는 기관)·종친부(宗親府)[64]·의빈부(儀賓府: 왕실 부마에 관한 사무를 담당하는 기관)·충익부(忠翊府)[65]에서 베푸는 연향 등이 기록되어 있다.

궁중연향은 왕이 주인공이 되어 왕세자와 문무백관을 초대하는 잔치 의식인 외연과 왕비·왕대비·대왕대비 등 여성이 주인공이 되어 왕세자빈과 내외명부(內外命婦)를 잔치에 초대하는 형식인 내연으로 구별되었고, 두 행사는 각각 다르게 치러졌다. 남녀간의 내외를 위한 배려였으므로 외연과 내연은 행사장의 설치부터 달랐으며, 행사 진행자와 무용수, 악기 연주자 등에도 남녀의 차이를 두었다.

외연에서는 행사를 이끌어 가는 집사와 차비(差備: 준비하는 사람)들이 남자이고 정재(呈才)[66]도 무동(舞童)이 담당하지만, 내연에서는 명부

[63] 조선시대에 임금이 신하와 백성들을 모아 일정한 곳에서 함께 사냥하며 무예를 닦던 행사.
[64] 국왕의 계보와 초상을 보관하고 왕실의 각 계파를 감독하는 기관.
[65] 원종공신(原從功臣: 작은 공이 있는 공신)을 위하여 설치한 기관.
[66] '재조才操를 드린다'는 뜻으로 국가의 경사, 궁중의 향연, 외국 국빈의 접대 때 공연된 궁중무용을 지칭한다.

중에서 차출된 여관(女官)과 여집사들이 행사의 진행을 맡고 음악 연주는 맹인 악사가, 정재는 여령(女伶: 여자 기생)이 담당하여 공연하였다.[67] 음악은 당악(唐樂: 중국에서 전래된 음악)과 향악(鄕樂: 우리 고유의 음악)이 연주되었다.

연향이라 칭해진 궁중잔치는 왕이나 왕비를 비롯한 왕실에는 즐거움과 함께 왕실의 위엄과 권위를 선보이는 자리였으며, 악공(樂工)·여기(女妓)·무동·가동(歌童) 등 행사의 즐거움을 배가시키는 공연자들에게는 자신의 능력을 최대한으로 발휘할 수 있는 공간이었다. 궁중잔치의 면모는 조선 초기에는 『악학궤범』에 정리되어 있고, 조선 후기에는 의궤 제작이 활발해지면서 의궤의 기록으로 정리되었다.

조선시대 법전에 기록된 연향 규정

1. 단오와 추석, 그리고 행행·강무 후의 잔치는 의정부와 육조에서 베푼다(왕세자·왕세자빈의 생신도 마찬가지로 육조에서 베푼다).
2. 해마다 네 계절의 중간 달에는 충훈부에서 잔치를 베푼다(적장자·적장손도 참석한다).
3. 매년 두 번 종친부와 의빈부에서 잔치를 베푼다.
4. 매년 한 번 충익부에서 잔치를 베푼다.
5. 매년 정조(正朝: 설날 아침) 혹은 동지(冬至)에 회례연(會禮宴)을 행한다(왕세자 및 문무관이 모두 잔치에 참석한다. 왕비는 내전에서 잔치를 베풀며 왕세자빈 및 내외명부가 모두 참석한다).
6. 매년 계추(季秋: 봄·가을)에 양로연을 행한다(대소인원의 나이 80세 이상인 자가 잔치에 참여한다. 부인들에게는 왕비가 내전에서 잔치를 베푼다. 지방에서는 수령들이 내·외청에 따로 자리를 마련하여 잔치를 행한다).
7. 관찰사, 절도사, 중국에 가거나 이웃나라에 가는 사신 및 진전원(進箋員: 경사를 만나 진하進賀하는 글을 올리는 관원)에게는 모두 왕이 예조에서 잔치를 베풀어 준다(진전원에게는 당하관이 접대한다).

---

[67] 박정혜, 『조선시대 궁중기록화 연구』, p. 409, 일지사, 2000.

궁중잔치 의궤의 내용

궁중에서 진연·진작·진찬 등의 잔치가 베풀어지면 먼저 진연도감이 설치되었다. 진연도감에서는 행사가 발의되어 결정되는 과정, 치사(致詞)와 전문(箋文)의 시문, 연회 설행(設行)시 소요되는 각종 물목(物目)과 연회 참석자의 명단, 악사들과 각 도에서 차출된 기생들의 명단과 이들의 소임에 이르는 제반 사항을 상세하게 기록한 의궤를 작성하였다.[68]

현재 남아 있는 진연 관련 의궤들을 보면 정조대를 기점으로 큰 차이를 보인다. 즉 숙종대와 영조대에 편찬된 의궤에는 반차도나 행사도와 같은 그림은 없고 행사와 관련하여 국왕에 올린 문서인 계사를 비롯하여 각 관청 간에 업무 협조를 위해 주고받은 이문·내관·감결 등의 문서와 각 부서에서 맡은 업무를 기록한 일방·이방·삼방·별공작·내자시·내섬시(內贍寺)·예빈시(禮賓寺)·사축서(司畜署) 등으로 항목이 구성되어 있다.

궁중잔치를 정리한 의궤에 커다란 변화를 가져온 것은 1795년에 있었던 화성 행차였다. 어머니 혜경궁 홍씨의 회갑이라는 왕실의 축제를 맞아 정조는 부친의 묘소인 현륭원을 참배하고 어머니의 회갑연을 성대하게 베풀었다. 『원행을묘정리의궤』는 이 행사의 전모를 기록하면서 잔치에 참여한 인원의 위치와 공연된 무용을 그림으로 상세히 정리하였다. 이러한 전통은 그대로 계승되어 순조대 이후에 간행된 의궤에는 반차도나 행사도와 같은 그림이 예외없이 첨부되었다. 앞부분 '도식'(圖式)이란 항목 아래 「진연도」(進宴圖)·「정재도」(呈才圖)·「기용도」(器用圖)·「악기도」(樂器圖)·「복식도」(服飾圖) 등을 그렸고, 이어 택일(擇日)·좌목(座目)·도식·전교·연설(筵說)·악장(樂章)·치사(致謝)·전문(箋文)·의주(儀註)[69]·절목(節目)·계사(啓事)·이문(移文)·품목(稟目)·감결(甘結)·찬품(饌品)·기용(器用)·수리(修理)·배설(排設)·의장(儀仗)·공령(工令)·악기풍물(樂器風物)·상전(賞典)·재용(財用) 등의 항목으로 잔치의 과정을 체계적으로 정리하였다.[70] 항목만으로도 궁중잔치에 상당한 공력이 들어갔음을 짐작할 수 있다.

---

68 김종수, 『조선시대 궁중연향과 여악연구』, pp. 247~281, 민속원, 2001.

69 문제를 토의한 뒤 의견을 임금에게 글로 써서 바침.

70 김종수, 「장서각 소장 조선시대 궁중연향악 문헌」, 『장서각』 창간호, p. 80, 한국정신문화연구원, 2000.

궁중잔치에 쓰인 기물과 복식

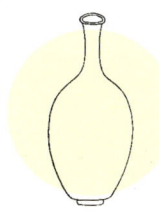
백자준(白瓷樽)

서배(犀盃)

화준(花樽)

오정병(五爭瓶)

주준(酒樽)

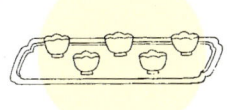
오정배(五爭盃)

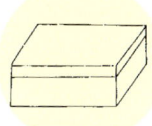
사권화함(絲圈花函)

수주정(壽酒亭)

진작탁(進爵卓)

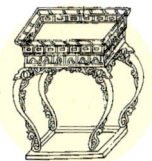
준화상(樽花床)

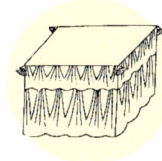
산화탁(散花卓)

합립(蛤笠) 황홍장미(黃紅薔薇)

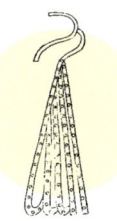
유소(流蘇)

단의(丹衣)

금화라대(金花羅帶)

홍초말군(紅綃襪裙)

홍라상(紅羅裳)

홍초상(紅綃裳)

황초삼(黃綃衫)

화관(花冠)

한삼(汗衫)

수대(繡帶)

혜경궁 홍씨의 회갑잔치 때 사용했던 각종 상과 그릇, 여령(女伶)과 동기(童妓)의 복식을 그린 것이다. 『원행을묘정리의궤』에서 인용.

의궤에 기록된 기생의 실명(實名)

『진찬의궤』의 공령(工伶)이라는 항목에는 각각의 궁중무용이 공연될 때 이에 참여한 악공과 여령(女伶: 기생)들의 명단이 기록되어 있다. 예를 들면, 1829년의 진찬 의식에서 몽금척이 공연될 때 각 기생의 역할과 명단은 다음과 같다.

봉죽간자(奉竹竿子): 영애(永愛), 춘외춘(春外春).
좌무(左舞): 선옥(仙玉), 진월(晉月), 금옥(金玉), 영애(永愛), 연심(蓮心), 임홍(任紅).
우무(右舞): 양대(陽臺), 운릉(雲綾), 홍강(紅降), 선옥(仙玉), 진향심(眞香心), 운영(雲英).
봉족자(奉簇子): 명선(明仙).
봉금척(奉金尺): 명옥(明玉).
봉황개(奉黃蓋): 순절(順節).

이처럼 왕실 최고의 의식인 『진찬의궤』에 당시 신분적으로 천시된 기생의 명단까지 기록한 것은 이들에게 국가의 최고 행사에 직접 참여한다는 자부심과 책임감을 부여하기 위한 것으로 파악된다. 하급 신분의 기생에게도 세심한 배려를 하였음을 의궤를 통해 확인할 수 있다.

처용무 공연 장면 ⓒ 박상윤

조선시대의 궁중무용

조선시대는 궁중무용의 요람기이자 전성기라 할 수 있다. 조선 말까지 춤추어진 정재가 총 53종인데, 이때 창작 또는 발생된 궁중무용이 무려 36종에 달하는 것을 보면 조선시대에 시작된 궁중무용이 매우 많았음을 알 수 있다.

조선 초기에는 몽금척(夢金尺)·수보록(受寶錄)·근천정(覲天庭)·수명명(受明命)·하황은(賀皇恩)·하성명(賀聖明)·성택(聖澤)·곡파(曲破)와 같은 춤들이 창제되었다. 이들 춤의 내용이나 부르는 가사들은 조선시대에 창작된 것이고, 사설 내용은 대개 선왕 또는 왕가의 융성을 축원하고 왕업의 번영을 축하하는 것이었다.

조선시대 궁중 연회에서 연향의 첫머리에 등장한 무용은 '몽금척'이었다. 몽금척은 이성계가 조선을 건국하기 전에 신인(神人)으로부터 금척(金尺: 금으로 만든 자)을 받은 내용을 바탕으로 세종 때 만들어진 무용으로, 이것을 처음 공연한 것은 건국의 공덕을 찬양하기 위한 의도로 보여진다. 19세기 초반까지 공연의 마지막을 장식한 무용은 '처용무'(處容舞)였다. 신라시대의 처용 설화에 바탕을 두고 만들어진 처용무는 나쁜 귀신을 쫓고 태평성대를 희구하는 바람을 내포하고 있었으며, 왕실의 번영과 안정이 계속되기를 바라는 뜻에서 19세기 전반까지 궁중 연회에서 그 대미를 장식하였다.

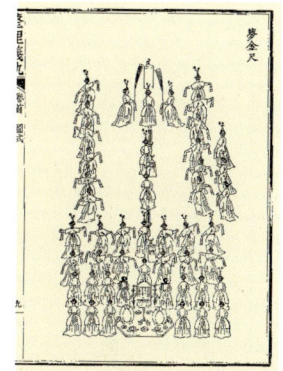
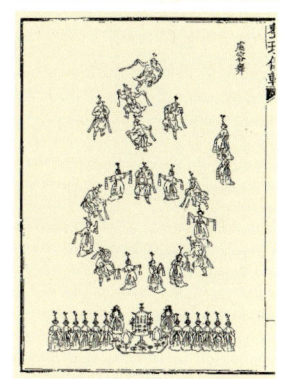

원행을묘정리의궤에 수록된 몽금척과 처용무 그림

「외진찬정재도」에 수록된 무용 장면

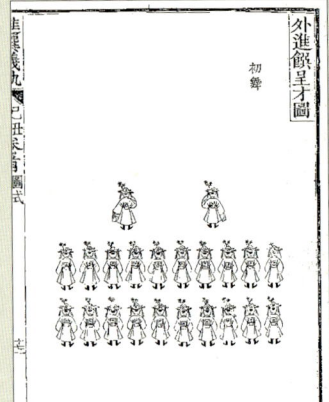
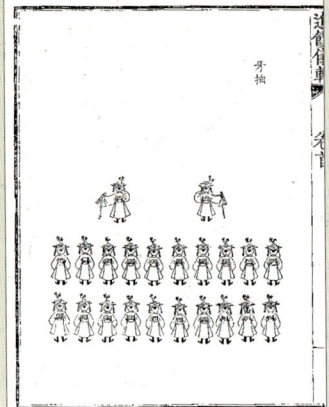
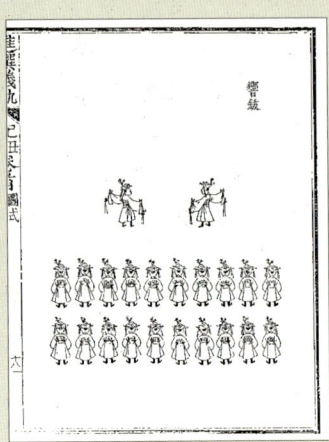
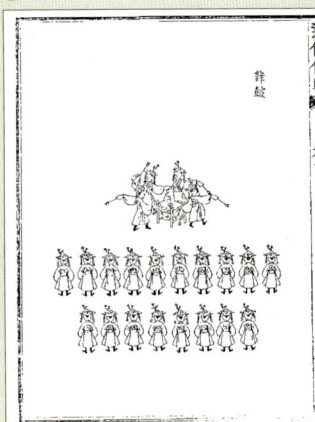
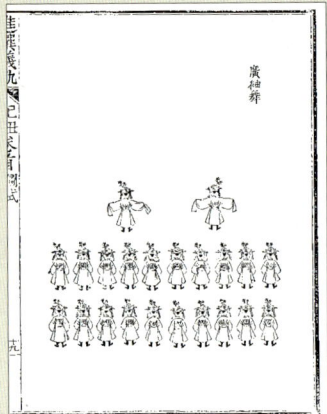
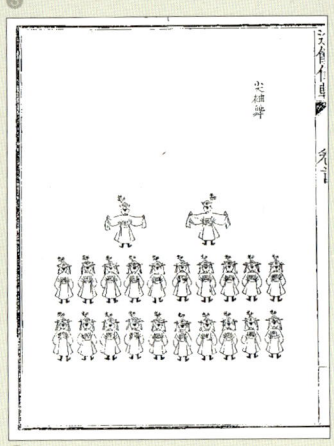

❶ **초무(初舞)** 풍운경회지곡(風雲慶會之曲) 〈보허자〉〈보허자〉〈步虛子〉: 궁중 연례에 쓰이던 합주곡)의 연주에 맞춰 2명의 무동이 나란히 나아가 장구의 북편 소리에 맞추어 추는 춤. 춤을 처음 배우는 무동을 지도하기 위한 향악 정재(鄕樂呈才)의 기본으로, 독립된 춤이라기보다는 춤의 시작을 알리는 비교적 간단한 춤동작이다.

❷ **아박무(牙拍舞)** 동동(動動)·동동무(動動舞)라고도 한다. 타악기의 일종인 아박을 치며 2인 1조로 추는 춤이다. 『고려사(高麗史)』에는 '동동'이라 하여 속악 정재(俗樂呈才)로 전하고, 『악학궤범(樂學軌範)』『시용향악정재도의(時用鄕樂呈才圖儀)』에는 아박무(牙拍舞)라 하여 향악 정재로 전한다.

❸ **향발무(響鈸舞)** 놋쇠로 만든, 향발이라는 작은 타악기를 양손에 하나씩 들고 치면서 추는 춤. 고려 때부터 전해지며 조선시대의 각종 진찬(進饌)·진연(進宴)에서 무고(舞鼓)와 더불어 빠지지 않는 중요한 춤이었다.

❹ **무고(舞鼓)** 『고려사』「악지」(樂志)에는 충렬왕 때의 이혼(李混)이라는 시중이 바다에서 물에 뜬 나무를 얻어 이로써 큰 북을 만들었고, 그 북을 두드리며 춤을 추기 시작한 데서 비롯되었다고 기록돼 있다. 고려 때는 북을 하나 놓고 두 사람이 추었으나, 조선 성종 때부터 춤추는 사람의 수대로 북의 수를 맞춰 4고무(四鼓舞)·8고무(八鼓舞) 등으로 발전하였다.

❺ **광수무(廣袖舞)** 조선시대에 만들어진 향악 정재로 넓은 소매로 된 옷을 입고 춘다. 숙종대의 『진연의궤』에 광수무를 추었다는 기록이 있으며, 사신연에도 광수무가 연행되었다. 이후 고종대까지도 계속 연행된 것으로 보인다.

❻ **첨수무(尖袖舞)** 영조대에 만들어진 향악 정재이다. 검기무를 추기에 앞서 서무(序舞) 형식으로 연행된 춤으로 조그만 칼을 쥐고 춘다. 칼을 다루기에 편하도록 소매가 좁은 옷을 입고 추므로 '첨수무'라 한다.

「내진찬정재도」에 수록된 무용 장면—1

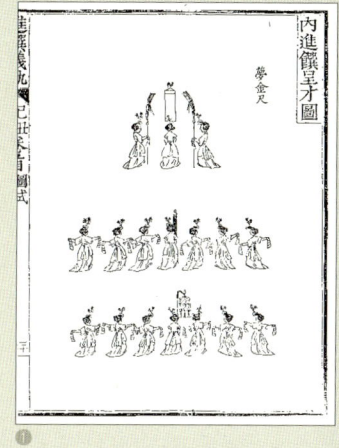
❶

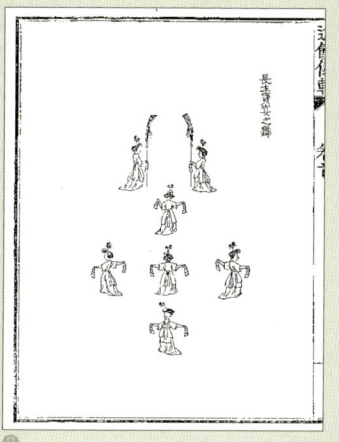
❷

❸

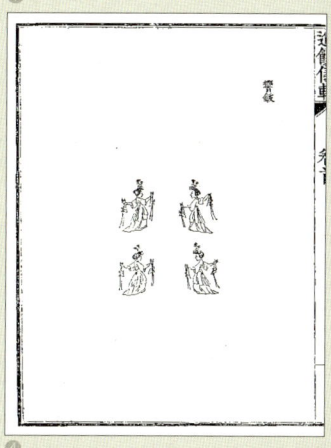
❹

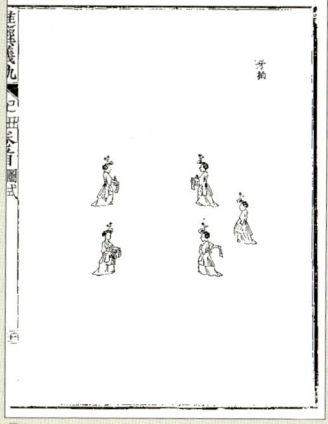
❺

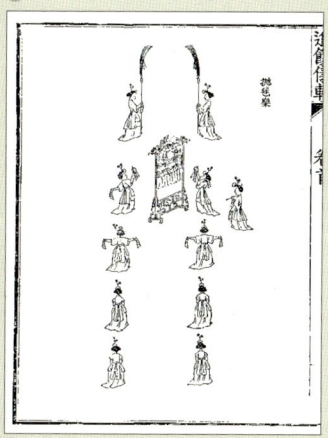
❻

❶ **몽금척(夢金尺)** 조선 초에 만들어진 당악 정재이다. 태조가 왕이 되기 전 꿈에 하늘에서 금척(金尺)을 받든 신인(神人)이 내려와 금척을 주고 곧 왕위에 오를 것을 알렸다는 내용을 무용화한 것으로, 금척무라고도 한다. 족자(簇子)를 든 1명, 죽간자(竹竿子: 궁중무용의 무구)를 든 2명, 금척을 받든 사람 1명, 황개(黃蓋) 1명, 그외 12명 등 모두 17명이 춘다.

❷ **장생보연지무(長生寶宴之舞)** 죽간자를 든 2인과 원무(元舞) 5인으로 구성되는 춤이다. 1829년(순조 29) 효명세자(孝明世子)가 중국 송대의 기성절(基聖節)에 쓰이던 〈장생보연지악(長生寶宴之樂)〉의 이름을 빌려 창제하였다. 춤이 끝날 때 죽간자를 든 무용수가 나와 '아름다운 자리 수놓은 듯한 주연에(綺席繡筵), 천 가지의 춤을 추어 보였구나(已呈千歲之舞)'라는 구호를 한다.

❸ **헌선도(獻仙桃)** 중국 당대에 있던 같은 이름의 춤을 고려 때 최충헌(崔忠獻)이 개작한 것이라고 전한다. 조선시대에는 나무를 깎아 선도(仙桃) 3개와 가지를 만들고, 잎은 동철로 만들어 은쟁반에 얹어 임금께 올리며 임금의 불로장수, 태평과 번영을 송축하며 이 춤을 추었다.

❹ **향발** (214쪽 설명 참조)

❺ **아박** (214쪽 설명 참조)

❻ **포구락(抛毬樂)** 1073년(고려 문종 27) 중국 송나라로부터 전래된 춤. 원무(元舞) 12명이 좌우 6명씩으로 나누어 노래를 부르고 춤을 추다가, 오른손에 든 채구(彩毬: 나무로 만든 공)를 풍류안(風流眼: 포구 틀 위에 뚫린 구멍)에 넣는 것을 겨루는 놀이 형식의 춤이다. 공을 넣으면 상으로 꽃을 주고, 넣지 못하면 벌로 얼굴에 먹점을 찍는다.

「내진찬정재도」에 수록된 무용 장면—2

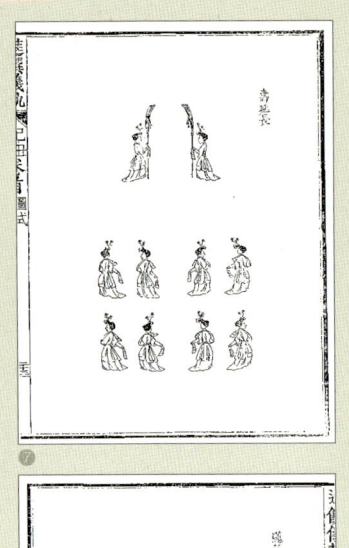
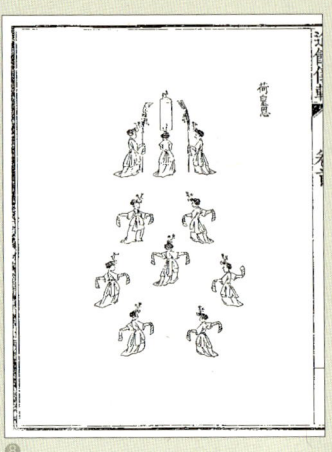
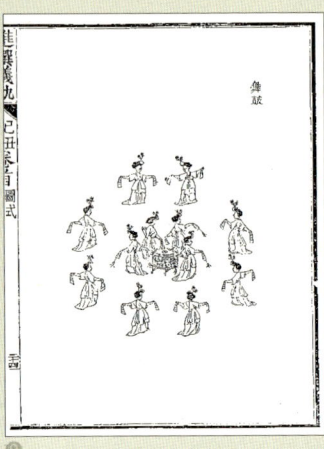
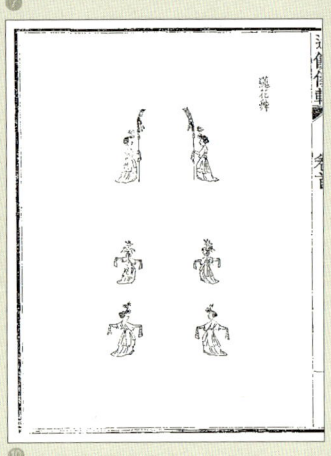
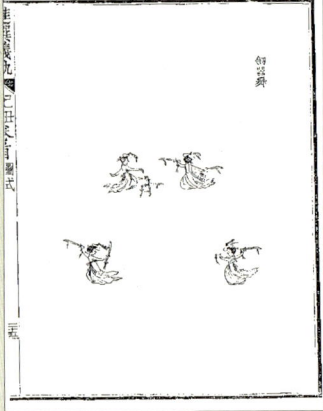

⑦ **수연장(壽延長)** 군왕이 음주할 때 부르던 〈중강〉(中腔)이라는 곡을 가무희(歌舞戲)의 형식으로 확대시킨 것으로 보인다. 2열 4대로 나누어 쉬지 않고 연이어 도는 춤으로, 군왕의 수(壽)를 축원하는 의미를 지닌다. 조선 후기까지 전승되었다.

⑧ **하황은(荷皇恩)** 1419년(세종 1) 변계량(卞李良)이 태종(太宗)의 명에 따라 만든 춤으로 전한다. 태종이 천명(天命)으로 나라를 다스리게 된 기쁨을 표현한 〈하황은사〉(荷皇恩詞)로부터 유래하며, 춤은 죽간자 2명, 족자(簇子) 1명, 중앙에 선모(仙母) 1명, 좌우협무(左右挾舞) 6명으로 구성된다.

⑨ **무고** (214쪽 설명 참조)

⑩ **연화무(蓮花舞)** 두 명의 여자 아이가 선녀옷과 고운 합립(蛤笠)을 쓰고 연꽃 속에 숨어 있다가 나와 금령(金鈴: 금방울)을 흔들며 추는 춤이다. 군왕의 덕화(德化)에 감격하여 기무로써 그 즐거움을 주러 왔다고 하며, 〈보허자〉와 그 밖의 반주에 따라 춤을 춘다.

⑪ **검기무(劒器舞)** 전립(戰笠)과 전복(戰服)·전대(戰帶)의 복식(服飾)을 갖춘 4명의 무원(舞員)들이 긴 칼을 들고 쌍으로 추는 춤으로, 원래 민간에서 가면무(假面舞)로 행해지던 것을 조선 순조 때 궁중 정재(宮中呈才)로 채택하여 오늘날까지 전승되는 춤이다. 『동경잡기』(東京雜記)의 「풍속조」(風俗條)에 이 춤에 대한 유래가 전한다.

⑫ **선유락(船遊樂)** 곱게 단장한 한 척의 배 둘레에 여러 명의 여기(女妓)가 패를 나누어 서서 배 가는 시늉을 하며, 〈이선가〉(離船歌: 황해도, 평안도 지역의 잡가)와 〈어부사〉(漁父詞)에 맞추어 추는 무용이다.

⑬ **오양선(五羊仙)** 고려 때 중국 송나라로부터 들어온 춤으로, 군왕의 건강과 장수를 비는 내용이다. 죽간자를 든 2인이 좌우에 벌여 서고, 왕모(王母, 仙母) 한 사람은 가운데 서며, 둘레에 4인의 무용수가 〈보허자〉에 맞추어 〈벽연

「내진찬정재도」에 수록된 무용 장면―3

농효사)(碧烟籠曉詞)를 부르며 춤을 춘다. 『문헌비고』(文獻備考)에 춤의 유래가 전한다.

⑭ **첨수무** (214쪽 설명 참조)

⑮ **춘앵전(春鶯囀)** 조선 순조 때 효명세자가 순종 숙황후(肅皇后)의 보령(寶齡) 40세를 경축하기 위하여 만든 춤이다. 어느 봄날 아침, 버들가지에서 지저귀는 꾀꼬리 소리에 도취되어 이를 무용화한 것이라고 한다. 길이 6자 가량의 화문석(花紋席) 위에서 〈평조회상〉(平調會相)을 반주로 춘다.

⑯ **보상무(寶相舞)** 보상반(寶相盤)이라는 둥근 상(床)을 중앙에 두고, 꽃과 붓을 든 두 사람과 여섯 명의 무용수가 춤을 추는 군무(群舞). 〈함녕지곡〉(咸寧之曲)이 연주되면 무용수 6인은 3조로 나뉘어 노래를 부르고 춤을 추다가 공을 보상반 가운데로 던진다. 이때 공이 안으로 들어가면 상으로 꽃을 받고, 그렇지 못하면 벌로 뺨에 먹칠을 당한다.

⑰ **가인전목단(佳人剪牧丹)** 중국 송(宋)나라 태조(太祖) 때 도곡(陶穀)이라는 한림학사가 제작한 것을 조선 순조 29년(1829)경 효명세자가 본떠 만든 무용이다. 무대 중앙에 활짝 핀 모란꽃병을 놓고 8인의 무용수가 편을 짜고 꽃을 희롱하는 춤이다. 복식으로는 머리에 금봉관(金鳳冠)을 쓰고, 색의(色衣)를 입는다.

⑱ **처용무(處容舞)** 궁중의 나례(儺禮: 음력 섣달 그믐밤, 마귀와 사신邪神을 쫓아내는 뜻으로 베푼 의식)나 중요 연례(宴禮)에 처용의 가면을 쓰고 추던 탈춤. 1971년 1월 8일 중요무형문화재 39호로 지정되었다. 『삼국유사』에 실려 있는 신라 헌강왕(憲康王) 때의 〈처용설화〉(處容說話)에서 유래된 가면 무용이다. 성종대에는 청·백·황·적·흑색의 오방(五方) 처용무로 연행하였는데, 조선 중기 이후 파연(罷宴: 연회를 마치다) 악무로 주로 행해졌다.

순조기축진찬의궤 중 가인전목단(좌)
중국 송(宋)나라 태조(太祖) 때 도곡(陶穀)이라는 한림학사가 제작한 것을 조선 순조 29년(1829)경 효명세자가 본떠 만든 무용이다. 무대 중앙에 활짝 핀 모란 꽃병을 놓고 8인의 무용수가 편을 짜 꽃을 희롱하는 춤이다. 복식으로는 머리에 금봉관(金鳳冠)을 쓰고, 색의(色衣)를 입는다.

가인전목단과 무고의 공연 장면(우)
ⓒ 박상윤

조선시대 궁중무용의 규모에 큰 변화가 오는 것은 18세기 이후이다. 임진왜란과 병자호란 등의 전란을 거치면서 다소 규모가 작아졌던 무용은 영·정조 시대 이후 문화 중흥이 이룩되면서 전대의 위용을 회복할 수 있었다. 궁중무용은 순조대를 고비로 정리되었는데, 그 종목은 증대되어 50여 종에 달하였다.

특히 순조의 세자인 효명세자(孝明世子, 1809~1830, 익종으로 추존)가 정치에 참여함으로써 궁중무용은 획기적인 전기를 마련하게 되었다. 무용에 관심이 컸던 익종이 대리청정을 하던 때에는 가인전목단(佳人剪牧丹)을 비롯한 20여 종의 궁중무용이 새로 만들어졌다. 이때 창제된 정재는 춤의 외적인 요소보다 내적인 구성에 중점을 두고 춤다운 춤을 추구하였다. 즉 민족적 정서를 살린 고유한 예술성을 강조한 춤이 대량으로 창작되었다는 점에서 역사적 의미가 크다.

순조 연간에는 향악 정재와 당악 정재가 많이 창제됨으로써 조선 전기의 화려했던 궁중잔치의 풍류를 어느 정도 회복할 수 있었다. 현재까지 연주되고 있는 춘앵전(春鶯囀)·무고(舞鼓)·가인전목단·장생보연지무(長生寶宴之舞) 등은 순조 때 재연되었던 것을 국립국악원에서 전승한 궁중무용들이다.

한편 1829년에 행해진 진찬 의식 때 공연된 정재는 그림으로 그려져 있다. 「외진찬정재도」(外進饌呈才圖)에는 초무(初舞)·아박(牙拍)·향발(響鈸)·무고·광수무(廣袖舞)·첨수무(尖袖舞)가 그려져 있고, 「내진찬정재도」(內進饌呈才圖)에는 몽금척(夢金尺)·장생보연지무·헌선도(獻仙桃)·무발(舞鈸)·아박·포구락(抛毬樂)·수연장(壽延長)·화황은(花皇恩)·무고·연화무(蓮花舞)·검기무(劍器舞)·선유락(船遊樂)·오양선(五羊仙)·첨수무·춘앵전·보상무(寶相舞)·가인전목단·처용무가 그려져 있어서 당시에 공연된 무용의 구체적인 모습을 접할 수 있다.

이처럼 순조대에는 궁중무용이 정비되었을 뿐만 아니라 궁중잔치의 의식이 체계적으로 정리·기록되었다. 1829년에 편찬된 『순조기축진찬의궤』(純祖己丑進饌儀軌)를 통해 궁중잔치의 면면을 살펴보자.

『순조기축진찬의궤』에 나타난 궁중잔치의 이모저모

『순조기축진찬의궤』는 1829년 순조가 40세가 되는 동시에 재위 30년이 되는 해를 기념하기 위하여 잔치를 베푼 행사를 정리한 의궤이다. 본 행사는 1828년 11월에 세자가 예조판서 등과 더불어 국왕의 즉위 30년을 맞이하여 기념행사를 베풀 것을 논의하고 숙종대와 영조대의 전례를 찾는 것에서 시작되었다. 당시의 국왕은 순조였지만 1827년부터 세자인 익종이 대리청정을 하고 있었으므로 행사의 실질적인 주관자는 세자였다.

1829년에 행해진 진찬 의식은 크게 대전외진찬(大殿外進饌)·대전내진찬(大殿內進饌)·대전야진찬(大殿夜進饌)·왕세자회작(王世子會酌)으로 구성되었다. 외진찬은 외연, 내진찬은 내연에 해당한다. 외연은 군신이 주축이 되는 연향으로 대비·왕비 등 여성은 참여하지 않았

순조기축진찬의궤 1828년(순조 28) 11월부터 이듬해 2월 사이에 순조에게 진찬을 행한 사실을 기록한 의궤. 권두에 있는 「택일」(擇日)에는 1829년 2월 9일 오시(午時)에 명정전에서 외진찬을 행하고, 내진찬과 야진찬은 2월 12일 자경전에서 시행하였다고 기록되어 있다. 서울대학교 규장각 소장.

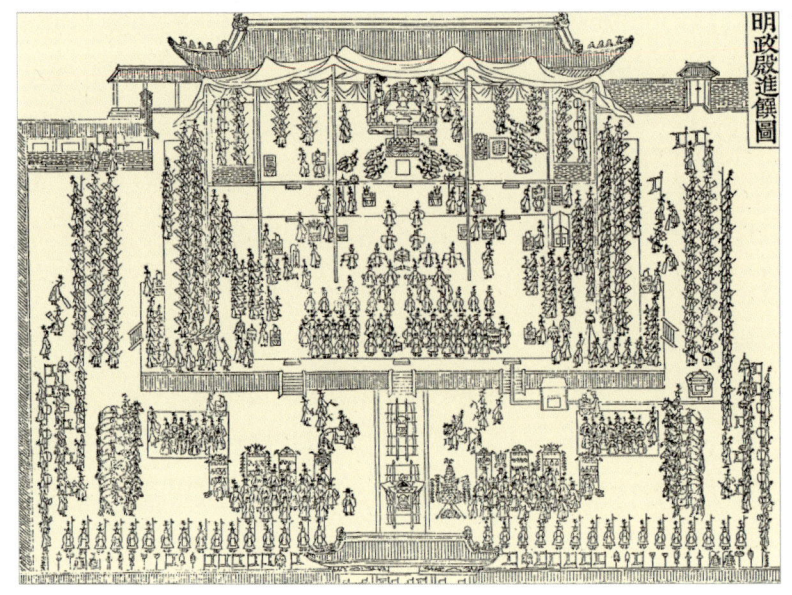

명정전진찬도 창경궁 명정전에서 거행된 외진찬 장면. 군신이 주축이 된 진찬으로 여성은 참여하지 않았다. 『순조기축진찬의궤』에 수록.

다. 하지만 내연은 대비·왕비·세자빈·공주 등의 여성이 주축이 되는 잔치임에도 왕을 비롯한 종친·의빈·척신 등 왕실의 친인척 남성들이 참여하기도 하였다. 대전외진찬은 창경궁 명정전(明政殿)에서, 대전내진찬·대전야진찬·왕세자회작은 왕비의 거처인 자경전(慈慶殿)에서 거행되었다.

의궤의 내용을 항목별로 보면 권두의 '택일'은 행사의 주요 일정을 정리한 것이며, '좌목'은 이 행사를 위해 특별히 설치된 진찬소와 의궤청의 구성원들의 명단을 기록한 것이다. '도식'은 행사장의 인원과 그 위치를 표 형식으로 제시한 반차도, 행사장과 행사 장면을 담은 그림, 의식에 소요된 악기·복식·물품 등을 구체적으로 밝힌 그림으로 구성되었다. 반차도는 실제 행사에서 잘못을 범하지 않게 미리 위치와 순서를 익히도록 한 것으로 도상연습에 해당하며, 각종의 그림에서는 어좌를 비롯하여 악대·여기 등의 공연자들, 의장품, 참관자들의 모습을 일목요연하게 찾아볼 수 있다. '도식'을 의궤에 기록된 순서대로 정리하면 다음과 같다

「명정전진찬반차도」(明政殿進饌班次圖)

「자경전진찬반차도」(慈慶殿進饌班次圖)

「자경전야진찬반차도」(慈慶殿夜進饌班次圖)

「자경전익일회작반차도」(慈慶殿翌日會酌班次圖)

「명정전도」(明政殿圖)

「명정전진찬도」(明政殿進饌圖)

「자경전도」(慈慶殿圖)

「환취정도」(環翠亭圖)

「자경전진찬도」(慈慶殿進饌圖)

「자경전야진찬도」(慈慶殿夜進饌圖)

「자경전익일회작도」(慈慶殿翌日會酌圖)

「왕세자소차도」(王世子小次圖)

「외진찬정재도」(外進饌呈才圖)

「내진찬정재도」(內進饌呈才圖)

「채화도」(綵花圖)

「기용도」(器用圖)

「의장도」(儀仗圖)

「정재의장」(呈才儀仗)

「악기도」(樂器圖)

「복식도」(服飾圖)

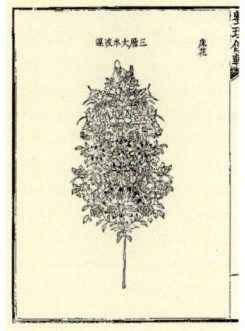

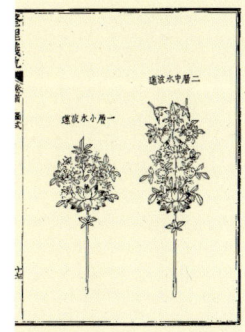

잔칫상을 장식하는 꽃 그림, 준화와 상화
궁중에서는 잔치 음식상을 차릴 때 각종 조화로 그 화려함을 더했다. 보통 병에 꽂아 장식한 꽃을 준화(상)라고 하였는데, 용이 그려진 큰 병에 9자 반(2.95m) 높이의 꽃을 장식하였다. 상화(중·하)는 궁중잔치 때 바닥에 꽂는 조화를 말하는데, 혜경궁의 회갑연에서는 1단, 2단, 3단으로 된 세 가지 장식이 사용되었다. 『원행을묘정리의궤』에 수록.

3권으로 구성된 본문에는 진하와 진찬의 허락을 국왕에게 청하는 세자의 상소인 '예소'(睿疏)를 비롯하여 의식에 사용된 악장을 모은 '악장'(樂章), 국왕의 공덕을 칭송한 '치사'(致詞), 진찬 행사의 구체적인 전례를 정리한 '의주'(儀註) 및 행사의 준비 지침을 기록한 '절목'(節目), 진찬소 등에서 국왕에게 보고한 문서와 각급 관청에서 주고받은 문서들을 모아 놓은 '계사'(啓辭), '품목'(稟目), '감결'(甘結), '이문'(移文), '내관'(來關) 등 각종 공문서가 수록되었다. 이어 행사에 참여한 기생, 사용된 물품과 꽃 등을 기록하고 있다. '찬품'(饌品)은 행사를 위해 준비된 음식의 재료와 상차림을 기록한 것이며, '채화'(綵花)에는 잔치에 사용된 꽃 장식을, '기용'(器用)에는 행사에 소용된 도구들을 각각 기록하였다. 이외에 행사에 소용된 물품을 새로 보수한 내용을 적은 '수리'(修理), 행사장에 배치한 각종 물품의 위치 등을 정리한 '배설'(排設), 깃발과 부채 등 의장품들의 재료와 크기를 정리한 '의장'(儀仗), 행사의 보조 인원과 경비 군사들의 임무 등을 기록한 '의위'(儀衛) 등이 수록되었다. 권3에는 행사에 참여한 인물들을 관직과 함께 기록한 '진작참연제신'(進爵參宴諸臣), 진찬에 참여한 명부(命婦: 복작을 받은 부인을 일컬음)·종친·의빈·척신을 수록한 '내외빈', 공연에 따른 악공과 무용수들의 복장 등을 기록한 '공령'(工令), 무용과 음악에 필요한 소품과 악기를 기록한 '악기풍물'(樂器風物), 행사에 참여한 인물들에 대한 포상을 기록한 '상전'(賞典), 행사에 소요된 비용을 수입과 지출별로 정리한 '재용'(財用)이 기록되었다.

위에서 항목별로 의궤에 기록된 내용들을 살펴보았는데 이를 통하여 순조대에 베풀어진 궁중잔치의 전모를 확인할 수 있다. 특히 도식에 나타난 각종 그림들과 잔칫상 하나하나마다 놓여진 꽃에 대한 기록이나 각종 공연에 동원된 기생들의 복장까지 세밀히 기록한 것을 통하여 당시의 모습을 생생히 복원할 수 있다. 이 의궤는 모두 6부를 제작하여 규장각, 춘추관, 예조, 태백산 사고, 오대산 사고, 적상산 사고에 각각 보관하였다.

19세기 초반에 베풀어진 궁중잔치 의식의 면모를 세밀히 정리한 『진찬의궤』에는 당시 왕실 문화의 멋과 화려함이 고스란히 담겨져 있다. 이것은 결국 18세기 영·정조 시대를 거치면서 성숙된 조선 후기의 왕실 문화가 순조대 이후에도 여전하였음을 보여 주는 사례로 평가된다. 즉 19세기 초반까지도 궁중잔치 의식을 통하여 왕실의 위엄을 더하고 왕권을 강화하려는 왕실의 의지가 지속되고 있었음을 알 수 있다.

영국으로 건너간 『기사진표리진찬의궤』(己巳進表裏進饌儀軌)

궁중잔치 의식을 정리한 의궤 중 채색된 한 권의 의궤가 영국에서 발견되었다.

　1992년, 서울대 국사학과 이태진 교수는 영국에서 공부하고 있던 한 학생과의 면담을 통해 대영도서관(British Library)에서 의궤 한 권을 보았다는 사실을 전해 들었다. 그는 1993년, 영국을 방문하던 중 대영도서관에서 그 의궤를 직접 확인하였는데, 그것은 바로 순조대의 어람용 의궤 『기사진표리진찬의궤』였다. 그렇다면 이 의궤는 어떻게 영국으로 건너가게 된 것일까?

　이태진 교수에 의해 이 의궤가 영국의 런던으로 흘러가게 된 과정을 알려 주는 한 장의 자료가 발견되었다. 1891년에 영국박물관(대영도서관은 이 박물관에서 분화됨)이 파리의 한 치즈상으로부터 21파운드에 이 책을 구입했다는 사실을 증명하는 영수증이 바로 그것이다. 이는 1866년의 병인양요 때 어람용 의궤 중 상당수가 프랑스군에 의해 약탈되어 프랑스로 건너간 이후, 파리국립도서관의 관리 소홀로 한 권의 의궤가 흘러 나가 다시 영국에 매매되었다는 추정을 가능케 한다.

　『기사진표리진찬의궤』는 순조가 1809년에 생모인 수빈 박씨의 회갑을 위해 표리(表裏)와 음식을 올리는 의식을 기록한 의궤이다. 이 의식은 1795년에 정조가 혜경궁 홍씨의 회갑 때 올린 예에 따라 행해졌다. 『기사진표리진찬의궤』는 어람용으로 특별히 제작되어 천연색으로 그려진 것이 특징이다. 현재 국내에 소장 중인 의궤는 대부분 활자로 간행되어 당시의 모습을 흑백으로밖에 볼 수 없는 반면, 이 의궤는 화려한 채색화로 제작되어 궁중 복식이나 의장품, 악기의 본래 모습을 파악하는 데 결정적인 도움을 준다.

기사진표리진찬의궤

행사의 모습을 병풍으로 제작하다

궁중의 잔치 의식은 의궤로 정리되는 한편 계병(稧屛)[71]으로도 제작되었다. 제작된 병풍은 크기별로 따로 만들어 큰 것은 왕실에 바치고 작은 것은 의식에 참여한 관리들에게 포상 형식으로 지급하였다.

1829년의 『진찬의궤』 '재용' 편에는 제작된 병풍의 수량과 지급처, 제작 비용이 기록되어 있다. 왕실에 바친 큰 병풍〔大屛〕 4좌(坐)는 매 좌(每坐) 100냥이었으며, 당상 6인과 장악원제조 1인에게는 50냥 중간 병풍, 낭청 6인은 40냥 중간 병풍을 지급했고, 별간역(別看役) 2인은 20냥 병풍을 받았다. 그외 패장(牌將) 10인, 녹사(錄事) 1인, 계사(計士) 4인, 서리(書吏) 12인, 의주색(儀註色) 서리 1인, 서사(書寫) 2인, 고직(庫直) 1인은 10냥 병풍을, 사령(使令) 13인은 2냥 병풍을, 군사(軍士) 5인과 관사환(官使喚) 5인은 1냥 병풍을 각각 지급받았다. 행사를 마친 후에 직급별로 기념 병풍을 받은 셈이다. 의궤의 기록에 의하면 이수민 등 화원 13인이 병풍 제작에 참여한 것으로 나타나며 이들은 포상으로 목면을 2필씩 지급받았다.

진연 의식이 끝난 후에는 대개 4건에서 8건의 내입도병이 가장 크고 화려하게 제작되었다. 이어 진연청의 당상과 낭청에게 수여되는 계병이 큰 병풍으로 만들어지고, 감독관인 별간역에게는 중간 병풍이, 현장에서 공장(工匠)을 거느리고 직접 진행을 책임졌던 패장 이하 녹사·계사·서리·서사·고직 등의 관원에게는 작은 병풍이 지급되었다. 이외에 사령·군사·사환 등에게는 1냥에서 5냥 정도 되는 족자를 만들어 지급하였다. 내입도병이 여러 좌 제작된 것은 왕뿐만 아니라 대왕대비·왕비·왕세자 등 진찬을 받은 당사자를 비롯해 거처하는 각 전과 궁에 올려졌기 때문이다.

궁중연향을 마치고 내입도병과 참여자들에게 주는 계병을 공식적으로 만든 것은 익종이 왕세자로 대리청정을 시작한 1827년 이후, 즉 1829년의 진찬부터 나타난다. 익종은 궁중연향 의례의 보완을 통해 예악의 이념을 확실히 구현하고자 노력했던 인물이다. 특히 그는 음악에

[71] 국가에 큰 행사가 있을 때 도감의 관원들이 이를 기념하기 위하여 행사 후에 그때의 광경을 병풍으로 만든 것.

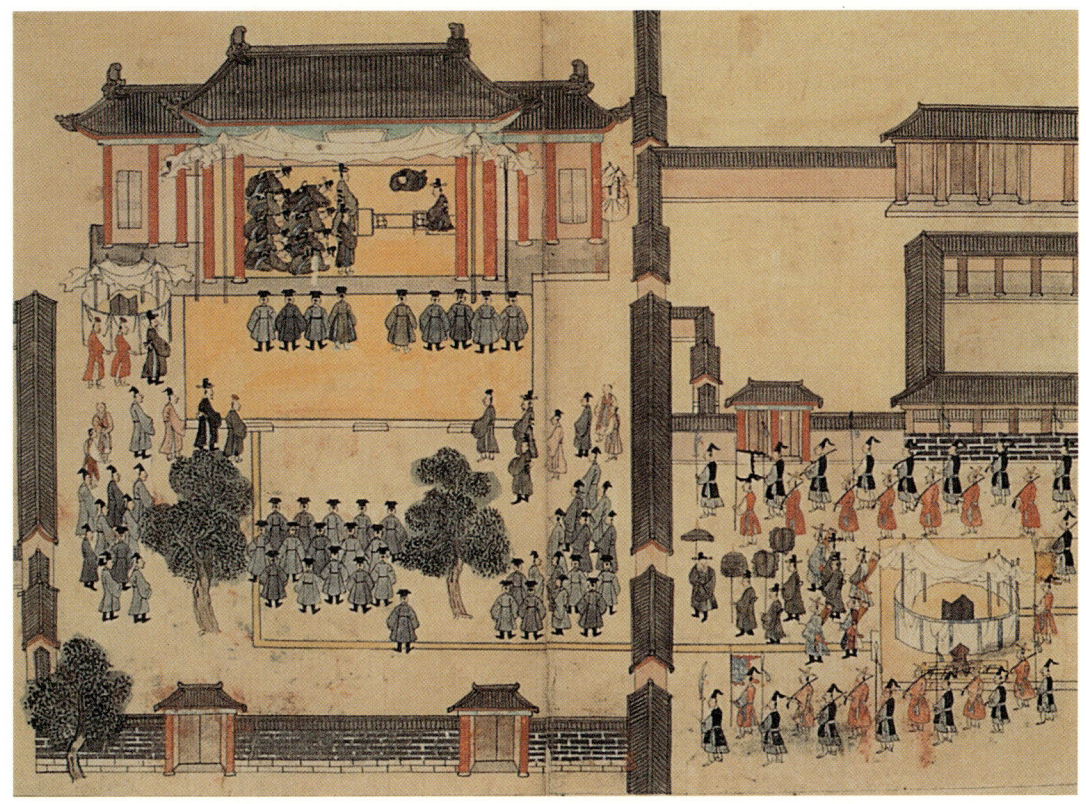

익종대왕입학도 1817년 3월 11일에 치른 효명세자의 성균관 입학례를 기념하여 그린 그림으로, 화첩의 발문은 남공철(南公轍, 1760~1840)이 썼다. 그림의 배경이 되는 장소는 성균관 명륜당으로, 명륜당 오른편에 앉아 있는 이가 강학을 담당한 박사이며, 그 맞은편에 서 있는 두 사람 사이에 세자의 자리가 있다. 1828년, 비단에 채색, 41 x 26.5cm, 서울대학교 규장각 소장.

남다른 열정을 보였고 새로운 정재의 창안에도 많은 힘을 기울였으며, 궁중 예연을 주재하면서 직접 선택한 정재를 무대에 올리기도 했다. 익종의 음악과 정재에 대한 적극적인 관심은 자연히 궁중 예연의 설행에도 영향을 미쳤으며, 계병과 내입도병을 제작하는 데도 반영되었던 것으로 보인다.[72]

이때 제작된 계병들은 천연색으로 그려져 있어서 의궤의 도식에 그려진 흑백 자료의 한계성을 보완하는 데도 큰 도움이 되었다. 이처럼 궁중잔치의 의식을 정리한 의궤와 병풍은 조선시대 왕실 문화의 멋과 화려함이 최고조로 표현되어 있는 기록이자 그림이었다.

[72] 박정혜, 『조선시대 궁중기록화 연구』, pp. 399~402, 일지사, 2000.

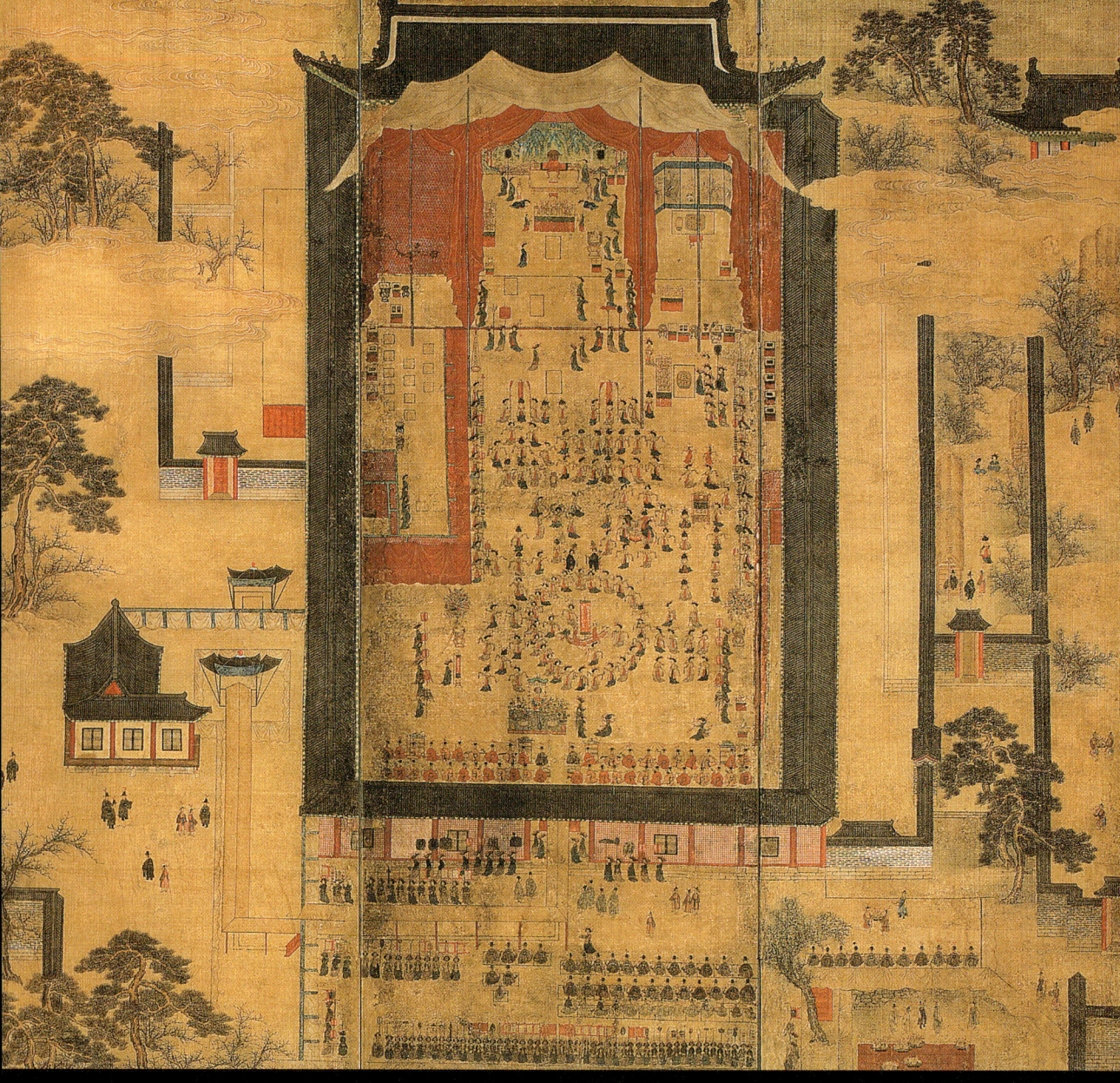

기축년진찬도병

진찬도는 일반적으로 대왕과 왕대비, 대왕대비의 생신과 왕의 등극주년을 기념하여 제작되었다. 이 작품은 1829년 2월 거행된 궁중 연회를 기록한 것으로 순조의 보령(寶齡: 임금의 나이를 높여 이르는 말) 사순과 왕위 등극 30년을 기념하여 왕세자 익종이 바친 것이다. 19세기 궁중 연회에 적용된 의식 절차는 1744년 『국조오례의』 중 「가례」에 정해진 진연의, 왕비진연의, 삼전진연의, 어연의 의주(儀註: 국가 전례의 절차)를 기본으로 한 것이다. 이와 같은 진찬도는 일정한 예제(禮制)에 의거하여 복잡한 의식의 절차와 순서를 알기 쉽게 그린 것으로, 궁중 생활을 구체적이고도 사실적으로 보여 준다. 1829년, 비단에 채색, 각 폭 150.2×54cm, 국립중앙박물관 소장.

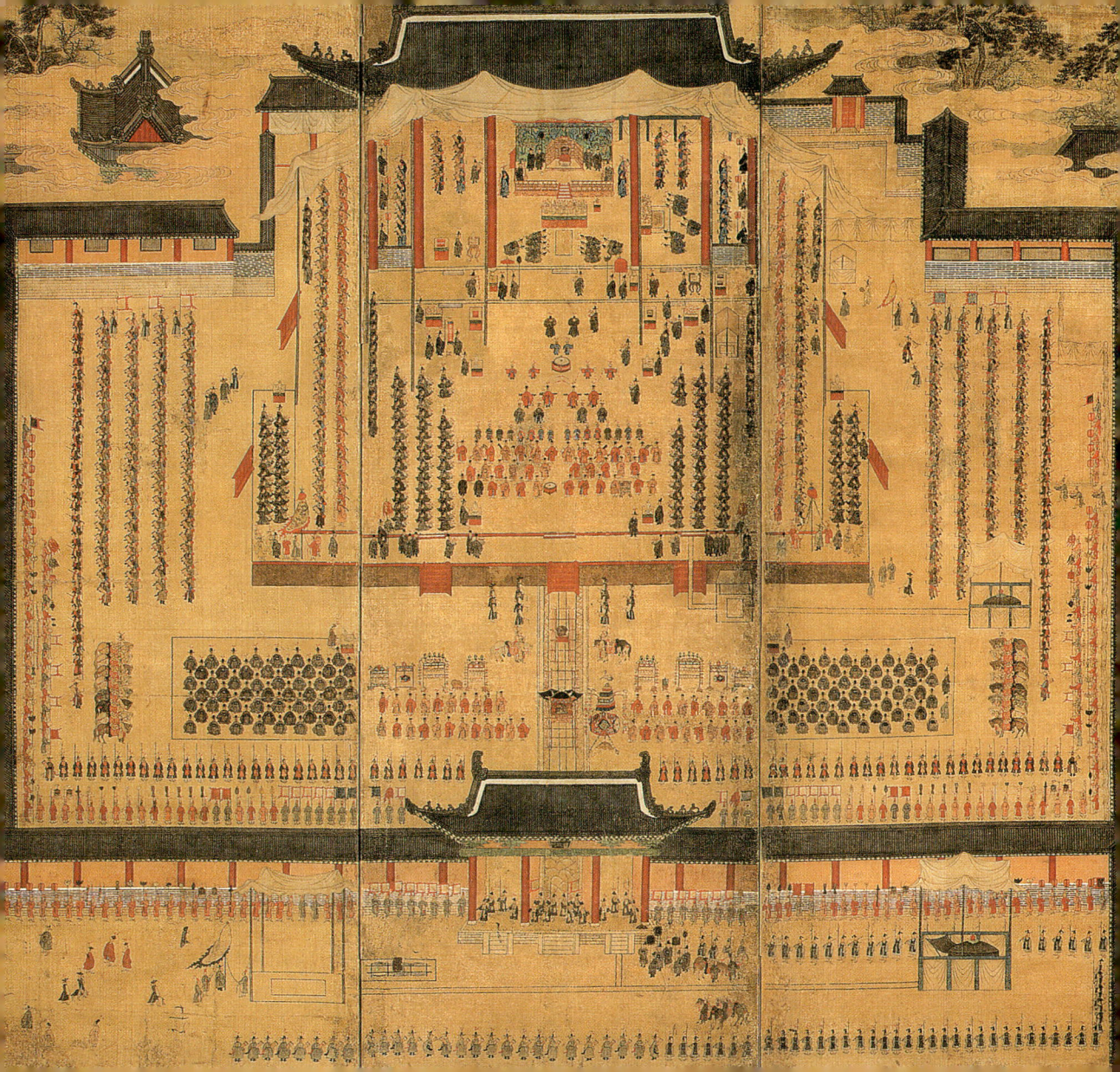

11

조선시대의 악기 만들기
『악기조성청의궤』

조선왕조는 유교의 이상인 예악(禮樂)의 정치를 실현하려고 한 시대였다. 예(禮)가 상하를 구분하여 그 차이점을 드러내는 것이라면 악(樂)은 상하를 조화시켜 동질감을 느끼게 하는 것으로, 예와 악은 상호 보완적인 관계를 이룬다. 조선시대의 모든 국가 전례에는 반드시 그에 수반되는 음악이 있었고, 이는 예악의 정치를 구현하려는 방안에서 나온 것이다.

조선조에는 특히 오례 중에서도 길례(吉禮)인 국가 제례를 가장 중시하였고, 제례에 사용되는 음악을 정비하는 데 많은 관심을 기울였다. 이에 따라 종묘나 사직과 같은 제례 공간에서 사용하는 악기가 부족하거나 파손되었을 때에는 임시로 악기조성청을 설치하여 악기를 새로 제작하였다. 또한 황단(皇壇: 창덕궁 후원에 설치한 대보단) 제례나 경모궁(景慕宮: 현 서울의대 자리에 세운 사도세자의 사당) 제례와 같이 새로운 제례가 생겼을 때는, 이에 소요되는 악기는 물론이고 악공(樂工)의 관복(冠服)이나 의장(儀仗)까지 악기조성청에서 제작하였다.

편경 석부(石部)에 속하는 타악기. 악기를 구성하는 경석(磬石)이 희귀하여 중국에서 구하거나 흙으로 구운 도경(陶磬)을 대용하기도 했는데, 세종대에 남양에서 질이 좋은 경석을 발견한 이후 국내 생산이 이루어졌다. 습기와 건조, 추위와 더위에도 음색과 음정이 변하지 않아 모든 국악기 조율의 기준이 된다.
ⓒ 국립국악원

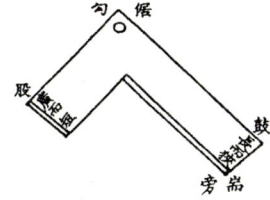

경형 구(勾)와 고(股)는 경판의 폭이 넓고 짧은 쪽이며, 거(倨)와 고(鼓)는 폭이 좁고 긴 쪽을 말한다. 구와 거는 상단, 고는 하단을 가리킨다. 『경모궁의궤』에서 인용.

경석의 채취

편경은 제례악의 연주에 있어 등가(登歌: 당상악)나 헌가(軒架: 당하악)에 공통적으로 편성되며, 악기 조율의 기준이 된다. 편경은 ㄱ자 모양으로 만든 16개의 경석(磬石)을 음높이에 따라 순서대로 매단 것으로, 상하 2개의 단에 8개씩 매달았다. 편경을 제작하는 데 가장 중요한 것은 질이 좋은 경석을 확보하는 일이다.

세종은 국가 전례를 전반적으로 정비하면서 음악의 정비에도 깊은 관심을 기울였다. 당시 음악을 정비하는 일은 박연(朴堧)[73]이 맡았는데, 그는 해주의 거서(秬黍)와 남양의 경석을 구함으로써 그 일을 성공적으

[73] 박연(1378~1458)은 조선의 문신이자 음악이론가이다. 세종 때 편경(編磬) 12장을 만들고 직접 만든 12율관(律管)에 의거하여 음률의 정확성을 기하였다. 또한 조정의 조회 때 사용하던 향악(鄕樂)을 아악(雅樂)으로 대체하여 궁중음악을 개혁하였다.

특종(좌) 금부(金部)에 속하는 타악기로 길이 50cm 정도의 종 하나를 틀에 걸고 친다. 원래는 달(月)에 따라 서로 다른 12종류의 특종이 사용되었는데, 성종대 이후로는 제례악에서 음악이 시작될 때 사용되었다. ⓒ 국립국악원

특경(우) 석부(石部)에 속하는 타악기로, 한 개의 경석을 틀에 매달아 방망이로 쳐서 소리 낸다. 경의 개수와 크기만 다를 뿐 연주법, 모양 등은 편경과 거의 같다. ⓒ 국립국악원

로 끝낼 수 있었다.

거서란 오곡(五穀)의 하나인 기장을 말한다. 예전에는 기장 낱알을 기준으로 하여 율관(律管)을 제작한 다음, 이 율관을 가지고 악기를 조율하였으므로 규격에 맞는 기장을 구하는 일이 중요했다. 그런데 해주의 기장이 발견되어 우리나라의 기장을 기준으로 한 율관을 만들 수 있었다.

경석은 남양 이외에도 성천, 밀양, 예천 등지에서 생산되었다. 그러나 남양에서 나온 경석이 가장 좋은 음질을 가지고 있었고, 중국의 경석보다 소리가 월등히 좋았다. 이에 박연은 1427년(세종 9)에 남양의 경석을 채취하여 총 528매의 편경과 특경(特磬)을 제작하여 국가 제례와 조회에 사용하였다.

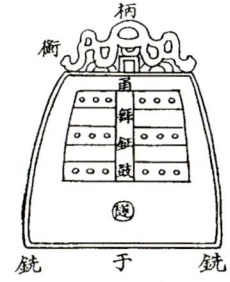

편종 금부(金部)에 속하는 타악기. 두 개의 방대(方臺) 위에 나무사자 한 쌍을 앉히고 그 위를 용머리와 다섯 마리 목공작으로 장식했다. 이 틀에 16개의 종을 상하 2단으로 8개씩 나누어 매달고 망치 모양의 각퇴(角槌)로 종 아래 정면에 있는 수(隧)를 쳐 소리를 낸다. ⓒ 국립국악원

종형 종의 자루(柄)는 형(衡)과 용(甬)으로 구성된다. 종의 몸체는 다섯 부분으로 구분되는데, 아래에서부터 선(銑), 우(于), 고(鼓), 정(鉦), 무(舞)의 순서이다. 종의 소리가 울리는 곳은 무(舞) 부분이다. 『경모궁의궤』에서 인용.

 이후 세종대의 음악을 말할 때에는 반드시 해주의 기장과 남양의 경석을 거론했는데, 이는 좋은 악기를 만들기 위해서는 무엇보다도 좋은 재료를 확보하는 일이 중요했기 때문이다.

 조선 후기에 악기를 제작할 때에도 남양의 경석은 여전히 중요한 재료였다. 그런데 남양의 경석을 채취하는 데에는 어려움이 많았다. 우선 경석이 묻혀 있는 장소가 사면에서 바람을 맞는 음지인 건달산의 꼭대기였다. 또한 그곳은 오랫동안 경석을 채취해 왔던 곳이기 때문에 수십 길을 파 내려가야 경석이 나왔고, 좌우는 암벽으로 막혀 있어 작업하기가 매우 힘들었다. 따라서 혹심한 추위의 겨울을 넘기고 이듬해 봄에 작업을 하는 경우가 많았다.

 구체적인 경석 채취 상황은 일일이 기록해 두었다. 가령 1805년, 사

방향 금부에 속하는 타악기. 16개의 철편(鐵片)을 틀에 매달아 각퇴로 쳐서 소리 낸다. 중국 양(梁)나라 때에 만들어 졌다고 하며, 우리나라에서는 고려 문종 때 이 악기로 당악을 연주한 이래 줄곧 당악과 고취(鼓吹)에 편성되어 쓰였다. ⓒ 국립국악원

직서의 편경을 제작할 때에는 총 30덩어리의 경석이 필요했는데, 3월 2일에 5덩어리, 11일에 7덩어리, 12일에 9덩어리, 16일에 6덩어리, 18일에 3덩어리를 옥장(玉匠)들이 채취하여 서울로 올려 보낸 사실이 의궤에 자세히 기록되어 있다.

경석을 확보한 다음에는 이를 갈아서 ㄱ자 모양으로 만들기 위한 연마재가 필요했다. 경석의 연마재로는 정옥사(碇玉砂)란 모래를 사용했는데, 이는 서울의 인근 군현에서 제공했다. 1777년에 경모궁의 악기로 편경 32매(2틀)를 제작한 기록을 보면, 여기에는 50두(斗: 말)의 정옥사가 소요되었는데 그 가운데 인천이 12두, 부평이 12두, 통진이 13두, 김포가 13두를 분담한 것으로 되어 있다. 또한 편종(編鐘)의 제작을 위해서는 백토(白土) 140두가 필요했는데, 부평·고양·파주·금천·인천에서 각각 28두씩을 맡아서 서울로 올려 보냈다고 한다. 악기의 제작이 시작되면 재료의 대부분을 이렇게 서울 인근에 있는 경기도의 군현들이 분담하였다.

악기 제작의 배경   악기조성청이 설치되어 악기를 제작하는 경우는 크게 두 가지가 있었다. 기왕에 제작된 악기가 사고로 인해 파손되었거나 숫자가 부족할 때 이를 보충하기 위한 경우, 그리고 새로운 제례가 생겨 제례악의 연주를 위한 악기를 제작하는 경우이다.

1682년(숙종 8)에 종묘와 영녕전에서 사용할 방향(方響)을 제작한 것, 1744년(영조 20)에 창덕궁 인정전 뜰에 놓여 있던 헌가 악기가 불타 이를 다시 제작한 것, 1803년(순조 3)에 사직단에 있던 악기고(樂器庫)가 불타 버리자 악기를 복원한 것이 바로 전자에 해당한다. 이런 경우에는 작업의 규모가 상대적으로 작은 편이었고, 소실된 악기를 보충하는 것으로 끝났다. 가령 인정전의 악기를 제작할 때에는 편종 32매(2틀), 편경 32매(2틀), 건고(建鼓) 1, 응고(應鼓) 1, 삭고(朔鼓) 1, 어(敔) 1, 축(柷) 1, 휘(麾) 1, 조촉(照燭) 1을 복원하였으며, 사직단의 것은 편종 8매, 편경 17매를 복원하는 정도였다.

그러나 1681년(숙종 7)의 영소전(永昭殿: 숙종의 첫째 왕비인 인경왕후의 혼전), 1741년(영조 17)의 황단, 1777년(정조 1)의 경모궁은 새로 설치된 제례 공간에 필요한 악기를 제작한 경우이다. 이때는 각 제례에 사용되는 악기는 물론이고 제례악 연주에 동원되는 악사(樂師)·악공

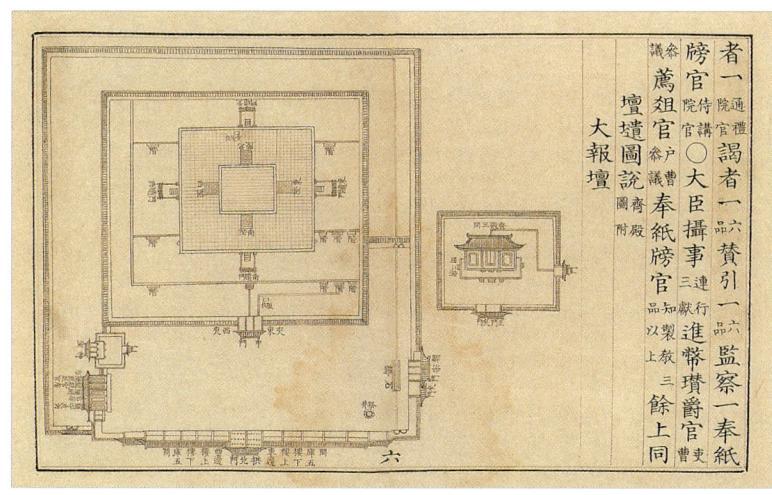

황단의의 대보단 그림 『황단의』는 1748년(영조 24) 영조의 명으로 황단, 즉 대보단의 의례 절차를 정리한 책이다. 대보단은 임진왜란 때 구원병을 보내 준 명나라 신종황제를 추모하기 위해 1704년(숙종 30) 창덕궁 안에 만든 제단인데, 이 때에 명나라 태조황제와 의종황제를 추가 배향하였다. 그림은 대보단을 그린 부분이다.

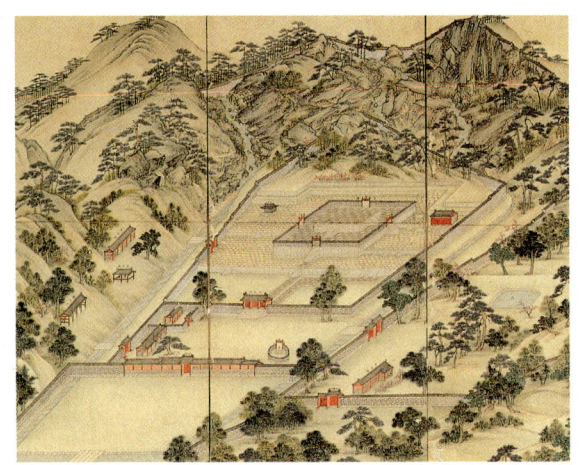

동궐도의 대보단 부분 대보단은 창덕궁 후원 제일 뒤쪽의 서쪽 공간에 위치하였다. 중앙의 대보단을 중심으로 동쪽에 봉실, 서쪽에 경봉각이 보인다.

(樂工)·무용수들이 착용할 관복까지도 함께 제작하였다. 특히 황단과 경모궁 제례는 조선 후기에 새롭게 추가된 제례로서 국가적으로도 매우 비중이 큰 제사였으므로 악기를 마련하는 데도 만전을 기했다.

황단(대보단)은 임진왜란 때 구원병을 보내 준 명나라 신종(神宗)황제의 신위를 모신 제단으로 조선의 대명의리론을 천명하는 의미가 있었다. 1704년(숙종 30) 민진후(閔鎭厚)의 발의로 창덕궁 후원에 황단을 설치하고 제례를 거행했는데, 처음에는 별도의 악기를 마련하지 못하고 산천제에 사용하는 악기를 빌려서 사용했다. 그러다가 1741년(영조 17)에 황단 제례의 날짜가 산천제와 겹치게 되자 부득이 문묘의 악기를 빌려서 사용했고, 이해 6월에서 9월 사이에 악기조성청을 설치하여 악기 일체를 마련했던 것이다.

그런데 황단의 악기가 한창 제작되고 있던 1741년 7월에 장악원(掌樂院) 건물에서 세종대에 만들어진 석경 10매가 발견되었다. 영조는 이를 매우 특이한 일이라 기뻐하고 그중에 사용이 가능한 4매는 황단의 악기에 포함시켜 사용하도록 했다.

『악기조성청의궤』의 내용

악기조성청이 설치되어 악기가 제작된 경우는 여러 번 있었지만 현재까지 의궤로서 남아 있는 것은 『인정전악기조성청의궤』(仁政殿樂器造成廳儀軌), 『경모궁악기조성청의궤』(景慕宮樂器造成廳儀軌), 『사직악기조성청의궤』(社稷樂器造成廳儀軌)로 3종이다. 인정전의 악기 제작에 관해 기록한 『인정전악기조성청의궤』는 1745년(영조 21)에 1책으로 제작되었고, 경모궁의 악기 제작에 관한 기록 『경모궁악기조성청의궤』는 1777년(정조 1)에 1책으로, 사직단의 악기 제작에 관한 기록 『사직악기조성청의궤』는 1804년(순조 4)에 역시 1책으로 제작되었다.

이 의궤들을 살펴보면 모두 책수가 1책이며 내용의 순서도 거의 동일하다. 다만 제작되는 악기 및 관복의 양에 따라 기록에 차이가 난다. 그 가운데 기록이 가장 풍부한 『경모궁악기조성청의궤』를 중심으로 그 내용을 살펴보자.

맨 앞에는 악기 제작을 담당한 관리 및 장인의 명단이 나온다. 악기의 제작은 국가 전례를 담당하는 예조와 음악·무용을 담당하는 장악원에서 담당하였다. 따라서 악기조성청의 관리들은 대부분 예조와 장악원 소속의 관리들이 겸임하였고, 악기를 직접 제작하는 별공작(別工作)에는 선공감(繕工監)의 관리가 참여하였다. 다음으로 '계사'(啓辭)는 악기조성청에서 국왕에게 올린 보고서인데, 악기조성청이 장악원 안에 설치되었고 악기를 제작한 장인들은 궁가(宮家)나 군문에 소속된 사람들 중에서 선발하였음을 알려 준다. '품목'(稟目)에는 악기를 제작하는 데 소요된 물품을 각 악기별로 제시하였는데 사슴의 뿔, 아교, 소가죽 등의 소요량을 구체적으로 밝혀 놓았다.

'이문'(移文)·'내관'(來關)·'감결'(甘結)에는 악기조성청과 관련 기관 간에 주고받은 공문서가 수록되어 있다. 악기조성청 이외에도 호조·병조·경기감영·선혜청·어영청·금위영 등이 이 일에 참여하였으며, 고양군수·김포군수·인천부사·부평부사·금천현감·파주목사·통진부사와 같은 지방관들에게도 배당된 물품을 올려 보내도록 조치하였음이 나타나 있다.

다음으로 '공장'(工匠)에는 악기와 관복의 제작에 참여한 장인들의 명단이 나온다. 경모궁의 경우 총 43개 분야 148명의 장인이 동원되었는데 그 내역은 다음과 같다.

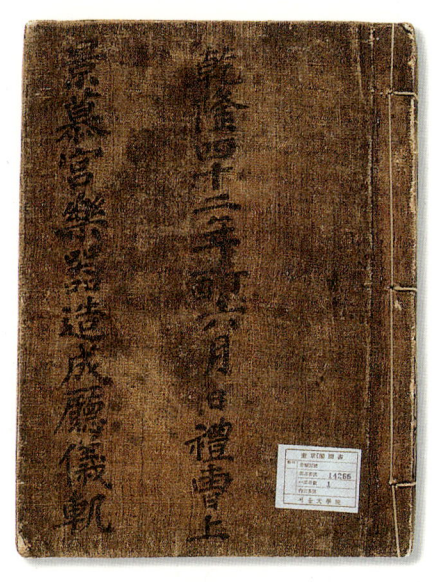

경모궁악기조성청의궤 1777년(정조 1) 경모궁 제례에 사용되는 악기를 만드는 과정을 기록한 의궤이다. 예조와 장악원 두 곳에 보관되었는데, 본 의궤는 예조에 보관되었던 것이다. 서울대학교 규장각 소장.

소로장(小爐匠)	11명	주장(注匠)	2명
옥장(玉匠)	23명	천혈장(穿穴匠)	3명
시장(匙匠)	6명	야장(冶匠)	1명

마경장(磨鏡匠)	6명	이지장(耳只匠)	2명
풍물장(風物匠)	2명	관장(冠匠)	5명
조각장(雕刻匠)	8명	안자장(鞍子匠)	2명
소목장(小木匠)	6명	통장(桶場)	5명
두석장(豆錫匠)	4명	다회장(多繪匠)	2명
석수(石手)	4명	매집장(每緝匠)	1명
마조장(磨造匠)	2명	장고장(杖鼓匠)	1명
목혜장(木鞋匠)	2명	은장(銀匠)	1명
목수(木手)	2명	직장(直匠)	1명
조가장(造家匠)	2명	조현장(造絃匠)	3명
관자장(貫子匠)	3명	피장(鞁匠)	1명
우산장(雨傘匠)	1명	가칠장(假漆匠)	4명
시장(矢匠)	2명	침선비(針線婢)	9명
사장(篩匠)	3명	기거장(岐鉅匠)	2명
태평소장(太平簫匠)	1명	대인거(大引鉅)	5명
각대장(角帶匠)	1명	소인거(小引距)	2명
화자장(靴子匠)	2명	걸거장(乬鉅匠)	2명
피장(皮匠)	1명	연마장(鍊磨匠)	1명
도자장(刀子匠)	1명		

 '실입'(實入)은 악기 제작에 포함된 일체의 물품을 품목별로 정리해 둔 것이다. 앞서 '품목'에서 각 악기별로 소요된 물품을 일일이 구분하여 제시한 것에 비해 이곳에서는 악기 제작에 사용한 물품의 총량을 제시하고 있다.

 그 다음에는 의궤의 제작과 관련한 기록이 나오는데, 의궤 제작의 바탕이 되는 '등록'(謄錄)은 2건을 작성하여 예조와 장악원에서 보관하였고, 의궤는 저주지(楮注紙)로 2건이 제작되었음을 알 수 있다. 마지막으로 '별공작등록'(別工作謄錄)은 실제로 악기를 제작하는 과정에서 소요된 물품을 재정리하고 있다.

경모궁의 악기와 관복 | 경모궁은 정조의 생부(生父)인 사도세자의 신주를 모신 사당이다. 창경궁의 홍화문 밖, 즉 지금의 서울의대 자리에 있던 이 사당은 1764년(영조 40) 가을에 수은묘(垂恩廟)란 이름으로 건립되었다. 그런데 정조는 1776년 3월에 왕위에 오르자마자 그 이름을 경모궁으로 격상시키고 건물도 증축하였다. 또한 5월에는 경모궁 의례를 정비하였으며, 이내 경모궁 악기의 제작에 들어가서 1777년 5월에는 악기를 모두 완성하였다.

정조가 경모궁을 증축하고 제례를 정비한 것은 자신의 정통성을 강화하려는 의도였다. 정조는 비록 사도세자의 형인 진종(眞宗)의 후사로 국왕에 즉위하는 형식을 취했지만, 그에게는 영조에 의해 죽임을 당한 사도세자의 아들이라는 멍에가 늘 따라다녔다. 정조는 사회 전 분야에

궁원의에 수록된 경모궁도설(좌) 『궁원의』는 경모궁과 영우원에서 행해진 의식과 절차를 수록한 책으로, 그림은 책에 수록된 경모궁 전체의 배치도이다. 경모궁은 지금의 서울의대 자리에 위치했다.

향사반차도설(우) 경모궁에서 제례를 올릴 때 제관들이 서는 위치를 표시한 그림이다. 『경모궁의궤』에 수록.

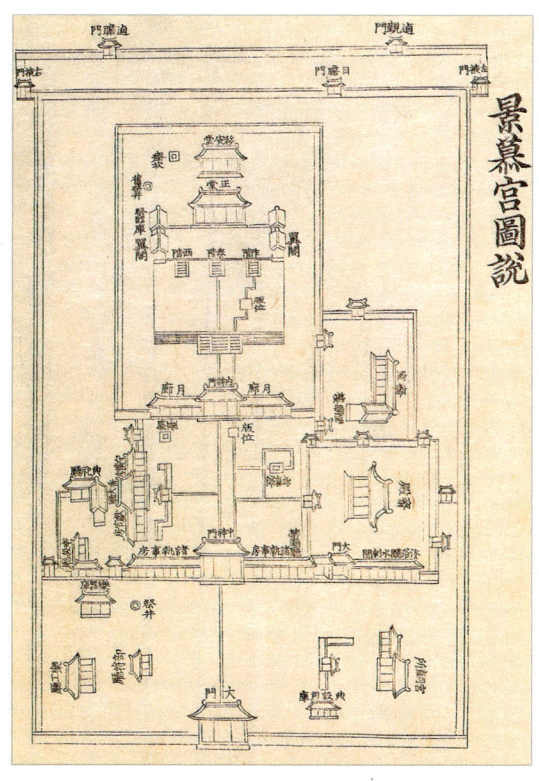

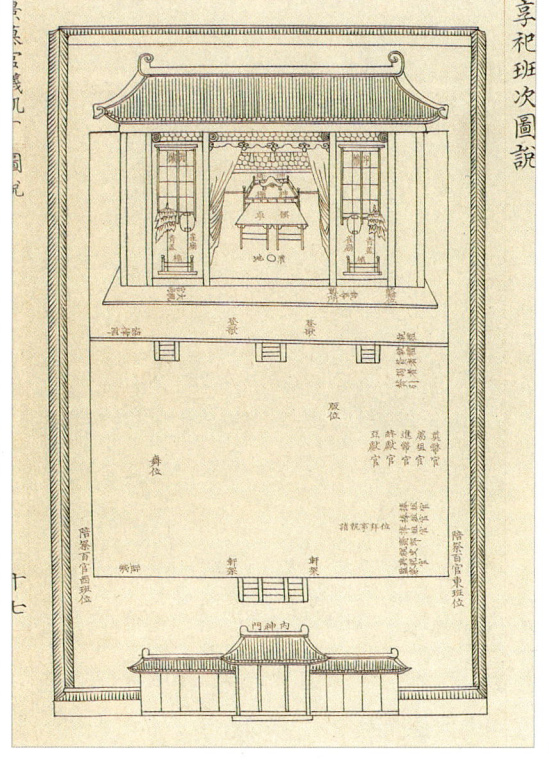

서 변화가 일어나는 격동의 시대를 맞아 전면적인 개혁 정치를 구상하였는데, 이를 위해서는 자신의 왕권이 확립되어야 하고, 왕권의 확립을 위해서는 사도세자의 복권이 필수적이라고 판단했다. 정조가 사도세자의 신위를 모신 경모궁을 증축하고 관련 제례를 정비하며 악기를 갖춘 것은 사도세자를 복권시키기 위해서였다.

1776년 8월, 경모궁 제례에 사용할 악기를 제작하기 위한 악기조성청이 설치되었다. 경모궁 제례는 새롭게 생긴 국가 제례이므로 등가와 헌가 편성에 필요한 악기는 물론, 연주자와 무용수들이 착용할 관복(冠服)까지 함께 제작해야 했다. 정조는, 편종과 편경의 제작은 1745년 인정전의 악기를 제작할 때의 예를 따르도록 했고, 나머지 악기와 관복의 제작은 1741년 황단의의 예를 따르도록 했다.

경모궁의 악기는 1777년 5월 25일에 모두 완성되어 경모궁으로 운반되었다. 악기는 완성되었지만 바로 음악 연주를 할 수는 없었다. 왜냐 하면 1776년에 사망한 영조의 삼년상이 진행되고 있었기 때문이다. 결국 경모궁 제례에서 최초로 음악이 연주된 것은 영조의 삼년상이 끝나고 영조의 신위가 종묘에 봉안된 후인 1778년 9월이었다.

『경모궁악기조성청의궤』에는 경모궁 제례악의 연주를 위해 제작된 악기의 내역과 각 악기를 제작하는 데 소요된 재료가 상세히 기록되어 있다. 경모궁의 악기 내역을 보면 경모궁 악기는 총 25종이 제작되었음을 알 수 있다.

경모궁 제례의 악기 편성을 보면 등가에 19명, 조촉(照燭)[74]을 포함하여 헌가에 21명으로, 구성 인원이 총 40명이었다. 이는 종묘 제례 때의 편성이 등가 22명, 헌가 24명으로 합이 46명인 것에 비해 약간 적은 규모였다. 구체적으로 비교하면 향비파 1명, 대금 2명, 소금 1명, 장고 2명이 차이가 났다. 이로써 경모궁 제례는 국가 제례 중에서 종묘보다 격이 낮은 중사(中祀)에 해당하였지만 비교적 성대하게 치러졌음을 알 수 있다.

---

[74] 밤에 거행되는 제례에서 의식의 신호로 사용되던 청사초롱 모양의 등. 조촉을 들면 음악 연주가 시작되고, 내리면 음악이 그친다.

● 경모궁 악기의 수량과 배치

악기	수량	배치	
		등가	헌가
편종(編鍾)	32매(2틀)	○	○
편경(編磬)	32매(2틀)	○	○
방향(方響)	32매(2틀)	○	○
진고(晉鼓)	1부	·	○
절고(節鼓)	1부	○	·
축(柷)	2부	○	○
장고(杖鼓)	2부	○	○
어(敔)	2부	○	○
당비파(唐琵琶)	1부	○	·
향비파(鄕琵琶)	1부	·	○
현금(玄琴)	1부	○	·
가야금(伽倻琴)	1부	○	·
아쟁(牙箏)	2부	○	○
생(笙)	2부	○	○
훈(壎)	1부	○	○
태평소(太平簫)	1부	·	○
해금(奚琴)	1개	·	○
필률(觱篥)	2개	○	○
대금(大笒)	2개	○	○
당적(唐笛)	2개	○	○
퉁소(洞簫)	1개	○	·
지(篪)	1개	·	○
노도(路鼗)	1부	·	○
대금(大金)	1개	·	○
박(拍)	2부	○	○

『경모궁의궤』에 수록된 악기 그림

편종(編鐘) 금부(金部)에 속하는 타악기. 두 개의 방대(方臺) 위에 나무사자 한 쌍을 앉히고 그 위를 용머리와 다섯 마리 목공작으로 장식했다. 이 틀에 16개의 종을 상하 2단으로 8개씩 나누어 매달고 망치 모양의 각퇴(角槌)로 종 아래 정면에 있는 수(隧)를 쳐 소리를 낸다.

편경(編磬) 석부(石部)에 속하는 타악기. 악기를 구성하는 경석(磬石)이 희귀하여 중국에서 구하거나 흙으로 구운 도경(陶磬)을 대용하기도 했는데, 세종대에 남양에서 질이 좋은 경석을 발견한 이후 국내 생산이 이루어졌다. 습기와 건조, 추위와 더위에도 음색과 음정이 변하지 않아 모든 국악기 조율의 기준이 된다.

방향(方響) 금부에 속하는 타악기. 16개의 철편(鐵片)을 틀에 매달아 각퇴로 쳐서 소리 낸다. 중국 양(梁)나라 때에 만들어졌다고 하며, 우리나라에서는 고려 문종 때 이 악기로 당악을 연주한 이래 줄곧 당악과 고취(鼓吹)에 편성되어 쓰였다.

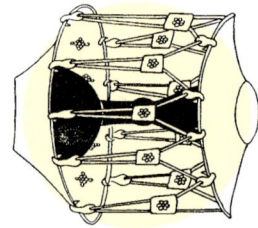

장고(杖鼓) 혁부(革部)에 속하는 타악기. 일종의 양면고(兩面鼓)로 허리가 가늘어 세요고(細腰鼓)라고도 한다. 두 개의 오동나무통을 가는 조롱목으로 연결시키고 통의 양편은 가죽으로 메웠다. 북편(왼쪽)에는 두꺼운 소가죽이나 흰 말가죽을, 채편(오른편)에는 보통 말가죽을 쓰며 두꺼운 북편에서는 낮은 소리가, 얇은 채편에서는 높은 소리가 난다.

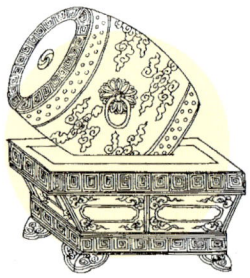

절고(節鼓) 혁부에 속하는 타악기. 상자 모양의 방내에 북을 올려놓고 나무방망이로 친다. 기원에 대해서는 중국 수(隋)나라 때 쓰던 것이 조선 세종 때 들어왔다는 것과, 조선 중기에 한국에서 제작하였다는 두 가지 설이 있다. 현재 종묘제례악과 문묘제례악에서 주악을 시작할 때와 끝낼 때 3번씩 친다.

축(柷) 목부(木部)에 속하는 타악기. 속이 빈 나무 상자에 구멍을 뚫고 그 구멍 속에 방망이를 넣어 친다. 어(敔)와 함께 문묘제례와 종묘제례에 사용되고 있다. '축'은 음악의 시작을 알리는 악기로 동쪽에, '어'는 음악의 끝남을 알리는 악기로 서쪽에 놓는다.

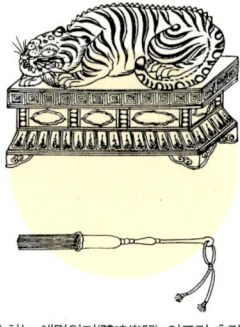

진고(晉鼓) 혁부에 속하는 타악기. 한국 북 중에서는 가장 크며 북통이 붉은색이다. 4개의 기둥에 가름대를 설치한 나무틀에 올려져 있으며, 끝을 헝겊으로 감은 나무 방망이로 쳐서 소리를 낸다. 종묘제례악과 문묘제례악에 사용하며 음악이 시작되기 전에 1번, 음악이 끝날 때 3번 친다.

어(敔) 목부에 속하는 체명악기(體鳴樂器). 엎드린 호랑이 모양으로 나무를 조각하고 그 등에 27개의 돌기를 깎아 만든 악기이다. 연주할 때는 9조각으로 갈라진 대나무 채(견죽)로 먼저 호랑이 머리를 3번 치고 이어 돌기 긁어내리기를 3번 반복한다. 흰색으로 칠해서 서쪽에 배치하였다.

당비파(唐琵琶) 목 부분이 구부러져 있어 곡경비파(曲頸琵琶)라고도 한다. 통일신라시대에 중국에서 들어온 것으로 짐작되나 분명한 기록은 발견되지 않았다. 성종 때는 음악을 배울 때 반드시 당비파를 먼저 배우게 했으며, 악공을 취재(取才)할 때도 당비파로 시험 보게 하는 등 매우 널리 쓰였다.

향비파(鄕琵琶) 사부(絲部)에 속하는 발현악기. 거문고·가야금과 함께 신라삼현(新羅三絃)에 들며, 고구려의 오현(五絃)과 같은 악기이다. 원래 서역의 악기가 고구려를 통하여 신라에 전해진 것으로 당비파와 구분하기 위하여 붙인 이름이며, 목이 곧아 직경비파(直頸琵琶)라고도 한다.

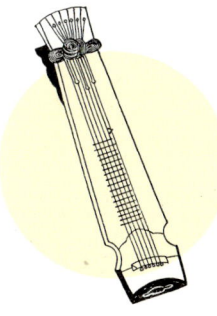
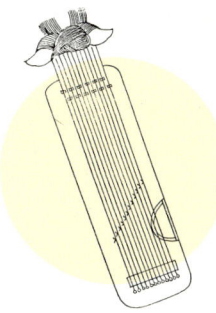

현금(玄琴) 사부에 속하는 현악기. 거문고를 말한다. 오동나무와 밤나무를 붙여서 만든 울림통 위에 명주실을 꼬아서 만든 6줄을 매고 술대로 쳐서 소리 낸다. 소리가 깊고 장중하여 예로부터 '백악지장(百樂之丈)'이라 일컬어졌으며, 학문과 덕을 쌓은 선비들 사이에서 숭상되었다.

가야금(伽倻琴) 가얏고라고도 한다. 오동나무 공명반에 명주실을 꼬아서 만든 12줄을 세로로 매어 각 줄마다 안족(雁足: 기러기 발)을 받쳐 놓고 손가락으로 뜯어서 소리를 낸다. 정악 가야금, 풍류 가야금으로는 줄풍류를 비롯하여 가곡 반주에 사용하고, 19세기에 후반에 만들어진 산조 가야금으로는 가야금산조, 가야금병창 등 민속악 계통의 음악을 연주한다.

아쟁(牙箏) 사부에 속하며 줄을 문질러서 소리 낸다. 원래는 7현(七絃)이었으나 음을 보강해 9현으로 만들어 쓰기도 한다. 고려 때부터 전해 오며 조선 성종 무렵부터는 향악에까지 쓰이게 되었다. 현악기 중 가장 좁은 음역을 지닌 저음 악기로, 정악용(正樂用) 아쟁은 개나리의 껍질을 벗겨 송진을 칠한 활로 줄을 문질러 소리 내고, 산조 아쟁은 말총으로 활을 만들어 연주한다.

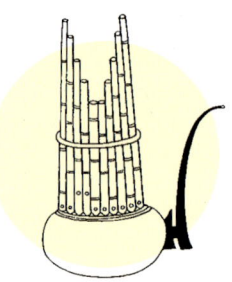

생(=생황, 笙簧) 옛날에는 관(管)의 개수에 따라 따로 화(和)·생(笙)·우(竽) 등의 이름이 있었으나, 지금은 이 종류의 악기를 통틀어 생황이라고 한다. 악기에 김을 불어넣는 통의 위쪽 둘레에 돌아가며 구멍을 뚫고, 거기에 죽관(竹管)을 돌려 꽂았다. 죽관 위쪽 안에는 길쭉한 구멍을 뚫어 그것을 막으면 소리가 나고, 열면 소리가 나지 않게 하였다.

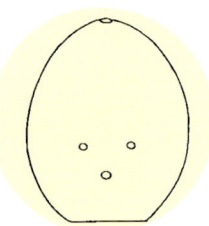

훈(壎) 토부(土部)에 속하는 공명악기. 점토를 구워서 만든다. 중국 고대 토기시대의 유물이며 세계 각지에 흩어져 있는 토속적 악기로 한국에는 1116년(고려 예종 11) 중국 송나라에서 들어왔다. 지공(指孔: 손가락으로 짚는 구멍)이 앞에 3개, 뒤에 2개 있으며 취구(吹孔: 부는 구멍)는 위쪽에 있다.

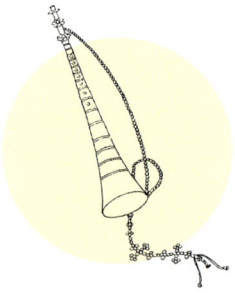

태평소(太平簫) 목부에 속하는 관악기. 호적(胡笛)·날라리·대평소·소놀 등으로 불렸다. 나무로 만든 긴 관 끝에 혀(reed)를 꽂아서 불며 화려하고 강렬한 음색을 지녔다. 초기에는 주로 군중(軍中)에서 사용하였으나 지금은 종묘제례악과 대취타(大吹打)·풍물·범패(梵唄: 불교음악) 등에서 사용되고 있다.

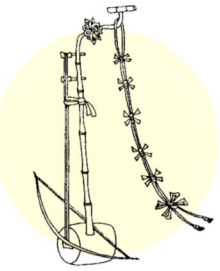

해금(奚琴) 사부에 속하는 찰현악기. 큰 대나무의 밑뿌리와 해묵고 마디가 촘촘한 오반죽(烏斑竹)을 재료로 몸통을 만들고 여기에 줄을 두 가닥 연결하였다. 말총으로 만든 활을 안줄과 바깥줄 사이에 넣고 문질러서 소리를 낸다.

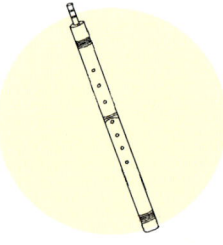

필률(觱篥) 죽부(竹部)에 속하는 공명악기. 고구려 때부터 있었던 이 향피리는 한국 고유의 피리라는 뜻으로, 전래된 당(唐)피리와 구분하기 위하여 붙여진 이름이다. 길이 27cm, 관의 안지름 1cm 정도인 대나무(황죽, 黃竹) 한끝에 해죽(海竹)으로 깎은 겹혀[複舌: double reed]를 꽂아서 분다.

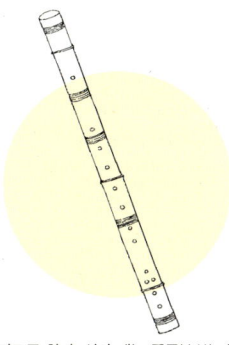

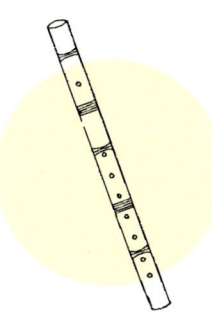

대금(大笒) 젓대라고도 한다. 신라 때는 중금(中笒)·소금(小笒)과 더불어 삼죽(三竹)이라 하여 신라악에 편성되었고, 『삼국사기』에는 '신라에는 대금곡이 324곡에 이른다'고 기록되어 있다. 관 위쪽 끝은 막혀 있고, 조금 내려가서 김을 불어넣는 취구가 있으며, 그 아래에 청공(淸孔)이 뚫려 있는데, 이 위에 갈대 속청을 붙여 이것으로 대금 특유의 음색을 낸다.

당적(唐笛) 죽부에 속하는 공명악기. 취공(吹孔) 1개, 지공 6개인 종적(縱笛)이며 해묵은 황죽으로 만든다. 『고려사』의 기록에 따르면 처음 중국에서 들어올 때는 취공 1개에 지공 7개로 당악 계통의 음악을 연주하기에 적당한 구조를 가졌으나, 조선 성종 이후 개량되어 지금에 이른다고 한다.

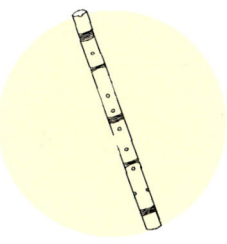

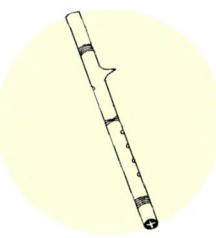

통소(洞簫) 죽부에 속하는 공명악기. 굵고 오래 묵은 대나무에 구멍을 뚫어 만든 종적. 현재 통소(洞簫)는 두 가지로 구분되는데, 하나는 정악용 통소이고 다른 하나는 민요나 시나위 등 민속악에 사용되는 속칭 통애로 불리는 통소이다.

지(篪) 죽부에 속하는 공명악기. 고대 중국에서 사용하였으며 한국에서는 고구려와 백제 때도 쓰였다는 기록이 있다. 황죽(黃竹)을 재료로 하고, 지공은 모두 5개이며 아랫부분을 십자형으로 뚫어서 음높이를 조절한다.

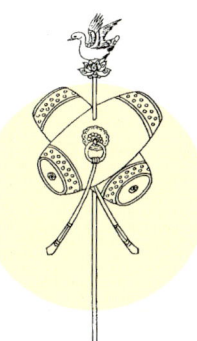

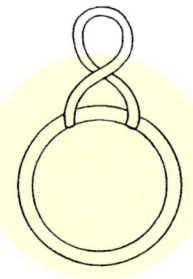

노도(路鼗) 크기가 작은 사면고(四面鼓)로 북통의 길이 33.6cm, 지름 15.4cm이며, 몸통이 긴 북 2개를 십자형으로 포개어 긴 나무장대로 북통을 관통하게 하였다. 북마다 양쪽 허리에 가죽 끈을 길게 매달아 연주할 때는 나무 대를 흔들어 가죽 끈이 북면을 두들겨 소리 나게 한다.

대금(大金) 금부에 속하는 타악기. 놋쇠로 만들며 징과 비슷하다. 홍실로 끈을 매어 왼손에 쥐고 사슴 가죽을 감은 망치로 친다. 고려시대부터 전하는 군악이라는 설과, 조선 세종 때 명나라로부터 전해진 것이라는 설이 있다.

박(拍) 목부에 속하는 체명악기. 6조각의 얇고 긴 판목(板木)을 모아 한쪽 끝을 끈으로 꿰어 폈다 접었다 하며 소리 낸다. 신라 말부터 박판(拍板)이라는 이름으로 춤과 노래의 반주에 쓰였으며, 고려·조선을 거치면서 당악·향악·아악에 두루 쓰였다.

악기의 재료

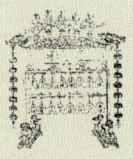

편종 32매(2틀)의 재료

숙동(熟銅) 316근, 유철(鍮鐵) 208근, 함석(含錫) 306근 15량, 유랍(鍮鑞) 29근 7량, 탄(炭) 21석 15두, 생마(生麻) 15근, 숙마(熟麻) 15근, 잡휴지(雜休紙) 15근, 송명(松明) 160근, 황토(黃土) 30두, 백와(白瓦) 30두, 황밀(黃蜜) 8근, 송지(松脂) 3근, 감장(甘醬) 1두, 간장(艮醬) 1두, 염(鹽) 16두, 파유둔(破油芚) 2부, 파독포(破毒布) 16척, 가저모(家猪毛) 1근, 풍로판(風爐板) 2립, 모구피(毛狗皮) 4령, 법유(法油) 1승, 창병목(搶柄木) 1개, 도죽(刀竹) 2개, 줄우피(㐀牛皮) 2조, 백우피(白牛皮) 1령, 대집거(大執擧) 1개, 소집거(小執擧) 1개, 대지내(大地乃) 1개, 한료적(汗了赤) 1개, 송탄포(松炭布) 5척, 괴목륜통(槐木輪桶) 1괴, 갈지륜통박달목(㐀只輪桶朴達木) 1괴, 자작판(自作板) 2립, 연일려석(延日礪石) 7편, 강려석(强礪石) 3괴, 중려석(中礪石) 2괴, 수건포(手巾布) 5척, 횡철(橫鐵) 5개, 망석(網席) 2립, 마미사(馬尾䉶) 1부, 죽사(竹䉶) 1부, 백토(白土) 140두, 포토(浦土) 5태.

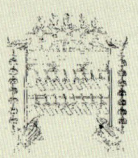

편경 32매(2틀)의 재료

정옥사(碇玉砂) 55두, 수건포(手巾布) 5척, 세사(細沙) 연일려석(延日礪石) 7편, 강려석(强礪石) 3괴, 중려석(中礪石) 1괴.

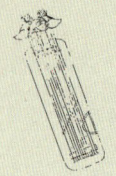

가야금 1부의 재료

배차오동목(背次梧桐木, 길이 5척 5촌 넓이 1척 1촌) 1편, 수장차산유자(修粧次山柚子, 길이 2척 5촌 넓이 4촌 두께 2촌) 1편, 부돌차초록향사(夫乭次草綠鄕絲) 12량, 사두홍진사(蛇頭紅眞絲) 2전, 현차백사(絃次白絲) 2량, 회장차백릉(繪粧次白綾, 길이 8촌 넓이 5분) 1편, 초록대단(草綠大緞, 길이 8촌 넓이 5분) 1편, 다홍대단(多紅大緞, 길이 8촌 넓이 5분) 1편, 어교(魚膠) 반장, 탄(炭) 2두, 가차내외공홍황목(家次內外拱紅黃木) 각 10척 5촌.

● 악사·악공·무용수의 관복 일람표

착용자	물품	제작량	소요량	여분	비고
악사(樂師)	복두(幞頭)	2	2	·	
	오정대(烏鞓帶)	2	2	·	
	녹초삼(綠綃杉)	2	2	·	
	흑피화(黑皮靴)	2	2	·	
등가·헌가 공인 (登歌·軒架 工人)	개책관(介幘冠)	40	40	·	
	홍주의(紅紬衣)	40	40	·	
	백주중단(白紬中單)	40	40	·	
	백주대(白紬帶)	40	40	·	
	백포말(白布襪)	40	40	·	
	오피리(烏皮履)	40	40	·	
문무·무무 공인 (文舞·武舞 工人)	진현관(進賢冠)	38	36	2	문무
	피병관(皮弁冠)	36	36	·	문무
	적상(赤裳)	74	72	2	
	남주의(藍紬衣)	74	72	2	
	적상의(赤裳衣)	74	72	2	
	홍주대(紅紬帶)	74	72	2	
	백포말(白布襪)	74	72	2	
	오피리(烏皮履)	74	72	2	

악기조성청에서는 제례악 연주에 동원되는 악사(樂師)·악공(樂工)·무용수의 관복도 제작하였다. 그 내용을 살펴보면 악사 2명이 등가와 헌가에 각 1명씩 배치되어 연주를 지휘하고, 악공은 등가와 헌가를 합쳐 40명이 배치되었다. 또한 무용은 6일무(佾舞)를 사용하였는데, 인원은 문무(文舞) 36명과 무무(武舞) 36명을 합하여 총 72명이 있었다. 다만 문무의 무용수가 착용하는 관복에는 2인분의 여유를 두어 관복이 분실되거나 파손되는 경우에 대비하였다.

12

국왕의 초상화 제작 기록,
어진 의궤

우리는 지폐를 통하여 이황(李滉), 이이, 세종대왕 등 역사상 위대한 인물의 모습을 늘 접한다. 그러나 사실 이들의 초상은 당대에 실물을 보고 그린 것이 아니라 후대에 자료를 토대로 그려진 상상화에 가깝다. 실제 있는 그대로의 모습을 그린 국왕과 관리들의 초상화가 전해지고 있지만 그다지 많은 수효는 아니다.

고려시대, 조선시대에 일반 백성들은 국왕의 모습을 볼 수 있었을까? 결론적으로 말하자면 백성들이 국왕의 모습을 직접 접할 기회는 매우 드물었다. 그러나 역대 국왕의 모습을 후대에 널리 전하기 위해 국왕의 초상인 어진은 정기적으로 제작되었다. 그렇다면 전통시대 최고의 권력자였던 국왕의 어진은 과연 어떻게 만들어졌을까?

안악 3호분 묘주인상 안악 3호분은 고구려 벽화고분 가운데 가장 큰 규모로 제작 연대가 알려진 이른 시기의 것이다. 벽화의 주인공과 관련된 다양한 행사 장면과 생활 전반을 알려 주는 풍속 장면이 그려져 있는데, 그중에서도 붉은 휘장 안에 그려진 부채를 쥔 묘주인의 초상이 가장 뛰어나다. 고구려 357년경, 황해남도 안악군 오국리 소재.

국왕의 초상화, 어진

초상화란 사람의 얼굴을 중심으로 하여 신체를 그린 그림으로, 인물화의 하나로 볼 수 있다. 인물화는 회화의 시작과 밀접하게 관련되어 있는데, 이 사실은 고구려 고분벽화에 나타난 각종의 인물 그림에서도 쉽게 짐작할 수 있다. 또한 삼국시대의 그림에서도 전체 구도 속에서 인물이 주요 구성 요소가 된 경우가 많았다. 그러나 엄격한 의미에서 초상화라 할 수 있는 작품들은 대개 통일신라 이후에 출현한다. 각종 문헌기록을 통해 볼 때 통일신라시대에는 왕의 어진을 비롯하여 승려들의 초상이 주로 제작되

안향 초상(좌측 면) 원래의 영정은 1318년 충숙왕(忠肅王, 재위 1313~1330)이 안향의 공적을 기념하기 위해 원나라 화공에게 그리게 했던 것인데, 지금의 영정은 조선 명종 때 그것을 임모한 것이다. 1318년, 비단에 채색, 37×29cm, 순흥 소수서원 소장.

선현영정첩 중 허목과 이천보의 초상
숙종~정조 연간에 활약한 관리들의 초상화를 모아 놓은 화첩이다. 고위직을 역임한 인물들의 관복 차림을 그렸으며, 1790년대를 기준으로 생존하지 않는 인물은 기존의 초상화를 모사한 것으로 보인다. 총 24명의 초상화가 담겨 있고, 각 인물의 우측 상부에는 성명과 관직명이 씌어 있다. 1793년경, 비단에 채색, 각 폭 39×29.4cm, 서울대학교 규장각 소장.

었으며, 고려시대에는 이에 더하여 공신상(功臣像)과 여성상(女性像) 등도 널리 제작되었음을 알 수 있다.

   조선시대에는 성리학의 보급과 함께 서원이나 사당이 지역별로 늘어나면서 이곳에 봉안할 인물들의 초상이 다수 제작되었다. 조선 후기에는 이런 분위기가 더욱 확산되어 명망 있는 사대부라면 누구나 자신의 초상화에 관심을 가졌고 이름 있는 화원을 동원하여 초상화를 그리게 하였다.

   현재 우리가 흔히 볼 수 있는 초상화는 대부분 조선 후기에 제작된 것으로서, 초상화의 수요가 늘어난 시대상을 반영하고 있다. 특히 고위 관직을 지낸 인물들의 초상을 모아 놓은 《선현영정첩》(先賢影幀帖)이나 《진신화상첩》(縉紳畵像帖)과 같은 화첩들이 제작되기도 했는데, 이러한 명망가들의 초상화 제작의 활성화는 화원들의 기량 향상뿐만 아니라 이들의 경제적·신분적 지위 향상에도 기여했을 것으로 보인다.

초상화에 나타난 곰보 자국

조선 후기에 그려진 인물 초상화에서 우리는 곰보 자국을 많이 발견할 수 있다. 이는 초상화의 인물이 어린 시절 마마(천연두)를 앓았다는 증거인데, 이렇게 당시 고관직을 지낸 사람들의 다수가 천연두를 앓았다는 사실은 당시 일반 백성들도 천연두로 큰 고역을 치렀으리라는 추정을 가능케 한다.

영조에서 순조 연간에 활동한 관리들의 초상화를 모아 놓은 화상첩(畵像帖)인 《진신화상첩》에는 관복(官服)을 입은 22명의 관리가 그려져 있는데, 이들은 주로 영조 말년 이후 육조의 판서·참판·참의로 활동한 인물들이다. 그런데 이 화상첩의 인물 중 5명의 얼굴에는 곰보 자국이 선명히 나타나 있다. 이처럼 곰보 자국까지 정밀하게 그려낸 초상화는 지금의 우리들에게 당대 사회상에 접근해 가는 하나의 통로가 되기도 한다.

진신화상첩 중 오재소 초상 《진신화상첩》은 영조~순조 연간에 활동한 관리들의 초상화를 모아 놓은 화첩이다. 주로 영조 말년 이후 육조의 판서, 참판, 참의로 활동한 인물을 그렸으며, 서윤이나 군수를 역임한 인물도 포함하여 총 22명의 초상화가 담겨 있다. 19세기 초, 비단에 채색, 44.6×32.2cm, 서울대학교 규장각 소장.

조선시대의 초상화는 왕과 왕후, 공신, 승려, 일반 사대부, 부부상 등으로 다양하게 발전되었다. 초상화를 일컬을 때는, 왕의 초상인 경우 어진(御眞) 또는 어용(御容)이라 불렀고 그외에는 초상(肖像)·화상(畵像)·영정(影幀)·도상(圖像)·진상(眞像)·진영(眞影)·유상(遺像) 등 여러 가지 호칭을 사용하였다.[75] 이들 호칭에 '참 진(眞)' 자가 특히 많이

75 이태호, 『조선 후기 회화의 사실정신』, pp. 289~290, 학고재, 1996.

사용되고 있는데, 터럭 하나, 곰보 자국 하나라도 완벽하게 표현하려 했던 당대 초상화의 정밀한 원칙과 기본 정신을 읽어 낼 수 있다. 초상화는 무엇보다 정확성에 그 초점을 맞추었고, 인물의 외형적인 모습뿐만 아니라 그 사람만의 특징이나 내면의 성격까지 정확히 파악하여 화면에 담아야 했기 때문에 '정신을 옮긴다'는 뜻으로, '전신'(傳神)이라는 개념을 사용하기도 했다. 전신이란 '전신사조'(傳神寫照)의 준말로서, 형상을 통해 정신을 전한다는 뜻을 담고 있다. 즉 대상의 인격, 기질, 품성 등 내면에 있는 정신까지 그려 낸다는 것이다. 인물의 정신이 반영되는 곳이라면 안면 근육, 광대뼈, 입, 뺨 등 어느 한 곳도 소홀히 할 수 없었다. 더구나 그 대상이 국왕이라면 그 얼굴을 보는 것만도 공경하고 두려워할 일인데 그 성격과 정신까지 그림으로 옮겨야 했으니, 어진 제작 과정이 얼마나 엄청난 공력과 긴장감이 감도는 작업이었을지 짐작되고도 남는다.

이러한 어진 제작 과정을 확인할 수 있는 자료가 어진 관련 의궤이다. 선현들은 국왕의 모습을 직접 그리는 과정을 국가적 기록인 의궤로 남겨서 하나의 모범적인 전례를 만들어 놓았던 것이다. 또한 초상화 제작에 관한 각종 문서나 화원들의 선발 과정, 소용 물품의 수량 등을 치밀하게 기록함으로써 후대에 초상화를 제작할 때 그 시행착오를 최소화하고 예법에 맞게 초상화를 제작할 수 있게 하였다.

어진을 그린 화원들 | 의궤의 기록에 의하면 어진은 당대 최고의 화가, 특히 인물화에 뛰어난 화가에 의해 그려졌다. 그러나 아무리 강심장인 화가라도 최고 권력자인 국왕 앞에서 그 얼굴을 빤히 바라보며 그 모습을 그린다는 것은 정말 진땀이 흐르는 작업이었을 것이다.

조선시대의 대표적 화가는 국가 기관인 도화서(圖畵署)에 소속된 공인 화가, 즉 화원이었다. 화원은 사대부 출신의 화가와 함께 조선시대 회화 발달을 이끌어 나간 주축이었다. 사대부 출신의 화가가 취미 생활

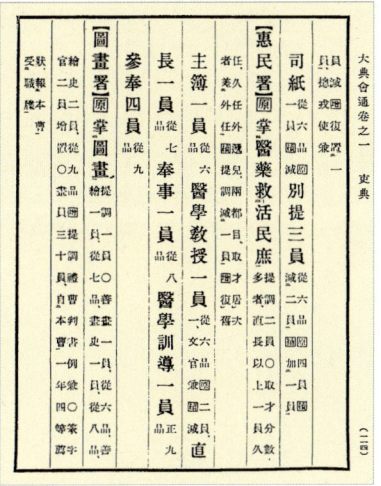

도화서 규정 자료 회화를 담당하는 도화서 소속 관리들을 기록하였다. 예조 판서가 도화서 제조를 겸하였다. 『대전회통』에 수록.

로 그림을 그렸던 데 비하여, 조선시대의 화원은 국가의 공식 기구로 설치되어 있던 도화서에 소속되어 전문적으로 그림 그리는 일을 행하였다. 오늘날로 말하자면 직업적인 화가인 셈이다. 당시에는 도화서에 소속되어 있었던 사람이나 도화서에서 일한 적이 있는 사람을 모두 화원이라 불렀다.

어진을 제작하는 화원은 크게 주관화사(主管畵師)와 동참화사(同參畵師), 수종화원(隨從畵員)으로 구분되었다. 주관화사는 국왕 영정 중 가장 중요한 부분인 얼굴과 전체 윤곽을 담당하는 화가이며, 동참화사와 수종화원은 주관화사를 도와주는 역할을 하였다. 어진 제작의 주관화사가 결정되면 영정을 도사(圖寫: 생존한 국왕의 모습을 직접 그림)하거나 모사(模寫: 국왕 사후에 기존의 영정이나 자료를 토대로 그림)하는 일이 본격적으로 시작되었다. 작업에는 주관화사를 도와주는 1~2명의 동참화사와 3~4명의 수종화원이 함께 참여하였다. 동참화사는 옷과 같은 부분을 그리거나 색칠하는 일을 맡았으며, 수종화원은 그림 제작에 필요한 각종 업무를 지원하면서 영정 제작 작업을 배울 수 있는 기회를 가졌다.

어진 제작이 완성되면 화원들은 벼슬의 승급이나 말의 지급 등과 같은 포상을 받았다. 특히 어진 제작을 주관하는 만큼 주관화사는 당대

태조 어진 고종 9년에 전주 경기전에서 받들던 어진을 교체하기 위해 영희전(永禧殿)에서 봉안하던 것을 토대로 당대 최고의 화원들이 이모(移模)한 것이다. 1396년 본을 1872년에 모사. 조중묵(趙重默) 외, 비단에 채색, 218×150cm, 전주 경기전 소장.

76 조선 후기의 화가인 조세걸(1635~?)은 김명국(金明國)의 제자로, 벼슬은 첨사를 지냈다. 절파풍의 산수화와 세밀한 실경화가 전해지고, 작품으로 《곡운구곡도》(谷雲九曲圖)와 〈선인위기도〉(仙人圍棋圖) 등이 전한다.

최고의 화가로 평가 받았으며 '어용화사'(御容畵師)라는 영예가 주어졌다. 또한 이들의 명망을 들은 사대부들이 이들에게 각종의 초상화를 주문하게 됨으로써 주관화사들의 신분적·경제적 지위는 크게 상승하였다.

그런데 어진을 제작할 때에는 당시의 도화서 화가 이외에도 전국에서 초상화에 뛰어난 선화자(善畵者)를 구하여 그 가운데서 화가를 선정하기도 하였다. 『조선왕조실록』이나 『승정원일기』와 같은 연대기 자료와 각종 의궤의 기록에는 화원을 선발하는 과정이 언급되어 있다. 특히 1688년(숙종 14)에 제작된 『영정모사도감의궤』의 기록에는 어진을 맡길 화원을 선발하는 과정이 잘 나타나 있다.

숙종대에 태조의 영정을 모사하고자 하였을 때다. 전란 후 참고할 수 있는 기록이 거의 없어졌기 때문에, 화원을 선발하고 취재하는 과정을 매우 까다롭고 치밀하게 진행하게 되었다.

한시각·허의순·윤상익 등 도화서 화원 이외에 수안 군수 신범화가 "어려서부터 화법에 밝고 모사를 잘한다"는 이유로 작업 책임자인 김수홍의 추천을 받았으며, 영정 제작에 이름이 있었던 조세걸(曺世傑)[76]·송창엽 등이 서울에 올라와 시험을 치렀다. 예비 시험에서는 공신화상을 그리는 것으로 실력을 평가하였다. 국왕 초상화의 제작 전에 미리 실기 시험을 치렀던 것이다.

시험 결과, 화원인 윤상익과 평양 출신의 전직 관료 조세걸이 마지막까지 경합을 벌였다. 시험 성적에서는 조세걸이 앞섰으나, 윤상익은 "연소하여 눈이 밝아 모사를 잘 할 수 있다"는 평가를 받아 최종적으로 두 사람 가운데 한 사람을 주관화사로 뽑기로 했다. 그러나 둘의 우열이 가려지지 않자 두 사람 모두에게 영정의 정본(正本)을 그리도록 명하였는데, 결국 윤상익의 것이 정본으로 채택되고 조세걸의 것은 초본(草本)과 함께 태워졌다.[77] 어진은 대개 유탄(柳炭)이나 묵화(墨畵)로 초본을 그리고 이것을 바탕으로 하여 채색한 정본 어진을 완성하였다.

1735년(영조 11)의 세조 영정 모사에는 화원 화가인 박동보·장득만·이치 등과 호남의 화사인 김익주·양희맹 등과 사대부 화가로서 인물화에 일가견이 있었던 윤덕희(尹德熙)와 조영석(趙榮祏)[78] 등이 적극 천거되었다. 그러나 시재(試才)에는 화원 화가들만 참여하였고 이치와 김익주가 경합을 벌인 끝에 결국 이치의 것이 정본으로 채택되었다.

정조대에는 1차로 완성된 어진 초본 3점을 놓고 정조와 대신들, 그리고 어진 제작에 참여한 이명기·김홍도 등의 화원들이 참여하여 어느 초본이 가장 잘 그려졌는가에 대하여 서로 논의하였다. 이것은 어진을 제작할 때 여러 초본을 그리고, 이것을 평가하여 가장 완성도가 높은 어진을 제작하였음을 보여 주는 사례이다.

서직수 초상 얼굴은 이명기가, 몸체는 김홍도가 그렸다. 어진을 그릴 때도 임금의 얼굴인 용안(龍顏)은 주관화사가, 옷은 동참화원이, 채색은 수종화원(隨從畵員) 등으로 분담하여 제작하는 경우가 많았다. 1796년경, 김홍도·이명기, 비단에 채색, 148×73cm, 국립중앙박물관 소장.

기록으로 남긴 어진 제작 과정

조선시대에 어진을 그리는 일은 국가적 사업이었다. 따라서 국가에서는 특별히 도감을 설치하여 일을 진행시켰고, 작업이 마무리된 후에는 의궤를 편찬하였다. 『어용도사도감의궤』(御容圖寫都監儀軌), 『영정모사도감의궤』(影幀模寫都監儀軌)가 바로 이러한 기록을 모아 놓은 의궤이다. '도사'(圖寫)라는 용어는 '직접 그린다'는 뜻으로, 왕이 생존해 있는 상태에서 직접 어진을 그린 것을 지칭하는 용어이고, '모사'(模寫)는 '어떤 그림을 본보기로 그와 똑같이 그린다'는 뜻으로, 훼손된 어진을 복구하거나 새롭게 봉안하기 위하여 본 그림을 바탕으로 다

[77] 초본이 남아 유출되는 것을 방지하기 위해 태움. 김지영, 「18세기 화원의 활동과 화원화의 변화」, 『한국사론』 32, pp. 20~21, 서울대 국사학과, 1994.

[78] 조영석(1686~1761). 호는 관아재(觀我齋). 산수화와 인물화를 잘 그려서 정선, 심사정과 더불어 삼재(三齋)로 꼽히며, 시와 글씨에도 능하였다.

영·정조의 초상화를 그린 김홍도

김홍도는 대개 서민의 일상 생활을 화폭에 담은 풍속화가로 알려져 있지만 실제로는 인물, 산수, 선불(仙佛), 화조, 어해(魚蟹) 등 각 분야의 그림에서 천재적인 소질을 발휘했다. 특히 국가의 각종 기록화나 초상화 제작에 뛰어난 솜씨를 보였다.

김홍도의 스승인 강세황(姜世晃)의 김홍도 전기에 의하면, "영조 때 어진을 그리시고자 할 때 김홍도가 그 부름을 받아 일을 맡았고 또 지금 임금(정조) 때에도 명을 받들어 어용을 모사하니 크게 뜻이 맞는다고 칭찬하시고 특별히 역말을 감독하는 임무(찰방)를 내려 주셨다"는 기록과 "영조 말년에 어진을 그리도록 명령하시어 당시에 전신(傳神)을 잘 하는 이를 뽑는데, 김홍도가 선택을 받았다. 일이 끝나자 공로에 따라 사포서(司圃署: 식품 공급을 맡은 관청) 별제를 제수하였다"는 기록이 보이는데, 이들 기록에서 김홍도가 영조와 정조의 어진 제작에 참여하였다는 것과, 그 공로로 관직에 특별히 제수되었음을 확인할 수 있다.

김홍도의 풍속화에는 조선 후기를 살았던 수많은 사람들의 모습이 나타난다. 그리고 그 인물들은 하나같이 독특한 개성을 지니고 있다. 한국인의 모습을 그토록 친근하게 화폭에 담았던 김홍도의 눈에 비친 국왕의 모습은 과연 어떠하였을까? 영조의 어진을 통해 그 일부나마 추측해볼 수 있다.

영조 반신상 익선관과 곤룡포를 입은 영조의 모습이다. 1900년, 비단에 채색, 110×68cm, 국립고궁박물관 소장.

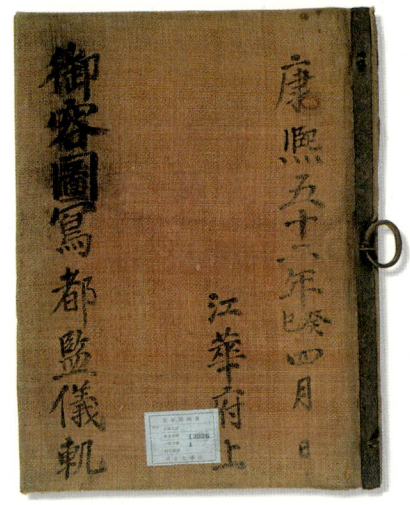
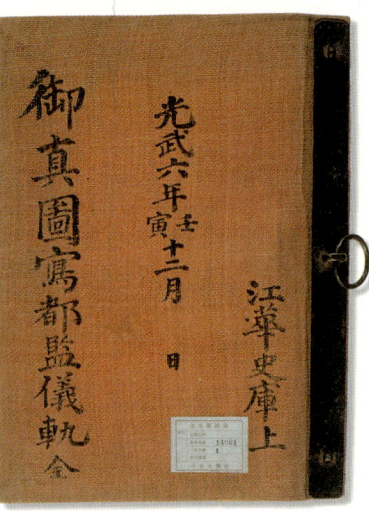

어용도사도감의궤(좌) 1713년에 숙종의 어진을 제작한 과정을 기록한 의궤. 숙종 어진 제작에 참여한 주관화사는 진재해(秦再奚)였으며 함께 작업한 화사는 김진여(金振汝), 장태흥(張泰興), 장득만(張得萬)이었다. 서울대학교 규장각 소장.

어진도사도감의궤(우) 1901년(광무 5)부터 1902년까지 고종과 황태자의 초상화를 제작하는 과정을 담은 의궤. 고종 51세 때 어진과 황태자 29세 때 예진의 도사(圖寫) 과정을 수록하였다. 서울대학교 규장각 소장.

시 그리는 것을 말한다. 국왕이 사망한 후 후대에 여러 자료를 활용하여 생전의 모습과 가깝게 그린 경우도 '모사'라 불렸다.

영정을 그리는 일은 조선시대 초기부터 계속 있었던 일이고 도화서의 화원이 그 일을 담당하였다. 그러나 양난을 거치면서 많은 전각들이 파손되었고 이곳에 보관되어 있었던 역대 국왕의 영정도 훼손되었기에 보수를 하거나 옮겨 그리는 작업이 필요하였다. 부분적인 보수만을 해오던 영정을 본격적으로 제작한 것은 조선 후기 국가 질서가 재정비되기 시작한 숙종대부터였다.

어진의 제작 과정을 직접 기록한 의궤는 현재 9건이 전하고 있다. 어진 관련 의궤 가운데 현재 남아 있는 가장 오래된 것은 1688년(숙종 14) 태조 어진의 제작 과정을 기록한 『(태조대왕)영정모사도감의궤』이다. 경기전에 모시고 있던 태조의 영정이 손상되자 이것을 서울로 옮겨와 다시 그리는 작업에 관한 기록이다.

1713년(숙종 39)에 제작된 『어용도사도감의궤』는 숙종의 어용을 그리는 일을 기록한 것이고, 영조대에는 『(세조대왕)영정모사도감의궤』와 『(숙종대왕)영정모사도감의궤』가 제작되었다. 이어 헌종대인 1837년(헌종 3)에 태조의 어진을 모사한 『영정모사도감의궤』가 제작되었고, 고종대에 태조의 어진을 모사한 과정을 기록한 의궤가 세 차례 제작되었다

(1872년, 1901년, 1902년).

1902년에는 고종의 어진과 황태자의 예진(睿眞)을 직접 그린 과정을 기록한 『어진도사도감의궤』가 제작되었다. 이상 9건의 의궤 중 7건이 기존의 어진을 바탕으로 모사한 '모사도감의궤' 이고, 다른 2건이 생존해 있던 국왕의 모습을 담은 '도사도감의궤' 이다.

현재 남아 있는 의궤의 기록 등을 보면 역대 국왕의 어진이 상당수 제작되었음을 알 수 있는데, 현재는 단 3종의 어진만이 전해져 오고 있다. 조선시대에 직접 제작된 어진으로 1872년(고종 9)에 옮겨 그린 태조의 전신상(전주 경기전 소장)과 1900년에 그려진 영조의 반신상(국립고궁박물관 소장), 타다 남은 철종의 어진(국립고궁박물관 소장)이 그것이다.

1934년에 편찬된 『선원전수개등록』(璿原殿修改謄錄)을 보면 당시까지 창덕궁에는 태조, 세조, 원종(인조의 부친), 숙종, 영조, 정조, 순조, 익종(순조의 아들), 헌종, 철종, 고종, 순종의 어진이 봉안되어 있었다. 그러나 그 많던 어진들은 한국전쟁 당시 어진을 보관하고 있던 창고가 불탐으로써 한꺼번에 사라졌다.[79] 결국 조선시대인들이 직접 만든 귀중한 어진들의 대부분이 안타깝게도 현대에 와서 대부분 사라지고 만 것이다.

현존하는 도사도감의궤 | 어진 관련 의궤 중에서도 '도사도감의궤' 는 국왕이 생존해 있을 때 그 모습을 담았다는 점에서 큰 의미가 있다. 현존하는 2건의 도사도감의궤 중 1713년 숙종 생존시에 그 모습을 직접 그린 과정을 기록한 『(숙종)어용도사도감의궤』에는 숙종의 초상화 제작 과정은 있지만 어진에 관한 도설이나 반차도가 그려져 있지 않은 점이 아쉽다.

이 책에는 도감이 설치된 4월 10일부터 참여 인원들에 대한 포상을 해 준 5월 22일까지 43일간의 행사 기록이 실려 있는데, 숙종의 어용 2본이 제작되어 영희전과 강화도의 장령전에 각각 보관되었던 사실이

[79] 조선미, 『한국의 초상화』, 열화당, 1983.

어진의 보관

조선시대에 국왕의 어진을 봉안했던 건물을 '진전'(眞殿)이라 한다. 태조의 어용만을 받드는 진전이 따로 있었으며, 다른 한편으로 열성조의 어용을 받드는 진전을 설치하였다. 태조의 어진을 봉안했던 건물은 서울의 문소전(文昭殿), 개성의 목청전(穆淸殿), 경주의 집경전(集慶殿), 평양의 영숭전(永崇殿), 전주의 경기전(慶基殿), 영흥의 준원전(濬源殿) 등이었다. 경복궁 내에는 선원전을 두어 열성조의 왕과 왕비의 영정을 함께 봉안하였다.

그러나 양란 이후 조선 전기의 진전들이 대부분 폐기되면서 진전 체제에도 변화가 생겼다. 1677년에 서울 남부의 훈도방(지금의 명동성당 자리)에 남별전(南別殿: 후에 영희전으로 개칭)을 지었으며, 강화도에 장녕전과 만녕전을 설치하여 숙종과 영조의 어진을 봉안하였다. 숙종 사후에는 창덕궁에 새로이 열성조의 어진을 봉안하는 선원전을 설치하였다.

영·정조 시대에는 어진 도사 작업이 활발히 이루어지면서 기존의 진전 이외에 당(堂)이나 궁(宮)에 어진을 봉안하기도 했는데, 이에 따라 육상궁·경모궁·현륭원·규장각 등에도 어진이 보관되었다. 순조대에 세워진 수원의 화령전에는 정조의 어진이 보관되어 있다. 조선이 멸망하였을 시기에는 열성조의 어진을 봉안한 선원전, 영희전을 비롯하여 태조의 진전인 준원전, 경기전, 목청전과 그밖에 소규모의 봉안처가 진전으로 남아 있을 뿐이었다.

전주 경기전(좌) 태조 이성계의 어진을 모신 진전. 1410년에 어용전(御容殿)이라는 이름으로 창건되었으며 임진왜란 때 불탔다. 현재의 건물은 1614년에 중건하였다. ⓒ 김성철

수원 화령전(우) 정조의 어진을 모신 진전. 1801년(순조 1) 화성 행궁 곁에 건설되었으며, 1920년에 정조의 어진이 창덕궁으로 옮겨지면서 화령전 제향이 중지되었다. ⓒ 수원시 화성사업소

강화부궁전도 중 장녕전 《강화부궁전도》는 1881년(고종 18)에 모사한 필사본으로, 〈행궁도〉(行宮圖), 〈외규장각도〉(外奎章閣圖), 〈장녕전도〉(長寧殿圖), 〈만녕전도〉(萬寧殿圖)가 수록되어 있다. 이 그림은 이상의 네 그림을 합성한 것으로, 상단의 큰 건물이 장녕전이다.

나타나 있다. 이때 어용을 그린 주관화사는 진재해였으며, 동참화사는 김진여·장태홍·장득만, 수종화사는 진재기·허숙으로 기록되어 있다.

1902년에 고종의 어진과 황태자의 예진을 그린 과정을 기록한 『어진도사도감의궤』는 어진도사도감의궤 중에서 가장 발전된 내용을 담고 있다. 숙종대의 의궤에 비해 내용이 훨씬 자세하고 그림이 풍부하다. 황제와 황태자가 앉았던 용상(龍床)과 용교의(龍交椅)를 비롯하여 오봉병(五峰屛), 삽병(揷屛) 등과 왕실에서 사용한 각종의 도구들이 그림과 함께 크기와 길이가 표시되어 있으며, 완성된 어진을 봉안하는 의식을 담은 반차도가 그려져 있어서 어진 제작의 정황을 보다 자세하게 접할 수 있다.

어진 제작은 어진을 그릴 것을 지시하는 국왕의 조칙(詔勅)[80]에서부터 시작되었다. 이어 도감의 관원들이 모여 전반적인 내용을 논의하고 황제의 결재를 받은 각종 문서, 행사에 소요된 물품의 종류와 비용, 참여 인원, 유공자 포상에 관한 내용을 담고 있다. 당시 도감의 총책임자는 의정(議政) 윤용선이었으며, 어진을 그린 주관화사는 조석진(趙錫晋)[81]과 안중식(安中植),[82] 동참화원은 박용훈·홍의환, 수종화원은 김수묵·백희배·조임홍·서원희 등이었다.

조석진은 조선시대 도화서의 마지막 화원으로, 1881년에 영선사의 제도사(製圖士)로서 안중식과 함께 중국에 파견되기도 하였다. 안중식

[80] 국왕의 명령이나 지시를 뜻하는 용어. 같은 뜻의 용어로 '전교'(傳敎)를 사용해 오다가, 대한제국의 성립과 함께 국왕이 황제로 격상되면서 '조칙'이라는 용어를 사용하게 되었다.

[81] 안중식과 함께 조선 말기 화단의 쌍벽을 이룬 조석진(1853~1920)은 도화서 화원이었던 조부에게서 그림을 배웠고 산수, 인물, 화조에 능했다. 서화미술원에서 후대의 화가들을 길러 냈다.

[82] 조선 말기의 화가 안중식(1861~1919)은 산수·인물·화조(花鳥)를 잘 그렸고, 해서·행서·초서에도 뛰어났다. 1918년 민족 서화가들 중심으로 설립된 서화협회 초대 회장으로 선출되면서, 서화계의 지도적 인물로 활동했다.

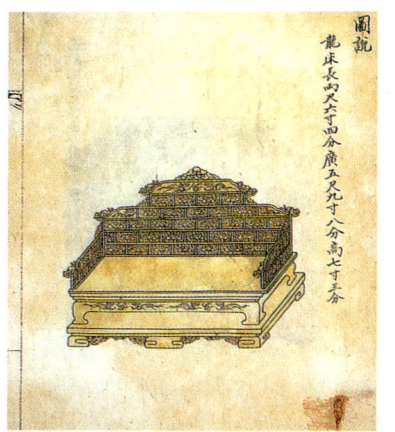
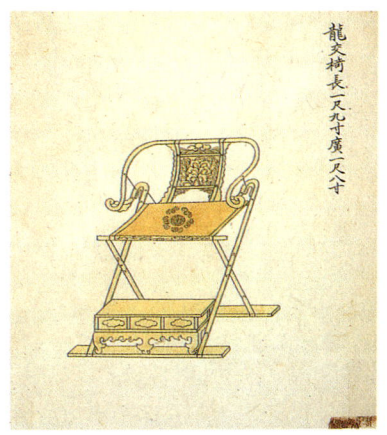

삽병(상·좌), 용상(상·우), 용교의(하·좌), 오봉병(하·우) 오봉병과 삽병은 초상화 제작에 필요한 기물로 일월오봉산도(日月五峰山圖)를 표현한 병풍이다. 붉은 해는 왕을, 흰 달은 왕비를, 다섯 봉우리로 표현되는 곤륜산은 왕실의 존엄성을 상징한다. 용교의는 왕이 임시로 쓰는 의자로, 접었다 폈다 할 수 있다. 『어진도사도감의궤』에 수록.

은 오원(吾園) 장승업(張承業)의 제자로 조석진과 평생을 친구로 사귀면서 당시 화단의 두 기둥을 이룬 인물이다.

고종의 어진은 1건만이 제작된 것이 아니라 면복본(冕服本), 익선관본(翼善冠本), 군복대본(軍服大本), 군복소본(軍服小本)이 각각 그려졌다. 각 초상화는 먼저 유지(油紙)에 그리고 채색을 한 다음 이를 비단에 옮겨 채색을 한 후 배접하고 장정하는 과정을 거쳤다.

의궤의 편찬 작업은 호위청 신영(新營)에서 이루어졌으며, 5건을 제작하여 규장각·시강원·장례원·강릉(오대산 사고)·강화에 각각 보관하였다. 특별히 어람용으로 제작된 것은 규장각과 시강원에 보관하였음이 기록에 나타나 있다.[83]

[83] 이하 『고종어진도사도감의궤』에 대한 설명은, 오수창의 『고종어진도사도감의궤』(규장각, 1996) 해제 참조.

반차도로 보는 어진 가마 행렬

어진 제작과 관련하여 또 하나 관심을 끄는 대목은 어진을 제작하여 봉안하는 행렬의 반차도를 그린 것이다. 이는 봉안 의식이 그만큼 중대사로 인식되었음을 알려 준다. 『고종어진도사도감의궤』의 말미에는 고종의 어진과 황태자의 예진을 평양의 풍경궁(豊慶宮)에 봉안하는 행렬의 모습을 그린 반차도가 26면에 걸쳐 그려져 있다. 고종이 대한제국과 황제를 칭함에 따라 평양을 서경으로 운영할 필요가 있었으므로, 이곳에 고종과 황태자의 초상화를 봉안하기 위함이었다.

반차도를 통해 살펴본 행렬의 모습은 크게 두 부분으로 나누어지는데, 전반부에는 황제의 어진을 담은 행렬을, 후반부에는 황태자의 예진을 담은 행렬을 그리고 있다.

먼저 황제의 어진을 담은 행렬의 모습을 보면, 선두에는 도로차사원(道路差使員)이 나서고 이어서 지방관과 관찰사가 말을 타고 뒤를 따른다. 이들 3명의 뒤로는 앞선에서 경호하는 전사대(前射隊) 병력이 따르고, 전사대의 후미에는 이들을 지휘하는 위관(尉官)이 모습을 드러낸다. 위관의 뒤로는 시종(侍從)과 주사(主事)가 따르고 이어 노란색 복장으로 향정(香亭)과 용정(龍亭)을 받든 사람들의 행렬이 보인다. 이들의 뒤로 금월부(金鉞斧), 황양산(黃陽繖), 수정장(水晶杖) 등 의장물들과 함께 운검(雲劒), 근장군사(近仗軍士)들의 모습이 눈에 들어온다. 근장군사 뒤로는 전악(典樂)의 지휘를 받는 전부고취(前部鼓吹)가 모습을 드러내는데, 요즘의 악대와 같은 역할을 한다. 그 다음에 어진을 봉안한 가마가 나타난다. 어진을 담은 가마 앞에는 사금(司禁)과 별감(別監)이 중앙에, 그 좌우에는 개성대(開城隊)라는 병력이 호위한다. 가마는 노란색 옷을 입은 가마꾼 18명에 의해 운반되며, 가마의 뒤로는 후부고취(後部鼓吹)가 뒤따르고 있다.

이어 황태자의 예진 봉안 모습이 그려져 있는데 전체적인 구성은 황제의 그것과 같다. 다만 향정, 용정, 예진을 담은 가마가 붉은색으로 그려져 있어서 노란색으로 그려진 황제의 어진과 차이를 보이고 있다. 노

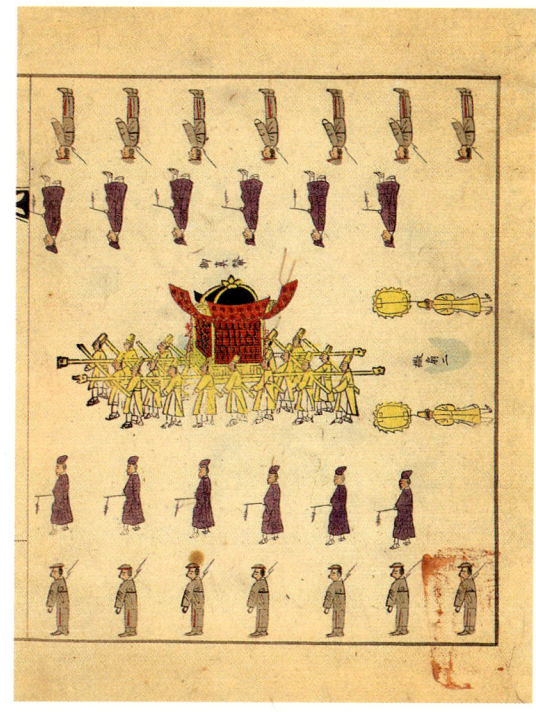 

황제의 어진을 실은 가마(좌)와 황태자의 예진을 실은 가마(우) 황제의 어진과 황태자의 예진을 봉안하는 모습은 전체적인 구성은 같으나, 황제와 관계된 물품은 노란색으로, 황태자와 관계된 물품은 붉은색으로 그려진 것에 차이가 있다. 『어진도사도감의궤』에 수록.

란색은 황제를, 붉은색은 황태자를 상징하는 색깔로 인식되었는데 의궤의 반차도 제작에도 이러한 의식이 반영되었다.

이처럼 어진과 예진을 봉안하는 행렬의 반차도에서 우리는 어진 봉안의 행사를 국가의 중대사로 인식했던 당대인들의 의식과 함께, 전통시대의 의장과 복식, 호위 병력의 규모를 현장감 있게 살펴볼 수 있다.

아쉽게도 어진 관련 의궤에는 가장 핵심이라 할 수 있는 어진이 직접 그려져 있지는 않다. 그러나 이들 의궤를 통하여 조선시대 국왕의 초상화 제작이 계속적으로 진행되었다는 사실과 어진의 제작 과정, 어진을 보관한 장소, 화원들의 참여 과정과 포상 등에 관한 정보를 알 수 있다. 또한 어진 제작에 참여한 당대 최고 화원들의 시대별 활동상도 찾아볼 수 있으며, 어진 제작에 필요했던 각종 도설과 어진을 봉안하는 행렬 모습의 반차도를 통해 당대인들의 행사 모습을 생동감 있게 접할 수 있다.

휘경원원소도감의궤
1993년, 프랑스 미테랑 대통령은 한국을 방문하는 길에 『휘경원원소도감의궤』 1책을 가지고 와서 외규장각 도서를 반환할 의사가 있음을 넌지시 비추었다. 이러한 제안에는 당시 프랑스·독일·일본이 치열한 경합을 벌이고 있던 경부고속철도의 부설권을 프랑스 테제베(TGV)가 따 내려는 의도가 내포되어 있었다. 결국 경부고속철도 부설권은 프랑스에 넘어갔지만, 이후 어람용 의궤는 한 책도 돌아오지 않았다.

제3부 어람용 의궤의 영광과 수난

의궤 중에서도 특히 주목되는 것은 국왕에게 보여줄 목적으로 제작된 어람용 의궤이다. 어람용 의궤는 국왕이 열람한 후에 규장각에 보관하였다가 1782년 강화도에 외규장각을 설치한 후부터 그곳으로 옮겨 보관하였다. 어람용 의궤는 고급 초주지(草注紙)에다 사자관(寫字官)이 해서체로 정성 들여 글씨를 써서 만들었는데, 붉은 패션을 둘러 왕실의 위엄을 더했다. 어람용 의궤는 놋쇠 물림(경첩)으로 뮤고, 원환(圓環), 5개의 박을정(朴乙丁)과 국화동(菊花童) 등을 사용하여 호화롭게 장정하였으며, 표지는 비단으로 화려하게 만들어서 책의 품격을 한껏 높였다.

1
어람용 의궤와 분상용 의궤

국왕이 열람하는 어람용 의궤 | 의궤 중에서도 특히 주목되는 것은 국왕에게 보여 줄 목적으로 제작된 어람용 의궤이다. 어람용 의궤는 국왕이 열람한 후에 규장각에 보관하였다가 1782년 강화도에 외규장각을 설치한 후부터 그곳으로 옮겨 보관하였다.

어람용 의궤는 고급 초주지(草注紙)에다 사자관(寫字官)[1]이 해서체로 정성 들여 글씨를 써서 만들었는데, 붉은 괘선을 둘러 왕실의 위엄을 더했다. 어람용 의궤는 놋쇠 물림(경첩)으로 묶고, 원환(圓環), 5개의 박을정(朴乙丁)과 국화동(菊花童) 등을 사용하여 호화롭게 장정하였으며, 표지는 비단으로 화려하게 만들어서 책의 품격을 한껏 높였다.

일반 의궤는 초주지보다 질이 떨어지는 저주지(楮注紙)를 사용하고, 검은 괘선을 두르며, 표지에는 삼베를 쓰는 것이 일반적이었다. 국가의 주요 행사를 기록한 만큼 일반 의궤의 장정이나 글씨도 뛰어나지만 어람용 의궤를 보면 그 화려함과 고품격에 감탄을 금할 수 없다.

1 승문원·규장각 등에 소속되어 외교문서나 왕실문서를 기록하던 관원.

어람용과 분상용 의궤의 재료

어람용 의궤

책표지감: 초록경광주(草綠經光紬: 초록빛의 가벼운 비단), 2척 2촌

제목감: 백경광주(白經光紬), 길이 7촌, 너비 1촌

홍협(紅挾: 제복감 비단 옆에 띠처럼 붉게 두른 선)감: 홍경광주(紅經光紬), 길이 7촌, 너비 5푼

면지(책의 표지 안쪽 지면)감: 초주지, 2장

후배(後褙: 뒷부분의 배접)감: 옥색지, 1장

가장자리 부분: 두석(豆錫)

기타: 국화동(菊花童)·박철원환(朴鐵圓環: 철로 만든 둥근 고리)

분상용 의궤

책표지감: 홍정포(紅正布), 2척 2촌

배접(褙接: 낱장을 한데 묶고 종이·헝겊 등을 덮어 풀로 붙임)감: 백휴지(白休紙), 6장

면지감: 저주지, 2장

후배(後褙)감: 옥색지, 1장

기타: 정철·변철·박철원환·합교말(合膠末: 아교말 섞은 것), 3승

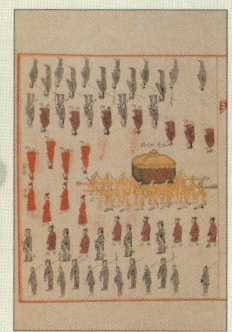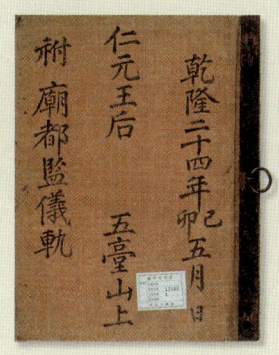

어람용 의궤와 분상용 의궤 왼편은 『영희전영건도감의궤』 표지와 반차도이고, 오른편은 『인원왕후부묘도감의궤』 표지와 반차도이다. 『영희전영건도감의궤』는 어람용으로, 『인원황후부묘도감의궤』는 분상용으로 제작되었다. 서울대학교 규장각 소장.

외규장각의 어람용 의궤

정조대 이후 어람용 의궤는 국왕이 친히 열람한 후 규장각에 보관하였다. 그러나 규장각은 궁궐의 중앙에 위치해 있으므로, 외적의 침입이 있거나 정변이 일어날 경우에는 이곳에 보관된 자료들이 안전할 수 없다는 인식 아래, 정조는 고려시대 이래 국가의 보장지처(保障之處)로 주목받던 강화도에 규장각 분관을 설치할 것을 명하였다.

1782년(정조 6) 2월, 정조의 비상한 관심 아래 추진되었던 강화도 외규장각 공사의 완공을 알리는 강화유수의 보고가 올라왔다. 1781년 3월 정조가 강화도에 외규장각의 기공을 명령한 지 11개월이 지난 즈음이었다. 이를 계기로 강화도 외규장각에는 왕실의 자료들을 비롯하여 주요한 서적들이 보다 체계적으로 보관되었으며, 이후 100여 년간 외규장각은 조선 후기 왕실 문화의 보고로 자리 잡았다. 1784년에 편찬된 『규장각지』(奎章閣志)[2]에 따르면, 외규장각은 6칸 크기의 규모로 행궁(行宮)의 동쪽에 자리 잡고 있었다고 한다.

강화도에 행궁과 전각이 세워지고 왕실 관계 자료들이 별고(別庫)에 보관된 것은 이미 인조대부터였다. 그러다가 정조대에 와서 왕실 자료

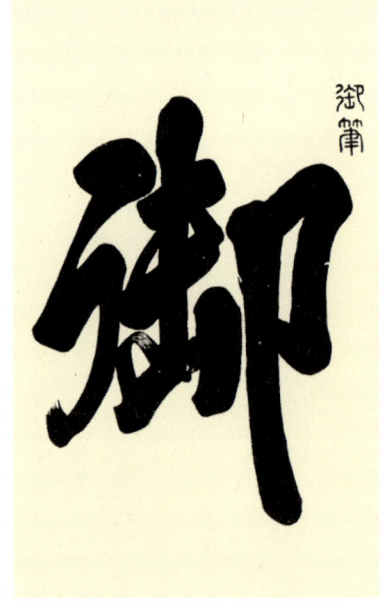
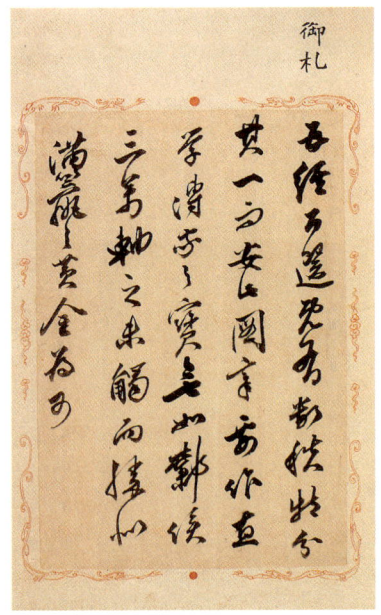

정조의 어필 왼쪽은 『홍재전서』에 실린 정조의 어필(御筆)이며, 오른쪽은 정조가 1796년 5월 규장각 직제학 이만수(李晩秀, 1752~1820)에게 『오경백선』(五經百選: 유교의 5경 가운데 요긴하다고 생각하는 100편의 글을 뽑아서 편집한 책)을 하사할 때 함께 내린 어찰이다.

[2] 정조 8년(1784) 간행. 규장각의 설치 연혁을 비롯하여 제도와 의식 등을 수록한 책.

파초도 파초는 중국 당나라 서예가인 회소(懷素)의 일화에서 유래하여 선비의 고결함을 상징하게 되었다. 시문과 서화에 뛰어났던 정조의 문인 취향 그림으로 〈국화도〉와 함께 전한다. 정조, 종이에 수묵, 84.2×51.3cm, 동국대학교 박물관 소장.

들을 보다 체계적으로 관리하기 위해 국방상 안전한 강화도에 외규장각을 세우게 된 것이다. 외규장각은, 국왕이 거주했던 창덕궁에 있으면서 조선 후기의 문화운동을 선도했던 규장각의 분관으로 기능했다. 이곳을 '규장외각' 또는 '외규장각'이라 부르는 것도 이러한 이유에서이다.

강화도 조선궁지 발굴 사업과 외규장각의 복원

강화도 외규장각지를 중심으로 한 조선궁지 발굴 사업은 1995년 12월에서 2001년 10월까지 진행되었다.

한림대학교 박물관에서 주관한 발굴 사업을 통해 조선궁지의 경역 및 각 건물의 규모와 특징을 파악할 수 있었으며, 발굴이 끝난 직후 강화군에서 외규장각 건물을 복원하였다. 그러나 앞으로 조선궁지 전체에 대한 보호조치와 강화 행궁, 장녕전, 만녕전의 복원이 필요하다.

현재 강화도에 복원된 외규장각과 발굴 모습 위로부터 유구가 노출된 모습, 외규장각의 기초 자리, 복원된 외규장각의 모습이다. 현재 복원된 외규장각은 《강화부궁전도》의 '외규장각' 부분을 기초로 한 것이다.

정조가 창설한 규장각은 점차 그 위상이 커지면서 열성조의 어제(御製)·어필(御筆)을 비롯하여 국가에서 편찬한 주요 도서들이 보관되었으며, 소장 자료 가운데 더욱 가치가 높은 것들은 주로 외규장각에 보관되었다. 국왕이 직접 열람한 어람용 의궤가 대부분 외규장각에 보내진 것도 이런 이유에서였다. 그리하여 순조대에 와서는 의궤를 포함하여 총 1천여 종, 6천여 책이 외규장각에 보관되게 되었다.

프랑스군의 의궤 약탈   병인양요 당시 외규장각은 프랑스군의 침공에 의해 철저히 파괴되었다. 강화도에 상륙했던 프랑스군은 조선군의 강렬한 저항에 부딪혀 퇴각하면서 외규장각에 보관된 우리 문화의 보고(寶庫)에 약탈의 손길을 뻗쳤다. 은괴 19상자와 함께 그들의 눈을 자극한 것은 채색 비단 장정에 선명한 그림이 들어 있는 어람용 의궤였다. 이들은 퇴각하면서 189종 340여 책과 기타 자료를 약탈한 후 외규장각 건물을 불태워 버렸는데, 이때 외규장각에 남아 있던 5천여 책에 달하는 귀중한 서적들도 불길과 함께 세상에서 사라지고 말았다. 포화 속에서 기적적으로 살아난 297책의 의궤는 현재 파리국립도서관에 소장되어 있다. 그 밖에 프랑스군이 약탈해 간 물품이 다음과 같이 조사되었다.

가철된 큰 책 300권 / 가철된 작은 책 9권
흰색 나무상자에 들어 있는 작은 책 13권
소책자 10권 / 소책자 8권
한국·중국·일본 지도 1점 / 평면천체도 1점
여러 가지 기록이 있는 족자 7점
한문을 기입한 회색 대리석판 3점
구리로 된 돌쩌귀와 백색의 연접된 대리석판이 들어 있는 작은 상자 3점
갑옷과 투구 3점 / 가면 1점

2
의궤의 반환과 외규장각 의궤 조사

외규장각 의궤 반환을 위한 교섭 | 프랑스 군대에 의해 파리국립도서관으로 보내진 의궤는 중국 도서로 분류되었고, 프랑스 정부의 관심을 끌지 못하였다. 그러다가 1975년 파리국립도서관의 촉탁 직원으로 일했던 박병선 박사가 조선시대의 어람용 의궤가 보관되어 있다는 사실을 발견하고 그 목록을 정리

외규장각 주변의 프랑스 군인들 강화부의 관아와 행궁, 그리고 외규장각 주변을 행진하는 프랑스군의 모습. 주베르.

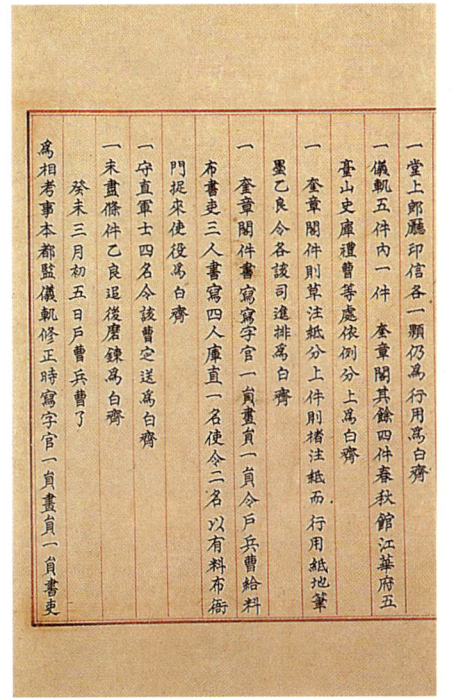 

휘경원원소도감의궤 1993년 9월 한국으로 반환된 『휘경원원소도감의궤』의 표지와 본문. 앞표지의 비단은 원래의 것이 아니며, 후대에 개장된 것이다. 본문의 붉은 테두리선을 통해 어람용 의궤임을 알 수 있다.

함으로써 세상에 알려졌다. 이국땅에서 헌신적으로 활동한 한국인이 있었기에 외규장각 의궤는 약탈된 지 100여 년만에 빛을 볼 수가 있었다.

외규장각 의궤의 존재가 한국에 알려지자, 서울대학교는 1991년에 외규장각 도서 191종 297책의 반환 추진을 요청하는 문건을 정부에 제출하였다. 이 문건을 작성할 때에는 이태진 교수(국사학과)와 백충현 교수(법학과)가 자문을 담당했다. 1992년 7월, 대한민국 외무부는 외규장각 도서목록을 프랑스에 제시하고 해당 도서를 반환해 줄 것을 공식 요청하였다.

1993년, 프랑스 미테랑 대통령은 한국을 방문하는 길에 『휘경원원소도감의궤』 1책을 가지고 와서 외규장각 도서를 반환할 의사가 있음을 넌지시 비추었다. 이러한 제안에는 당시 프랑스·독일·일본이 치열한 경합을 벌이고 있던 경부고속철도의 부설권을 프랑스 테제베(TGV)가 따 내려는 의도가 내포되어 있었다. 결국 경부고속철도 부설권은 프랑스에 넘어갔지만, 이후 어람용 의궤는 한 책도 돌아오지 않았다.

파리국립도서관 전경

외규장각 의궤의 반환 교섭이 답보 상태에 들어간 것은 프랑스 측이 주장하는 '등가교환'의 원칙 때문이었다. 등가교환이란 프랑스가 외규장각 의궤를 돌려 주는 대신에 그에 상응하는 한국의 도서가 프랑스에 제공되어야 한다는 것이었다. 그러나 약탈된 도서를 돌려받기 위해 다른 도서를 내어 줄 수는 없다는 것이 한국 측의 입장이었다.

1998년 김대중 대통령과 자크 시라크 대통령은 반환 교섭을 효율적으로 진행하기 위해 전문가 간의 논의로 전환하기로 결정했고, 한상진 교수(정신문화연구원장)와 자크 살루와를 민간인 협상 대표로 임명했다.

2000년 양국의 대통령은 외규장각 문제에 대한 기본 원칙에 합의하였는데, 프랑스에 소장된 어람용 의궤는 한국에 있는 비어람용 의궤와 교류(교환)하며, 프랑스에만 있는 유일본은 유사한 시기의 비어람용 의궤와 교류(교환)한다는 내용이었다. '등가교환'의 원칙에 전혀 변화가 없음을 확인한 국민들은 분노하였고, 이를 반대하는 운동이 거세게 일어났다.

외규장각 의궤의 실사 2001년 7월 프랑스가 작성한 '외규장각 도서 297책에 대한 상태 보고서'가 한국에 전달되었다. 1999년 한상진 대표가 외규장각 도서의 상태에 대한

파리국립도서관 열람실 전경

조사 결과물을 요청한 것에 대한 답변이었다. 그러나 보고서의 내용에는 미흡한 점이 많았고, 이를 확인하기 위해 한국 측에서 전문가로 구성된 실사단을 파견하기로 결정하였다.

외규장각 의궤의 실사는 2002년 1월과 7월, 두 차례에 걸쳐 실시되었다. 1차 실사에는 필자 2인(김문식, 신병주)과 이종묵 교수(한국정신문화연구원)가, 2차 실사에는 필자 2인과 정경희 특별연구원(규장각), 김혁 연구원(장서각)이 참여하였으며, 실사 장소는 외규장각 의궤가 소장된 파리국립도서관 동양문서부였다.

실사단은 총 10일에 걸쳐 297책 전체를 조사하였으며, 1차 실사에서 미진한 부분은 2차 실사를 통해 재확인하였다. 그러나 의궤의 열람 방식이 조사가 끝난 1책을 반납하면 다시 1책을 내주는 방식이었기 때문에, 의궤의 상황을 종합적으로 판단하는 데에 상당한 어려움을 겪었다.

실사단은 조사한 내용을 정리한 도서[3]를 출간하였는데, 이 책에서 다음과 같은 결론을 내렸다.

- 파리국립도서관에 소장된 297책 중에는 어람용 의궤 이외에도 등록(謄錄), 형지안, 분상용 의궤가 섞여 있다.
- 등록은 1책, 형지안은 2책, 분상용 의궤는 5책이 있다.

[3] 『파리국립도서관 소장 외규장각 의궤 조사연구』, 외교통상부, 2003.

- 어람용 의궤 289책 가운데 원래의 비단 표지가 남아 있는 것은 7종 12책에 불과하다.
- 프랑스에만 있는 유일본은 의궤 29책, 등록 1책을 합하여 총 30책이다.

파리국립도서관 소장 외규장각 도서

프랑스 리옹3대학에 재직하는 이진명 교수가 작성한 보고서에 의하면, 파리국립도서관에는 다음과 같은 외규장각 도서가 있다.

- 의궤(儀軌) 191종 297권 (coréen 2402~2697, 2493')
- 선원계보기략(璿源系譜記略) 1종 3권 (coréen 2124)
- 열성어제(列聖御製) 3종 26권+4책 (coréen 2125~2134)
- 열성어제편(列聖御製編) 1종 2권 (coréen 2135)
- 열성어제목록(列聖御製目錄) 1종 2권 (coréen 2136)
- 풍고집(楓皐集) 1종 8권 (coréen 2137~2139)
- 논어집주(論語集註) 1종 2권 (coréen 2140)
- 왕반 천하여지도(王伴 天下輿地圖) (Res Ge A 1120)
- 천상열차분야지도(天象列次分野地圖) (coréen 3470)
- 족자 7점 (coréen 3476~3482)
- 무안왕묘비명(武安王廟碑銘) 경모궁예제예필(景慕宮睿製睿筆)
- 무안왕묘비명(武安王廟碑銘) 당저신장홍재(當宁宸章弘齋)
- 현령소덕무안왕묘(顯靈昭德武安王廟) 영종현효왕어제어필(英宗顯孝王御製御筆)
- 대한조충절무안왕찬양명(大漢朝忠節武王贊揚銘) 숙종효원대왕신장(肅宗元孝大王宸章)
- 왕손은신군시소민공신도비(王孫恩信君諡昭愍公神道碑)
- 조선국진종대왕영릉효순왕후부좌(朝鮮國眞宗大王永陵孝純王后祔左)
- 고려고비(高麗古碑)

남은 문제들

프랑스에서 외규장각 의궤를 반환한다는 소식이 언론에 보도되었을 때, 많은 사람들은 처음으로 조선시대 의궤의 선명한 글씨와 아름다운 장정을 보았다. 그리고 우리의 전통 자료를 잘 보존해 준 프랑스인에게 고마워하는 사람까지 나타났다. 그러나 의궤가 원형 그대로 남아 있었던 것은, 의궤가 매우 훌륭한 한지로 만들어진 데다 천연 광물과 식물에서 채취한 그림물감이 색채의 생명력을 유지시키고 있었기 때문이다.

이렇게 보면 감탄과 찬사를 받을 대상은 프랑스인의 보존 능력이 아니라 조선시대 우리 선인들의 수준 높은 제작 방식인 것이다. 병인양요 때 프랑스군이 외규장각에 소장된 많은 자료들 중에서 유독 의궤류를 집중적으로 약탈해 간 것도, 의궤에 그려진 채색 그림의 가치와 예술성이 이방인의 눈에 번쩍 띄었기 때문이리라.

이제 외규장각의 어람용 의궤는 140년의 시간을 넘어 다시 우리에게 다가서고 있다. 게다가 최근에는 어람용 의궤 이외에도 왕반(王泮)의[4] 〈천하여지도〉(天下輿地圖), 〈천상열차분야지도〉(天象列次分野之圖) 등 20여 점의 자료가 파리국립도서관에 소장되어 있음이 추가로 확인되었다. 불행했던 과거 역사로 인해 잃어버린 우리 문화재를 되돌려 받기 위해, 우리는 국력의 성장, 전통문화에 대한 관심, 국제 관계 등 다양한 변수를 고려하여 해결의 실마리를 찾아가야 할 것이다.

1866년 강화도를 침공한 프랑스 해군 장교 주베르가 "이곳에서 감탄하면서 볼 수밖에 없고 우리의 자존심을 상하게 하는 것은, 아무리 가난한 집에라도 어디든지 책이 있다는 사실이다"라고 고백했듯이, 우리 조상들은 누구나 책을 가까이 하면서 살았던 문화 민족이었다. 최근 조선시대 기록문화의 정수를 보관했던 강화도의 외규장각이 복원되었다. 이러한 문화유산의 현장을 찾아보면서 우리 조상들의 지혜와 저력을 계승하는 일은 우리들의 몫으로 남겨져 있다.

[4] 명나라 절강 출신의 학자. 시와 글씨가 뛰어났으며 1594년에 〈천하여지도〉에 발문(跋文)을 썼다.

부록

- 조선시대 주요 의궤 목록
- 이밖에 더 읽을 만한 책들
- 이 책을 만드는 데 도움을 받은 문헌들
- 도판 목록
- 찾아보기

조선시대 주요 의궤 목록

- 이 책에 소개된 12가지의 주요 의궤를 중심으로, 그 목록과 현황을 정리한 것이다.
- 소장처 이름 중에서 '서울대학교 규장각'은 '규장각'으로, '한국정신문화연구원 장서각'은 '장서각'으로 줄여 표기하였다.
- 표의 내용 구성은 의궤 이름, 제작 연대, 책수, 소장처, 참고 사항의 순이다.

● 태실과 관련된 의궤

정종대왕태실석난간조배의궤(正宗大王胎室石欄干造排儀軌)　1801년(순조 1)　1책　규장각

순조태실석난간조배의궤(純祖胎室石欄干造排儀軌)　1806년(순조 6)　1책　규장각

원자아기씨장태의궤(元子阿只氏藏胎儀軌)　1809년(순조 9)　1책　규장각

성종대왕태실비석개수의궤(成宗大王胎室碑石改竪儀軌)　1823년(순조 23)　1책　규장각

경종대왕태실석물수개의궤(景宗大王胎室石物修改儀軌)　1832년(순조 32)　1책　규장각

익종대왕태실가봉석난간조배의궤(翼宗大王胎室加封石欄干造排儀軌)　1836년(헌종 2)　1책　규장각

성상태실가봉석난간조배의궤(聖上胎室加封石欄干造排儀軌)　1847년(헌종 13)　1책　규장각

태조대왕태실수개의궤(太祖大王胎室修改儀軌)　1866년(고종 3)　1책　규장각

원자아기씨장태의궤(元子阿只氏藏胎儀軌)　1874년(고종 11)　1책　규장각, 일본 궁내청

● 가례도감의궤

소현세자가례도감의궤(昭顯世子嘉禮都監儀軌)　1627년(인조 5)　1책　규장각, 장서각

인조장렬후가례도감의궤(仁祖莊烈后嘉禮都監儀軌)　1638년(인조 16)　1책　규장각

중전가례도감의궤(中殿嘉禮都監儀軌)　1638년(인조 16)　1책　파리국립도서관

현종명성후가례도감의궤(顯宗明聖后嘉禮都監儀軌)　1651년(효종 2)　1책　규장각, 장서각, 파리국립도서관

숙종인경후가례도감의궤(肅宗仁敬后嘉禮都監儀軌)　1671년(현종 12)　1책　규장각, 장서각, 파리국립도서관

숙종인현후가례도감의궤(肅宗仁顯后嘉禮都監儀軌)　1681년(숙종 7)　1책　규장각, 장서각, 파리국립도서관

경종단의후가례도감의궤(景宗端懿后嘉禮都監儀軌)　1696년(숙종 22)　1책　규장각, 장서각, 파리국립도서관

숙종인원후가례도감의궤(肅宗仁元后嘉禮都監儀軌)　1702년(숙종 28)　1책　규장각, 장서각, 파리국립도서관

경종단의후가례도감의궤(景宗端懿后嘉禮都監儀軌)　1706년(숙종 32)　1책　규장각

경종선의후가례도감의궤(景宗宣懿后嘉禮都監儀軌)　1718년(숙종 44)　1책　규장각, 장서각, 파리국립도서관

진종효순후가례도감의궤(眞宗孝純后嘉禮都監儀軌)　1727년(영조 3)　1책　규장각, 파리국립도서관

장조헌경후가례도감의궤(莊祖獻敬后嘉禮都監儀軌)　1744년(영조 20)　1책　규장각, 장서각, 파리국립도서관

영조정순후가례도감의궤(英祖貞純后嘉禮都監儀軌)　1759년(영조 35)　2책　규장각, 장서각, 파리국립도서관

정조효의후가례도감의궤(正祖孝懿后嘉禮都監儀軌)　1762년(영조 38)　1책　규장각, 장서각

청근현주가례의궤(淸瑾縣主嘉禮儀軌)　1772년(영조 48)　1책　장서각

순조순원후가례도감의궤(純祖純元后嘉禮都監儀軌)　1802년(순조 2)　2책　규장각, 장서각, 파리국립도서관

문조신정후가례도감의궤(文祖神貞后嘉禮都監儀軌)　1819년(순조 19)　2책　규장각, 장서각, 파리국립도서관

헌종효현후가례도감의궤(憲宗孝顯后嘉禮都監儀軌)　1837년(헌종 3)　2책　규장각, 장서각, 파리국립도서관

헌종효정후가례도감의궤(憲宗孝定后嘉禮都監儀軌)　1844년(헌종 10)　1책　규장각, 장서각

철종철인후가례도감의궤(哲宗哲仁后嘉禮都監儀軌)	1851년(철종 2)	2책	규장각, 장서각	
고종명성후가례도감의궤(高宗明成后嘉禮都監儀軌)	1866년(고종 3)	2책	규장각, 장서각, 일본 궁내청	
순종순명후가례도감의궤(純宗純明后嘉禮都監儀軌)	1882년(고종 19)	2책	규장각, 장서각, 일본 궁내청	
순종순종비가례도감의궤(純宗純宗妃嘉禮都監儀軌)	1906년(고종 33)	2책	규장각, 일본 궁내청	

● 국장도감의궤

선조국장도감의궤(宣祖國葬都監儀軌)	1608년(광해군 즉위)	3책	규장각	선조
효종국장도감청의궤(孝宗國葬都監道廳儀軌)	1659년(현종 즉위)	2책	규장각, 장서각, 파리국립도서관	효종
인선왕후국장도감도청의궤(仁宣王后國葬都監都廳儀軌)	1674년(현종 15)	3책	규장각, 장서각, 파리국립도서관	효종의 비
숙종국장도감도청의궤(肅宗國葬都監都廳儀軌)	1720년(경종 즉위)	2책	규장각, 장서각, 파리국립도서관	숙종
의소세손궁예장의궤(懿昭世孫宮禮葬儀軌)	1752년(영조 28)	1책	장서각, 파리국립도서관	영조의 아들
정성왕후국휼의궤(貞聖王后國恤儀軌)	1757년(영조 33)	1책	규장각, 장서각, 파리국립도서관	영조의 비
사도세자예장도감청의궤(思悼世子禮葬都監都廳儀軌)	1762년(영조 38)	2책	규장각	영조의 아들이자 정조의 생부
영조국장도감청의궤(英祖國葬都監都廳儀軌)	1776년(정조 즉위)	2책	규장각	영조
문효세자예장도감청의궤(文孝世子禮葬都監都廳儀軌)	1786년(정조 10)	2책	규장각, 장서각, 파리국립도서관	정조의 아들
정조국장도감의궤(正祖國葬都監儀軌)	1800년(순조 즉위)	4책	규장각	정조
효의왕후국장도감의궤(孝懿王后國葬都監儀軌)	1821년(순조 21)	4책	규장각, 장서각, 파리국립도서관	정조의 비
현목수빈예장도감의궤(顯穆綏嬪禮葬都監儀軌)	1822년(순조 22)	4책	규장각, 장서각, 파리국립도서관	정조의 빈이자 순조의 생모
효명세자예장도감의궤(孝明世子禮葬都監儀軌)	1830년(순조 30)	4책	규장각, 장서각, 파리국립도서관	순조의 아들이자 헌종의 부
순조국장도감의궤(純祖國葬都監儀軌)	1834년(헌종 즉위)	4책	규장각, 장서각, 파리국립도서관	순조
명성황후국장도감의궤(明成皇后國葬都監儀軌)	1898년(고종 35)	5책	규장각, 장서각, 일본 궁내청	고종의 황후
고종태황제어장주감의궤(高宗太皇帝御葬主監儀軌)	1919년	3책	장서각	고종
순종효황제어장주감의궤(純宗孝皇帝御葬主監儀軌)	1926년	3책	장서각	순종

● 실록 편찬과 관련된 의궤

인조대왕실록찬수청의궤(仁祖大王實錄纂修廳儀軌)	1653년(효종 4)	1책	규장각, 장서각	인조실록의 편찬
선조대왕실록수정청의궤(宣祖大王實錄修正廳儀軌)	1657년(효종 8)	1책	규장각, 장서각	선조실록의 수정
효종대왕실록찬수청의궤(孝宗大王實錄纂修廳儀軌)	1661년(현종 2)	1책	규장각, 장서각	효종실록의 편찬
현종대왕실록찬수청의궤(顯宗大王實錄纂修廳儀軌)	1675년(숙종 1)	1책	규장각, 장서각	현종실록의 편찬
현종대왕실록개수청의궤(顯宗大王實錄改修廳儀軌)	1680년(숙종 6)	1책	규장각, 장서각	현종실록의 개수
단종대왕실록부록찬집청의궤(端宗大王實錄附錄纂集廳儀軌)	1704년(숙종 30)	1책	규장각	단종실록의 부록 추가
숙종대왕실록찬수청의궤(肅宗大王實錄纂修廳儀軌)	1721년(경종 1)	2책	규장각	숙종실록의 편찬
영종대왕실록찬수청의궤(英宗大王實錄纂修廳儀軌)	1776년(정조 즉위)	2책	규장각, 장서각	영조실록의 편찬
경종대왕수정실록의궤(景宗大王修正實錄儀軌)	1778년(정조 2)	1책	규장각, 장서각	경종실록의 수정
정종대왕실록산절청의궤(正宗大王實錄刪節廳儀軌)	1800년(순조 즉위)	1책	규장각, 장서각	정조실록의 편찬
순종대왕실록의궤(純宗大王實錄儀軌)	1838년(헌종 4)	1책	규장각	순조실록의 편찬
헌종대왕실록청의궤(憲宗大王實錄廳儀軌)	1850년(철종 1)	1책	규장각, 장서각	헌종실록의 편찬
철종대왕실록청의궤(哲宗大王實錄廳儀軌)	1864년(고종 1)	1책	규장각, 장서각	철종실록의 편찬

◉ 종묘의궤와 사직서의궤

종묘의궤(宗廟儀軌)　1667년(현종 8)　4책　규장각
종묘의궤속록(宗廟儀軌續錄)　1706년(숙종 32)　1책　장서각
종묘의궤속록(宗廟儀軌續錄)　1741년(영조 17)　2책　규장각
종묘의궤속록(宗廟儀軌續錄)　1770년(영조 46)　1책　장서각
사직서의궤(社稷署儀軌)　1783년(정조 7)　3책　규장각
종묘의궤속록(宗廟儀軌續錄)　1785년(정조 9)　1책　장서각
종묘의궤(宗廟儀軌)　1793년(정조 17)　1책　장서각
종묘의궤(宗廟儀軌)　1800년(순조 1)　1책　장서각
종묘의궤속록(宗廟儀軌續錄)　1820년(순조 20)　1책　규장각, 장서각
종묘영녕전증수도감의궤(宗廟永寧殿增修都監儀軌)　1836년(헌종 2)　1책　규장각, 장서각
종묘의궤속록(宗廟儀軌續錄)　1842년(헌종 8)　1책　규장각, 장서각
사직서의궤(社稷署儀軌)　1842년(헌종 8)　5책　장서각
종묘의궤(宗廟儀軌)　1907년 이후　1책　장서각
종묘영령전의궤(宗廟永寧殿儀軌)　1942년　1책　장서각

◉ 보인과 관련된 의궤

금보개조도감의궤(金寶改造都監儀軌)　1705년(숙종 31)　1책　규장각, 파리국립도서관
옥인조성도감의궤(玉印造成都監儀軌)　1735년(영조 11)　1책　규장각, 파리국립도서관
보인소의궤(寶印所儀軌)　1876년(고종 13)　1책　규장각, 장서각, 일본 궁내성

◉ 대사례의궤

대사례의궤(大射禮儀軌)　1743년(영조 19)　1책　규장각

◉ 화성성역의궤

화성성역의궤(華城城役儀軌)　1801년(순조 1)　9책　규장각, 장서각

◉ 궁중잔치의궤

진연의궤(進宴儀軌)　1719년(숙종 45)　1책　규장각
진연의궤(進宴儀軌)　1744년(영조 20)　1책　규장각
수작의궤(受爵儀軌)　1765년(영조 41)　1책　규장각
원행을묘정리의궤(園幸乙卯整理儀軌)　1798년(정조 19)　8책　규장각, 장서각, 일본 궁내성
기사진표리진찬의궤(己巳進表裏進饌儀軌)　1809년(순조 9)　1책　영국 대영도서관
혜경궁진찬소의궤(惠慶宮進饌所儀軌)　1809년(순조 9)　1책　장서각
자경전진작정례의궤(慈慶殿進爵整禮儀軌)　1827년(순조 27)　1책　규장각, 장서각
진작의궤(進爵儀軌)　1828년(순조 28)　2책　규장각, 장서각
순조기축진찬의궤(純祖己丑進饌儀軌)　1829년(순조 29)　4책　규장각, 장서각
진찬의궤(進饌儀軌)　1848년(헌종 14)　4책　규장각, 장서각, 일본 궁내성

진찬의궤(進饌儀軌)　1868년(고종 5)　3책　규장각
진작의궤(進爵儀軌)　1873년(고종 10)　1책　규장각, 장서각
진찬의궤(進饌儀軌)　1877년(고종 14)　4책　규장각, 장서각, 일본 궁내성
진찬의궤(進饌儀軌)　1887년(고종 24)　4책　규장각, 장서각, 일본 궁내성
진찬의궤(進饌儀軌)　1892년(고종 29)　4책　규장각, 장서각, 일본 궁내성
진찬의궤(進饌儀軌)　1901년(광무 5)　4책　규장각, 장서각, 일본 궁내성
진연의궤(進宴儀軌)　1902년(광무 6)　4책　규장각, 장서각, 일본 궁내성

◉ 악기 조성과 관련된 의궤

제기악기도감의궤(祭器樂器都監儀軌)　1625년(인조 3)　1책　규장각
악기조성청의궤(樂器造成廳儀軌)　1745년(영조 21)　1책　규장각
경모궁악기조성청의궤(景慕宮樂器造成廳儀軌)　1777년(정조 2)　1책　규장각
사직악기조성청의궤(社稷樂器造成廳儀軌)　1804년(순조 4)　1책　규장각

◉ 어진 제작과 관련된 의궤

영정모사도감의궤(影幀模寫都監儀軌)　1688년(숙종 14)　1책　규장각, 파리국립도서관　태조 어진 모사
어용도사도감의궤(御容圖寫都監儀軌)　1713년(숙종 39)　1책　규장각, 파리국립도서관　숙종 어진 도사
영정모사도감의궤(影幀模寫都監儀軌)　1735년(영조 11)　1책　규장각, 장서각, 파리국립도서관　세조 어진 모사
영정모사도감의궤(影幀模寫都監儀軌)　1748년(영조 24)　1책　규장각, 장서각　숙종 어진 모사
영정모사도감의궤(影幀模寫都監儀軌)　1837년(헌종 3)　1책　규장각, 파리국립도서관　태조 어진 모사
어진이모도감의궤(御眞移摸都監儀軌)　1872년(고종 9)　1책　규장각, 장서각　태조, 원종 어진 모사
어진모사도감의궤(御眞模寫都監儀軌)　1900~1901년(광무 4)　1책　규장각, 장서각　태조 어진 모사
영정모사도감의궤(影幀模寫都監儀軌)　1901~1902년(광무 5)　1책　규장각, 파리국립도서관　태조 등 7조의 어진 모사
어진도사도감의궤(御眞圖寫都監儀軌)　1902년(광무 6)　1책　규장각, 장서각　고종의 어진, 황태자의 예진 도사

이밖에 더 읽을 만한 책들

『조선 왕실의 의례와 생활, 궁중 문화』
조선의 궁중 문화는 유교 통치 문화와 예술 문화의 정수이며, 500년 왕조사의 핵심이었다. 이 책에서는 조선시대 역사와 문화의 중심축을 이루었던 궁중 문화를 왕과 왕비의 역할과 삶, 그리고 이들을 둘러싼 궁중 의례와 제도 등을 중심으로 흥미롭게 살펴본다. 그들 삶의 공간이었던 궁궐과 왕실 기록문화, 탄생으로부터 죽음에 이르기까지의 치밀한 역사가 풍부하고 아름다운 사진과 도판을 통해 생생하게 재현된다. (신명호, 돌베개, 2002)

『66세의 영조, 15세 신부를 맞이하다』
66세의 영조와 15세 정순왕후의 결혼식 기록을 망라한 『영조정순후가례도감의궤』를 기반으로, 왕실 결혼의 이모저모를 살펴본다. 혼인의 절차, 혼인에 쓰인 물품과 행사 진행자들, 반차도를 통한 실제 혼인 행렬의 재연 등 사진으로 기록될 수 없었던 입체적이고 현실감 있는 당시의 궁중 가례 문화를 생생하게 접할 수 있다. (신병주, 효형출판, 2001)

『조선시대 궁중기록화연구』
조선 최고의 화원들에 의해 제작된, 풍부한 이야기와 독특한 형식의 궁중 행사도에 대한 종합적인 연구서이다. 다른 기록 문화를 통해 접할 수 없는 상세함과 다양함이 숨어 있는 궁중 기록화를 통해서, 국가와 왕실의 크고 작은 사건들을 이해하고 궁중 생활과 풍속을 간접적으로 체험할 수 있을 것이다. (박정혜, 일지사, 2000)

『정조의 화성행차, 그 8일』
정조가 1795년에 생모 혜경궁 홍씨를 모시고 화성에 행차한 전말을 기록한 『원행을묘정리의궤』를 기반으로 저술한 책이다. 의궤 반차도를 컬러 도판으로 싣고, 화성 행차의 전 과정을 날짜별로 친절하게 설명해 줌으로써 조선시대 왕의 행차, 의궤, 반차도 등에 대한 더욱 세밀한 내용을 알고자 하는 독자들에게 매우 유용한 정보를 준다. (한영우, 효형출판, 1998)

『왕조의 유산』
1866년 병인양요 때 프랑스 해군이 약탈해 간 외규장각 의궤가 반환되어야 하는 당위성을 강조하면서, 의궤에 관한 기본 정보를 정리한 책. 총론격인 「왕조의 유산을 찾는 의미」와 「외규장각 도서를 찾아서」, 「규장각소사」, 「강화도 외규장각터 답사기」, 「정조」 등이 사진 자료들과 함께 수록되어 있다. (이태진, 지식산업사, 1994)

『조선조의 의궤』
파리 국립도서관에 소장된 외규장각 의궤의 전모를 최초로 밝힌 책. 1866년 병인양요 때 프랑스 해군이 강화의 외규장각에서 약탈해 간 297책의 의궤류 서적을 서울대학교 규장각과 한국정신문화연구원 장서각에 소장된 의궤와 일일이 비교하여 그 차이점을 정리했다. 이 책이 나온 이후 의궤를 돌려받기 위한 외교 교섭이 시작되었다. (박병선, 한국정신문화연구원, 1985)

이 책을 만드는 데 도움을 받은 문헌들

원사료

● 원사료의 목록 가운데 규장각 소장 의궤(儀軌)는 부록 '현재 전하는 조선시대 의궤 목록'에 수록되어 있어, 여기에 중복해서 적지 않는다.

『경국대전』(經國大典)
『계축일기』(癸丑日記)
『국조속오례의』(國朝續五禮儀)
『국조오례의』(國朝五禮儀)
『국조오례의서례』(國朝五禮儀序例)
『국혼정례』(國婚定例)
『궁궐지』(宮闕志)
『대전회통』(大典會通)
『대한예전』(大韓禮典)
『동국세시기』(東國歲時記)
『동궐도』(東闕圖)
『보인부신총수』(寶印符信總數)
『사례편람』(四禮便覽)
『상방정례』(尙房定例)
『승정원일기』(承政院日記)
『연려실기술』(練藜室記述)
『예기』(禮記)
『일성록』(日省錄)
『조선왕조실록』(朝鮮王朝實錄)
『주자가례』(朱子家禮)
『증보문헌비고』(增補文獻備考)
『춘관통고』(春官通考)
『탁지정례』(度支定例)
『한경지략』(漢京識略)
『한중록』(閑中錄)

사전

『고법전용어집』, 법제처, 1979
『교학대한한사전』, 교학사, 1998
『두산세계대백과사전』, 두산동아, 1996
『민족생활어사전』, 이훈종, 한길사, 1993
『역사인물초상화대사전』, 현암사, 2003
『한국고전용어사전』, 세종대왕기념사업회, 2001

『한국민족문화대백과사전』, 한국정신문화연구원, 1991
『한국인명자호사전』, 이두희 등 편, 계명문화사, 1988
『한국한자어사전』, 단국대학교출판부, 1996

도록

『궁중현판』, 문화재청, 1999
『규장각 명품도록』, 서울대학교 규장각, 2000
『규장각 자료로 보는 조선시대의 교육』, 서울대학교 규장각, 1996
『단원 김홍도-탄신 250주년 기념 특별전』, 삼성문화재단, 1995
『동궐도』, 한국문화재보호협회, 1991
『서울 600년 고궁의 현판』, 예술의전당, 1994
『성균관대학교 박물관 도록』, 성균관대학교 박물관, 1998
『영조대왕 글·글씨』, 궁중유물전시관, 2001
『우리 땅, 우리의 진경』, 국립춘천박물관, 2002
『우리 한글의 멋과 아름다움』, 한국정신문화연구원 장서각, 2004
『정조, 그 시대와 문화』, 서울대학교 규장각, 2000
『정조대왕 서거 이백주년 추모전』, 한신대학교 박물관, 2000
『정조시대의 명필』, 한신대학교 박물관, 2002
『조선백자명품전』, 호림박물관, 2003
『조선시대 기록화의 세계』, 고려대학교 박물관, 2001
『조선시대 풍속화』, 국립중앙박물관, 2002
『조선 왕실의 책』, 한국정신문화연구원, 2002
『조선왕조어필』, 예술의전당 서울서예박물관, 2002
『조선의 왕』, 한솔종이박물관, 2001
『한국복식이천년』, 국립민속박물관, 1995
『한국전통회화』, 서울대학교 박물관, 1993

단행본

국립문화재연구소, 『국역가례도감의궤』, 1999
권오창, 『인물화로 보는 조선시대 우리 옷』, 현암사, 1998
금기숙, 『조선복식미술』, 열화당, 1994
김동욱, 『실학 정신으로 세운 조선의 신도시, 수원 화성』, 돌베개, 2002

김문식·신병주 외, 『파리 국립도서관 소장 외규장각 의궤 조사연구』, 외교통상부, 2003
김문식·김정호, 『조선의 왕세자 교육』, 김영사, 2003
김상보, 『조선왕조 궁중의궤 음식문화』, 수학사, 1995
김영상, 『서울 6백년』, 대학당, 1996
김영숙, 『조선조 후기 궁중복식』, 문화재청 궁중유물전시관, 2000
김영숙, 『한국복식문화사전』, 미술문화, 1998
김용숙, 『조선조 궁중풍속연구』, 일지사, 1987
김용숙, 『한중록연구』, 한국연구원, 1983
문영빈, 『창경궁』, 대원사, 1991
박광용, 『영조와 정조의 나라』, 푸른역사, 1998
박병선, 『조선조의 의궤』, 한국정신문화연구원, 1985
박소동 역, 『국역 영조정순후가례도감의궤』, 민족문화추진회, 1997
박소동 역, 『국역 친경·친잠의궤』, 민족문화추진회, 1999
박영규, 『조선의 왕실과 외척』, 김영사, 2003
박정혜, 『조선시대 궁중기록화연구』, 일지사, 2000
박혜인, 『한국의 전통혼례연구』, 고려대 민족문화연구소, 1988
백영자, 『조선시대의 어가행렬』, 방송통신대학교출판부, 1994
서울대학교 규장각, 『규장각 소장 의궤 종합목록』, 2002
서울대학교 규장각, 『규장각 소장 의궤 해제집 1·2』, 2003~4
서울대학교 규장각, 『파리국립도서관 소장 의궤목록』, 2003
성경린, 『한국전통무용』, 일지사, 1979
신명호, 『조선 왕실의 의례와 생활, 궁중 문화』, 돌베개, 2002
신명호, 『조선의 왕』, 가람기획, 1998
신병주, 『66세의 영조, 15세 신부를 맞이하다』, 효형출판, 2001
신병주, 『하룻밤에 읽는 조선사』, 랜덤하우스 중앙, 2003
신병주·노대환, 『고전소설 속 역사여행』, 돌베개, 2002
신영훈, 『우리문화 이웃문화』, 문학수첩, 1997
아틀라스한국사 편찬위원회, 『아틀라스 한국사』, 사계절, 2004
안길정, 『관아이야기』, 사계절, 2000
오수창, 『고종어진도감의궤해제』, 서울대규장각, 1996
오주석, 『단원 김홍도』, 열화당, 1998
유봉학, 『정조대왕의 꿈』, 신구문화사, 2001
유송옥, 『조선왕조 궁중의궤복식』, 수학사, 1991
이경자, 『한국복식사론』, 일지사, 1983
이명희, 『궁중유물』, 대원사, 1995
이범직, 『한국중세 예사상 연구』, 일조각, 1991
이서지, 『한국풍속화집』, 서문당, 1997
이선재, 『유교사상과 의례복』, 아세아문화사, 1992
이성무, 『조선왕조사 1·2』, 동방미디어, 1998
이성무, 『조선왕조실록 어떤 책인가』, 동방미디어, 1999
이성미 외, 『장서각소장가례도감의궤』, 한국정신문화연구원, 1994
이성미·유송옥·강신항, 『조선시대어진관계도감의궤연구』, 한국정신문화연구원, 1997
이재숙, 『조선의 궁중의례와 음악』, 서울대학교 출판부, 1998
이종남, 『우리가 정말 알아야 할 천연염색』, 현암사, 2004
이태진, 『왕조의 유산』, 지식산업사, 1994
이태호, 『조선후기 회화의 사실정신』, 학고재, 1996
이흥구·손경순 역, 『조선궁중무용—국역 정재무도홀기(呈才舞圖笏記)』, 열화당, 2000
장사훈, 『우리 옛 악기』, 대원사, 1990
장사훈, 『한국전통무용연구』, 일지사, 1977
정성희, 『조선의 성풍속』, 가람기획, 1998
정연식, 『일상으로 본 조선시대 이야기 1·2』, 청년사, 2001
정옥자, 『조선후기 역사의 이해』, 일지사, 1993
정옥자, 『조선후기문화운동사』, 일조각, 1988
조선미, 『한국초상화연구』, 열화당, 1983
조효순, 『한국복식풍속사연구』, 일지사, 1988
지두환, 『조선전기 의례연구』, 서울대출판부, 1994
한국고문서학회, 『조선시대 생활사』, 역사비평사, 1996
한국문화재보호재단, 『조선 세종조의 궁중조회, 상참의 고증연구』, 2003
한국문화재보호재단, 『조선조 숙종인현후 가례의 연구』, 2004
한국생활사박물관, 『한국생활사박물관 시리즈 1~12』, 사계절, 2004
한국정신문화연구원 편, 『보인소의궤』, 한언문화사, 2004
한국정신문화연구원, 『장서각 소장 등록 해제』, 2002
한국정신문화연구원, 『장서각 소장 의궤 해제』, 2002
한영우, 『다시 찾는 우리역사』, 경세원, 1998
한영우, 『명성황후와 대한제국』, 효형출판, 2001
한영우, 『정조의 화성행차 그 8일』, 효형출판, 1998
한영우, 『창덕궁과 창경궁-조선왕조의 흥망, 그 빛과 그늘의 현장』, 열화당·효형출판, 2003
홍순민, 『우리 궁궐 이야기』, 청년사, 1999
황혜성, 『조선 왕조 궁중음식』, 궁중음식연구원, 1994
KBS 역사스페셜, 『역사스페셜』 1~7, 2000~2004

도판 목록

제1부 | 기록문화의 꽃, 의궤

1. 조선시대 기록문화의 전통
- 경모궁의궤 서울대학교 규장각 소장
- 숙종강학청일기, 숙종춘방일기, 경종보양청일기 서울대학교 규장각 소장
- 영조정순후가례도감의궤 중 기명도(부분) 『영조정순후가례도감의궤』에 수록
- 순조순원후가례도감의궤 반차도 중 왕과 왕비의 가마 『순조순원후가례도감의궤』에 수록
- 의인왕후산릉도감의궤 서울대학교 규장각 소장
- 원행을묘정리의궤 서울대학교 규장각 소장
- 화성성역의궤 서울대학교 규장각 소장

2. 왕실의 주요 행사와 의궤
- 세종대왕 왕자 태실 ⓒ 김성철
- 예종대왕 태실과 태실비 ⓒ 김성철
- 문효세자의 옥인, 옥인의 인면, 죽책, 죽책내궤 『경모궁의궤』에서 인용
- 고종대례의궤 서울대학교 규장각 소장
- 영조의 금보 궁중유물전시관 소장
- 영조의 금보와 옥책의 도설 『영조정순후가례도감의궤』에서 인용
- 선농단과 선잠단지 ⓒ 서울시사편찬위원회
- 제단(祭壇), 진설도(陳設圖), 갈고리(구, 鉤), 광주리(광, 筐), 발(박, 箔), 상(가, 架), 잠판(蠶板), 술잔(작, 爵), 점(坫), 술독(산뢰, 山罍), 용작(龍勺) 『친잠의궤』에서 인용
- 국조보감감인청의궤 서울대학교 규장각 소장
- 대사례의궤 서울대학교 규장각 소장
- 화성행궁전도 『화성성역의궤』에 수록
- 인정전영건도감의궤 중 인정전과 녹로, 중화전영건도감의궤 중 중화전과 당가 도설 각 『인정전영건도감의궤』와 『중화전영건도감의궤』에 수록
- 신축진연의궤 중 함녕전외진연도와 함녕전내진연도 『신축진연의궤』에 수록

3. 의궤의 제작과 구성 요소
- 영조정순후가례도감의궤 반차도 중 실무 책임자들 『영조정순후가례도감의궤』에 수록
- 화성성역의궤에 기록된 장인 명단(부분) 『화성성역의궤』에 수록
- 영조정순후가례도감의궤 서울대학교 규장각 소장
- 영조정순후가례도감의궤 중 목록 부분 『영조정순후가례도감의궤』에 수록
- 영조정순후가례도감의궤 반차도 중 영조의 가마 부분 『영조정순후가례도감의궤』에 수록
- 포의풍류도 개인 소장
- 화성능행도 병풍 중 환어행렬도(부분)
- 주교도 『원행을묘정리의궤』에 수록
- 화원들이 그린 지방 지도 — 가덕진 지도, 해남 지도, 천안 지도 서울대학교 규장각 소장
- 광물성 염료 — 석록, 석웅황, 주사, 청금석 / 식물성 염료 — 홍화, 울금, 정향, 쪽 현암사 『우리가 정말 알아야 할 천연염색』 참조

4. 의궤는 어디에 보관되었나
- 부용정에서 바라본 창덕궁 주합루 ⓒ 김성철
- 규장각도 국립중앙박물관 소장
- 순비책봉의궤, 정조국장도감의궤, 대사례의궤 서울대학교 규장각 소장
- 강화 정족산 사고 『해동지도』의 강화부 지도
- 무주 적상산 사고 『해동지도』의 무주부 지도
- 강릉 오대산 사고 『해동지도』의 강릉부 지도
- 봉화 태백산 사고 『해동지도』의 봉화현 지도
- 오대산 사고 그림 《금강사군첩》 중 한 폭, 개인 소장
- 조선고적도보에 실린 사고 — 태백산 사고의 전경과 사각, 오대산 사고의 전경과 사각
- 강화부궁전도 중 외규장각도(부분)
- 강화부 갑곶진에 정박한 프랑스군 함대
- 프랑스 해군이 바라본 강화부 전경
- 규장각 의궤 보관처의 과거와 현재

제2부 | 의궤로 보는 왕실 문화

1. 왕실의 태를 봉안한 기록 『태실의궤』
- 태실의궤 서울대학교 규장각 소장
- 백자 내외호 호림박물관 소장
- 태지석 호림박물관 소장

- 태봉이 표시된 지도 『해동지도』 중 성주 지도
- 정조의 태실과 태실비 ⓒ 김성철
- 정종대왕태실석난간조배의궤의 도설 『정종대왕태실석난간조배의궤』에 수록
- 세종대왕 왕자들의 태실 ⓒ 김성철
- 서삼릉 태실 전경 ⓒ 돌베개
- 정조선황제태실 ⓒ 돌베개

2. 조선시대 왕실 결혼의 이모저모 『가례도감의궤』
- 소현세자가례도감의궤 반차도 중 왕비의 가마 『소현세자가례도감의궤』에 수록
- 국혼정례 서울대학교 규장각 소장
- 한중록 서울대학교 규장각 소장
- 고종과 인현황후의 가례 재연식 – 삼간택, 최종간택 ⓒ 김거부
- 운현궁 전경 ⓒ 김성철
- 고종 가례 재연식 중 친영 의식 – 국왕의 가마, 노부, 전부고취 ⓒ 김거부
- 영조정순후가례도감의궤 반차도 중 왕비의 행차
- 반차도에 그려진 인물의 좌우 측면도와 후면도 『영조정순후가례도감의궤』에 인용
- 영조정순후가례도감의궤 반차도 중 기명 도설(부분)
- 행사에 참여했던 장인 명단 『영조정순후가례도감의궤』에 수록

3. 국왕의 장례에 관한 기록 『국장도감의궤』
- 명성왕후국장도감의궤 서울대학교 규장각 소장
- 고종황제의 국장 행렬
- 고종황제의 국장 행렬에서의 순종
- 유문도 『정조건릉산릉도감의궤』에 수록
- 건릉의 정자각 ⓒ 김성철
- 건릉 전경 ⓒ 김성철
- 찬궁도 『정조건릉산릉도감의궤』에 수록
- 정종대왕(정조)건릉산릉도감의궤, 신정왕후국장도감의궤, 명성황후빈전혼전도감의궤 서울대학교 규장각 소장
- 정조국장도감의궤 반차도에 그려진 향정자
- 정조국장도감의궤 반차도의 앞부분
- 정조국장도감의궤 서울대학교 규장각 소장
- 반차도 중 전부고취와 의장 행렬 부분 『정조국장도감의궤』에 수록
- 반차도 중 옥인, 은인, 시책 등을 담은 가마와 방상시 행렬 부분 『정조국장도감의궤』에 수록
- 반차도 중 죽산마, 죽안마, 견여 부분 『정조국장도감의궤』에 수록
- 반차도 중 향정자와 명정 부분 『정조국장도감의궤』에 수록
- 반차도 중 대여 부분 『정조국장도감의궤』에 수록
- 고종황제 국장 행렬의 방상시 탈

4. 『조선왕조실록』의 편찬과 보관에 관한 기록 『실록청의궤』
- 세종실록 서울대학교 규장각 소장
- 태조실록 서울대학교 규장각 소장
- 인조무인사초 서울대학교 규장각 소장
- 도성도 『여지도(輿地圖)』에 수록, 서울대학교 규장각 소장
- 세검정도 국립중앙박물관 소장
- 한림관각회권 서울대학교 규장각 소장
- 경국대전의 춘추관 조항 『경국대전』에 수록
- 조문명 초상 ⓒ 유남해
- 사각수개시형지안(史閣修改時形止案) 서울대학교 규장각 소장
- 태백산 사고의 내부 『조선고적도보』에 수록
- 실록포쇄형지안 서울대학교 규장각 소장
- 선조실록과 선조수정실록 서울대학교 규장각 소장
- 경종실록과 경종수정실록 서울대학교 규장각 소장

5. 왕조의 통치 질서를 표현하는 제사 기록 『종묘의궤』· 『사직서의궤』
- 종묘전도 『종묘의궤』에 수록
- 남문에서 바라본 영녕전 ⓒ 김성철
- 종묘 정전 ⓒ 김성철
- 도성도 중 종묘와 사직 부분 『여지도(輿地圖)』에 수록
- 사직단 전경 ⓒ 김성철
- 사직서전도 『사직서의궤』에 수록
- 종묘의궤 서울대학교 규장각 소장
- 사직서의궤 서울대학교 규장각 소장
- 사직서의궤에 수록된 적(翟), 방패(干), 도끼(戚) 『사직서의궤』에서 인용
- 국왕 – 규(圭, 홀), 면(冕, 면류관), 의면(衣面, 겉옷 앞면), 의배(衣背, 겉옷 뒷면), 상(裳, 치마), 폐슬(蔽膝: 무릎 가리개), 방심곡령(方心曲領), 화대(華帶) / 대대(大帶), 수(綬), 패(佩: 허리 장식), 말(襪), 석(舃) 『사직서의궤』에서 인용
- 왕세자 – 면(冕, 면류관), 의(衣), 수(綬), 패(佩: 허리 장식) 『사직서의궤』에서 인용
- 종묘의례 재연 행사 ⓒ 김성철
- 종묘제례악 연주 ⓒ 김성철

6. 왕실에서 사용한 도장에 관한 기록 『보인소의궤』
- 선조 금보, 선조 옥보, 숙종 금보, 숙종 옥보, 영조 옥보, 정조

- 금보, 정조 옥보, 진종세자 은인　국립고궁박물관 소장
- 영조 83세 은인　국립고궁박물관 소장
- 인신등록　서울대학교 규장각 소장
- 보인소의궤　서울대학교 규장각 소장
- 보인소의궤에 수록된 보인 제작 일정
- 조선국왕지인(朝鮮國王之印), 대조선국주상지보(大朝鮮國主上之寶), 조선왕보(朝鮮王寶), 위정이덕(爲政以德), 소신지보(昭信之寶), 시명지보(施命之寶), 유서지보(諭書之寶), 과거지보(科擧之寶), 선사지기(宣賜之記), 무위소(武衛所), 왕세자인(王世子印)　『보인소의궤』에 수록
- 주척과 예기척　『보인부신총수』에 수록
- 보인의 구성 요소 – 손잡이, 끈, 방울, 술, 판
- '조선국왕지인'의 보통, '조선국왕지인'의 보록, '대조선국주상지보'의 호갑, '조선왕보'의 호갑　『보인소의궤』에서 인용
- 고종황제 옥보의 인면
- 조선국왕지인, 대조선국주상지보, 대한국새, 황제지보, 제고지보, 칙명지보　『보인부신총수』에서 인용

7. 국왕과 신하가 함께하는 활쏘기 시합 『대사례의궤』
- 득중정어사도(부분)　《화성능행도》 병풍 중 한 폭, 호암미술관 소장
- 고종 어진　국립고궁박물관 소장
- 성균관 대성전　ⓒ 김성철
- 성균관 명륜당　ⓒ 김성철
- 대사례의궤의 어사례도(부분)
- 웅후　『대사례의궤』「어사례도」에서 인용
- 대사례의궤의 시사례도
- 대사례의궤의 시사관상벌도
- 준천시사열무도　서울대학교 규장각 소장

8. 정조의 화성 행차, 그 8일간의 장대한 역사 『원행을묘정리의궤』
- 홍재전서의 필사본과 활자본
- 화성행궁도　『원행을묘정리의궤』에 수록
- 봉수당진찬도　『원행을묘정리의궤』에 수록
- 화성원행반차도(부분)
- 원행을묘정리의궤의 반차도　『원행을묘정리의궤』에서 인용
- 화성성묘전배도(華城聖廟展拜圖)　호암미술관 소장
- 낙남헌방방도(洛南軒放榜圖)　호암미술관 소장
- 서장대야조도(西將臺夜操圖)　호암미술관 소장
- 봉수당진찬도(奉壽堂進饌圖)　호암미술관 소장
- 낙남헌양로연도(洛南軒養老宴圖)　호암미술관 소장
- 득중정어사도(得中亭御射圖)　호암미술관 소장
- 환어행렬도(還御行列圖)　호암미술관 소장
- 한강주교환어도(漢江舟橋還御圖)　호암미술관 소장
- 원행을묘정리의궤 반차도 행렬 속의 서유방과 채제공
- 혜경궁 홍씨가 탔던 가마의 부분도　『원행을묘정리의궤』에서 인용
- 혜경궁 홍씨 진찬연 재연 행사　ⓒ 수원시 화성사업소
- 정조의 좌마와 66인의 수행원　『원행을묘정리의궤』에 수록
- 장용영 수위식 재연 장면　ⓒ 돌베개

9. 조선왕조 문화 절정기의 대역사 『화성성역의궤』
- 수원부 지도
- 화성성역의궤　서울대학교 규장각 소장
- 화성의 4대문과 화성성역의궤에 수록된 4대문의 도설 – 창룡문, 화서문, 팔달문, 장안문　ⓒ 김성철
- 복원된 장락당과 봉수당　ⓒ 수원시 화성사업소
- 화성 행궁 복원 전후의 현판들 – 奉壽堂(봉수당), 壯南軒(장남헌), 長樂堂(장락당), 華寧殿(화녕전), 華城行宮(화성 행궁) 복원 전: 국립고궁박물관 소장, 복원 후: ⓒ 돌베개
- 서장대도　『화성성역의궤』에 수록
- 서장대성조도　『화성성역의궤』에 수록
- 거중기도와 녹로도　『화성성역의궤』에 수록
- 화홍문과 방화수류정　ⓒ 김성철
- 화성전도　『화성성역의궤』에 수록
- 서성우렵과 한정품국　서울대학교박물관 소장
- 영화역도　『화성성역의궤』에 수록
- 영화정도　『화성성역의궤』에 수록
- 화성 행궁의 평면도
- 화성 행궁을 복원하기 위한 현장 발굴 모습
- 복원된 화성 행궁 전경　ⓒ 수원시 화성사업소
- 방화수류정에서 바라본 용연　ⓒ 돌베개

10. 궁중잔치의 화려한 멋, 궁중잔치의궤
- 봉수당에서의 회갑연　《화성능행》 8폭 병풍 중 〈봉수당진찬도〉의 부분
- 기축년진찬도병 중 명정전외진찬도
- 궁중잔치에 쓰인 기물과 복식　『원행을묘정리의궤』에서 인용
- 처용무 공연 장면　ⓒ 박상윤
- 원행을묘정리의궤에 수록된 몽금척과 처용무 그림
- 「외진찬정재도」에 수록된 무용 장면 – 초무(初舞), 아박무(牙拍舞), 향발무(響鈸舞), 무고(舞鼓), 광수무(廣袖舞), 첨수무(尖袖舞)　『순조기축진찬의궤』에 수록
- 「내진찬정재도」에 수록된 무용 장면 – 몽금척(夢金尺), 장생

- 보연지무(長生寶宴之舞), 헌선도(獻仙桃), 향발, 아박, 포구락(抛毬樂), 수연장(壽延長), 하황은(荷皇恩), 무고, 연화무(蓮花舞), 검기무(劍器舞), 선유락(船遊樂), 오양선(五羊仙), 첨수무, 춘앵전(春鶯囀), 보상무(寶相舞), 가인전목단(佳人剪牧丹), 처용무(處容舞) 『순조기축진찬의궤』에 수록
- 순조기축진찬의궤 중 가인전목단
- 가인전목단과 무고의 공연 장면 ⓒ 박상윤
- 순조기축진찬의궤 서울대학교 규장각 소장
- 명정전진찬도 『순조기축진찬의궤』에 수록
- 잔칫상을 장식하는 꽃 그림, 준화와 상화 『원행을묘정리의궤』에 수록
- 기사진표리진찬의궤 대영도서관 소장
- 익종대왕입학도 서울대학교 규장각 소장
- 기축년진찬도병 국립중앙박물관 소장

11. 조선시대의 악기 만들기 『악기조성청의궤』
- 편경(編磬) ⓒ 국립국악원
- 경형(磬形) 『경모궁의궤』에서 인용
- 특종(特鐘) ⓒ 국립국악원
- 특경(特磬) ⓒ 국립국악원
- 편종(編鐘) ⓒ 국립국악원
- 종형(鐘形) 『경모궁의궤』에서 인용
- 방향(方響) ⓒ 국립국악원
- 황단의의 대보단 그림
- 동궐도의 대보단 부분
- 경모궁악기조성청의궤 서울대학교 규장각 소장
- 궁원의에 수록된 경모궁도설
- 향사반차도설 『경모궁의궤』에 수록
- 『경모궁의궤』에 수록된 악기 그림-편종(編鐘), 편경(編磬), 방향(方響), 장고(杖鼓), 절고(節鼓), 축(柷), 진고(晉鼓), 어(敔), 당비파(唐琵琶), 향비파(鄉琵琶), 현금(玄琴), 가야금(伽倻琴), 아쟁(牙箏), 생(=생황, 笙簧), 훈(塤), 태평소(太平簫), 해금(奚琴), 필률(觱篥), 대금(大䈠), 당적(唐笛), 퉁소(洞簫), 지(篪), 노도(路鼗), 대금(大金), 박(拍)

12. 국왕의 초상화 제작 기록, 어진 의궤
- 안향 초상 순흥 소수서원 소장
- 안악 3호분 묘주인상
- 선현영정첩 중 허목과 이천보의 초상 서울대학교 규장각 소장
- 진상화상첩 중 오재소 초상 서울대학교 규장각 소장
- 도화서 규정 자료 『대전회통』에 수록

- 태조 어진 전주 경기전 소장
- 서직수 초상 국립중앙박물관 소장
- 영조 반신상 국립고궁박물관 소장
- 어용도사도감의궤 서울대학교 규장각 소장
- 어진도사도감의궤 서울대학교 규장각 소장
- 전주 경기전 ⓒ 김성철
- 수원 화령전 ⓒ 수원시 화성사업소
- 강화부궁전도 중 장녕전
- 삽병, 용상, 용교의, 오봉병 『어진도사도감의궤』에 수록
- 황제의 어진을 실은 가마와 황태자의 예진을 실은 가마 『어진도사도감의궤』에 수록

제3부 │ 어람용 의궤의 영광과 수난

1. 어람용 의궤와 분상용 의궤
- 영희전영건도감의궤와 인원왕후부묘도감의궤 서울대학교 규장각 소장
- 정조의 어필(御筆)
- 파초도 동국대학교박물관 소장
- 현재 강화도에 복원된 외규장각과 발굴 모습 — 유구 노출 모습, 외규장각의 기초 자리, 복원된 외규장각 ⓒ 한림대학교 박물관

2. 의궤의 반환과 외규장각 의궤 조사
- 외규장각 주변의 프랑스 군인들
- 휘경원원소도감의궤
- 파리국립도서관 전경
- 파리국립도서관 열람실 전경

⦿ 이 책의 저자와 도서출판 돌베개는 모든 사진과 그림 자료의 출처 및 저작권을 찾고, 정상적인 절차를 밟아 사용하기 위해 최선을 다했습니다. 일부 빠진 것이 있거나 착오가 있다면 다음 쇄를 찍을 때 수정하도록 하겠습니다.

찾아보기

ㄱ

가가(假家) 44
『가례도감의궤』(嘉禮都監儀軌) 31, 42, 76~87
가묘(家廟) 133
가신주(假神主) 91, 93, 99, 122
가야금(伽倻琴) 239, 241, 244
가인전목단(佳人剪牧丹) 217, 218, 219
가자(架子) 110
가장사초(家藏史草) 105
가후금군(駕後禁軍) 186
각화사(覺華寺) 56
감결(甘結) 44, 210, 221, 235
감결질(甘結秩) 109
감사제(感謝祭) 133
감조관(監造官) 40
강무(講武) 208, 209
강사포(絳紗袍) 157
강세황(姜世晃) 254
강학청(講學廳) 21
『강학청일기』 21, 22
강화도 58~61, 112, 131, 256, 257, 264, 266~269, 274, 275
개복유둔(蓋覆油芚) 113
개첨석 70, 71
거북선 48, 49
거중기(擧重器) 191, 197, 198
건고(建鼓) 233
건릉(健陵) 92, 93
검기무(劍器舞) 214, 216, 219
견여(肩轝) 95, 100
『경국대전』 107, 208
경기전(慶基殿) 30, 252, 255~257
경룡관(景龍館) 192
경모궁(景慕宮) 21, 171, 228, 232~238
『경모궁악기조성청의궤』(景慕宮樂器造成廳儀軌) 234, 235, 238

경복궁 37, 81, 124, 125, 140, 257
『경연일기』 22
경운궁 37
『경종대왕수정실록의궤』(景宗大王修正實錄儀軌) 102
『경종수정실록』 116, 119
『경종실록』 116, 118, 119
경희궁 37
계병(稧屛) 224, 225
계사(啓辭) 26, 41, 43, 108, 210, 221, 224, 235
『고금도서집성』(古今圖書集成) 198
고유제(告由祭) 133
고종 31, 39, 61, 80~82, 89, 90, 93, 97, 127, 141, 146, 149, 150, 152, 157, 255, 256, 258~260
『고종대례의궤』(高宗大禮儀軌) 31
고직(庫直) 41, 109, 111, 224
고출(考出) 111
고후토제(告后土祭) 72
곤룡포(袞龍袍) 159, 254
공령(工令) 210, 212, 222
공장(工匠) 224, 235
과거지보(科擧之寶) 144, 146, 147, 151
광수무(廣袖舞) 214, 219
『광해군일기』 117
교명(敎命) 44, 84, 85, 147, 151
교명요여(敎命腰輿) 84, 85
교수낭청(校讐郎廳) 110
교태전(交泰殿) 140
『국상의궤』(國喪儀軌) 26
국장도감(國葬都監) 40, 91, 93~95, 97, 99, 100
『국장도감의궤』(國葬都監儀軌) 32, 88, 94
『국조보감감인청의궤』(國朝寶鑑監印廳儀軌) 35, 36
『국조오례의』(國朝五禮儀) 126, 132, 226

『국혼정례』(國婚定例) 77, 78
군복대본(軍服大本) 259
군복소본(軍服小本) 259
궁내청 61
규장각 26, 46, 52, 53, 56, 59~61, 64, 75, 94, 104, 113, 116, 125, 140, 141, 172, 186, 192, 222, 259, 264, 266, 267, 269
『규장각지』(奎章閣志) 266
근천정(覲天庭) 213
금등자(金鐙子) 62
금보(金寶) 32, 44, 84, 85, 139
『금보개조도감의궤』(金寶改造都監儀軌) 139
금보채여(金寶彩輿) 84, 85
기고제(祈告祭) 131, 133
기곡제(祈穀祭) 131, 133
『기기도설』(器機圖說) 197
『기사진표리진찬의궤』(己巳進表裏進饌儀軌) 61, 223
기설제(祈雪祭) 133
기용(器用) 210, 222
길의장(吉儀仗) 62
김노미(金老味) 43
김돌쇠(金乧金) 43
김홍도(金弘道) 46, 47, 53, 56, 170, 180, 200, 253, 254

ㄴ

낙남헌(洛南軒) 37, 155, 176~178, 192, 194, 202
납징(納徵) 43, 78, 80, 81
납채(納采) 43, 78, 80, 81
낭청(郎廳) 40, 41, 85, 107, 109, 110, 141, 142, 158, 224
내사고(內史庫) 57

내자시(內資寺) 164, 210
「내진찬정재도」(內進饌呈才圖) 215~217, 219, 221
노도(路鼗) 239, 243
노래당(老來堂) 192, 194
노제(路祭) 93
녹로(轆轤) 38, 93, 197, 198
능호(陵號) 92, 93

ㄷ

다모(茶母) 109
당비파(唐琵琶) 239, 241
당악(唐樂) 209, 215, 218, 232, 240, 243
당적(唐笛) 239, 243
당주홍(唐朱紅) 50, 162
대가(大駕) 83
대각(大角) 97
대금(大笒) 239, 243
대금(大金) 239, 243
대보(大寶) 89, 90, 141, 147, 149, 151
대보단(大報壇) 33, 35, 228, 233, 234
『대보단증수소의궤』(大報壇增修所儀軌) 35
대사례(大射禮) 36, 154~157, 159~161, 165~167
『대사례의궤』(大射禮儀軌) 36, 37, 52, 54, 153, 154, 157, 161~167
대야(大也) 86, 87
대여(大轝) 90, 95, 100, 101
대영도서관 61, 223
대원군 48, 81, 141
대전내진찬(大殿內進饌) 219, 220
대전야진찬(大殿夜進饌) 219, 220
대전외진찬(大殿外進饌) 219, 220
대조선국주상지보(大朝鮮國主上之寶) 144, 146~148, 151, 152
대한국새(大韓國璽) 150~152
대한제국 89, 127, 149, 150, 260
도련지(搗鍊紙) 50

도청(都廳) 35, 40, 41, 85, 94, 107, 110
『도청의궤』(都廳儀軌) 35, 95
도화서(圖畵署) 46, 250~252, 255, 258
『동국신속삼강행실찬집청의궤』(東國新續三綱行實撰集廳儀軌) 35
동뢰연(同牢宴) 43, 78, 80, 81
동참화사(同參畵師) 251, 258
동황(同黃) 50
〈득중정어사도〉(得中亭御射圖) 154, 155, 179

ㅁ

마니산 사고 58
만석거(萬石渠) 200, 201, 204
만수전(萬壽殿) 139
만장(輓章) 95, 100
면복(冕服) 31, 89, 90, 159
면복본(冕服本) 259
명복채여(命服彩輿) 84, 85
명성황후(明成皇后) 81, 82, 97
『명성황후국장도감의궤』 89, 94
명정(銘旌) 100
명정전(明政殿) 207, 219, 220
『명종실록』 112
목청전(穆淸殿) 127, 257
몽금척(夢金尺) 212, 213, 215, 219
묘향산 사고 54, 58, 111
묘향산사고포쇄형지안 112
묘호(廟號) 69, 92, 93, 129
무고(舞鼓) 207, 214, 216, 218, 219
무무(武舞) 128, 245
무발(舞鈸) 219
무위소(武衛所) 141, 142, 144, 146, 149, 151
문무(文舞) 128, 154, 156, 161, 167, 245
문선왕묘(文宣王廟) 191
문소전(文昭殿) 257
물력옥자(物力屋子) 167
『미면색의궤』(米麪色儀軌) 35

민치상(閔致庠) 141

ㅂ

박(拍) 239, 243
박연(朴堧) 229, 230
박제가(朴齊家) 197
박지원(朴趾源) 197
반차도(班次圖) 23, 24, 31, 36, 41, 44~46, 48, 50, 76~78, 81, 83~86, 95~101, 166, 170, 172, 174, 176, 180, 181, 207, 210, 220, 256, 258, 260, 261, 265
방구리〔方文里〕 50
방상시(方相氏) 99~101
방향(方響) 232, 233, 239, 240
방화수류정(訪花隨柳亭) 179, 196, 198, 204
별공작(別工作) 44, 95, 210, 235
별공작등록(別工作謄錄) 236
『별공작의궤』(別工作儀軌) 44
별초무사(別抄武士) 158
별파진(別破陣) 158
병인양요 60, 61, 223, 269, 274
병자호란 58, 117, 131, 218
보록(寶盝) 147~149
보상무(寶相舞) 217, 219
보양청(輔養廳) 21, 22
『보양청일기』 21, 22
보인(寶印) 135, 136, 138~144, 146~152
『보인부신총수』(寶印符信總數) 146, 149, 151, 152
보인소(寶印所) 135, 141, 143
『보인소의궤』(寶印所儀軌) 138, 140~144, 146, 148, 149, 151
보태평(保太平) 133, 134
보통(寶筒) 44, 147~149
복내당(福內堂) 192
봉수당(奉壽堂) 37, 170~172, 177, 185, 192, 194, 195, 202, 207

부묘도감(祔廟都監) 93
『부묘도감의궤』(祔廟都監儀軌) 32
부연(副輦) 84
북학론(北學論) 197
분상용(分上用) 52, 264, 265, 273
분장흥고(分長興庫) 95
분전설사(分典設司) 95
분판낭청(粉板郎廳) 110
분패(粉牌) 109
불천위(不遷位) 122, 124
비망기(備忘記) 109
빈전도감(殯殿都監) 91, 94
『빈전도감의궤』 94
『빈전혼전도감의궤』(殯殿魂殿都監儀軌) 32

ㅅ

사각(史閣) 54, 57, 114
사관(史官) 22, 103~105, 107, 109, 112, 114, 115
사금(司禁) 260
사도세자(思悼世子) 21, 27, 79, 92, 95, 138, 168, 169, 171~173, 181, 184, 188~200, 205, 228, 237
사령(使令) 41, 109, 224
사막자(沙莫子) 50
사복시(司僕寺) 158
『사제청의궤』(賜祭廳儀軌) 35
사직 20, 33, 88, 92, 106, 120, 122, 124 ~129, 131~133, 228
사직단 125~127, 129, 131, 191, 233, 234
『사직서의궤』(社稷署儀軌) 33, 120, 126 ~129, 131
『사직악기조성청의궤』(社稷樂器造成廳 儀軌) 234
사직제례악 134
사초(史草) 103~109
사포서(司圃署) 254
사후토제(謝后土祭) 72

삭고(朔鼓) 233
산릉도감(山陵都監) 32, 91, 93, 94
『산릉도감의궤』(山陵都監儀軌) 32, 94
산실청(産室廳) 66
삼록(三碌) 50
삼방의궤(三房儀軌) 44, 95
삼청(三靑) 50
상마대(上馬臺) 110
『상방정례』(尙方定例) 77
『상장의궤』(喪葬儀軌) 26
상지관(相地官) 74
상탁(床卓) 44
생(=생황, 笙簧) 239, 242
서계(書啓) 44
서삼릉 73~75
『서암집』(恕菴集) 114~116
『서연일기』 22
서장대(西將臺) 177, 182, 194, 196, 199, 200
석실제명록(石室題名錄) 116
선공감(繕工監) 44, 94, 235
선사지기(宣賜之記) 144, 146, 147, 151
선상군(先廂軍) 97, 100
선원각(璿源閣) 54, 55
선원록(璿源錄) 55
선원전수개등록(璿原殿修改謄錄) 256
선유락(船遊樂) 207, 216, 219
『선조대왕실록수정청의궤』(宣祖大王實 錄修正廳儀軌) 102
『선조수정실록』 116~118
『선조실록』 108, 116~118
『선조실록수정의궤』 118
《선현영정첩》(先賢影幀帖) 248
선혜청 235
성균관 36, 37, 52, 157~159, 167, 225
성종 26, 154, 155, 214, 241, 242
세검정 106, 107
세자시강원 94, 141
『세자책례도감의궤』(世子冊禮都監儀軌) 30
『(세조대왕)영정모사도감의궤』 255

세종 26, 29, 68, 69, 72, 89, 90, 122~ 124, 126, 133, 134, 159, 213, 229, 240, 243
세초(洗草) 106, 107
세초연(洗草宴) 106~109
소각(小角) 97
소렴(小殮) 92
소사(小祀) 131, 132
소신지보(昭信之寶) 144, 146, 147, 151
소여(小輿) 157
소현세자(昭顯世子) 76, 77
『소현세자가례도감의궤』 77
수강궁(壽康宮) 129
수라가자(水刺架子) 182
『수리소의궤』(修理所儀軌) 44
수명명(受明命) 213
수보록(受寶錄) 213
수연장(壽延長) 215, 219
『수정실록청의궤』(修正實錄廳儀軌) 102
수종화원(隨從畵員) 251, 253, 258
수직군사(守直軍士) 109
『(숙종)어용도사도감의궤』 256
『(숙종대왕)영정모사도감의궤』 255
『숙종실록』 108, 116, 118
순명황후(純明皇后) 27
『순조기축진찬의궤』(純祖己丑進饌儀軌) 218~220
순종 27, 28, 74, 76, 77, 90, 217, 256
『순종효황제순명효황후부묘주감의궤』 (純宗孝皇帝純明孝皇后祔廟主監儀軌) 27
『순종효황제어장주감의궤』(純宗孝皇帝 御葬主監儀軌) 27
습(襲) 92
『승정원일기』 138, 252
시강원(侍講院) 21, 259
시명지보(施命之寶) 146, 147, 150, 151
〈시사관상벌도〉(侍射官賞罰圖) 161, 164, 166
〈시사례도〉(侍射禮圖) 161, 163
시정기(時政記) 103, 104, 107, 117

시책(諡冊) 98, 201
『신속삼강행실도』 35
신연(神輦) 99
신윤복(申潤福) 47
신의왕후(神懿王后) 139
신주(神主) 27, 33, 91~93, 95, 99, 120~129, 131, 139, 237
신풍루 37, 171, 185, 186, 194, 202, 204
실록각 55, 111
『실록수정청의궤』(實錄修正廳儀軌) 35
『실록청의궤』(實錄廳儀軌) 35, 102, 108, 111
『실록형지안』(實錄形止案) 111, 112, 116

ㅇ

아박(牙拍) 214, 215, 219
아쟁(牙箏) 239, 242
악기조성청 228, 233~235, 238, 245
『악기조성청의궤』 228, 234
『악학궤범』(樂學軌範) 26, 209, 214
안태(安胎) 68
안태사(安胎使) 68, 73
애지(哀旨) 92
애책문(哀冊文) 95
약물대령의관(藥物待令醫官) 184
양로연(養老宴) 178, 208, 209
양산(陽傘) 84, 98
어(敔) 233, 239~241
어람부록(御覽附錄) 채여 110
어람용(御覽用) 의궤 52, 59, 61, 94, 223, 264~266, 269, 270, 272, 274
어보(御寶) 135, 182
〈어사례도〉(御射禮圖) 161~163
『어용도사도감의궤』(御容圖寫都監儀軌) 253, 255
어용화사(御容畵師) 252
어제성화주략(御製城華籌略) 191
어진(御眞) 37, 157, 184, 246, 247, 249~261
『어진도사도감의궤』(御眞圖寫都監儀軌) 37, 256, 258, 259
연(輦) 84
연선대(蓮僊臺) 114, 115
연향(宴享) 208, 209, 213, 220
연화무(蓮花舞) 216, 219
영건도감 40
『영건도감의궤』(營建都監儀軌) 36
영국박물관 223
영녕전(永寧殿) 121, 122, 124, 132, 139, 233
영소전(永昭殿) 233
영숭전(永崇殿) 257
영우원(永祐園) 188, 237
영접도감 35, 40
『영접도감의궤』(迎接都監儀軌) 35
『영정모사도감의궤』(影幀模寫都監儀軌) 252, 253, 255
영조 32, 36, 43, 45, 73, 77, 83, 90, 138~140, 156~160, 167, 181, 184, 233, 234, 237, 238, 249, 254, 256, 257
『영조정순후가례도감의궤』(英祖貞純后嘉禮都監儀軌) 23, 32, 41, 43~45, 77, 78, 84, 86, 87
영화당(暎花堂) 53, 157, 167
영화역(迎華驛) 191, 201, 204
「영화역도」(迎華驛圖) 201
「영화정도」(迎華亭圖) 201
영희전 252, 256, 257
예문관(藝文館) 104, 105, 107, 143, 167, 184
예식원(禮式院) 54
예장(禮葬) 90
『예장도감의궤』(禮葬都監儀軌) 32
예진(睿眞) 256, 258, 260, 261
오대산 사고 54, 56~58, 94, 115, 222, 259
오례(五禮) 88, 120, 126, 228
오양선(五羊仙) 216, 219

옥인(玉印) 30, 31, 98, 139~141
『옥인조성도감의궤』(玉印造成都監儀軌) 139
옥책(玉冊) 31, 32, 44, 84, 85, 139
옥책요여(玉冊腰輿) 84, 85
『왕세손책례도감의궤』(王世孫冊禮都監儀軌) 30
왕세자회작(王世子會酌) 219, 220
외규장각 59~61, 264, 266, 267, 269, 271
외사고(外史庫) 57, 107, 110, 111
「외진찬정재도」(外進饌呈才圖) 214, 219, 221
요강(要江) 86, 87
요여(腰轝) 95
우상석 71
우전석 71
우주소(虞主所) 95
운현궁 80~82
원(園) 32
원경왕후(元敬王后) 26
원구단(圓丘壇) 126
원유관(遠遊冠) 157
『원자아기씨장태의궤』(元子阿只氏藏胎儀軌) 30, 65, 74
『원행을묘정리의궤』(園行乙卯整理儀軌) 27, 48, 168~172, 174, 180, 181, 183, 186, 190, 192, 207, 210, 211, 213, 221
『원행정례』(園行定例) 172
월정사(月精寺) 54, 56
위정이덕(爲政以德) 144, 146, 147, 151
유리이사금(儒理尼師今) 121
유서지보(諭書之寶) 144, 146, 147, 151
유여택(維輿宅) 37, 192
육례(六禮) 78, 80~82, 153
육상궁 257
『육안태』(六安胎) 67
6일무(佾舞) 128, 245
윤덕희(尹德熙) 253
융릉(隆陵) 200

은관자(銀灌子) 98
은등자(銀鐙子) 62
은우자(銀盂子) 98
은인(銀印) 98, 138
의궤청(儀軌廳) 20, 190, 220
의빈부(儀賓府) 208, 209
의위(儀衛) 222
의장고(儀仗庫) 158
의장기(儀仗旗) 42, 45, 83~85, 174, 182
의정부 52, 54, 85, 94, 103, 111, 157, 209
의주(儀註) 44, 210, 221, 226
이명기(李命基) 180, 253
이문(移文) 41, 43, 143, 210, 221, 235
이문질(移文秩) 109
이방의궤(二房儀軌) 44, 95
이수광(李晬光) 108, 117, 153
이식(李植) 108, 117
이왕직(李王職) 28, 74, 75
이이(李珥) 118, 246
이정귀(李廷龜) 117
이조원(李祖源) 186
익선관(翼善冠) 159, 254
익선관본(翼善冠本) 259
익조(翼祖) 123, 139
『익종대왕태실가봉석난간조배의궤』(翼宗大王胎室加封石欄干造排儀軌) 65, 75
인로군(引路軍) 110
인록(印盝) 147
『인신등록』(印信謄錄) 139, 140
인정문(仁政門) 110
『인정전악기조성청의궤』(仁政殿樂器造成廳儀軌) 234
『인조실록』 117
일무(佾舞) 128, 129
일방의궤(一房儀軌) 44, 95
입시사초(入侍史草) 105

ㅈ

자경전(慈慶殿) 219, 220
자완(磁碗) 50
자작판(自作板) 50, 244
작헌례(酌獻禮) 159
장고(杖鼓) 181, 238~240
장녕전 257, 258, 268
장락당(長樂堂) 192, 194, 195, 202
장렬왕후(莊烈王后) 139
장례원(掌禮院) 54, 94, 259
장명등(長明燈) 95
장생보연지무(長生寶宴之舞) 215, 218, 219
장서각 61, 104, 210, 273
장승업(張承業) 259
장악원(掌樂院) 26, 234~236
장안문(長安門) 176, 192, 196, 199
장용영(壯勇營) 169, 182, 184, 186
장용위(壯勇衛) 184, 186
『장조헌경후가례도감의궤』(莊祖獻敬后嘉禮都監儀軌) 77
『장태의궤』(藏胎儀軌) 64, 69
재궁(梓宮) 92, 94, 100
재용(財用) 171, 210, 222, 224
저주지(楮注紙) 50, 94, 236, 264, 265
적상산 사고 54, 56, 58, 61, 222
적전(籍田) 35
전등사(傳燈寺) 54, 56
전립(戰笠) 158, 216
『전묘궁원단묘의궤』(殿廟宮園壇墓儀軌) 28
전부고취(前部鼓吹) 82, 98, 260
전주 사고 57, 58
절고(節鼓) 239, 240
절목(節目) 210, 221
정대업(定大業) 133, 134
정리자(整理字) 170, 190
정순왕후(貞純王后) 43, 83, 184
정약용(丁若鏞) 107, 191, 197, 198

정자각(丁字閣) 92~95
『정조국장도감의궤』 54, 95, 96
정족산 사고 54, 56, 58, 94
『정종대왕태실석난간조배의궤』(正宗大王胎室石欄干造排儀軌) 65, 69, 70~72
『정종실록』 112
정철(鄭澈) 118, 265
정초(正草) 105, 107, 208
제고지보(制誥之寶) 150~152
제례악 88, 131, 134, 229, 230, 233, 238, 245
조문명(趙文命) 108
조석진(趙錫晉) 258, 259
조선국왕지인(朝鮮國王之印) 144, 146~148, 151, 152
조선왕보(朝鮮王寶) 144, 146~148, 151
『조선왕조실록』 22, 54, 69, 77, 91, 93, 102~104, 111, 116, 154, 252
조세걸(曺世傑) 252, 253
조영석(趙榮祏) 253
조지서(造紙署) 106
조천(祧遷) 122
졸곡(卒哭) 88, 91
종묘 20, 27, 32, 33, 36, 66, 68, 88, 91~93, 106, 120~129, 133
『종묘영녕전의궤』(宗廟永寧殿儀軌) 28
『종묘의궤』(宗廟儀軌) 33, 120, 121, 127~129
종묘제례 26, 131, 133, 134
종친부(宗親府) 208, 209
좌목(座目) 26, 43, 210, 220
좌묘우사(左廟右社) 124, 125
주관화사(主管畫師) 251~253, 255, 258
주교도 48
주베르 60, 270, 274
『주서일기』(注書日記) 109
주작기(朱雀旗) 97
주통(朱筒) 44

주합루 53, 73, 151
주현제(州縣祭) 132
죽산마(竹散馬) 99, 100
죽안마(竹鞍馬) 99, 100
죽책(竹冊) 31
준원전(濬源殿) 257
〈준천시사열무도〉(濬川試射閱武圖) 166, 167
중각(中角) 97
중견본(中見本) 110
중사(中祀) 131, 132, 134, 238
중초(中草) 105~107, 110
지(篪) 239, 243
지관(地官) 68
『지봉유설』(芝峰類說) 108, 153
지상달(池相達) 199
지석소(誌石所) 95
직단 125, 126, 129
진고(晉鼓) 239, 241
《진신화상첩》(縉紳畵像帖) 248, 249
『진연의궤』(進宴儀軌) 37, 205, 214
『진작의궤』(進爵儀軌) 205
진작참연제신(進爵參宴諸臣) 222
진전원(進箋員) 209
『진찬의궤』(進饌儀軌) 37, 205, 212, 222, 224
집경전(集慶殿) 257
집춘문(集春門) 157

ㅊ

차일암(遮日巖) 106, 107
찬궁(攢宮) 92, 93
찬수청단자(纂修廳單子) 108, 109
찬의(贊儀) 89, 90, 110
찬품(饌品) 210, 222
창검군(槍劍軍) 158
창덕궁 33, 37, 8, 53, 59, 73, 74, 110, 129, 157, 159, 168, 173, 176, 184, 198, 228, 233, 234, 256, 257, 267
창룡문(蒼龍門) 192, 199

책례도감 40
책문(冊文) 93
책보(冊寶) 94, 128, 139
『책보개수도감의궤』 139
책비(冊妃) 43, 78, 80, 81
처용무(處容舞) 213, 217, 219
척화비 48, 49
천궁(川芎) 113
〈천상열차분야지도〉(天象列次分野地圖) 274, 275
『천의소감』 35
『천의소감찬수청의궤』(闡義昭鑑纂修廳儀軌) 35
1872년 군현 지도 69
〈천하여지도〉(天下輿地圖) 274, 275
천하태평기(天下太平旗) 97
『철종대왕실록청의궤』 110
첨수무(尖袖舞) 214, 217, 219
청선군주(淸璿君主) 184
청연군주(淸衍君主) 184
초무(初舞) 214, 219
초요기(招搖旗) 182
초주지(草注紙) 50, 94, 113, 141, 149, 264, 265
초초(初草) 105~107, 110
총재관(總裁官) 107, 108, 110, 111
총호사(總護使) 91, 94
최경회(崔慶會) 140
최봉수(崔鳳壽) 199
추패군(椎牌軍) 158
축(祝) 233
축만제(祝萬堤) 200
춘앵전(春鶯囀) 217~219
춘추관 52, 54, 55, 57, 58, 61, 103, 104, 107, 110, 111, 114, 141, 222
출초백지(出草白紙) 50
충익부(忠翊府) 208, 209
충주 사고 57
충찬위(忠贊衛) 110
충훈부(忠勳府) 208, 209
치마〔赤了〕 87

치사(致詞) 185, 210, 221
치우(稚羽) 50
치재(致齋) 132
칙명지보(勅命之寶) 150~152
『친경의궤』(親耕儀軌) 35
친영(親迎) 31, 43, 44, 78, 80~83
『친잠의궤』(親蠶儀軌) 34, 35
침선비(針線婢) 83, 236

ㅌ

태말(太末) 50
태백기유(太白紀遊) 114
태백산 사고 54, 56~58
태봉(胎峰) 30, 64, 68, 69, 72~74
『태봉등록』(胎峰謄錄) 74
태사(太社) 127
태신안위제(胎神安慰祭) 72
태실(胎室) 29, 30, 64, 69~75
『태실석난간조배의궤』(胎室石欄干造排儀軌) 30
『태실의궤』(胎室儀軌) 64, 65, 69, 75
태옹(胎甕) 64
태조 26, 33, 102, 104, 122, 123, 127, 134, 139, 171, 188, 215, 217, 218, 252, 255~257
『(태조대왕)영정모사도감의궤』 252, 253, 255
『태조대왕태실의궤』(太祖大王胎室儀軌) 65
『태조실록』 104, 112
태종 26, 89, 123, 124, 134, 216
태평소(太平簫) 239, 242
통(筒) 147
통소〔洞簫〕 239, 243
특경(特磬) 230

ㅍ

파리국립도서관 61, 205, 223, 269, 270, 272~275

파진군(破陣軍) 158
팔달문(八達門) 192, 199, 202
편경(編磬) 229, 230, 232, 233, 238~240, 244
편수관(編修官) 103
편종(編鐘) 231~233, 238~240, 244
포구락(抛毬樂) 215, 219
포백척(布帛尺) 129
포쇄(曝曬) 104, 111, 112, 114~116
품목(稟目) 44, 143, 210, 221, 235
『풍정도감의궤』 205
필률(觱篥) 239, 242

ㅎ

하련대(下輦臺) 159
하성명(賀聖明) 213
하황은(荷皇恩) 213, 216
『학암집』(鶴巖集) 108
한림원 116
『한중록』(閑中錄) 79
해금(奚琴) 181, 239, 242
행행(行幸) 208, 209
향발(響鈸) 214, 215, 219
향비파(鄕琵琶) 238, 239, 241
향사례(鄕射禮) 154, 155
향악(鄕樂) 209, 214, 218
향음주례(鄕飮酒禮) 155, 204
향정자(香亭子) 95, 100
헌가(軒架) 39, 161, 229, 233, 238, 239, 245
헌선도(獻仙桃) 215, 219
『헌종대왕실록청의궤』 110
현금(玄琴) 239, 241
현륭원 27, 93, 168, 169, 173, 177, 188, 189, 207, 210, 257
『현종개수실록』 116, 118
『현종대왕실록개수청의궤』(顯宗大王實錄改修廳儀軌) 102
『현종실록』 116, 118
혜경궁 홍씨 48, 79, 96, 154, 168, 172, 174, 176, 177, 180, 182
호갑(護匣) 147~149
혼전(魂殿) 233
혼전도감(魂殿都監) 91
홀기(笏記) 207
홍수영(洪守榮) 182
『홍재전서』(弘齋全書) 170, 266
화녕전(華寧殿) 195, 199
화본감 유지(畵本次油紙) 50
화서문(華西門) 192, 200, 202, 204
화성 행궁 37, 171, 186, 189, 194, 195, 200
화성(華城) 27, 28, 36, 96, 97, 154, 156, 168~170, 173, 174, 176~179, 181, 182, 186, 188~192, 194, 196~201
《화성능행도》(華城陵幸圖) 27, 47, 154, 155, 172, 207
『화성성역의궤』(華城城役儀軌) 27, 28, 36, 37, 42, 188, 190, 192, 196, 197~199, 201
〈화성원행반차도〉(華城園幸班次圖) 172, 174
「화성전도」(華城全圖) 191, 198, 199
황단(皇壇)의 233, 234, 238
『황단종향의궤』(皇壇從享儀軌) 33
황룡기(黃龍旗) 97
황제지보(皇帝之寶) 150~152
회례연(會禮宴) 208, 209
회연도(會宴圖) 207
효명세자(孝明世子) 215, 217, 218, 225
효순왕후(孝純王后) 139
효의왕후(孝懿王后) 184
효장세자(孝章世子) 139
후사대(後射隊) 83, 85
후상군(後廂軍) 101
후직신(后稷神) 126
후토신(后土神) 126
훈(塤) 239, 242
훈련도감 158, 159, 182
휘(麾) 233

『휘경원원소도감의궤』(徽慶園園所都監儀軌) 32, 271
흉례(凶禮) 88, 126
흉의장(凶儀仗) 62
흑단령(黑團領) 110, 111

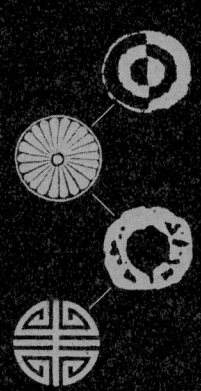